中国文字研究

教育部人文社会科学重点研究基地
华东师范大学中国文字研究与应用中心　主办
华东师范大学语言文字工作委员会

臧克和　主编

第三十七辑

华东师范大学出版社

·上海·

THE STUDY OF CHINESE CHARACTERS

Vol.37

Chief Editor

Zang Kehe

Organized by

Center for the Study and Application of
Chinese Characters at East China Normal University
(Key Research Institute in University Authorized by
the Ministry of Education of
People's Republic of China)
East China Normal University Language Work Committee

EAST CHINA NORMAL UNIVERSITY PRESS
· SHANGHAI ·

编委会委员

Editorial Board

目　录

Contents

［古文字研究］

基于特征点匹配的甲骨文识别[*]

陈婷珠　刘志基

【摘　要】传统的甲骨文识别方法在识别精度、识别速度和抗干扰能力等方面还有进一步的发展空间，尤其是现有甲骨文识别技术对专家的依赖性高而甲骨文信息共享普及率则相对较低。本文通过实验模拟现实场景，采用特征不变匹配算法和编码法，从甲骨文单字图片每个像素的灰度值入手，以像素之间的变化关系作为图片的特征点进行甲骨文识别。无论对甲骨文原始单字图片进行旋转、缩放、对比度调整，还是电子设备噪声处理，其识别测试结果都非常好，其识别准确率为99%，识别精度相当高，这说明了将特征点匹配算法和编码法结合起来使用，对不同失真图像的识别能力很高，对甲骨文识别具有非常重要的作用。

【关键词】甲骨文；特征匹配；识别

【作者简介】陈婷珠，女，上海交通大学人文学院副研究员、硕士生导师，博士，研究方向为古文字学。刘志基，华东师范大学中国文字研究与应用中心教授、博士生导师，研究方向为古文字学。（上海 200062）

一　引言

甲骨文是我国迄今发现的最早的一种成熟文字系统，对甲骨文的识别研究具有很高的学术价值。目前，海内外学者对甲骨文的识别进行了大量理论和实证方面的研究。李锋等（1996^①、1996^②）、王晓丽（2010^③）、栗青生等（2012^④、2013^⑤、2011^⑥）从字形出发，利用笔画方向和长度等字形特征，采用无向或有向笔段和笔元技术以描述甲骨文字形。这种方法将甲骨文字形进行矢量描述，建立了甲骨文字形描述库，为古文字的数字化编辑提供了一个新思路。顾绍通（2016^⑦）、吕肖庆等（2010^⑧）利用拓扑结构或图形对甲骨文分类，高峰等（2014^⑨）基于语义对甲骨文进行分类。史小松（2010^⑩）、孙莹莹（2015^⑪）、刘永革等（2017^⑫）则利用甲骨文字结构等特征，采用语料库和支持向量机（Support Vector Machine，SVM^⑬）的理论建立知识库，实现简单的甲骨文字形相似性分析分类和识别。高峰

* 基金项目：本文为上海市教委2021年科研创新项目"全息型甲骨文智能图像识别系统与配套数据库建设（冷门绝学项目）"、上海交通大学文科科研创新培育项目"甲骨字形系统分类模型的初步研究（WKCX2107）"的阶段性成果。

① 李锋、周新伦：《甲骨文自动识别的图论方法》，《电子科学学刊》1996年第S1期，第41—47页。

② 周新伦、李锋、华星城、韦剑：《甲骨文计算机识别方法研究》，《复旦学报（自然科学版）》1996年第5期，第481—486页。

③ 王晓丽：《高精度曲线轮廓甲骨文字形生成系统的研究与实现》，硕士学位论文，苏州大学，2010年。

④ 吴琴霞、栗青生：《基于有向笔段甲骨文输入方法的设计与实现》，《计算机应用》2012年第8期，第2374—2377页。

⑤ 栗青生、吴琴霞、杨玉星：《甲骨文字形动态描述库及其字形生成技术研究》，《北京大学学报（自然科学版）》2013年第1期，第61—67页。

⑥ 栗青生、杨玉星、王爱民：《甲骨文识别的图同构方法》，《计算机工程与应用》2011年第8期，第112—114页。

⑦ 顾绍通：《基于拓扑配准的甲骨文字形识别方法》，《计算机与数字工程》2016年第10期，第201—206页。

⑧ 吕肖庆、李沫楠、蔡凯伟、王晓、唐英敏：《一种基于图形识别的甲骨文分类方法》，《北京信息科技大学学报（自然科学版）》2010年第S2期，第92—96页。

⑨ 高峰、吴琴霞、刘永革、熊晶：《基于语义构件的甲骨文模糊字形的识别方法》，《科学技术与工程》2014年第30期，第67—70,86页。

⑩ 史小松：《基于支持向量机的甲骨文字结构分析研究》，硕士学位论文，华东师范大学，2010年。

⑪ 孙莹莹：《基于混合核LS-SVM的古汉字图像识别》，硕士学位论文，安徽大学，2015年。

⑫ 刘永革、刘国英：《基于SVM的甲骨文字识别》，《安阳师范学院学报》2017年第2期，第54—56页。

⑬ SVM技术是在统计学习理论的基础上发展而来的一种新的模式识别方法，在解决有限样本、非线性及高维模式识别问题中表现出许多特有的优势。

等(2015①)、王长虎(2016②)、微软亚洲研究院(2017③)、刘芳等(2021④)、门艺等(2021⑤)、林小渝等(2021⑥)尝试深度学习(核心算法是卷积神经网络)技术,辅以甲骨文识别技术,建立甲骨文文字数据库。甲骨学与 AI 的深度结合具有重要学术意义,尤其是甲骨学者们带有强烈的学术课题意识。近几年,"字鉴·书法识别"APP、"商周金文智能镜"等重点将"认字"的研究成果公布于网络,供更多人使用,河南大学主研并发布了缀多多,首次在真正意义上实现了人工智能批量缀合甲骨。

随着研究的不断深入,前人关于甲骨文识别研究在识别精度、识别时间和抗干扰能力等方面仍有一定的发展空间。首先,以往研究往往采用分类的办法,如字形或结构。不过,由于甲骨文字形线条极其复杂,不存在现代汉字一般意义上的笔画概念,人类在识别甲骨文上往往是整体输入方式,而非一个个笔画。因此,采用类似方法的分类率并不高,尚无法真正意义上为甲骨文进行机器识别分类。不过,甲骨文虽然是成熟的文字系统,但毕竟处于汉字早期形式,不仅异体字众多,而且低频字高度集中,仍有很多甲骨文字属于未考释字。其次,以往研究主要适用于模式识别领域,在解决图画特征明显、结构不清晰的甲骨文字上还有困难,另外,该方法对甲骨文字的旋转、缩放、平移、遮挡等识别率不高,算法处理尚有空间,同时在存储和计算时耗费大量的机器内存和运算时间,运行效率较低。再次,已有的识别方法是通过去噪、二值化、骨架提取等一系列图像处理的方法,提取出甲骨文的字形框架,然后根据其拓扑结构特征在已有的数据里进行搜索匹配。甲骨文拓片表面可能有许多裂缝、划痕等噪声点,由于这一特殊性,数字图像处理的方法表现出了一定的局限性。处理后的图片依然有大量的噪声点、划线保留下来,这严重破坏了拓扑结构特征,进而影响匹配准确度。最后,以往研究试图采用大数据,但是简单地应用神经网络无法在甲骨文识别上取得较好的效果,模型的过拟合严重,无法泛化。数据集中分类数目过多,且在分类的类目下面仍然存在大量的异体字,能够为网络提供特征提取的样本过少。因此,目前甲骨文识别研究尚无法完全提取甲骨文字的主要特征,尚未得出完全符合甲骨文字实际情况的算法,且使用范围受到一定的限制。

随着 AI 领域的崛起,基于机器视觉的图像识别技术再一次成为研究热点,关于甲骨文识别的定义也有待于进一步确定。我们认为,甲骨文识别技术可以定义为一种视觉识别技术,它是基于甲骨文的特征信息进行搜索定位的一种视觉识别技术。该技术的智能性体现在基于图像搜索而非基于文本搜索,因此不需过多依赖用户的甲骨文已有知识。同时,在识别时不受用户拍摄时可能产生的个体行为或客观外在因素的影响,如甲骨文拓片的旋转、缩放、平移(RST:rotation、scaling and translation),或用户视点即图像仿射/投影变换(viewpoint),或光照影响(illumination),或杂物场景(clutter)与噪声,甚至于甲骨文字本身被部分遮挡(occlusion)等。甲骨文识别技术应该具有识别精度高、识别时间短和抗干扰能力强的特点。

正如刘志基(2019⑦)提出"将识别对象定位为可以经二手处理、少量选择的古文字,而不是原貌保

---

① Feng G, Jing X, Yong-ge L. "Recognition of fuzzy characters on Oracle-bone inscriptions"//Computer and Information Technology;Ubiquitous Computing and Communications;Dependable, Autonomic and Secure Computing;Pervasive Intelligence and Computing (CIT/IUCC/DASC/PICOM), 2015 IEEE International Conference on. IEEE, 2015:698-702.

② Rui Y, Roman-Rangel E, Chao H, et al. "Building hierarchical representations for Oracle Character and sketch recognition". *IEEE Transactions on Image Processing*, 2016, 25(1):104-118.

③ 微软亚洲研究院:http://blog.sina.com.cn/s/blog_4caedc7a0102w21r.html.

④ 刘芳、李华飙、马晋、闫升、金沛然:《基于 Mask R-CNN 的甲骨文拓片的自动检测与识别研究》,《数据分析与知识发现》2021年第 12 期,第 88—97 页。

⑤ 门艺、张重生:《基于人工智能的甲骨文识别技术与字形数据库构建》,《中国文字研究》第三十三辑,华东师范大学出版社,2021年,第 9—16 页。

⑥ 林小渝、陈善雄、高未泽、莫伯峰、焦清局:《基于深度学习的甲骨文偏旁与合体字的识别研究》,《南京师大学报(自然科学版)》2021年第 2 期,第 104—116 页。

⑦ 刘志基:《简析古文字识别研究的几个认识误区》,《语言研究》2019年第 4 期,第 89—95 页。

真的古文字；将识别任务定位为仅仅识别出字形对应的今日简化字，而不是识别对象的各种信息的迄今学界认知；将识别的基本思路定位为通过少量对象的特征归纳去匹配全部对象，而不是识别对象的逐个唯一身份认定。"本文采用的特征不变(Scale-invariant feature transform)算法，在真实的甲骨文拓片上，而非二手处理或少量选择的材料，侦测与描述甲骨原始拓片中的局部性特征，在原始拓片上寻找极值点，并提取出其位置、尺度、旋转不变数，对甲骨文单字逐一进行分割与识别。

本文以《殷墟小屯村中村南甲骨》①(简称《村中南》)为研究对象，该书著录中国社会科学院考古研究所安阳工作队历年来在小屯村中、村南发掘发现的甲骨文 498 片，编为 514 号(16 片分正反)；收入小屯村北 12 片，花园庄东地 3 片，苗圃北地 1 片，大司空村 1 片。全书共计甲骨 515 片。选择《村中南》出于以下三点考虑：1. 资料整饬，考古学属性完整，地层情况清晰。2. 拓片总量适中，对数据采样和实验结果具有可推广性。3. 该书编著体例科学完备，采取拓本、摹本、照片、释文四位一体的方式，科学丰富且真实准确。

我们首先把《村中南》甲骨按照单字进行逐一切分，同时建立《村中南》甲骨文数据库，使得每个甲骨文单字有一个唯一的编码。在此基础上，我们进一步为所有《村中南》甲骨文图片建立特征点的数据库，并利用 Scale-invariant Feature Transform(以下简称为 SIFT)算法进行匹配识别，对接后台《村中南》甲骨文数据库。通过设置合适的门限值，识别准确率能够接近 99%。经实验，用户可以通过手机拍摄或扫描《村中南》甲骨文字，通过该识别技术，在线识别该字，并且通过数据库选项进一步得到该甲骨文字的相关信息。

二　特征不变算法原理

在图像处理中引入一个尺度的概念，它可以模拟人在距离目标由近到远的过程。目标在视网膜当中形成图像的过程，尺度越大，表示图像的概貌，只能看清楚物体的轮廓，简单地说就是看起来越模糊，相当于我们观察远处的物体；尺度越小，表示图像的细节，相当于我们观察近处的物体。如果需要识别出包含不同尺寸的同一物体的两幅图像，随着物体在图像中大小发生变化，属于该物体的局部区域的大小也会发生变化。本文采用的两种尺度不变特征变换算法就可以解决这一问题。

(一) 特征不变算法原理

特征不变算法即尺度不变特征变换，是一种计算机视觉的特征提取算法，用来侦测与描述图像中的局部性特征。它在尺度空间中寻找极值点，并提取出其位置、尺度、旋转不变量，此算法由大卫·罗威(David G. Lowe)在 1999 年所发表，2004 年完善总结。②

(二) SIFT 特征提取步骤

1. 尺度空间的极值检测③：尺度空间指一个尺度可变的二维高斯函数 $G(x, y, \sigma)$ 与原图像 $I(x, y)$ 卷积(即高斯模糊)后形成的空间，记作 $L(x, y, \sigma)$，也就是

$$L(x, y, \sigma) = G(x, y, \sigma) * I(x, y) \tag{1}$$

其中，尺度可变高斯函数 $G(x, y, \sigma) = \dfrac{1}{2\pi\sigma^2} e^{-\frac{x^2+y^2}{2\sigma^2}}$，$(x, y)$ 是空间坐标，σ 是尺度坐标。σ 的大

---

① 《殷墟小屯村中村南甲骨》，中国社会科学院考古研究所编，云南人民出版社，2012 年 4 月。

② Lowe, David G. *"Object recognition from local scale-invariant features"*. Proceedings of the Seventh IEEE International Conference on Computer Vision, 1999, pp.1150 – 1157.

③ Wang Z., Bovik A. C., Sheikh H. R., Simoncelli E. P.. "Image quality assessment: From error measurement to structural similarity". *IEEE Transactions on Image Processing*, 2004, 13(1).

小决定图像的平滑程度,大尺度对应图像的概貌特征,小尺度对应图像的细节特征。同样的,大的 σ 值对应低分辨率,反之,对应高分辨率。接下来构造高斯差分尺度空间

$$D(x, y, \sigma) = L(x, y, k\sigma) - L(x, y, \sigma) \tag{2}$$

其中,k 为构造的层数。根据上述公式寻找局部极值,这些找到的极值所对应的点被称为关键点或特征点。

2. 关键点定位。在不同尺寸空间下可能找出过多的关键点,有些关键点可能相对不易辨识或易受噪声干扰。该步借由关键点附近像素的信息、关键点的尺寸、关键点的主曲率来定位各个关键点,借此消除位于边上或是易受噪声干扰的关键点。

3. 方向定位。为了使描述符具有旋转不变性,需要利用图像的局部特征为每一个关键点分配一个基准方向。通过计算关键点局部邻域的方向直方图,寻找直方图中最大值的方向作为关键点的主方向。

4. 关键点描述子。找到关键点的位置、尺寸并赋予关键点方向后,将可确保其移动、缩放、旋转的不变性。此外还需要为关键点建立一个描述子向量,使其在不同光线与视角下皆能保持其不变性。特征不变描述子是关键点邻域高斯图像梯度统计结果的一种表示。通过对关键点周围图像区域分块,计算块内梯度直方图,生成具有独特性的向量,这个向量是该区域图像信息的一种抽象,具有唯一性。Lowe 在原论文中建议描述子使用在关键点尺度空间内 4×4 的窗口中计算的 8 个方向的梯度信息,共 $4\times4\times8=128$ 维向量表征。

(三) SIFT 算法的优势

一幅图片,经过旋转、缩放、背景亮光变换,或者受到噪声干扰、杂物遮挡,依然保留相当大的 SIFT 特征点数目,这是其他方法所不具备的优势。

三 算法效果验证

一般情况下,受拍摄角度、距离远近、光照、设备噪声等因素的影响,获取到的甲骨文图片的特征点会发生改变,从而降低识别精度。因此,为了深入研究特征不变算法对上述因素的敏感程度,我们分别用旋转、放缩、对比度变换、高斯噪声等来模拟现实情况。

(一) 旋转

旋转模拟现实中拍摄角度差异。我们选定一组甲骨文图片,分别对其进行旋转操作,逆时针旋转 $k \cdot 20$ 度,$k=1,2,3,\cdots,17$,每个字图产生对应的 17 张旋转图片,然后将每个旋转图分别与对应的原图进行匹配。因为操作存在相似性,我们选择其中 4 张的结果予以展示。

四张原图对应的现代汉字分别是"门""每""卜""田",见图 1。

图 1 "门""每""卜""田"(从左到右)

我们将每个字旋转不同的度数,从小到大分别为 20°、40°、……、340°,所以每张原始图像可额外产生 17 张旋转图片。见图 2。

然后依次与原图匹配,观察成功匹配的特征点数与旋转角度的关系,原图对应特征点数见表 2,成功匹配点数见图 3。

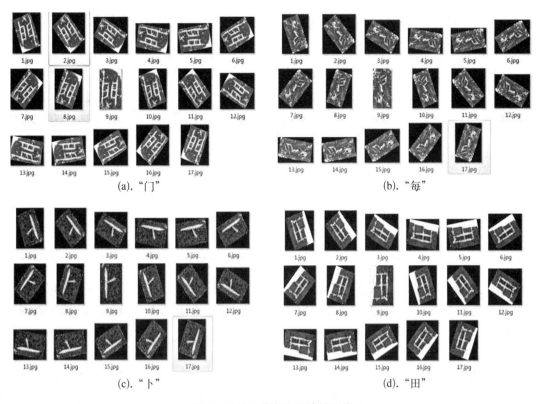

(a). "门"　　　　　　　　　　　　　　　(b). "每"

(c). "卜"　　　　　　　　　　　　　　　(d). "田"

图 2　原始图像产生的旋转图片

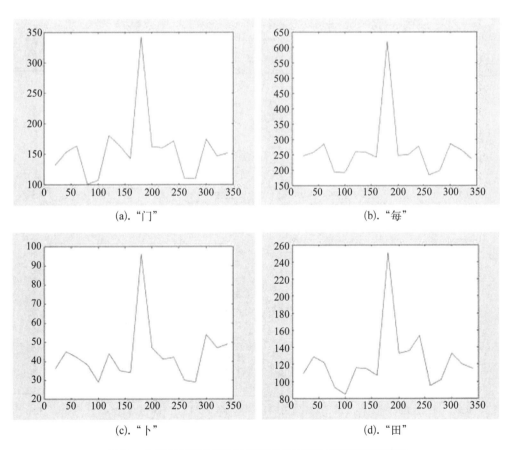

(a). "门"　　　　　　　　　　　　　　　(b). "每"

(c). "卜"　　　　　　　　　　　　　　　(d). "田"

图 3　成功匹配特征点数目(纵轴)与旋转角度(横轴)的关系

我们将有用信息整理到表1。表1中的最大误匹配数是指旋转失真图在特征不变算法特征点库中搜寻匹配,发生错误匹配时的匹配点数。

表1 搜索匹配结果

比较字	原图特征点数目	最小正确匹配特征点数目	最大误匹配特征点数目
"门"	601	101	1
"每"	949	188	1
"卜"	224	30	1
"田"	468	85	1

由表1我们可以发现,只要设置较大的门限值,比如选择20作为匹配门限,当匹配到的特征点数大于20,则认为匹配成功。则旋转失真图一定可以准确识别。所以,SIFT算法对旋转失真图具有很强的识别能力。

(二)图片放缩

图片的放缩可以模拟拍摄距离的远近。同样,从一组图片中取"门""每""卜""田"作展示(其他图片效果类似)。每张原图分别放缩为原来的0.5,0.6,……,3.5倍(过大或过小的倍数,脱离实际应用,不予考虑),结果见图4。

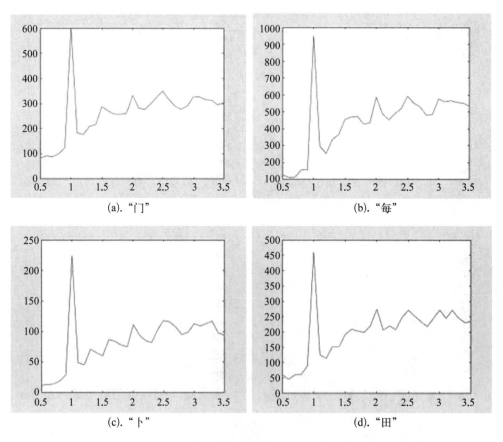

图4 成功匹配特征点数目(纵轴)与放大倍数(横轴)的关系

同样的，我们把关键信息整理到表 2 中。最大误匹配特征点数是经过大量实验得到，在此处仅给予结果。

表 2　搜索匹配结果

比较字	原图特征点数目	最小正确匹配特征点数	最大误匹配特征点数目
"门"	601	96	1
"每"	949	15	1
"卜"	224	18	1
"田"	468	46	1

从图 4 我们可以发现，图形缩小，损失的特征点数最多，保留的特征点数最少，而放大图片则保留了近百的特征点，因为我们选择建库的图片只有几千比特大小，实际拍摄的图片不可能比这个更小，因此缩小情况（放大比例在 0.5 与 1 之间）的结果并不会对实际情况产生影响，放大情况的保留特征点数依然可以超过 50。跟误匹配情况很好地隔离，因此，特征不变算法可以很好地克服放缩带来的失真。

（三）对比度变换

为了模拟图片对比度变化，我们采用 MATLAB 中的 imadjust 函数，该函数定义为

$$im1 = imadjust(im, [low\_in, high\_in], [low\_out, high\_out], gamma)$$

其中，输入图像 im 的灰度范围为 low_in～high_in，对比度变换后的灰度范围为 low_out～high_out。gamma 参数用来对比度变换的程度，如图 5 所示。

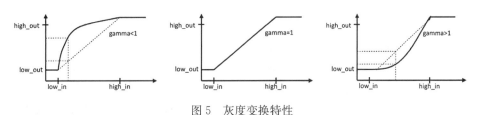

图 5　灰度变换特性

显然，当 gamma＜1，整幅图将变亮；当 gamma＞1，整幅图将变暗；当 gamma＝1，整幅图是线性变换。为了模拟图像的整体范围内变换，我们设置输入输出的归一化灰度范围都是[0，1]。

依然选择"门""每""卜""田"，gamma 参数分别为 0.1，0.2，……，10。每幅图产生对应的 100 幅图。匹配结果见图 6。

从图 6 可以发现，gamma＜1 时，对特征点数影响很大，现将"门"字变换的图片放在图 7。

显然，gamma 很小时，图片很不清晰，特征点必然被大量破坏。仍会保留个位数量的特征点，依然能够有效匹配，而且现实中这类图片出现情况较少，可以接受这种结果。另外，当 gamma 变大时，对应的是情景较暗，依然保留数百特征点，对最终识别结果几乎不会造成影响。

当然，最大误匹配特征点数依然为 1 或 2。这给识别门限提供了一个较大可能的范围。

（四）电子设备噪声（失真）

随着电子技术快速发展，电子设备噪声已经被尽可能降低，我们选择添加适度的高斯噪声来模拟设备噪声，高斯噪声均值为 0，方差（归一化）从 0.01 到 0.2，步进 0.01，每个图像产生 20 张不同的图像。加噪结果见图 8，匹配结果见图 9。

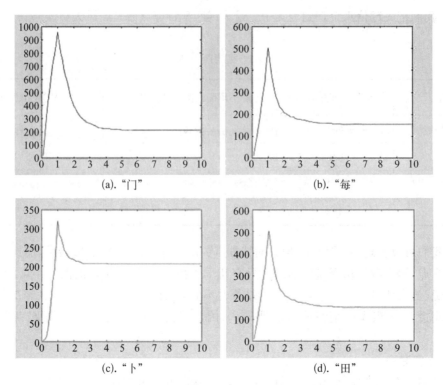

(a)."门" (b)."每"

(c)."卜" (d)."田"

图 6 成功匹配特征点数目(纵轴)与对比度(横轴)的关系

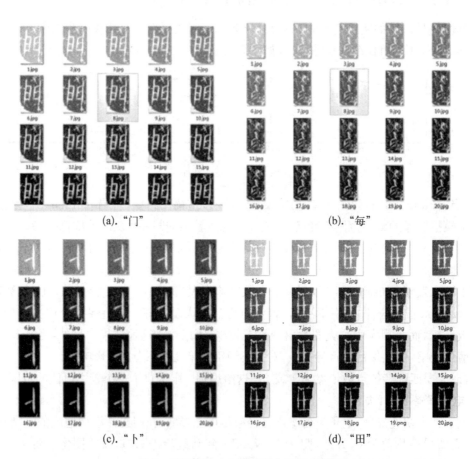

(a)."门" (b)."每"

(c)."卜" (d)."田"

图 7 对比度从 0.1 递增到 2 的 20 幅图

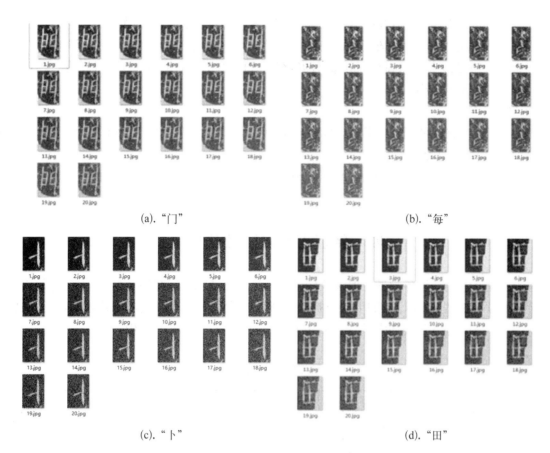

(a). "门"　　　　　　　　　　　　　　　(b). "每"

(c). "卜"　　　　　　　　　　　　　　　(d). "田"

图 8　加高斯白噪声的 20 幅图

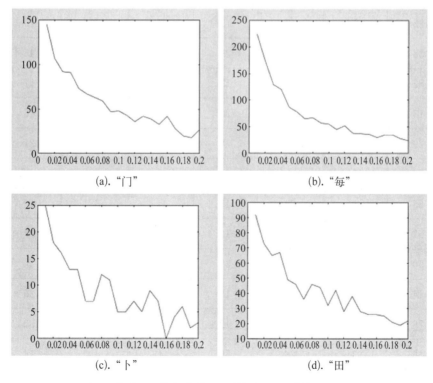

(a). "门"　　　　　　　　　　　　　　　(b). "每"

(c). "卜"　　　　　　　　　　　　　　　(d). "田"

图 9　成功匹配特征点数目(纵轴)与方差(横轴)的关系

由图 9 我们可以发现,高斯白噪声对特征点破坏性较强,但仍能保留少量的特征点数,同时,误匹配特征点数依然不超过 1。因此,在适度的高斯白噪声下,特征不变算法仍能起很好的作用。

对于杂物遮挡,只会损失被遮挡部分像素的特征点,其他地方特征点数不会发生变化。所以遮挡对特征不变算法的影响很小。

(五) 算法小结

特征不变算法是图像的局部特征,其对旋转、尺度缩放、亮度变化保持不变性,对视角变化、仿射变换、噪声也能保持一定程度的稳定性。

另外,甲骨文的特征点库便于扩展,每当有新的甲骨文被发掘出来,可以直接加进已有的库中,方便快捷。

四　特征点库及测试结果

我们将已有的甲骨文图库批量处理,提取出每个图片中的特征点,并编号整理,与已有的甲骨文数据库对接。识别过程:将待识别图片进行提取;提取到的特征点与建成的特征库搜索匹配;取匹配点数最大者为识别图像。我们选取了 100 张拍摄图片进行测试,数据在表 3 中。

表 3　搜索匹配结果

序号	最大匹配点数	最大误匹配数	序号	最大匹配点数	最大误匹配数	序号	最大匹配点数	最大误匹配数
0	44	1	15	19	3	30	35	1
1	81	6	16	49	4	31	15	1
2	32	1	17	15	3	32	13	2
3	38	3	18	29	3	33	43	2
4	82	28	19	19	2	34	17	1
5	18	1	20	20	2	35	46	1
6	29	2	21	9	2	36	21	2
7	93	1	22	11	3	37	5	0
8	83	1	23	13	4	38	10	5
9	57	2	24	12	3	39	27	1
10	50	5	25	39	2	40	5	2
11	14	2	26	16	1	41	25	3
12	76	4	27	12	1	42	30	1
13	16	3	28	56	1	43	14	2
14	39	2	29	58	1	44	18	1

续　表

序号	最大匹配点数	最大误匹配数	序号	最大匹配点数	最大误匹配数	序号	最大匹配点数	最大误匹配数
45	6	2	64	43	1	83	11	1
46	2	1	65	15	2	84	15	1
47	3	1	66	43	8	85	29	1
48	10	2	67	26	1	86	35	1
49	11	6	68	11	2	87	9	1
50(错误)	6	7①	69	9	2	88	13	0
51	22	2	70	42	7	89	14	2
52	13	6	71	6	0	90	43	1
53	14	3	72	24	2	91	32	8
54	9	2	73	30	1	92	16	1
55	10	3	74	36	3	93	17	4
56	2	1	75	6	2	94	12	1
57	20	2	76	5	0	95	7	1
58	11	1	77	5	2	96	17	2
59	7	2	78	5	1	97	7	4
60	4	2	79	7	0	98	4	1
61	7	2	80	14	1	99	14	1
62	12	5	81	18	1			
63	8	1	82	15	2			

多次实验表明，不同的图片由于其大小不同，有效特征点数相差很大，这时候并不适合使用门限判决方式，所以我们采取匹配的最大特征点数作为识别准则。由表 2 可以计算出来，识别成功率高达 99％，因此该算法非常有效。

五　结论与展望

"古文字自动识别必须有相应的大数据计算机平台作为它立足的基础。"②利用已有的数据库甲骨

---

① 该地方显示识别错误率较高，说明或因样本图片小或失真大，该图片识别出现错误。
② 刘志基：《简析古文字识别研究的几个认识误区》，《语言研究》2019 年第 4 期，第 89—95 页。

文单字,我们课题组尝试运用MATLAB软件的古文字图像编码识别方法,采用3×3的图像分割比例直接读取整字图像,即可精确获得每个古文字字形的唯一数据编码。本次实验在已有基础上,采用特征不变法匹配算法,从甲骨文单字图片每个像素的灰度值入手,以像素之间的变化关系作为图片的特征点进行甲骨文识别。无论对甲骨文单字图片进行旋转、缩放、对比度调整、电子设备噪声处理,其识别测试结果都非常好,其识别准确率为99%,识别精度相当高,抗干扰能力强,这说明了特征不变算法对不同失真图像的识别能力很高,也就是说,通过特征不变算法建立的甲骨文的特征点库对甲骨文识别具有非常重要的作用。

由于特征不变算法所采集的特征点库相当多,其识别精度高,抗干扰能力强,但同时识别速度有所减慢。在今后的进一步研究中,我们将重点研究如何提高识别速度,目前的研究思路是:第一,缩小待识别图片,损失少部分特征点,但仍能成功识别;第二,通过大量实验,确定最优门限值;第三,采用SURF算法进行加强,可降低计算量,牺牲些许的识别准确率。

【参考文献】

[1] Feng G, Jing X, Yong-ge L. Recognition of fuzzy characters on Oracle-bone inscriptions[C]//Computer and Information Technology; Ubiquitous Computing and Communications; Dependable, Autonomic and Secure Computing; Pervasive Intelligence and Computing (CIT/IUCC/DASC/PICOM), 2015 IEEE International Conference on. IEEE, 2015.

[2] Rui Y, Roman-Rangel E, Chao H, et al. "Building hierarchical representations for Oracle Character and sketch recognition"[J]. *IEEE Transactions on Image Processing*, 2016, 25(1): 104 - 118.

[3] Wang Z., Bovik A. C., Sheikh H. R., Simoncelli E. P.. "Image quality assessment: From error measurement to structural similarity"[J]. *IEEE Transactions on Image Processing*, 2004, 13(1).

[4] 高峰,吴琴霞,刘永革,熊晶.基于语义构件的甲骨文模糊字形的识别方法[J].科学技术与工程,2014,14(30):67 - 70,86.

[5] 顾绍通.基于拓扑配准的甲骨文字形识别方法[J].计算机与数字工程,2016,44(10):201 - 206.

[6] 李锋,周新伦.甲骨文自动识别的图论方法[J].电子科学学刊,1996(S1):41 - 47.

[7] 栗青生,吴琴霞,杨玉星.甲骨文字形动态描述库及其字形生成技术研究[J].北京大学学报(自然科学版),2013,49(01):61 - 67.

[8] 栗青生,杨玉星,王爱民.甲骨文识别的图同构方法[J].计算机工程与应用,2011,47(8):112 - 114.

[9] 刘永革,刘国英.基于SVM的甲骨文字识别[J].安阳师范学院学报,2017(2):54 - 56.

[10] 吕肖庆,李沫楠,蔡凯伟,王晓,唐英敏.一种基于图形识别的甲骨文分类方法[J].北京信息科技大学学报(自然科学版),2010,25(S2):92 - 96.

[11] 史小松.基于支持向量机的甲骨文字结构分析研究[D].上海:华东师范大学,2010.

[12] 孙莹莹.基于混合核LS-SVM的古汉字图像识别[D].合肥:安徽大学,2015.

[13] 中国社会科学院考古研究所.殷墟小屯村中村南甲骨[M].昆明:云南人民出版社,2012.

[14] 周新伦,李锋,华星城,韦剑.甲骨文计算机识别方法研究[J].复旦学报(自然科学版),1996(5):481 - 486.

Oracle Bone Script Recognition Based on Feature Points

Chen Tingzhu　Liu Zhiji

(School of Humanities Shanghai Jiao Tong University, Shanghai 200062, China; Center for the Study
and Application of Chinese Characters, East China Normal University, Shanghai 200062, China)

Abstract: Traditional Oracle Bone Script Recognition (OBSR) has been subject to abundant research, recognition accuracy, speed and reliability can still be improved. In particular, the existing OBSR technology relies heavily on experts while Oracle Bone Inscription adoption rate and information sharing is relatively low. In this paper, we use SIFT feature invariant matching algorithm to simulate the real scene. Starting from the gray value of each pixel of Oracle Bone Inscription single-character image, we use the changing relationship between the pixels as the feature points of the image to recognize oracle bone inscription. Whether the oracle bone inscription single character image is rotated, scaled, contrast adjusted and electronic equipment noise processed, the recognition test results are very good. Its recognition accuracy is 99%, and the recognition accuracy is quite high. This shows that SIFT algorithm has a high recognition ability for different distorted images, that is to say, the A established by SIFT algorithm. SIFT feature point Library of bone inscriptions plays an important role in Oracle inscription recognition.

Key words: oracle bone inscription; feature matching; recognition

关于甲骨文所谓"犾"字的一点补充意见
——附说古文字中从"豕"的"献"字

朱国雷

【摘　要】甲骨文中有一个用作"远迩"之"迩"及地名的字,旧隶作"犾(臩)"。此字所从动物形并非"犬",而是"豕",应当改隶作"琢"。金文中过去看作从"犬"的所谓"犾"也应当一并改隶作"琢"。据此我们可以将甲骨金文中的"琢"字与侯马盟书的"辇"字及清华简《四告》的"鑫"字建立联系。"琢"字应当看作从"埶"省声、从"豕"之字。旧以为从犬的"献"字在甲骨以及部分西周金文中亦从"豕"。

【关键词】远迩;琢;豕;犬;献

【作者简介】朱国雷,清华大学人文学院历史系博士研究生,研究方向为古文字与出土文献、先秦秦汉史、数术。(北京 100084)

甲骨文中有一个字,郭沫若先生隶作"臩",以为:"臩即金文犾字……由卜辞与金文互证,知犾实臩之省。"① 此字在甲骨文中常用作地名。裘锡圭先生赞同郭沫若先生的意见,并在郭沫若先生之后找到了甲骨文中的"犾"字,指出甲骨文中部分"犾"字用作"远迩"之"迩"。② 两位先生的观点可谓卓识,不过部分结论仍有完善的空间。

现在看来,甲骨文所谓"犾"③字所从的"犬"旁似当改作从"豕","犾"字或可改隶作"琢"。

一　从楚简中用为"迩"的从"豕"之字谈起

楚简中常见用三类字来表示"远迩"之"迩":A 类字从"埶"从"豕",B 类字为"埶"或"埶"声字,C 类字为"逐"。略举相关字形如下:

A：〔字〕《殷高宗问于三寿》简 15　〔字〕《四告》简 36

B：〔字〕郭店《缁衣》简 43　〔字〕《治政之道》33　〔字〕《说命》(中)简 3

C：〔字〕《治政之道》简 38　〔字〕《季庚子问于孔子》简 19

"埶"声字可以通为"迩",学者多有论证,文献上的证据亦颇多,此处略而不论。学者们最早注意到 C 类字可以表示"迩"是在上博五发表之后,原整理者将该字释为"移"。④ 季旭昇、陈剑两位先生先后将此字改释为"逐"。⑤ 杨泽生先生从《说文》"貗"字或体作"祿"这一点出发,将此字读为"迩"。⑥ 杨泽生先生是从《说文》或体出发,结合辞例将"逐"读为"迩",非常恰当。邬可晶先生进一步释出了《容成氏》中用为"迩"的"逐"字,他在文章中的追记中提到一个猜想:

---

① 郭沫若:《殷契粹编考释》,《郭沫若全集·考古编》第 3 卷,科学出版社,2002 年,第 608—609 页。

② 裘锡圭:《释殷墟甲骨文里的"远""犾"(迩)及有关诸字》,《古文字研究》第十二辑,中华书局,1985 年,收入裘锡圭原著,黄天树等读解:《中西学术名篇精读·裘锡圭卷》,中西书局,2015 年,第 207—223 页。

③ 这里的"犾"是一个广义概念,包括其异体"臩"等相关字形,下文非必要处均以"犾"字代指。

④ 马承源:《上海博物馆藏战国楚竹书(五)》,上海古籍出版社,2005 年,第 228 页。

⑤ 季旭昇:《上博五刍议(上)》,简帛网 2006 年 2 月 18 日(http://www.bsm.org.cn/?chujian/4416.html);陈剑:《谈谈〈上博(五)〉的竹简分篇、拼合与编联问题》,简帛网 2006 年 2 月 19 日(http://www.bsm.org.cn/?chujian/4424.html),后收入陈剑:《战国竹书论集》,上海古籍出版社,2013 年,第 173 页。

⑥ 杨泽生:《〈上博五〉零释十二则》,简帛网 2006 年 3 月 20 日(http://www.bsm.org.cn/?chujian/4515.html)。

楚文字"迩"或作"𧺆"增从"辵"旁之形（参看李守奎《楚文字编》104 页），本文所论用为"迩"的"逐"，不知有没有可能是由从"辵"从"豭"之形省变而成的。①

可见邬先生已经敏锐地将 C 类字与 B 类字和 A 类字建立了联系，后来《殷高宗问于三寿》的整理者也在整理本中采纳了邬先生的观点。② 赵平安先生则进一步将《殷高宗问于三寿》简 15 的"遐"字与甲骨文中旧隶作"奰"的相关字建立联系，他说：

> 颇疑战国文字"逐（er）"的声符就是由甲骨文"奰"一类写法省简而来的。大约先省作"遐"，再省作"逐"。"遐"声符上面部分由臼和丨两部分构成。丨系"木"的省变，"豕"系"犬"的讹变。③

赵先生将"遐"字与甲骨文中的"奰"相联系的思路很有启发，认为 C 类字系由甲骨文中的"奰"字省变而来的观点也十分可信。

我们知道甲骨金文中有过去隶定作"犾"或"奰"的字形，用作"远迩"之"迩"或地名，如何解释这类字形中的所谓"犬"形在后来变成了"豕"形是一个问题。邬可晶先生引郭永秉先生的意见认为是"声化"④，赵平安先生认为可能是"讹变"⑤。"声化"说于音理不合，邬先生在后来出版的论文集中已放弃该说法。⑥ "讹变"说亦存在一定的障碍，目前尚未见到楚简中有从"犬"之字表示"远迩"之"迩"这一现象，若是"犬"讹变为"豕"，似乎过于彻底。

实际上金文和甲骨文中过去隶作"犾"或"奰"的字形，绝大多数都应该隶作"豭"或"豩"。原字并不从"犬"，实从"豕"。

二　所谓"犾"字从"犬"源自对金文相关字形的错误分析

我们先从金文中的相关字形说起，郭沫若和裘锡圭两位先生都将甲骨文中的相关字形隶定作从"犬"，很大程度上是受到了孙诒让、王国维等前代学者的误导。影响两位学者隶定作犬的其中一个根据是西周金文中的相关字形（为指称方便，以下以△代指该字形），相关字形见于克鼎、番生簋、晋姜鼎、犾父鼎⑦等。上述青铜器上的△字，孙诒让、高田忠周、王国维诸位先生均释作"犾"。⑧

但实际上将金文中的△隶定作"犾"并非没有人质疑，早在 1902 年之前，日本学者河井荃庐就已经指出克鼎上的△字"元可作豭"——高田忠周先生在《古籀篇》一书中称："吾友河井氏云'《说文》貜字异文作𤞞，古文豕犬混用，而字或作狝为迩庙字，或借𤢾为之，艺祖是也，然此篆元可作豭，合𤢾𤞞为形，亦貜字异文，而与迩通用耳'此说亦可通，并存备参云。"⑨其后张亚初、李家浩、郭永秉、田炜等诸位先生均指出金文中的部分△字从"豕"。⑩

---

① 邬可晶：《释上博楚简中的所谓"逐"字》，《简帛研究 2012》，广西师范大学出版社，2013 年，第 33 页。
② 李学勤主编：《清华大学藏战国竹简（伍）》，中西书局，2015 年，第 155 页。
③ 赵平安：《试说"迩"的一种异体及其来源》，《安徽大学学报（哲学社会科学版）》2017 年第 5 期，第 87—90 页。
④ 邬可晶：《释上博楚简中的所谓"逐"字》，第 33 页。
⑤ 赵平安：《试说"迩"的一种异体及其来源》，第 90 页。
⑥ 邬可晶：《释上博楚简中的所谓"逐"字》，《战国秦汉文字与文献论稿》，上海古籍出版社，2020 年，第 121 页。
⑦ 根据我们的观点"犾驳𦨶"应当改作"豭驳𦨶"，为叙述方便，现一仍旧称，他例仿此，不另出注。
⑧ 孙诒让：《籀顾述林·克鼎释文》，中华书局，2010 年，第 223—224 页。〔日〕高田忠周：《古籀篇》，大通书局，1982 年，第 794—795 页。王国维：《观堂古金文考释·克鼎铭考释》，《王国维遗书》（四），上海书店出版社，2011 年，第 162 页。郭沫若：《殷契粹编考释》，第 608—609 页。裘锡圭原著，黄天树等读解：《中西学术名篇精读·裘锡圭卷》，第 217 页。
⑨ 〔日〕高田忠周：《古籀篇》，第 795 页。
⑩ 张亚初先生将晋姜鼎、克鼎、番生簋、犾驳𦨶诸器上的△字均隶作"豭"，李家浩先生就将克鼎上的△字隶作"豭"，郭永秉先生亦指出克鼎、番生簋盖上的△字从"豕"，田炜先生则将述盘上的△字隶作为"豭"。参见张亚初编著：《殷周金文集成引得》，中华书局，2001 年，第 1067 页。（据该书序言，此书编成于 1995 年。）张亚初：《商周古文字源流疏证》，中华书局，2014 年，第 1481 页。（此书为张先生之遗稿。）李家浩：《南越王墓车驲虎节铭文考释——战国符节铭文研究之四》，《容庚先生百年诞辰纪念文集》，广东人民出版社，1998 年，收入李家浩：《南越王墓车驲虎节铭文考释——战国符节铭文研究之四》，《安徽大学汉语言文字研究丛书·李家浩卷》，安徽大学出版社，2013 年，第 75 页。邬可晶：《释上博楚简中的所谓"逐"字》，第 33 页。田炜：《西周金文字词关系研究》，上海古籍出版社，2016 年，第 132 页。

总结前代学者观点,可知犾驭觥(《集成》09300)、克鼎(《集成》02836)、番生簋(《集成》04326)、逑盘(NA0757)、晋姜鼎(《集成》02826)①、文公之母弟钟(NA1479)②中的△字均从"豕"。其中克鼎、番生簋、逑盘同器都存在有其他从"犬"或从"豕"之字,我们以此三器为例,制为表1:

表1

器　名	△	从"豕"之字	犹
克鼎(《集成》02836)			
番生簋(《集成》04326)			
逑盘(NA0757)			

观察上表可以发现,豕与犬整体上存在着比较严格的区分。尾巴穿插打破躯干后部的是豕,尾巴与躯干后部并没有交叉打破关系的是犬。③ 因此△字从"豕"应没有疑问。

除了学者已经指出的上述诸器,鷙其簋(《集成》03873)、犾父鼎(《集成》02141)、犾驭簋(《集成》03976)诸器上的△字应当也是从"豕"的。

鷙其簋(《集成》03873)上的△字作""。王永光先生认为:"鷙字和中齋三行的'執'字写法基本相同,只是下部多一'禾'字。郭沫若先生释'執'为'藝'字,此字亦应是藝字,即后起之艺字。"④以往众多著录书亦多将此字隶定作"鷙"字。《陕西金文集成》一书有该字的高清照片作""(《陕集成》0747),同器"年"字作""(照片)、(拓片),△字下部所从与"年"字所从"禾"形迥异,隶定为从"禾"并不可靠。

董莲池先生将此字列于《金文编校补》151号,隶作"鷙"。⑤ 我们虽不同意董先生的隶定方式,但其思路却很有启发。考虑到过去学者常将金文中的"豚"看作"犾",猜想董莲池先生是把"鷙"字看作"犾"的异体,可能限于是书体例而未加说明。我们怀疑下方所从应当是"豕",可严格隶定作"鷙"。下方虽较西周金文常见的"豕"旁写法略有差别,然其尾部穿插打破躯干后部的特征依然十分明显。

犾父鼎(《集成》02141)上的△字作"",大概是由于笔画肥硕,"豕"的特征并不明显。然谛审拓本,右旁动物腹部位置有凸起,其凸起部分和右下角的尾巴大致处于一条直线上。两相联系,腹部的

---

① 晋姜鼎△字作"",张亚初先生最早将此字隶定作"豚",参见张亚初编著:《殷周金文集成引得》,第1067页。△字所在文例为"用康柔绥怀远△君子",右旁字形上部也与晋系文字中"豕头"写法相类,隶定作"豚"应无问题,原器摹本可能有缺失。

② 《新见金文字编》《春秋文字形表》两书已经将文公之母弟钟的△字隶定为"豚"。参见陈斯鹏、石小力、苏清芳编著:《新见金文字编》,福建人民出版社,2012年,第293页;吴国昇编著:《春秋文字形表》,上海古籍出版社,2017年,第430页。

③ "豕"与"犬"的这一区别特征一直延续到春秋战国时期,春秋时期的相关字形可参阅吴国昇编著:《春秋文字字表》,上海古籍出版社,2017年,兹不具列。战国时期的"豕"与"犬"写法的区别,邱洋先生曾以楚简为例进行了分析,并据此改释《四告》简38的"父犬"合文为"父豕",可信,参看邱洋:《释清华拾〈四告〉简38的"豕"》,简帛网2021年4月6日(http://www.bsm.org.cn/?chujian/8381.html)。姚萱先生认为出组卜辞中已经出现了"(豕)腹部的下方一斜笔与尾部的一笔连起来刻写"的"豕"字写法,并将其与商周青铜器铭文的"豕"字和"豕"旁写法相联系。参见姚萱:《殷墟甲骨文"冢"、"浚"两字考辨》,《中国文字研究》第二十三辑,上海书店出版社,2016年,第17页。其实姚萱先生所举与金文"豕"字类似写法的"豕"字实为"豭"字,张怡先生对姚萱先生列出的字形进行辨析,指出当释为"豭"和"浚",可信。参见张怡:《考释殷墟出组卜辞中和二字》,《博物院》2019年第6期,第44—46页。张怡先生改释无误,不过他也认为有部分豕腹部的下方一斜笔与尾部的一笔连起来刻写,其实仔细观察相关字形,从笔势看,这些字中表示"豕势"的部分和表示"豕尾"的部分很难说是连在一起刻写的,反而绝大多数都是分别刻写的。

④ 王光永:《宝鸡县贾村塬发现矢王簋盖等青铜器》,《文物》1984年第6期,第19页。

⑤ 董莲池:《金文编校补》,东北师范大学出版社,1995年,第546页。

凸起当即穿插到躯干下部的尾巴部分。

犾驭簋（《集成》03976）上的△字作"🐾"，字右旁确实与"犬"形相混，这或许也是很多学者没有将这个字看作从"豕"的原因。我们认为，犾驭簋△字右旁的所谓"犬"形应当看作"豕"形的讹误。西周金文中确有这种与"犬"形相混的"豕"，如录伯或簋盖（《集成04302》）上的"象"字写作"🐘"，"象"字所从的"豕"形作"🐾"，与犾驭簋△字右旁写法相同，可证这里的"🐾"形确能表示"豕"。根据裘锡圭先生的研究，"迩驭"为职名，犾驭簋的作器者是吴族人之任"迩驭"者，犾驭觥的作器者"迩驭弟史"是作簋者的弟弟。① 而犾驭觥的△字作"🐾"，右旁适作"豕"，似亦可证犾驭簋上的△字右旁所从应为"豕"。

为何犾驭簋本从"豕"的△字会与"犬"形相混？这可能和西周早期"豕"的写法有关。我们可以根据时代将△字分为西周早期和西周晚期两类，制为表2：

表2

西 周 早 期			西 周 晚 期			

犾父鼎	犾驭簋	犾驭觥盖	克鼎	番生簋盖	逨盘	鼄其簋

由上表不难看出，西周早期和西周晚期在表现"豕尾"的方法上是有差别的。西周晚期的△字所从豕旁的豕尾有一个下垂的趋势，豕尾留在腹部下面的笔画较长。西周早期△字所从豕旁的豕尾则大致呈一条直线，或取上翘之势，豕尾留在腹部下面的笔画较短。不只△字，一些西周早期的其他从豕之字亦有这一特征，如懁季遽父卣（《集成》05357）的遽字："🐗"。

这一特征亦与周原甲骨"㺇"字所从的"豕"形相合：

🔲（照片）　　　🔲（去底色）H11：73②

🔲（照片）　　　🔲（去底色）H11：127

H11：127豕尾穿插打破躯干后部，豕尾整体呈一条直线，H11：73和H11：127的情况类似，唯豕尾留在腹部下面的笔画较短，且尾部卷曲上翘。颇疑犾驭簋的🐾字正是由H11：73这种字形讹变过来的，当H11：73这种豕尾留在腹部下面的短笔画被忽略后就极易变作🐾字的右旁。过去许多书籍将H11：73误摹作🔲正是这种讹变可能发生的一个证明。🐾、🐘这类字豕旁的来源可能是这样的：

🔲 → 🔲 → 🔲 🔲

从另一方面来说，可能正是因为"豕"在"🐾""🐘"中只是作为整字的一部分存在，而整字剩余部分的限定使"豕"在整字中具有了唯一性，故而刻写得比较随意，但并不影响人们认出这两个字本来是从"豕"的事实。

综上所述，金文中的△字从"豕"，可隶作"毅"。结合春秋时期的文公之母弟钟的△字以及楚简中的△字字形，我们可以说△字自西周以至春秋战国都是从"豕""埶"省声之字。

---

① 裘锡圭：《说从"岂"声的从"贝"与从"辵"之字》，《文史》2012年第3期，第14页。"毅驭"，裘先生原文读作"褒驭"，此处从田炜先生意见改读为"迩驭"，参见田炜：《西周金文字词关系研究》，第133—134页。

② 右边"象"字疑漏刻贯穿"豕"躯干的横笔。

三 从甲骨文类组差异来看所谓"犾"字

既然金文中的△字实从"豕",则据金文中的△字将甲骨文中的相关字形隶定作从"犬"观点就需要重新考虑。其实谢明文先生已经注意到甲骨文中有"豵"字,他举《怀》1648＋《合》33231 之 、《合》31778(《合》39421)之 、《美》484 之 为例,认为三字实从"豕",说明从"豕"之"豵""豪"字甲骨文中已经出现。其说可信。

但他似乎并没有完全否定将甲骨文中用作"远迩"之"迩"等相关诸字释"犾"或"臭"的观点。他说:"'豪'之于'豵',犹如'臭'之于'犾'。……从辞例看,甲骨文中'豵''豪'分别与'臭''犾'的用法相同。"①谢先生似乎认为甲骨文中存在从"豕"和从"犬"两类形体,二者是异体关系。这种观点当然是一种审慎的处理态度,不过,如果我们梳理相关字形,大体上是可以将甲骨文中的这类字形全部改释为"豵"或"豪"字的。②

关于甲骨文"豕"与"犬"的区别,王国维、姚孝遂、陈汉平、单育辰等学者都曾有不少讨论。③ 单育辰先生则分类组讨论了"豕"与"犬"的差别,他的判断大体是可信的。随着甲骨卜辞分类与断代研究的深入,许多学者都注意到不同类组的卜辞在文字形体和用字习惯上存在着较为明显的差异,学者利用这种差异来辨析相关字形已经取得了不少可信的成果。④ 因此下面我们也将采用分类组讨论的方法论证甲骨文中旧释作"犾"或"臭"的字应当改释作"豵"或"豪"。为更加客观体现"豕"与"犬"的差别,相关字形将尽量选取自同版,拓片字形优先选择较为清晰的著录书。

先来看一下历组的相关字形:

表 3 历组字形对比

△	《怀》1648	《屯》341		
"豕"及"豕"旁	《合》32674	《屯》997	《合》34137	《合》34155
犬	《合》32674	《屯》997	《合》34137	《合》34155

历组卜辞△字一共出现两例,一例用作"迩",一例为地名。试看上表同版共见的"豕""犬"字形,"豕"多垂尾且多无爪,"犬"多折尾,且多有爪,整体上犬尾较长,豕尾较短。《合》32674 的"犬"足上无爪但犬尾曲折,《屯》997 的"犬"字作垂尾但足上刻爪,可见区分历组卜辞的"豕"与"犬",应当至少同时结合"豕"与"犬"尾巴和足部两处的特征。上表所列的"豕"字及"豕"旁均有腹,其实历组的"豕"亦有作无腹状的,如《屯》664 的"逐"字写作 。对比可见,《怀》1648△字所从确为"豕"字。《屯》341 的字形稍有不同,不过《小屯南地甲骨》当初的整理者在该书的索引部分是将该字与《屯》3759 的 字认同

① 谢明文:《说"狄"》,《文史》2019 年第 1 期,第 21 页。
② 谢明文:《说"狄"》,第 18—19、21 页。
③ 相关讨论参看姚孝遂:《契文考释辩正举例》,《古文字研究》第一辑,中华书局,1979 年,收入姚孝遂:《契文考释辩证举例》,《姚孝遂古文字论集》,中华书局,2010 年,第 130 页;陈汉平:《古文字释丛》,《出土文献研究》第一辑,文物出版社,1985 年,收入陈汉平:《屠龙绝绪》,黑龙江教育出版社,1989 年,第 62 页;单育辰:《说甲骨文中的"犬"》,中国文字编辑委员会编:《中国文字》新 43 期,艺文印书馆,2017 年,收入《甲骨文所见动物研究》,上海古籍出版社,2020 年,第 73—74 页。
④ 相关学术史王子杨先生有较为详细的梳理,可参看王子杨:《甲骨文字形类组差异现象研究》,中西书局,2013 年,第 1—22 页。

为同一个字的①，《屯》3759 的字从豕（详下文），这样看来《屯》341 的字亦当看作从豕。

在各类组卜辞中，无名组中的△字数量最多，接下来我们先举同版中有"豕"或"犬"对比的其中五例：

表4 无名组字形对比（一）

△					
	《合》29234	《合》29236	《屯》2531	《美》484	《合》28398
"犬"及"犬"旁					
	《合》29234②	《合》29236③	《屯》2531	《美》484	
"豕"及"豕"旁					
				《美》484	《合》28398

此五例中前两例△用作"逐"④，后三例用作地名。前四例同版均有从"犬"之字出现，最后一例同版有"豕"字出现，这对于我们判断△字从"豕"非常有利。《合》29234、《合》29236、《美》484 的△字，所从动物形足均无爪，而见于同版的"麙"或"犬"字足均有爪，《美》484△字所从动物形又与同版字所从"豕"旁相同，可见这些△字所从当非"犬"字，而是"豕"字。《屯》2531"歞"字所从犬虽未刻画犬爪，但其长而曲的尾巴与△字的短尾还是形成了鲜明的对比，因此《屯》2531△字应当也是从"豕"的。

《合》28398 辞例为"叀先逐，擒，亡灾"。△字和下方的"豕"字相邻，两字的位置关系如图所示为。许进雄先生在《明义士收藏甲骨释文篇》一书中已经将其拆分为"△"""两字，并将△字释作"襄"，同时认为""可能是水牛。⑤ 许先生释"△"为"襄"，认为""可能是水牛的观点虽非正解，然分为"△"""两字则很有见地。后来的工具书或将两字看作一字⑥，或将其拆为""""两字⑦，均不可从。吴丽婉先生在许进雄先生基础上释两字为"逐豕"⑧，同版另一条卜辞作"壬寅卜，王其田，叀襄兕先围，擒，亡灾，王侃"，格式同为"叀＋地名＋动物＋先逐/先围"，可见吴丽婉先生释两字为"逐豕"正确可信。《合》28398 的△字下方所从两动物形与△字下"豕"字的写法雷同，故而《合》28398 的△字所从两动物形也是"豕"字。⑨ 准此，以上五例中的△字所从均为"豕"字。

我们将无名组剩余的△字大致分为两类，一类为所从动物形尾巴是垂尾，另一类动物形尾巴为直尾。首先看第一类：

---

① 中国社会科学院考古研究所编：《小屯南地甲骨》，中华书局，1983 年，第 1204 页。

② 《合》29234 两字拓片据《后》上 14.8。

③ 《合》29236 两字拓片据《甲》615。

④ 28 和 29 是同文卜辞，裘先生已经指出，参见裘锡圭原著，黄天树等读解：《中西学术名篇精读·裘锡圭卷》，第 221 页。

⑤ 许进雄：《明义士收藏甲骨释文篇》，宋镇豪、段志洪主编：《甲骨文献集成》第 5 册，四川大学出版社，2001 年，第 162 页。

⑥ 姚孝遂主编：《殷墟甲骨刻辞摹释总集》，中华书局，1988 年，第 631 页；于省吾主编：《甲骨文字诂林》，中华书局，1996 年，第 1588 页；曹锦炎、沈建华编著：《甲骨文校释总集》，上海辞书出版社，2006 年，第 3176 页；李宗焜编著：《甲骨文字编》，中华书局，2012 年，第 558 页；刘钊等编纂：《新甲骨文编》，福建人民出版社，2014 年，第 582 页。

⑦ 胡厚宣主编：《甲骨文合集释文》，中国社会科学出版社，1999 年，第 28398 号；陈年福：《殷墟甲骨文摹释全编》，中华书局，2010 年，第 2535 页。

⑧ 吴丽婉：《〈甲骨文字编〉校补》，博士学位论文，首都师范大学，2017 年，第 97 页。

⑨ 事实上尽管之前的工具书对《合》28398""的释读存在问题，但部分工具书已经注意到""与"豕"有关，如《甲骨文字诂林》将其列于"豕"字头下。《甲骨文合集释文》释""为"羴"，《殷墟甲骨文摹释全编》释为"豩"。参见于省吾主编：《甲骨文字诂林》，第 1588 页；胡厚宣主编：《甲骨文合集释文》，第 28398 号；陈年福：《殷墟甲骨文摹释全编》，第 2535 页。

表5　无名组字形对比（二）

△	《合》28807　《合》29333　《合》29336　《合》29334　《合》29337 《英》2302　《京人》2104　《屯》2702　《合》33168① 《合补》9034② 　 《合》29340＋《合》29339＝《苏》283③
"豕"及"豕"旁	《合》28323④　《合》28899　《合》30411　《合》32984　《合》33397 《合》33610
犬	《合》28323　《合》28899⑤　《合》30411　《合》32984　《合》33397 《合》33610

此一类△字均用作地名。观察上表中见于同版卜辞的"豕"及从"豕"之字和"犬"字，"豕"均为垂尾且豕尾较短，有时甚至直接省去了豕尾，如上表《合》30411和《合》33610的"豚"字，豕足无爪。同版"犬"字则多为折尾，犬尾较长，犬足有爪。将△字所从动物形与二者对比，△字所从当为"豕"字。

上表诸△字中，有几个仍需略加论述：《屯》2702的"■"字所从之"豕"尾巴弧度稍有曲折，但从其足上无爪以及辞例与《合》29334、《苏》283类似这两点来看，仍应当是"豕"字，疑契刻时稍有讹误。

接下来我们来看一下△字所从动物形尾巴为直尾的情况：

表6　无名组字形对比（三）

△	《合》29335　《合》29341　《合》30273　《屯》3759
"豕"旁	《合》27901　《合》29537　《合》30510　《合》30867　《合》31191
犬	《合》27901　《合》29537　《合》30510　《合》30867 《合》31191

---

① 《合》33168右旁上部为"木"之下半角，下部为"土"形。"木"之下半角中竖较"土"形左撇笔纤细，"土"形左撇笔与"土"形剩余笔画粗细一致，可知此字右旁为"杢"，而非"立"。

② 《合补》9034原拼合稍有错位，作■，现对其微调作■，表中所用字形来自微调后的拓片。

③ 缀合见胡厚宣主编：《甲骨文合集材料来源表》，中国社会科学出版社，1999年，第753页。今按《合》29340＋《合》29339为照片遥缀，两照片之间仍有缺环，《苏》283似为完整版摹本。

④ 此字旧多隶定为"犾"，或释"狼"，或释"狐"，或释"獏"。岛邦男、雷焕章、林沄曾先后指出此字从"豕"，单育辰在此基础上论定此字从"豕"。参见〔日〕岛邦男：《殷墟卜辞综类》，汲古书院，1971年，第220页；雷焕章：《法国所藏甲骨录》，光启出版社，1985年，第158、396页；单育辰：《说甲骨文中的"豕"》，《出土文献》第九辑，中西书局，2016年，收入单育辰：《说"豕"》，《甲骨文所见动物研究》，第99—100，104页。

⑤ 《合》28899两字拓片据《外》434。

此一类△字前两例用作地名，后两例用作"迍"。观察上表中见于同版卜辞的从"豕"之字和"犬"字，"豕"均作直尾且豕尾较短，豕足无爪，"犬"为折尾或翘尾，犬尾较长，除《合》30510以外其他犬足皆有爪。将△字所从动物形与二者对比，△字所从当为"豕"字。

除以上三表中提到的△字字形，无名组还有几例笔画残损的△字：▮（《合》28806）、▮（《合》29330）、▮（《合》29331），裘先生以为亦是△字。[①] 三字可能也是从"豕"的△字。准此，见于无名组卜辞的△字从"豕"应当是可信的。

何组卜辞中△字出现的频率不如无名组那样高，目前所见四例均用作地名：

表7　何组字形对比

△	▮《合》28577	▮《合》29332	▮《合》29338	▮▮《怀》1307[②]
"豕"及"豕"旁	▮▮《合》27383	▮《合》28310	▮《合》28311	▮《合》29540
"犬"及"犬"旁	▮《合》28877	▮《合》29389	▮▮《合》29391	▮《合》29544

观察上表，何组豕作直尾或垂尾，豕足多无爪，犬作翘尾（《怀》1307翘尾部分似未刻画完整），犬足多有爪。将△字所从动物形与二者对比，可以看出《合》28577、《合》29332、《怀》1307上的△字确系从"豕"。

《合》29338的△字从"犬"，可能是误刻。同条卜辞"贞"字及其上一字的相对位置如图所示：▮，据其残画，贞上一字可能是何组较为常见的贞人"犾"，如果这个猜测成立的话，那么《合》29338的△字可能是受贞人"犾"字影响而类化为从"犬"。这种现象颇为多见，如隶定作田猎地名的"馘"字本从"方"，《合》28888的"馘"字受同版"▮"字影响类化为从"犬"，作"▮"。《合》28307则受同版"豕"的影响类化为从"豕"，作"▮"。[③] 总之《合》29338的△字属于特例，恐不能据此否定何组中△字从"豕"的事实。

黄组卜辞中△字目前仅见一例，用作地名：

表8　黄组字形对比

△	▮《合》31778（《合》39421）		
"豕"及"豕"旁	▮《合》37468	▮《合》37540	▮《合》37557
"犬"及"犬"旁	▮《合》37468	▮《合》37540	▮《合》37557

---

① 裘锡圭原著，黄天树等读解：《中西学术名篇精读·裘锡圭卷》，第221页。

② 右侧为许进雄摹本，据《甲骨文献集成》选取，原书如此，不甚清晰，然大体仍能判断出下从两"豕"。此字《摹释总集》摹为"▮"，《殷墟甲骨文编》摹作"▮"，左下角所摹亦失真，然右下角仍可辨识是"豕"。参见许进雄：《怀特氏等收藏甲骨文集》，宋镇豪、段志洪主编：《甲骨文献集成》第3册，第528页；姚孝遂主编：《殷墟甲骨刻辞摹释总集》，第1151页；韩江苏、石福金：《殷墟甲骨文编》，中国社会科学出版社，2017年，第444页。

③ 王子杨先生认为："'▮'就是'馘'字的省体。……从辞例上看，'▮'的用法与'馘'完全相同，甚至辞例几乎相同。"其说可信。详见王子杨：《甲骨文字形类组差异现象研究》，第142页。

在上表中，黄组"犬"与"豕"的差别主要体现在足部特征，大体上豕足无爪，犬足有爪。尾部差别已经不甚明显，有的犬仍作折尾，有的已经成了直尾和垂尾，大体上豕尾较短，犬尾较长。这一点无论是见于同版的相关字形还是散见于不同版的字形，"豕"与"犬"、从"豕"和从"犬"大致泾渭分明。将△字所从动物形与二者对比，可证黄组的△字亦从"豕"。

现在我们可以说甲骨文中用为"远迩"之"迩"及地名的△字是从"豕"的，可统一隶定作"𧱬"或"𧲈"。"𧱬（𧲈）"字自商代伊始就是一个从"豕""埶"省声的字，且一直延续到战国文字。

四 "𧱬"字的演变

现在我们可以来勾勒一下"𧱬"字的演变历程了，探讨"𧱬"字的演变历程之前，首先需要弄清楚 （《合》29236）、 （《合》29234）、 （《怀》1648）三字构形。三字构形最为特殊的是左上角的"止"形。过去裘锡圭先生将这几个字隶定作"𧱩"，他说：

> 第一期甲骨文里的 可能是"埜"的简写，(38)（引者按：即《合》29236） 字的左旁也很可能是"埜"的简写。……(39)（引者按：即《合》29234）跟(38)是同文卜辞，此辞"王"下一字（引者按：即 ）跟 字无疑是一个字。它的左旁的上部讹变成"止"形。这跟前面讲过的"袁"字的情况如出一辙。①

可见裘先生认为以上三字左上角是"木"形省略为"丨"形，"丨"形与单手（"又"形）结合从而讹变为"止"形，其演变逻辑与"袁"字类似。②

问题在于"𧱬"字左旁未见单手加"木"形省略为"丨"形的例证。裘先生所举的 （《合》18730））③字例证，陈剑先生曾引林宏明先生"''或许是风神或其他能使云散离一类的神名"的意见，进而指出"是否能释为'埶'字异体，似尚待研究"④，后裘先生亦放弃释 为"埶"的看法而改释为"爇"字⑤，可见 字并不能作为"埶"所从之"木"可省略为"丨"的证据。

"木"形省略为"丨"形的"𧱬"字的例子有一个，即《合补》9034 的" "字，不过此字从双木，右侧为完整"木"形，左侧为木形省略为"丨"形，且这个字的构形和我们要讨论的三个字并不完全相同，整体为上下结构，上部为双手形，左侧"木"形省略为"丨"形可能是受空间限制。甲骨文中写作左右结构的"𧱬"字无一例外全部都是省略手形，保留手形的全部为上下结构的"𧱬"字（见表9）。

所以， （《合》29236）、 （《合》29234）、 （《怀》1648）三字左上角的"止"形并非"丨"形与"又"形结合后的讹变，而是"丫"形的讹变，盖"木"形先省减作"丫"形，"丫"形进一步讹变为"止"形。

下面我们根据"𧱬"字所从"木"旁写法的不同，将其分为三类：

表9 "𧱬"字分类

	上 下 结 构			左 右 结 构
完整"木"形⑥	《屯》2531	《合》29333	《合》29336	

---

① 裘锡圭原著，黄天树等读解：《中西学术名篇精读·裘锡圭卷》，第 221 页。
② 裘先生关于"袁"字演变的论证参见裘锡圭原著，黄天树等读解：《中西学术名篇精读·裘锡圭卷》，第 213—215 页。
③ 此截图拓片据《乙》3622。
④ 陈剑先生意见参见裘锡圭原著，黄天树等读解：《中西学术名篇精读·裘锡圭卷》，第 219 页脚注 13。
⑤ 裘锡圭：《试释殷墟卜辞的"爇"字》，《古文字研究》第三十二辑，中华书局，2018 年，第 8 页。
⑥ 如前所述，《合补》9034 其中一个"木"形已省略为"丨"形。《合》29338 的"木"形有所繁化，实已成有两重枝叶的"未"字。

续　表

	上 下 结 构			左 右 结 构
	《合》29337　《屯》2702　《合》29341 《合补》9034　《合》29338 《合》31778(《合》39421)			
"木"形省为"Y"形	《合》28398　《合》29334　《合》28806 《合》29335　《合》29330 《合》29340+《合》29339＝《苏》283 《美》484			①　②(构拟字形)
"木"形省为"人"形	《合》29332			《屯》341　《英》2302 《合》33168　《合》30273 《屯》3759　《合》28577

　　观察上表我们可以发现，上下结构的"豖"字往往保留双手形(唯《美》484例外)，而在转变为左右结构时则全部省去了双手形。根据上表"木"形省为"人"形这类左右结构的字体我们可以构拟出"木"形省为"Y"形的左右结构字体；即上表中的（据《合》29335"豖"字构件构拟）、（据《合》29330、《合》29335"豖"字构件构拟）两字，（《合》29236）、（《合》29234）、（《怀》1648）三字即为这类形体的演变。

　　甲骨文"木"字上部的枝叶既有左右近似对称分布，也有上下错位分布，如：（《合》5749）、（《合》24271）、（《合》30299）、（《合》33298）、（《英》530）。《合》29330的"豖"字残形作"　"，所从"木"形上部（即"Y"形）左右枝叶适为上下错位分布，这种枝叶上下错位分布的"木"字上部就很容易讹变为"止"形。试看番生簋盖和逑盘上的"豖"字：（《集成》04326）、（NA0757），两字"木"旁上部实际已经是"止"形的写法。可证（《合》29236）、（《合》29234）、（《怀》1648）三字可能由（构拟字形）、（构拟字形）这类形体演变而来。③

　　具体而言，（构拟字形）、（构拟字形）这类形体先所从"木"形上部（即"Y"形）讹变为"止"形，

---

① 据《合》29335"豖"字构件构拟。

② 据《合》29330、《合》29335"豖"字构件构拟。

③ 王子杨先生在分析"坴（逸）"字构形时曾提到《怀特》1648的"　"字左侧所从可能本身就是"埶"的省减写法。"《合》9555(《乙》3534)'埶'字写作'　'，省去手形后，上部的'　'再讹变为'Y'，就是本节开头引出的C类写法(引者按，指（《合》848乙）、（《合》23599)这类字)之由来。"他将"坴"上所从看作"埶"省，声韵尚有隔阂，但认为《怀》1648左上可能是"Y"讹变为"　"则是可信的。详见王子杨：《甲骨文字形类组差异现象研究》，第247页。

即□(《合》29236)①,"止"形下缀加"一"形饰笔,遂变为□(《合》29234)、□(《怀》1648)这类形体。甲骨文中从"止"形之字,往往会在"止"形下方加"一"形饰笔,试看下面表10中的这些字:

表10

例　字	置	夋	先	□
"止"形不加饰笔	□《合》30693	□《屯》4397	□《合》28099	□《合》20070
"止"形加饰笔	□《合》1989	□《花》490	□《合》27947	□《合》8266

□(《合》29234)、□(《怀》1648)这种加饰笔的写法为后世所继承,清华简《四告》篇简36"□"字就是这一写法的苗裔。这和上表中的"先"字类似,加饰笔的"□"形成为后世主流。

根据这个演变逻辑,我们可以改释侯马盟书编号152:2的"□"(《侯马盟书字表新编》摹本)②字。

侯马盟书152:2号玉石上有一个字作:□(《侯马盟书》摹本)③、□、□(《侯马盟书文字编》摹本)④。《侯马盟书》整理者将此字放在了文字编部分"狂"字字头之下。⑤ 张颔先生虽然也认为此字是"狂",不过他将此字隶定作"狟"。⑥ 侯马盟书犬字及犬旁多见,如:□(1:55)、□(16:34)、□(67:21)、□(12:17)、□(200:58)。□字写法与左旁写法与犬不类,张颔先生将此字左旁隶定作"豕",可从。这种在"豕"的躯干上添加饰笔的写法楚简中多见,如:□(包山简226)、□(包山简227)、□(包山简227)、□(包山简227)、□(包山简244)、□(郭店《语丛一》13),这些字形可证侯马盟书□字左旁确为"豕"。

□字在侯马盟书中用作人名,除152:2号玉石之外,其他玉石均作□(195:1)、□(1:11)、□(1:41)等形。□字的释读过去争议不断,有释化、北、比、弧等多种意见,陶正刚、王克林两位先生最早释为"尼"字⑦。清华简《越公其事》"伲"字作:□(简35)、□(简44),程燕先生据此指出学者将侯马盟书的□字释为"尼"是正确的⑧。张颔先生最先将"□"字与"尼"字联系起来,他说:"至于盟书中有一例称赵尼为赵□(狟即狂)者,这是对赵尼的一种恶称,亦即对参盟人对赵尼的毁称。像殷人对帝辛一样:'天下为(引者按:'为'当作'谓')之纣'(《史记·殷纪》)。'"我们虽不同意张颔先生将"□"释为"狂"的

---

① 我们知道甲骨文"尞"字完整写法作"□"(《合》28003),罗振玉先生谓尞字实从木在火上,木旁诸点象火焰上腾指状。章伯尅簋尞字作"□",所从"木"形左右枝叶亦为上下错位分布。高田忠周先生曾敏锐地注意到"者"字上部所从与"尞"字上部所从有相似之处,他说□字下从火稍明晳,上作□疑□字,弭中簠□字作□、□者,戕鼎"者"字所从□亦作□,皆与此作□相似。陈剑先生曾在2019—2020学年秋季学期台北政治大学客座授课中提出,"者"字或从甲骨文"尞"字分化而来。他提出:"'吕'可以作'尞'的声符,我们知道,'予'字本是从'吕'字分化而来的,而从'予'声的'纾'字跟从'者'声的'绪'字可以相通,从'予'声的'序'字跟'绪'字更是古音完全相同,也可通用。"从商周时期"者"的古文字字形来看,或作□(龖簠·《集成》04215),或作□(者姒尊·《集成》05936),由□至□,其演变过程与□字左上"木"形的演变过程可以相互证明。若此,则"者"字的演变亦可证明"木"形上部可以讹变为"止"形。详见罗振玉:《增订殷虚书契考释》,《罗雪堂先生全集三编(二)》,大通书局,1989年,第477页;〔日〕高田忠周:《古籀篇》,第1808页;陈剑先生观点转引自范天培:《清华大学藏战国竹简(肆)~(柒)字根研究(第三册)》,花木兰文化事业有限公司,2022年,第351页。

② 张守中:《侯马盟书字表新编》,文物出版社,2017年,第114页。

③ 山西省文物工作委员会编:《侯马盟书》,文物出版社,1976年,第309页。

④ 张道升:《侯马盟书文字编》,黄山书社,2017年,第333页。

⑤ 山西省文物工作委员会编:《侯马盟书》,第309页。

⑥ 张颔:《侯马盟书丛考续》(原载吉林大学古文字研究室编《古文字研究》第一辑,收入《侯马盟书丛考续》),《张颔学术文集》,中华书局,1995年,第92页。

⑦ 陶正刚、王克林:《侯马东周盟誓遗址》,原载《文物》1972年第4期,此据高智主编:《侯马盟书研究论文集》,三晋出版社,2017年,第59页。

⑧ 程燕:《清华七札记三则》,简帛网2017年4月26日(http://www.bsm.org.cn/?chujian/7528.html)。

意见,不过他正确地将犼字左旁隶定作"豕",将此字与"尼"字联系起来考虑的思路则对笔者很有启发。

犼字既然从"豕",则释"狂"的意见就需要重新考虑。首先,古文字中目前似尚未见到从"豕"的狂字。其次,将狂当作对赵尼的恶称似乎也证据不足,古代学者已经指出称帝辛为纣很可能是同音假借①,故不能以此为证。既然赵犼与赵尼为同一人,最为直接的思路就是将犼与尼看作音近可通的两个字。楚简中常见的"尼"或从"尼"之字,学者多读为"远迩"之"迩",如前举清华柒《越公其事》简 35 的犼和简 44 的犼。

从字形看,"犼"字与《四告》中的"犼"字形体极其相似,而"犼"字恰可读为"远迩"之"迩"。准此疑"犼"和"犼"为一字,均为从"豕","埶"省声。如此则可解释为什么表示同一人名的"犼",在除 152∶2号玉石之外均写作"尼",两字实为音近假借。②

综上我们可以一幅图来描绘一下"豗"字的演变:

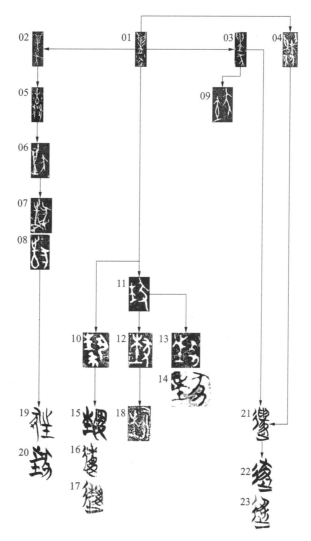

图 1 "豗"字的演变

---

① 孔颖达:《尚书正义》卷十"西伯戡黎",北京大学出版社,2000 年,第 307 页。

② 笔者改释侯马盟书犼字的观点曾作为一条札记的部分,收入自己所撰《清华简〈四告〉札记五则》一文中,该文于 2021 年上半年写就,曾先后经多位老师审阅,并于 2021 年 8 月作为申博材料的一部分提交清华大学人文学院历史系。后笔者在 2021 年年末见2021 年 11 月 28 日署名"藤本思源"者在简帛论坛"清华十《四告》初读"主题帖下的相关发言亦改释了此字。其具体论证过程稍有不同,可参看简帛网"清华十《四告》初读"主题帖,2021 年 11 月 28 日,第 180 楼。

01—09 殷商甲骨文:

01.《合》29333　02.《合》29335　03.《合》29332　04.《合补》9034

05.《美》484　　06.《合》29236　07.《合》29234　08.《怀》1648

09.《屯》3759

10—14 西周金文:

10. 犨其簋(《集成》03873)　　11. 犾驭觥盖(《集成》09300)

12. 克鼎(《集成》02836)　　13. 番生簋盖(《集成》04326)　　14. 逨盘(NA0757)

15—23 春秋战国文字:

15.《说命》(中)简 3　　16. 郭店《缁衣》简 43　　17.《治政之道》简 33

18. 文公之母弟钟(NA1479)　19. 侯马盟书 152:2　　20.《四告》简 36

21.《殷高宗问于三寿》简 15　22.《说命》(下)简 3　　23.《治政之道》简 19

"豩"字从"豕""执"省声,"豕"是义符。河井荃庐、郭沫若两位先生不约而同将该字看作"玃(狄)"字异文或古文。① 谢明文先生认为"豕"可能是狩猎对象。② 他们的观点应当是可信的。从甲骨文到西周金文再到战国文字,该字以"豕"作意符一以贯之,可见过去将该字看作从"犬"的说法应当予以纠正。

五　说古文字中从"豕"的"献"字

除了"豩"字从"豕"以外,古文字中的"献"字原本可能也从"豕"。

从甲骨文中来看,学者一般视作"献"的字有三例:

　　　无名组·《合》31812　　　黄组·《合》36345

　　　何组·《合》26954

辞例分别作:

　　□来献□ 　　　　　　　　　　　　　　　　　　　　　　《合》31812

　　□丑王卜,贞:龠巫九备,拃余尊,启告献侯龡晉□。 　　《合》36345

　　乙卯卜,狄贞:鬳(献)羌一,其用妣辛升。一 　　　　　《合》26954

从字形和用例看,这三个字应该对应后世的"献"字。《合》26954 的献字从虍从鬲的初文,可隶作"鬳"。若与表 4、表 5、表 6、表 8 所列无名组和黄组的"豕"及"犬"字对比,可知《合》31812、《合》36345 的献字实从"豕",由此可知"献"字或本是一个表意字,从"鬳"从"豕"会意。

过去我们对于"献字从豕"这一点似未加注意,实际上,观察西周金文的相关字形,除了主流从"犬"的献字之外,亦有少部分的献字也写作从"豕"。如西周晚期五年琱生簋(《集成》04292)的献字作"　(照片)③、　(处理后的照片)",六年琱生簋(《集成》04293)的献字作"　",伯邊父甗(《集成》00900)的献字作"　(用作'甗')"④。这些字形或许就是甲骨文这种从"豕""献"字的苗裔。

战国早期的鼄击钟上有一个字作"　(《集成》00157)、　(《集成》00158)、　(《集成》00159)",此字

① 〔日〕高田忠周:《古籀篇》,第 795 页;郭沫若:《殷契粹编考释》,第 130 页。

② 谢明文:《说"狄"》,第 21 页。

③ 此照片截取自美国耶鲁大学艺术陈列馆(https://artgallery.yale.edu/collections/objects/14869),馆藏号:1954.26.2。

④ 西周早期的否叔尊(NA1950)和否叔卣(NA1951)献字分别作"　"和"　",张光裕先生称:"本铭所见'虍'下字形结构有欠清晰,只能隐约推知应是'鼎'或'鬲'的变体。"参见张光裕:《西周遗器新识——否叔尊铭之启示》,台北"中研院"《历史语言研究所集刊》第 78 本第 3 分册,1999 年,第 764 页。今按否叔卣"　"字左侧部分较清晰,与"豕"字颇像,如《合》32984 的豕字作"　"。颇疑否叔尊和否叔卣上的两个献字也是从豕的。

过去一直有释敆（徹）和释献两种意见的争论①，现在看来这个字应当以陈梦家、朱德熙先生的观点为确，释为献字，即韩景侯虔②。清华简《系年》第二十二章恰可与𪾔羌钟所载史事对读，简 119 正作韩虔，可证陈梦家、朱德熙两位先生观点的正确性。过去释敆（徹）的其中一个根据是其字从鬲从攴，与说文彻字古文"徹"写法类似。这一点董珊先生提到陈剑先生曾经指出："此字左旁不从鬲，而像是上甑下釜的'甋'字初文。"③可见释敆（徹）与字形不合，不过右侧"攴"形仍无法得到合理解释，比如主张释敆（徹）的孙稚雏先生就质疑道："虏字作偏旁时虽可省去虎头，但从攴与从犬怎么相通呢？"④我们认为，𪾔羌钟⿰字所从的所谓"攴"形可能并非"攴"，而是"豕"形稍变。

西周早期的憧季遽父卣（《集成》05357）盖内的遽字写作"⿰"，这种写法的"豕"稍有变化就很容易与"攴"字混同，同器"⿰"，所从"豕"旁已经有了"攴"旁的形体特征。如西周晚期殷仲遽簋（《集成》04485）上的遽字写作"⿰"⑤，春秋早期曹伯狄簋盖（《集成》04019）上的狄字写作"⿰"⑥。此两器所从"豕"旁写法与"攴"旁极其相似。类似的"献"字又见于清华简《祷辞》，《祷辞》"献"字凡七见，其中三次作"献"，三次作"虏"，一次作"⿰"，此字见简 21，整理者直接隶定作"献"⑦，其实此字可能亦是从"豕"，所从"豕"已类"攴"形。

2021 年 5 月 29 日初稿

2023 年 3 月定稿

附记：本文写作过程中曾与学友唐朋探讨，初稿完成于 2021 年 5 月 29 日，文成之后曾先后经刘国胜、宋华强、赵平安诸位老师审阅指正，邱洋师兄、应金琦师妹亦多有提示补充意见。定稿于 2023 年 3 月，并在清华大学"甲骨读书会"上分享，王子杨老师，王磊师兄，学友王鹏远、杜延峰又提出了不少修改意见。谨致谢忱！

看校追记：蒙学友张学澜告知，蔡一峰先生有文《用为"迹"之"逐"诸字补说》发表于《古汉语研究》2022 年第 3 期。蔡文亦提到："在近出的清华简《四告》简 36 中，远迹的'迹'作'⿰'（踫），是这种写法（引者按：指⿰《怀》1648＋《合》33231）的直接继承。"蔡氏同时详细论证了"作为'迹'字异体的'逐'是省声字，'豕'不表音"这一观点。不过他似乎也将甲骨文中的"踫"看作"猷"的异体，这与我们的观点不同，请读者参看。

【引书简称表】

［1］《粹》《殷契粹编》

［2］《合》《甲骨文合集》

［3］《屯》《小屯南地甲骨》

［4］《甲》《殷虚文字甲编》

［5］《乙》《殷虚文字乙编》

---

① 对于此字的释读意见，张艳辉先生曾有较为详细的梳理，可看张艳辉：《洛阳金村古墓出土器铭集释》，硕士学位论文，吉林大学，2011 年，第 62—66 页。

② 陈梦家：《六国纪年表考证（上篇）》，《西周年代考·六国纪年》，中华书局，2005 年，第 125 页。朱德熙：《关于𪾔羌钟铭文的断句问题》，《朱德熙文集（五）》，商务印书馆，1999 年，第 169 页。

③ 董珊：《读清华简〈系年〉》，复旦大学出土文献与古文字研究中心 2011 年 12 月 26 日（http://www.fdgwz.org.cn/Web/Show/1752）。

④ 孙稚雏：《𪾔羌钟铭文汇释》，《古文字研究》，中华书局，1992 年，第 109 页。

⑤ 此"⿰"字下部讹误为"攴"的"豕"旁，可看作与上方的"虍"旁共享笔画，同器另一个"𤞤"字写作"⿰"，可参。

⑥ 关于"狄"字本从"豕"，可参谢明文：《说"狄"》，第 15—22 页。

⑦ 黄德宽主编：《清华大学藏战国竹简（玖）》，中西书局，2019 年，第 183 页。

［6］《外》《殷虚文字外编》

［7］《前》《殷虚书契前编》

［8］《后》《殷虚书契后编》

［9］《续》《殷虚书契续编》

［10］《美》《美国所藏甲骨录》

［11］《英》《英国所藏甲骨集》

［12］《苏》《苏德美日所见甲骨集》

［13］《花》《殷墟花园庄东地甲骨》

［14］《怀》《Oracle Bones From the White and Other Collections（怀特氏等收藏甲骨文集）》

［15］《铁遗》《铁云藏龟拾遗》

［16］《合补》《甲骨文合集补编》

［17］《京人》《京都大学人文科学研究所藏甲骨文字》

［18］《东大》《东京大学东洋文化研究所藏甲骨文字》

［19］《集成》《殷周金文集成》

［20］《铭图》《商周青铜器铭文暨图像集成》

［21］《铭续》《商周青铜器铭文暨图像集成续编》

［22］《铭三》《商周青铜器铭文暨图像集成三编》

［23］《陕集成》《陕西金文集成》

［24］NA《新收殷周青铜器铭文暨器影汇编》（图版来自殷周金文暨青铜器数据库）

A Few Additional Perspectives on the So-called "猌" in Oracle Bone Inscriptions — The Character "献" Consisting of Boar (豕) in the Ancient Script is Also Discussed

Zhu Guolei

(Department of History, School of Humanities, Tsinghua University, Beijing 100084, China)

Abstract: In the oracle bone inscriptions, the character used as "Er" (near) or the name of somewhere was once translated to "猌" in the modern script. However, one of the graphic components of this character is not "dog (犬)", but "boar (豕)", so it should be re-translated to "豟" in the modern script. The so-called "猌" which used to be regarded as a character taking "dog (犬)" as the graphic component in the bronze inscriptions should be re-translated to "豟" as well. Based on these, we can establish a connection between the character "豟" in the oracle bone inscriptions and the character "𧱵" in "Houma Covenant Texts (Houma Mengshu)", as well as the character "𧰼" in the "Four Announcements (Si Gao)" of *The Bamboo Slips of the Warring States Period Collected by Tsinghua University*. In a word, the graphs "豟" are made up of two components, "plant (埶)" serves as phonetic symbols and "boar (豕)" serves as semantic symbols. As far as the oracle bone inscriptions and part of the bronze inscriptions of Western Zhou are concerned, one of the graphic components of "Xian (献)" is also not "dog (犬)", but "boar (豕)".

Key words: Far and Near (远迩); Er (豟); Boar (豕); Dog (犬); Xian (献)

《甲骨文合集》释文五种校订十八则

冉　苒

【摘　要】甲骨卜辞释文的准确性影响着对卜辞含义的理解，文章利用台北“中研院”历史语言研究所网站考古资料数位典藏资料库中公布的高清图片和一些不同出处的拓本，对《甲骨文合集》五种释文中有误的部分进行校订，其中包括误释、脱字、衍字等情况，有利于对卜辞的正确释读。

【关键词】《甲骨文合集》；释文；校订

【作者简介】冉苒，女，吉林大学考古学院博士研究生，研究方向为甲骨学、古文字学。（吉林 长春 130012）

《甲骨文合集》（以下简称《合集》）①是一部集大成的甲骨著录书，编纂体量巨大，自 1978 年至 1983 年陆续出版后，给学界带来了深远的影响，也为学者研究甲骨带来了极大的便利。但由于《合集》所收拓片数量众多，且一些拓片模糊，各家为《合集》所作释文难免会有一些错误，我们利用“中研院”历史语言研究所网站公布的高清甲骨照片②和不同版本的拓本，参照五种与《合集》有关的释文，对《合集》中一些有误的释文进行校订，希望能让释文更加准确。文章以“汉达文库”③、《殷墟甲骨文摹释全编》（以下简称《全编》）④、《殷墟甲骨刻辞摹释总集》（以下简称《摹释》）⑤、《甲骨文合集释文》（以下简称《释文》）⑥、《甲骨文校释总集》（以下简称《校释》）⑦五家释文为参照，对比拓本和照片，并参考最新的考释和缀合成果，校订有误的释文十八则，敬请方家指正。为使行文简洁，文中只列举五种释文中的《校释》进行对照说明，然后将校订后的正确释文附上⑧，按语部分对校订内容进行补充解释。

一　《合集》14110 正反

《校释》：（1）貞㓜，不[其]㓜。（正）

（2）……（反）

当改为：（1）鼎（貞）：汝不其㓜。（正）

（2）不吉。（反）

按：此版“贞”下一字为“”，拓本模糊仅可辨认右部“女”形，“汉达文库”释“娩”，《全编》释“嘉”，《摹释》释“女”，《释文》《校释》释“㓜”，此版又见于《乙编》1571（正）、1572（反）⑨，根据史语所网站照片可知此字为“”，右部的“女”形清晰，左部依稀可以看出是“”形，此字可摹写为“”，即“汝”字，可见

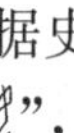

① 郭沫若主编，胡厚宣总编辑：《甲骨文合集》，中华书局，1978—1983 年。

② 台北“中研院”历史语言研究所网站考古资料数位典藏资料库，以下均简称史语所网站（https://ndweb.iis.sinica.edu.tw/archaeo2_public/System/Artifact/Frame_Advance_Search.htm）。

③ 香港中文大学刘殿爵中国古籍研究中心“汉达文库”（http://www.chant.org/Bone/）。

④ 陈年福：《殷墟甲骨文摹释全编》，线装书局，2010 年。

⑤ 姚孝遂主编：《殷墟甲骨刻辞摹释总集》，中华书局，1988 年。

⑥ 胡厚宣主编：《甲骨文合集释文》，中国社会科学出版社，1999 年。

⑦ 曹锦炎、沈建华编著：《甲骨文校释总集》，上海辞书出版社，2006 年。

⑧ 五家释文原文皆为繁体字，为与其对应，我们更改后的释文也用繁体字表示。□表示该处有一个无法补出的残缺字。…表示残缺内容字数不详。[]内之字是根据上下文或同文他辞拟补。甲（乙）表示字形为“甲”，释读为“乙”。

⑨ 董作宾：《殷虚文字乙编》，台北“中研院”历史语言研究所，1994 年重印本。以下简称《乙编》。

五家皆误释此字;"汝"是宾组中常见的妇名,此版甲骨贞问"汝"的生育情况,也正与宾组卜辞中一些有关"汝"的记录相合,如"鼎(贞):汝娩,不其妫。"(《合集》14026,典宾)。此版反面的照片和拓本皆不是很清晰,"汉达文库"《全编》《校释》均摹作"𢓤",《摹释》《释文》则未收反面释文,此版反面下方依稀可以看出一个残笔"𠂤/𠂤",或可摹作"𠮷",根据字形我们推测可能是"吉"字,其上一字"𠂤/𠂤"从刻写的痕迹和卜辞文例来看,似可摹作"𠂤",可能是"不"字,反面的释文或许是"不吉"。

二 《合集》20736

《校释》:(1) □□〔卜〕,𢀖,贞豕隻。允隻七豕。一二三四五

　　　　　(2) □□〔卜〕,王,隻豕。允隻。六

当改为:(1) …𢀖,□豕隻(獲)。允隻(獲)一豕。一二三四五

　　　　(2) …王隻豕。允隻。六

按:此版甲骨又见于《乙编》9003,甲骨下方有一条行款横行的卜辞,字皆残损一小部分,从《乙编》9003的照片和拓本来看,"𢀖"字右部有一"𣥔/𣥔"字,"汉达文库"及《全编》《校释》皆释"贞",《释文》释"𣥔",《摹释》空缺不录,但仔细查看此字,此字与"𣥔""贞"字形皆有异,字残不识,张世超和黄天树在引用此条释文时也未识读出此字[1];在《合集》20736的拓本中有一处"𠂤",因此处有些模糊,《摹释》漏收此字[2],其余四家释文皆误释"七",其实从更清晰的照片和拓本"𠂤/𠂤"来看,此处是比较清晰的"一";此版上部的一条卜辞,"汉达文库"漏收"隻"字,并衍"六"字,此条卜辞中的"𠂤/𠂤"字,《释文》《校释》认为是兆序"六",《全编》释"自",《摹释》则摹为原形。黄天树将此片作为师肥笔类的典型片列举,认为"𠂤"字是本类所见序辞的最大数目"六"[3];张世超同样也指出此兆序"六"被《摹释》《类纂》误读入卜辞[4];师肥笔中"六"字有"∧"(《合集》20547)、"∧"(《合集》19946 反)等形[5],此版中的"𠂤"字正合师肥笔类中"六"字的写法,而且根据此字在甲骨上的刻写位置来看,"𠂤"字正处于兆枝之上,应是兆序"六"无疑。

三 《合集》21003

《校释》:(1) 甲…又…

　　　　　(2) …易日。二 三

当改为:(1) 甲…又…

　　　　(2) 甲…易日,才(在)𠁡。二

　　　　(3) 二

按:此版甲骨的各种拓片皆不清晰,这版甲骨又见于《甲编》195[6],根据照片可知,"易日"左部还刻写有"才(在)𠁡"两字,五家释文皆脱两字。《甲编考释》中的释文中已收入[7],陈逸文还认为"易日"

① 张世超:《殷墟甲骨字迹研究——自组卜辞篇》,东北师范大学出版社,2002 年,第 439 页;黄天树:《殷墟王卜辞的分类与断代》,科学出版社,2007 年,第 12 页。

② 白于蓝将此条卜辞校订为"…𢀖…豕獲允獲七豕",并不完全准确。参看白于蓝:《殷墟甲骨刻辞摹释总集校订》,福建人民出版社,2004 年。以下皆称《校订》。

③ 黄天树:《谈殷墟卜辞中的自组肥笔类卜辞》,《黄天树古文字论集》,学苑出版社,2006 年,第 1 页。

④ 张世超:《殷墟甲骨字迹研究——自组卜辞篇》,第 129 页。

⑤ 字形来源参看李宗焜编著:《甲骨文字编》,中华书局,2012 年。

⑥ 董作宾:《殷虚文字甲编》,商务印书馆,1948 年;台北"中研院"历史语言研究所,1976 年重印本。以下简称《甲编》。

⑦ 屈万里:《殷虚文字甲编考释》,台北"中研院"历史语言研究所,1961 年,第 30 页;又收入宋镇豪、段志宏主编:《甲骨文献集成》第 4 册,四川大学出版社,2001 年,第 362 页。以下简称《甲编考释》。

右部还有"甲"字①,各种拓本中皆不可见,但观察照片右下部确有一个"甲"字残笔" ",因此此版释文应从陈逸文。"☒"在卜辞中常用作地名,见于宾组、师组。马盼盼联系与☒地同版卜辞时,发现记录有商王贞问是否要联合沚戥的卜辞,因此认为☒地地望可能与沚族的活动范围有关,位于殷西一带。② 陈逸文认为《合集》21944与《合集》21003所卜内容相同,或许是同版。③ 蒋玉斌曾缀合《合集》21944、《合集》22189、《国博》12、《国博》15④,我们将缀合后的甲骨与《合集》21003的拓片和释文对比参看,可见两版释文内容相似,字体也一样,我们也赞同其属于同一版甲骨的观点。

四 《合集》20997

《校释》:庚子卜,今日攺。

当改为:庚子卜,今攺(启)。

按:此版甲骨又见于《乙编》86,据史语所网站彩照来看,此版甲骨"今"字之下实则无"日"字,《摹释》释文不全,其余四家释文皆衍"日"字,因卜辞中多见"今日攺",所以各家释文多误作此,且"汉达文库"释文脱"攺"字;后来蒋玉斌将此版与《乙编》88缀合⑤,虽"汉达文库"也显示了此版的缀合信息,但释文仍不全,因此此版缀合后还可以增补一条释文"丁酉卜…不…"。

五 《合集》20959

《校释》:□□卜…子风…采雨…六日戊…

当改为:六日戊…采雨…岁(烈)风…一卜。

按:除《释文》认为是"八日戊"外,其余四家释文皆认为是"六日戊",此版《京人》3100的拓片质量比《合集》20959更优⑥,《京人》的释文作"…卜…子…采雨…八日戊…",但从《京人》3100拓本上的" "字来看,此字与"八"字字形不合,应是"六"字;且拓本中"卜"字上方还有很明显的" ",当为"一卜",五家释文皆脱"一"字,师组卜辞中有"用一卜""二卜/兹二卜/用二卜""三卜"等之说,宋镇豪认为殷墟甲骨上有明记"一卜"至"六卜"的用语,是针对卜用了多少块甲骨的某个基数而言,这类用语都是出现在贞辞或占辞之中,与"习卜"可出现在占辞中略有差异⑦;另外,五家释文皆将卜辞中的" "字误释作"子",蒋玉斌指出此字又见于《合集》21016(《乙编》163),拓本作" ",不过并未拓全,从照片来看字形作" ",可摹作" ",辞例作" 风",因此此字不可能是地支"子"字,从古文字字形来看,此字应该是"岁"字(即"列""烈"之所从),读为"烈","烈风"即猛烈的风。⑧ 根据《合集》21016更加完整的释文来看,《合集》20959的卜辞释读顺序应该从左至右。

① 陈逸文:《历史语言研究所殷墟第一到九次发掘所得甲骨之整理与研究》,博士学位论文,高雄"中山大学",2013年,第157页。

② 马盼盼:《殷墟甲骨文所见地名的整理与研究》,博士学位论文,吉林大学,2022年,第280页。

③ 陈逸文:《历史语言研究所殷墟第一到九次发掘所得甲骨之整理与研究》,第157页。

④ 蒋玉斌:《甲骨文合集》缀合拾遗(第八十七组),中国社会科学院历史研究所先秦史研究室网站2010年11月16日(https://www.xianqin.org/blog/archives/2131.html)。

⑤ 蒋玉斌:《殷墟B119、YH006、YH044三坑甲骨新缀》,《中国文字研究》第八辑,大象出版社,2007年,第14—18页。

⑥ 〔日〕贝塚茂树:《京都大学人文科学研究所藏甲骨文字》,京都大学人文科学研究所,1959年。以下简称《京人》。

⑦ 宋镇豪:《再论殷商王朝甲骨占卜制度》,《中国历史博物馆馆刊》1999年第1期,第19—21页。

⑧ 蒋玉斌:《释甲骨文"烈风"——兼说"岁"形来源》,《出土文献与古文字研究》第六辑,上海古籍出版社,2015年,第87—92页。

六 《合集》20954

《校释》①：(1)〔乙〕酉卜，于今夕雨。二

(2) 丙戌卜，贞帚。一 二

(3) …帚。二 二

(4) …〔母〕… 一 一

当改为：(1)□酉卜：及今夕雨。二

(2) …〔夕〕〔雨〕。二

(3) 丙戌卜，鼎（贞）：帚… 二

(4) …帚… 二

(5) 一

(6) 二

(7)〔母〕… 一

按：此版甲骨又见于《库》1127、《美藏》144，后来许进雄将此版与《合集》21032（《库》986/《美藏》12/《北美》24）缀合，缀合后又见于《合补》6926、《缀汇》20、《卡》30。② 由《合集》20954 拓片可知，"汉达文库"、《校释》都将此版中的干支"丙戌"误作"丙戌"；根据《库》1127 的摹本和《卡》30 的照片、摹本可知，由于拓本中左上部的"󰀀"字未拓全，因而其余四家释文皆将此字误作"于"字，《全编》释文脱此字，根据《卡》的照片来看，此处为"󰀀"，摹本作"󰀀"，应是"及"字，《缀汇》20、《卡》30 的释文中已正确释读；另外，此条卜辞中还有一"󰀀"字，"汉达文库"、《释文》《校释》均释"酉"，《摹释》释"󰀀"，《全编》将此字摹作"󰀀"，从裘锡圭之说释作"韶"③，同样根据《卡》30 的照片来看，此处实为"󰀀"，可知是"酉"字，只因上部有渤痕因而容易被误作"󰀀"字；此版右上方还有"夕雨"两字的残笔，各家释文多有遗漏，仅《缀汇》20、《卡》30 的释文正确释出；根据各家释文来看，"汉达文库"、《全编》《校释》都指出此版与《合集》21032 缀合而成《合补》6926，但"汉达文库"缀合后的释文不全，《全编》《校释》缀合后的释文都不完全准确，且《合补》6926 的释文也有部分错误，此版缀合后的准确释文可看《卡》30 的释文。④

七 《合集》20942

《校释》：…丁亥攽，辛卯雨小。六日至己雨。三月。

当改为：(1) …□□丁亥取。

(2) 辛卯雨，终日少（小）。至壬雨。三月。一 二

(3) …□…

按：此版中"丁亥"下的"󰀀"字，"汉达文库"及《释文》《校释》释"攽"，《全编》释"歧"，《摹释》释

---

① 《校释》中指出《合集》20954 与《合集》21032 缀合，参考《合补》6926 遥缀。

② 〔美〕方法敛摹，白瑞华校：《库方二氏藏甲骨卜辞》，商务印书馆，1935 年，以下简称《库》；周鸿翔：《美国所藏甲骨录》，美国加利福尼亚大学，1976 年，以下简称《美藏》；李棪：《北美所见甲骨选粹》，《中国文化研究所学报》第三卷第二期，1970 年，以下简称《北美》；彭邦炯、谢济、马季凡编著：《甲骨文合集补编》，语文出版社，1999 年，以下简称《合补》；周忠兵：《卡内基博物馆所藏甲骨研究》，上海人民出版社，2015 年，以下简称《卡》。蔡哲茂：《甲骨缀合汇编》，花木兰文化出版社，2011 年，第 27 页，以下简称《缀汇》。

③ 裘锡圭：《甲骨文中的几种乐器名称——释"庸""豐""韶"》，《裘锡圭学术文集·甲骨文卷》，复旦大学出版社，2012 年，第 45—46 页。

④ 周忠兵：《卡内基博物馆所藏甲骨研究》，上海人民出版社，2015 年，第 416 页。

"取"，此版甲骨又见于《乙编》8516，根据照片可知，此字为"▨"，即"取"字，此版"取"字中的"耳"部作曲折之形，师宾间类中的"取"字字形中，如"▨"（《合集》117）、"▨"（《合集》7063）、"▨"（《英藏》358①）等②，也多是此曲折形，"丁亥取"的右部明显还有残字，因此当是单独的一条卜辞；另外，"汉达文库"及《释文》《校释》皆将"▨"字误释"己"，此字实则为"壬"；此版上还有一"▨"字，《摹释》释"终"③，其余四家释文皆误释"六"，张世超认为此条卜辞是自组卜辞中的"终日"之辞④，从照片来看，"▨"字下方有小实点，是"终"字下部之特征。

八 《合集》20926

《校释》：（1）己丑卜，乙未□畐衆改。

　　　　（2）甲不雨。一

　　　　（3）五卜……

当改为：（1）己丑卜，乙未祼衆（禱）改（啟）。六

　　　　（2）甲不雨。一

　　　　（3）用五卜。

按：《释文》脱"不雨"前的"甲"字，卜辞中"改"字左侧有一字，拓本作"▨"，"汉达文库"及《释文》《校释》释"畐"，《全编》释"祼"，《摹释》释"酉"，此版甲骨又见于《甲编》268，从照片来看此字作"▨"，字形可摹为"▨"，实为"祼"字；且根据照片可见"乙未"下方还有一"▨"，可摹作"▨"，实为"六"字，五家释文皆因拓本模糊而未认出此字，屈万里认为此字属于卜辞的内容，将此条卜辞释为："己丑卜，乙未六▨求啟？"⑤陈逸文也认为"六"是卜辞的内容，并根据"乙未"距"己丑"共六天，认为此处之"六"可能是指所经干支之时日，而非是指"畐"的单位。⑥ 此字正位于一个卜兆的上方，并且卜辞中似乎很少见干支后直接有数字的形式，且卜辞中祼字前也未见有数字的例子，因此我们更倾向于认为是兆序"六"。甲骨下方"五卜"前有一字，拓本中不可见，五家释文皆脱此字，但从照片中可知此处是"▨"，陈逸文已指出是"用"字，摹作"▨"，卜辞中还有"用一卜""用二卜""用三卜"等，是选用第几卜之辞。⑦

九 《合集》20922

《校释》：癸卯，贞旬。甲辰雨，乙巳陰，丙午弗改。

当改为：癸卯鼎（贞）：旬。甲辰雨，乙子（巳）雀（陰），丙羞中改（啟）。

按：此版又见于《乙编》156，根据照片可见"丙"字下方有"▨"字，此字上方从两手形，下方是羊之形，即"羞"字，除《全编》外，其余四家释文皆未释读出此字，黄天树指出此字从"収"从"羊"，由于古文字中从"又"从"収"往往无别，因此此字应是"羞"字异体，"羞"本义是"进献"，引申为"进逼""逼近"，"羞中日"即"逼近中日"之义⑧，刘钊也将此字列入"羞"字头下⑨，张世超也曾指出"丙""改"中间有二

① 李学勤、齐文心、艾兰：《英国所藏甲骨集》，中华书局，1985—1992年。简称《英藏》。
② 字形来源参看刘钊主编：《新甲骨文编（增订本）》，福建人民出版社，2014年。
③ 《校订》改"终"为"六"，并把两条卜辞归为一辞，为"丁亥取辛卯雨六日小至三月壬雨"，我们认为是两辞，且释读顺序与其不同。
④ 张世超：《殷墟甲骨字迹研究——自组卜辞篇》，第494页。
⑤ 屈万里：《殷虚文字甲编考释》，第366页。
⑥ 陈逸文：《历史语言研究所殷墟第一到九次发掘所得甲骨之整理与研究》，第167页。
⑦ 陈逸文：《历史语言研究所殷墟第一到九次发掘所得甲骨之整理与研究》，第167页。
⑧ 黄天树：《殷墟甲骨文白天时称补说》，《黄天树古文字论集》，学苑出版社，2006年，第231—232页。
⑨ 刘钊主编：《新甲骨文编（增订本）》，第826页。

字"✖中"①,但并未将"✖"字释出;"羞"字下还有一字"✖","汉达文库"及《释文》《校释》释"弗",《全编》释"中",《摹释》则脱此字,根据照片来看,此字应是"中"无疑;另外,《全编》将残字"✖"释为"雾",此字现一般释作"阴"。②

十　《合集》20918

《校释》：(1) 癸卜,于畐,甲午雨。

(2) 甲午卜,乙未雨。一月。

(3) 甲午…

(4) 壬寅卜,方其征,翌癸…一 二

当改为：(1) 癸子(巳)卜,于甲午祼。雨少(小)。一

(2) 甲午卜,乙未夕雨。一

(3) 甲午…

(4) 壬寅卜,方其犯,翼(翌)癸。一 二

按：此版甲骨又见于《乙编》58,从其照片和拓本中可见,此版中的"✖/✖"字明显,确有子(巳)字,干支完整,"汉达文库"及《校释》均脱此字;卜辞中"✖"字的清晰照片为"✖","汉达文库"及《释文》《校释》释"畐",《全编》释"祼",《摹释》释"酉",此字与师组卜辞中常见的"祼"字字形"✖"(《合集》20285,师小字)、"✖"(《合集》20462,师肥笔)一致③,应是"祼"字④;另外从《乙编》58的照片和拓本可以看出,此条卜辞"雨"字下方还有一"✖/✖",为"少(小)"字,五家皆脱此字。此版第二条卜辞中,除《摹释》作"夕"外⑤,其余四家皆误作"一月",此条卜辞中的"一"字正位于一个卜兆之上,应是兆序,并不是月份词;卜辞中的"✖"字多释围,陈剑认为该字作田猎动词的用法,读"围"可信,但字形出发点即释其字为"韦"不可靠;大量见于军事战争类卜辞者,其所表之"词",又以侵犯之"犯"最为合适,而"围"不合。此形一字两读,与很早就出现的义近复合双音词"范围"有关。⑥ 其说可从。后来宋雅萍将此版与《合集》20952、《合集》20437进行缀合⑦,因此此版释文可以补充。此版经过缀合后的完整释文如下：

(1) 癸子(巳)卜,于甲午祼。雨少(小)。一

(2) 甲午卜,乙未夕雨。一

(3) 甲午…

(4) 乙未卜,征(延)雨。

(5) 乙未夕,丙申方祝曰,才(在)白。一

(6) 乙未…

(7) 乙未卜其雨,方于□犯[视]…

(8) 丙申卜…

(9) 壬寅卜,方其犯,翼(翌)癸。一 二

---

① 张世超：《殷墟甲骨字迹研究——自组卜辞篇》,第444页。

② 孙常叙：《雈、雀一字形变说》,《古文字研究》第十九辑,中华书局,1992年,第377—390页。

③ 字形来源参看李宗焜编著：《甲骨文字编》。

④ 贾连敏：《古文字中的"祼"与"瓒"及相关问题》,《华夏考古》1998年第3期,第96—112页。

⑤ 《校订》改"夕"为"一月",将此条卜辞改作"甲午卜一月乙未雨"。

⑥ 陈剑：《"寻'词'推'字'"之一例：试说殷墟甲骨文中"犯""围"两读之字》,《中国文字》二〇二〇年冬季号总第四期,万卷楼图书股份有限公司,2020年,第71—116页。

⑦ 宋雅萍：《背甲新缀四十三、四十四则》,中国社会科学院历史研究所先秦史研究室网站2012年10月31日(https://www.xianqin.org/blog/archives/2830.html)。

十一　《合集》20911

《校释》：来己雨，豕。

当改为：（1）…彳…

　　　　（2）来亘盧豕。一

按：此版又见于《乙编》6564，根据彩照和拓本可见"来"字上方有"彳/彳"字，即"彳"字，除《全编》外，四家释文皆脱此字，但《全编》将此字释为"袦"尚有异议，应摹为原形为宜，且"彳"字所在的卜辞应该是单独的一条；卜辞中"来"字下一字为"亘/亘"，即"亘"字，"汉达文库"及《释文》《校释》皆误作"己"，《摹释》误作"日"，只有《全编》正确释"亘"；"豕"字前有"盧"字，虽残缺一部分，但依然能看出是"盧"（《合集》19557反，师组）、"盧"（《合集》21804，子组）之形[1]，即"盧"字，卜辞中常见"盧豕"，除《全编》正确释出外，四家释文皆误作"雨"字。

十二　《合集》20884

《校释》：（1）辛酉卜，[宋]…若自…

　　　　（2）…王，丙大钌…

当改为：（1）辛酉卜，[宋]…吼自…

　　　　（2）…王，丙大钌（禦）…

按：此版甲骨又见于《甲编》2298，《释文》《甲编考释》皆认为是残字"余"是"余"字[2]，陈逸文也认为是"余"[3]，其余四家释文皆认为是"宋"字残笔，此版字体属于师肥笔类，师组中的"余"字字形一般作"余"（《合集》19910）、"余"（《合集》20333）、"余"（《合集》21482）等形，"宋"字一般作"宋"（《合集》20032）、"宋"（《合集》20035）、"宋"（《合集》20075）[4]，可见明显区别，此版卜辞中的"余"字更似"宋"字残写；由于此版的拓本模糊，"汉达文库"及《全编》《校释》将"自"上的"吼"字误释"若"，《释文》误释"喏"，《摹释》脱此字，根据《甲编》2298彩照来看，此处为"吼"，即师组卜辞中常见的"吼"（《合集》9803）、"吼"（《合集》20036）字[5]，隶定作"吼"，《甲编考释》中已正确释读出此字[6]，陈逸文也指出是"吼"字[7]；此字在师组卜辞中常用作人名，如师组卜辞的甲尾刻辞中常见"吼入"（《合集》20036），又有"吼不其受[年]"（《合集》9803），"吼"在此版中可能也是用作人名。

十三　《合集》20874

《校释》：（1）丙午卜，来屮禬…

　　　　（2）丙午卜，萬…

当改为：（1）丙午卜，来又屮。四月。

---

① 字形来源参看刘钊主编：《新甲骨文编（增订本）》。
② 屈万里：《殷虚文字甲编考释》，第427页。
③ 陈逸文：《历史语言研究所殷墟第一到九次发掘所得甲骨之整理与研究》，第410页。
④ 字形来源参看刘钊主编：《新甲骨文编（增订本）》。
⑤ 字形来源参看李宗焜编著：《甲骨文字编》。
⑥ 屈万里：《殷虚文字甲编考释》，第427页。
⑦ 陈逸文：《历史语言研究所殷墟第一到九次发掘所得甲骨之整理与研究》，第410页。

（2）丙午卜，萬…

按：此版甲骨又见于《乙编》367，从照片和拓本中可见，上部"丙午卜"下一字为"🔲/🔲"，可摹作"🔲"，是"万"字无疑，《释文》摹写不太准确，并将此字误认为两字，字编中少收此种"万"字字形，或可补充；下部的一条卜辞中，"又"字下方为"🔲/🔲"，是师组卜辞中常见的"🔲"（《合集》20167）、"🔲"（《合集》20495）①字，《摹释》误作"告"字，且脱此字前的"又"字；另外从彩照中可见此条卜辞左部还有"🔲"两字，可摹作"🔲"，为月份词"四月"，因为拓本处模糊五家释文皆脱两字。

十四　《合集》20873

《校释》：（1）丙午不匄。一

　　　　　　（2）丙午屮畄。一

　　　　　　（3）壬寅。一

当改为：（1）丙午匄（害）。一

　　　　　　（2）丙午又（有）由。一

　　　　　　（3）壬寅。一

按：此版又见于《乙编》1765，拓本"丙"字右侧之"🔲"，五家释文皆误作"不"字，但从照片来看，"丙"字右部🔲处并无刻写痕迹，应是拓本上的渳痕以致各家误释，五家释文皆衍"不"字；此条卜辞中的"🔲"字，四家释文皆释"匄"，只有《摹释》释"无"，摹写作"🔲"，从其照片和拓片来看，可见此字处为"🔲/🔲"，是"匄"字无疑，可见《摹释》只摹写了左部"🔲"的部分，可能认为此字右部是渳痕，白于蓝也指出《摹释》中此条卜辞中的"无"应改作"匄"②；另外，卜辞中的"🔲/🔲"字，可摹作"屮"，"汉达文库"摹作原形，《全编》《释文》释"叶"，《摹释》《校释》释"畄"，此字旧说颇多，后来陈剑有详细考释，认为"屮王事"等之"屮"当释读为"堪"，在"屮王事"等之外的一些用法里，"屮"是"由"字异体。③此版中的"屮"是表示不好的一类意思的"由"字。此字左侧一字为"🔲/🔲"，实为"又"字，《摹释》释文误作"卜"。后宋雅萍将此版甲骨与《合集》20876缀合④，《合集》20876因为拓本模糊，因此各家释文也不相同，但黄天树曾在《非王卜辞中"圆体类"卜辞的研究》一文中引用到此版甲骨，并列举出正确释文，认为此条卜辞中的"析"是圆体类卜辞独有的祭祀对象。⑤杨军会也对此版甲骨进行过校对⑥，但并不准确。此版缀合后的释文可补充"癸丑，蚊牛酉牢析。一"。

十五　《合集》20872

《校释》：（1）壬寅卜…

　　　　　　（2）□。四

当改为：（1）壬寅亐…

① 字形来源参看刘钊主编：《新甲骨文编（增订本）》。
② 白于蓝：《殷墟甲骨刻辞摹释总集校订》，第173页。
③ 陈剑：《释屮》，《出土文献与古文字研究》第三辑，复旦大学出版社，2010年，第1—89页。
④ 宋雅萍：《背甲新缀第十九则》，中国社会科学院历史研究所先秦史研究室网站2011年5月13日（https://www.xianqin.org/blog/archives/2349.html）。
⑤ 黄天树：《非王卜辞中"圆体类"卜辞的研究》，原载《出土文献研究》第五辑，科学出版社，1999年，第44页；后收入《黄天树古文字论集》，学苑出版社，2006年，第102页。
⑥ 杨军会：《殷墟子卜辞的整理及文字研究》，广西师范大学出版社，2019年，第245页。

（2）…□。四

按：此版又见于《乙编》8902，从照片和拓本可知上部"壬寅"右侧之字为"▨/▨"，"汉达文库"及《全编》《释文》《校释》皆误释为"卜"字，《摹释》则脱此字，此字与"丂"字字形"丁"（《合集》20860，师组）、"丁"（《合集》35240，历组）相近①，应是"丂"字。且卜辞中也有干支后有"丂"的辞例，如"甲午丂：丙申…"（《合补》6880，师小字）。后谢湘筠将此版与《乙编》8933 缀合②，"汉达文库"中虽也说明此版可缀合，但释文并未收全，《全编》中已收入此版缀合后的释文。此版缀合后的释文可补充"甲午卜，壬子…"。

十六　《合集》20804

《校释》：（1）己未卜，匨。

　　　　　（2）…乎伐。三月。

当改为：己未卜，匨蔑。三月。五

按：《摹释》漏收部分释文"己未卜匨"，此版又见于《乙编》315，根据《乙编》的照片和拓本，可见左下侧"三月"左部之字为"▨/▨"，此字一般隶定为"𢦏"，与师小字类卜辞中的"▨"（《合集》20470）、"▨"（《合集》20491）是同一字，刘钊将此字归入"蔑"字头下③，谢明文认为此字释"蔑"可从，这几例"蔑"所从目形省作一条曲线④。其说可从。除《全编》外，四家释文皆将此字误释"伐"，且"汉达文库"及《释文》《校释》还在此字前衍"乎"字，可见只有《全编》释文正确，不过从此版的钻凿对应来看，两条卜辞应该属于一辞；此版上还有一兆序"五"，"汉达文库"及《释文》《校释》三家释文皆遗漏。

十七　《合集》20741

《校释》：（1）□□[卜]，朿，今宁…

　　　　　（2）丙午卜，朿，令龍以舊示束▨。八月。

　　　　　（3）丁酉卜，朿，衞田，九月。

当改为：（1）□□[卜]，朿：令宁（賈）…

　　　　　（2）丙午卜，朿：令龍以舊示束▨。八月。

　　　　　（3）丁酉卜，朿：衞田，九月。

按：此版甲骨又见于《簠人》34 和《簠人》82 相缀⑤、《续》5.14.5⑥，不同著录书中的拓本不同，《合集》20741 拓本最全，《续》5.14.5 缺右部无字的部分，《簠人》的拓本只拓有两条卜辞的部分。此版甲骨上部有一条残缺卜辞"…朿：令宁…"，除《释文》《摹释》外，其余三家释文皆将"令"误作"今"，且《释文》未收此版下方的卜辞"丁酉卜，朿：衞田，九月。"；卜辞中的"▨"字隶定作"舊"，此字与"旧"有别，在卜辞中多为地名，无用作"新旧"之义者，地名之"舊"和"旧"则可能相通无别⑦；卜辞中的"▨"字，"汉达文

① 字形来源参看刘钊主编：《新甲骨文编（增订本）》。

② 谢湘筠：《殷墟第十五次发掘所得甲骨新缀九组》，中国社会科学院历史研究所先秦史研究室网站 2006 年 11 月 13 日（https://www.xianqin.org/blog/archives/840.html）。

③ 刘钊主编：《新甲骨文编（增订本）》，福建人民出版社，2014 年。

④ 谢明文：《说寢与蔑》，《出土文献》第八辑，中西书局，2016 年，第 15—29 页。

⑤ 王襄：《簠室殷契征文》，天津博物院，1925 年。以下简称《簠人》。

⑥ 罗振玉：《殷虚书契续编》，珂罗版影印本，1933 年。以下简称《续》。

⑦ 于省吾主编，姚孝遂按语：《甲骨文字诂林》，中华书局，1996 年，第 1688 页。

库"及《全编》《校释》释"束",《摹释》《释文》和《箕人》的释文均摹作原形,李宗焜将其单列字头,未归入"束"字头下①,我们认为此字应该就是"束"字,只尾部可能缺刻或省略一笔而已。

十八 《合集》20544

《校释》:(1) 乙酉,曰子小臣亡祜。

　　　　(2) 子竝亡祜。

　　　　(3) 子小臣亡祜。一

　　　　(4) 子□亡祜。

　当改为:(1) ⋯曰:子□乍(作)㣈。

　　　　(2) 子竝乍(作)㣈。

　　　　(3) 子鼠乍(作)㣈。一

　　　　(4) 子□乍(作)[㣈]。

按:此版甲骨是由《乙编》313、《乙编》340、《乙编》371 三版相缀而成,根据照片和拓片可知,此版中"㣈"前一字均作"▨/▨""▨/▨""▨/▨"之形,"汉达文库"释"乍(作)",其余四家释文皆释"亡/无",从字体来看,此版甲骨字形属于师小字类,此组类中的"乍(作)"字常作"▨"(《合集》20193)、"▨"(《合集》20546)、"▨"(《合集》21039)等形②,"亡"字常作"▨"(《合集》21306)、"▨"(《合集》20477)、"▨"(《合集》21073)等形③,比较三种字形,可见此字应是"乍(作)"字,只有"汉达文库"正确释读,但"汉达文库"在第二条卜辞中又将"乍(作)"误作"之",第四条卜辞中将"乍(作)"误作"亡";蒋玉斌在缀合《合集》20545 时也涉及到此版的释文,也认为此字是"乍",只是不知"乍㣈"何义,或与军事行动有关④。卜辞中的"▨"字,现一般隶定为"㣈",用作一种祭祀方式,也可表示巡行之义。⑤ 杨泽生则认为卜辞"㣈伐某方"当即进兵讨伐某方,所以"㣈某方"和"㣈方"的"㣈"有进兵、征伐之义;至于"㣈"字表示祭祀义的用法,当读作"登",义为进献。⑥ 另外,此版"子竝乍(作)㣈"左部卜辞中有一"▨"字,"汉达文库"及《全编》《释文》《校释》皆误作"小臣"两字,根据照片可知此字字形为"▨",实为"鼠"字,只有《摹释》正确释读出此字,但《摹释》又脱右部卜辞中的"竝"字⑦;此版右上部的一条卜辞拓本模糊,《摹释》认为"乍(作)㣈"前为"子骨",其余四家皆认为"乍(作)㣈"前为"乙酉曰:子小臣",观其照片和拓片处,右上部之字不甚清晰,并未见"乙酉""小臣",也无法辨认"骨"字,蒋玉斌认为此条卜辞是"□巳曰:子囝乍㣈"⑧,但"子"下之字似"囝"似"丬",过于模糊难以确认,此条释文仅"曰:子□乍(作)㣈"可辨。此版左部还有一条残辞,仅见"子""乍(作)"二字,但除《摹释》外,其余四家释文皆根据此版的文例衍"㣈"字,虽然根据卜辞内容来看,"乍(作)"字后是"㣈"字无疑,但或应改为"[㣈]"为宜。此版甲骨有缀合,史语所网站提供了两种不同的缀合结果⑨,蒋玉斌认为史语所网站的缀合其实是不

---

① 李宗焜编著:《甲骨文字编》,第 969 页。

② 字形来源参看刘钊主编:《新甲骨文编(增订本)》。

③ 字形来源参看李宗焜编著:《甲骨文字编》。

④ 蒋玉斌:《甲骨缀合拾遗(十一组)》,《华夏考古》2008 年第 3 期,第 138 页。

⑤ 王冠英:《析"德"》,《中国历史博物馆馆刊》1991 年总 15—16 期,第 18—22 页。

⑥ 杨泽生:《甲骨文"迡"、"㣈"二字补释》,《古籍研究》总第 49 卷,安徽大学出版社,2006 年,第 107 页。

⑦ 《校订》中将"子⋯無㣈"改作"子竝無德"。

⑧ 蒋玉斌:《甲骨缀合拾遗(十一组)》,《华夏考古》2008 年第 3 期,第 138 页。

⑨ 考古资料数位典藏网站中对此版有两种不同的缀合记录,缀合 1 是《乙编》313+《乙编》335+《乙编》340+《乙编》371+《乙编》375+《乙编》376;缀合 2 是《乙补》9+《乙编》302+《乙编》313+《乙补》66+《乙编》335+《乙编》340+《乙编》371+《乙编》375+《乙编》376+《乙补》60。

同的三版,上部应该是《合集》20544(《乙编》313、《乙编》371、《乙编》340)、《乙补》60①相缀,中间《合集》20543(《乙编》375)为单独一版,下部为《合集》21995(《乙编》302)、《合集》20455(《乙编》376)、《合集》20545(《乙编》335)、《乙补》66、《乙补》9相缀。② 根据蒋玉斌的缀合意见,此版左部加缀的《乙补》60上有"▨/▨""▨/▨"两字,依稀可见是"禾""值"二字,两版相缀后正可以补全此版第四条释文为"子禾乍(作)值"。

Eighteen Cases of Proofreading of Five Kinds of Text in
The Collection of Oracle Bone Inscriptions

Ran Ran

(School of Archaeology, Jilin University, Changchun 130012, China)

Abstract: The accuracy of the interpretation of oracle bone inscriptions affects the understanding of the meaning of oracle bone inscriptions. This article uses high-definition images published in the digital archive of archaeological data on the website of the Institute of History and Philology of Academia Sinica and some rubbings from different sources to revise the erroneous parts of the five interpretations in *The Collection of Oracle Bone Inscriptions*, including misinterpretations, missing characters, and derivative characters, which is conducive to the correct interpretation of oracle bone inscriptions.

Key words: *The Collection of Oracle Bone Inscriptions*; text; proofreading

---

① 董作宾:《殷虚文字乙编补遗》,台北"中研院"历史语言研究所,1995年。以下简称《乙补》。
② 蒋玉斌:《甲骨缀合总表(300组)》,中国社会科学院历史研究所先秦史研究室网站2011年3月20日(https://www.xianqin.org/blog/archives/2305.html)。又见于蒋玉斌:《殷墟B119、YH006、YH044三坑甲骨新缀》,《中国文字研究》第八辑,大象出版社,2007年,第15—17页。

否叔尊、卣"否叔献彝"解诂*

黄锦前

【摘　要】据铭文上下文记事逻辑并参照殷墟甲骨卜辞及战国楚简等相关出土文献,否叔尊、卣"否叔献彝"应理解为否叔制作彝器献祭于鬼神,以为其母禳除疾病;否叔献彝的对象系自然神或祖先神鬼,而非其母;及其母病甚而不治,否叔又为其制作随葬的遗器以记其事,此即此套器物制作及铭文记事之缘由。据器物种类、数量及组合等情况看,作器者否叔及其母应系身份等级很高的高级贵族。

【关键词】否叔献彝;甲骨卜辞;战国楚简;献祭;祛疾

【作者简介】黄锦前,新疆大学历史学院教授,文学博士,博士生导师。研究方向为古文字、出土文献、中国古代历史、语言与文明。(新疆 乌鲁木齐 830046)

一

张光裕曾介绍一组 1997 年春出现于香港的否叔组器,据云同组器共 7 件,其中尊、卣、觯各 1 件,爵、瓿各 2 件(卣现藏 Gisle Croës 公司,余皆为香港某私人收藏)。① 张文据尊、卣铭"否叔献彝""用遗母霝",瓿、爵铭"用遗母霝"或"用""遗",认为该组铜器皆为随葬而铸制的遗器即明器。进而结合文献如《仪礼·既夕》"书遗于策"郑注"遗,犹送也"等认为遗册之遗义乃西周遗器之孑遗。遗器与遗策之间的关系是否如张文所云,值得再探讨,兹不赘述。这里仅就铭文内容的理解谈一些不同看法,向张先生和大家请教。

尊大口筒状三段式,鼓腹,矮圈足外撇,腹部偏下。颈和圈足均饰两道弦纹,上腹饰垂冠回首夔纹,云雷纹填地,前后增饰浮雕兽头。卣横截面呈椭圆形,长子口,鼓腹,矮圈足外撇,盖面隆起,中部有圈状捉手,沿下折作束腰形。盖上、颈部和圈足均饰云雷纹填地的垂冠回首夔纹,颈前后增饰浮雕兽头,圈足饰云雷纹填地的卷尾夔纹。觯喇叭口,长颈,腹部下垂,矮圈足外撇。素面。瓿喇叭口,长颈鼓腹,圈足沿外撇。颈下和圈足上部各饰两道弦纹,腹饰云雷纹组成的兽面纹。张文云无论形制、花纹和铭文风格都具有西周早、中期的特色,实不甚确切。吴镇烽定为西周早期后段②,可信。具体而言应系昭王时器。

尊、卣同铭③,作:

　　否叔献彝,疾不已,为母宗彝则备,用遗母,聑日。

觯、爵、瓿④铭文各异,分别作:

---

　　* 基金项目:本文为国家社科基金中国历史研究院重大历史问题研究专项重大招标项目"考古学视野下中华民族共同体意识的形成与发展研究"(22VL002)、国家社会科学基金冷门绝学研究专项"新出曾霸铜器铭文与江汉汾浍地区文明进程研究"(19VJX071)、中国历史研究院"兰台青年学者计划"项目(2022LTQN605)资助成果。

　　① 张光裕:《西周遗器新识——否叔尊铭之启示》,台北"中研院"《历史语言研究所集刊》第 70 本第 3 分册,台北"中研院"历史语言研究所,1999 年,第 761—776 页。

　　② 吴镇烽编著:《商周青铜器铭文暨图像集成》,上海古籍出版社,2012 年,第 15 卷,第 452 页;第 18 卷,第 462 页;第 19 卷,第 83 页;第 21 卷,第 238 页;第 24 卷,第 230 页。

　　③ 台北"中研院"《历史语言研究所集刊》第 70 本第 3 分册,第 771 页,图一;第 772 页,图二。

　　④ 台北"中研院"《历史语言研究所集刊》第 70 本第 3 分册,第 774 页,图七;第 774 页,图五、六;第 773 页,图三、四。

遣。

用遣。

否用遣母，聠日。

比照即可知，觯、爵、觚铭文分别系尊、卣铭文不同程度的节省。

下面对较为完整的尊、卣铭文加以讨论。

尊卣铭"否叔献彝，疾不已"，"已"谓病愈、治愈。《山海经·西山经》："其上有木焉，名曰文茎，其实如枣，可以已聋。"《吕氏春秋·至忠》："王叱而起，疾乃遂已。"高诱注："已，除愈也。"《史记·扁鹊仓公列传》："一饮汗尽，再饮热去，三饮病已。""疾不已"，即否叔母之病不能治愈，因而下文紧接着云"为母宗彝则备，用遣母"，即其母（因不能治愈）病故，前后逻辑井然。然则前文"否叔献彝"该如何理解，以及对全文文义的把握，就很关键。

"献"张文云有进献、奉献、享献之义，可从；然云从下文可推知用礼器享献的对象是否叔的母亲，显非。上文指出，铭文云否叔之母因病不治而故，故"为母宗彝则备，用遣母"，若按张文理解，其母尚未亡故之时，即用彝器享献之，及其病不治亡故，又遣送之，于逻辑和事实皆明显不合。即使将"否叔献彝"也理解为其母亡故后之行为，则上下文叙事重复，从所见西周早期铜器铭文多简洁明了的情况来看，大概也不会在这一简短的铭文里反复说这种车轱辘话。因此，无论从哪个角度来看，都应重新考虑对"否叔献彝"句的理解，以及"否叔献彝"所献之对象。

二

战国楚简中常见卜筮祭祷的内容，如包山简就有大量墓主因病而反复进行卜筮祭祷的记录[①]：

东周之客许盈归胙于藏郢之岁远栾之月癸卯之日，苛光以长恻为左尹卲㟼贞：病腹疾，以少气，尚毋有咎。占之：贞吉，少未已。以其故敚之。厲于野地主一瑕，宫地主一瑕。赛于行一白犬，酒食。占之曰：吉。荆尿且见王。207－208

东周之客许盈归胙于藏郢之岁爨月己酉之日，许吉以保家为左尹卲㟼贞，以其下心而疾，少气。恒贞吉，甲寅之日，病良瘥；有祟，祱见琥。以其故敚之。璧琥，择良月良日归之，且为舍䋿佩，速舍之；厌一瑕于地主；赛祷行一白犬；归冠带于二天子。甲寅之日，逗于邧阳。218－219

东周之客许盈归胙于栽郢之岁爨月己酉之日，郏朕以少宝为左尹卲㟼贞：既有病，病心疾，少气，不内飤，爨月期中尚毋有痒。郏朕占之：恒贞吉，有祟见新王父、殇。以其故敚之。与祷植牛，馈之；殇因其常牲。郏朕占之曰：吉。221－222

大司马悼愲将楚邦之师徒以救郙之岁荆尿之月己卯之日，盬吉以宝家为左尹㟼贞：既腹心疾，以上气，不甘飤，久不瘥，尚速瘥，毋有祟。占之：恒贞吉，疾难瘥。以其故敚之。与祷大一䄕；后土、司命各一牂。与祷大水一牺；二天子各一牂；仴山一羖。与祷楚先老僮、祝融、鬻酓各两羖。享祭箸之高丘、下丘各一全豢。思左尹㟼践复处。思攻解于岁。盬吉占之曰：吉。236－238

大司马悼愲将楚邦之师徒以救郙之岁荆尿之月己卯之日，陈乙以共命为左〔尹〕㟼贞：既腹心疾，以上气，不甘飤，尚速瘥，毋有祟。（颐卦、无妄卦）。占之：恒贞吉，疾弁，有瘳，递瘥。以其故敚之。与祷五山各一牂；与祷卲王戬牛，馈之；与祷文坪夜君子良、邟公子春、司马子音、蔡公子家各戬豢，馈之。思攻解于诅与兵死。卑盬吉之敚，享祭箸之高丘、下丘各一全豢。陈乙占之曰：吉。239－241

大司马悼愲将楚邦之师徒以救郙之岁荆尿之月己卯之日，观绷以长灵为左尹㟼贞：既腹心疾，以上气，不甘飤，久不瘥，尚速瘥，毋有祟。占之：恒贞吉，病递瘥。以其故敚之。畀盬吉之敚，与祷秋一牂；后土、司命各一羧。与祷大水一牂；二天子各一羧；危山一牂。与祷邵王戠牛，馈之。与祷东陵连嚣冢豕，酒食，蒿之，贡之衣裳各三俎。与祷舍一全猪，且桓逾之。观绷占之曰：吉。242-244

大司马悼愲将楚邦之师徒以救郙之岁荆屈之月己卯之日，五生以丞惠以为左尹沱贞：既腹心疾，以上气，不甘飤，尚速瘥，毋有祟。（恒卦、需卦）。占之：恒贞吉，疾弁，病变。以其故敚之。与祷荆王，自酓丽以就武王，五牛、五豕。思攻解于水上与溺人。五生占之曰：吉。245-246

大司马悼愲将楚邦之师徒以救郙之岁荆屈之月己卯之日，许吉以驳灵为左尹沱贞：既腹心疾，以上气，不甘飤，久不瘥，尚速瘥，毋有祟。占之：恒贞吉，病有瘳。以其故敚之。与祷大水，一犠马；与祷郚公子春、司马子音、蔡公子家，各戠豢，馈之；与祷社，一猪。思攻解日月与不辜。许吉占之曰：吉。247-248

据简文，其卜筮祭祷的对象有日月山川、天地神鬼等自然鬼神，也有病者已故的祖先亲属。祭祷鬼神，一般多奉献有祭品。

类似的，新蔡葛陵楚简中也有很多关于"疾病贞"的记载①，如：

夏柰之月己丑〔之日〕，以君不怿之故，就祷陈宗一猪。壬辰之日祷之。（乙一 4、10、乙二 12）

夏柰之月己丑之日，以君不怿之故，就祷三楚先屯一牂，璎之兆玉，壬辰之日祷之。（乙一 17）

夏柰之月己丑之日，以君不怿之故，就祷灵君子一猪，就祷门、户屯一羧，就祷行一犬。壬辰之日〔祷之〕。（乙一 28）

☑以其故敚之。举祷楚先老童、祝融、鬻酓各两牂，旆☑（甲三 188、197）

☑甲戌閟乙亥祷楚先与五山。庚午之夕内斋。（甲三 134）

☑有祟见于司命、老童、祝融、穴酓。癸酉之日举祷☑（乙一 22）

☑〔祝〕融、穴酓各一牂，璎之兆玉。壬辰之日祷之。（乙一 24）

☑户、门。有祝（祟）见于昭王、惠王、文君、文夫人、子西君。就祷☑（甲三 213）

☑〔不〕怿之故，祈福于司祸、司槎、司骺各一牂。（乙三 5）

珥、衣裳，且祭之以一猪于东陵。占之：吉。（甲三 207）

☑及江、汉、沮、漳，延至于淮。是日就祷楚先老童、祝〔融〕☑（甲三 268）

☑有祝（祟）见于大川有湆。小臣成敬之惧之，敢用一元糕牂，先之☑（零 198、203＋乙四 48＋零 651）

新蔡简的有关记载更加详细，反映的情况也更具体明确，如祝祷祭祀的对象有天地山川等自然神及祖先亲属神鬼，祭品有牺牲、玉帛、酒器等，更加丰富，可以窥见更多详细的信息。

类似的记载在江陵望山和天星观楚简中也都有发现，前者如②：

爨月丁巳之日，为悼固举祷简大王、声口☑ 10

☑志事，以其故敚之。享归佩玉一环简大王，举祷宫行一白犬，酒食食 28

☑吉，不死，有祝（祟），以其故敚之，举祷大佩玉一环，后土、司命各一小环，大水佩玉一环。

帛豹 54

后者如③：

祷卓公训至惠公，大牢，乐之，百之，赣。占之吉，集岁期中将有喜。

① 河南省文物考古研究所编著：《新蔡葛陵楚墓》，大象出版社，2003 年。
② 湖北省文物考古研究所、北京大学中文系编：《望山楚简》，中华书局，1995 年。
③ 晏昌贵：《天星观"卜筮祭祷"简释文辑校》，《楚地简帛思想研究》第二辑，湖北教育出版社，2005 年，第 265—298 页。

（申）与祷宫地主一羧,思攻解于强死……

（酉）少迟瘥,以其故敚之,解于二天子与云君以佩玉、珥……

（戌）〔尚自利〕训（顺）? 义怿占之:恒贞吉,少有慽于趾,有祟,以其故敚之,与祷道。

（亥）以其故敚之,逐胡丁之敚,择良日霾月与祷太一牲,司命、司〔祸〕一牲,谥志。

出土楚简所见战国时代楚地如此,更早的殷商时代亦然,殷墟甲骨文中也记载有很多类似的祭祀情况,如:

(1) 壬寅卜,殻贞,侑于父乙牢,曰:勿卯,鼎。

　　贞,弖侑于父乙牢,子钬龙。（合①10136 正）

(2) 贞,鼎牢。（合 11350）

(3) …叀…祝用咸禦。岁祖乙二牢、勿牛、白豕……示,鼎三小牢,卯于祝,岁。（合 19849）

(4) 其案年于巍,鼎……,吉。（合 28264）

(5) 呼子韝爵、侑祖……（合 914 反、乙编②4835）

(6) 贞,爵示。

　　贞,弖爵示。（合 6589 正）

(7) ……好,弗爵。（合 2673）

(8) 戊戌卜,韦贞,爵子擒。（合 3226 正）

(9) 丁巳卜,亘贞,剿牛,爵。（合 6226）

(10) 庚戌卜,王曰:贞,其爵用。（合 24506）

(11) 戊子卜,其彭,沚陧、龜以爵懿。兹用,允雨。

　　弖以爵懿。（村中南 238）

(12) 乙□卜……〔咸〕宷、燎、爵于祖丁……爵于祖丁。（合 22184）

(13) 戊寅卜,燎于祖己。

　　戊寅卜,不雨,唯爵。（合 22056）

(14) 己丑卜,叀爵。

　　己丑卜,妇石、燎、爵于南庚。（村中南 468＋屯南③2118）

(15) 己亥卜,来戊申……石、御、爵。（合 22441）

(16) 乙丑卜,贞,妇爵多子,亡疾。（合 22323）

(17) 子画爵祖乙,庚亡艰。

　　子利爵祖乙,庚亡艰。（花东④449）

(18) 贞,爵。（花东 441）

(19) 五牢,二爵。（合 22365）

(20) 辛未贞,亡壬小牢、千牡、四爵。（村中南⑤335）

(21) 丙寅,贞,丁卯酒卑尊饯又伐。　　　三

　　　……

　　……于父丁其尊鬲。（合 32235）

同楚简所反映的情况一样,其祭祀的对象主要也是日月、山川、天地等自然鬼神及祖先亲属等神

---

① 郭沫若:《甲骨文合集》,中华书局,1999 年。

② 中国科学院考古研究所:《小屯 第二本 殷虚文字·乙编》,科学出版社,1956 年。

③ 中国社会科学院考古研究所编:《小屯南地甲骨》,中华书局,1983 年。

④ 中国社会科学院考古研究所编著:《殷墟花园庄东地甲骨》,云南人民出版社,2003 年。

⑤ 中国社会科学院考古研究所编著:《殷墟小屯村中村南甲骨》,云南人民出版社,2012 年。

鬼,也多奉献有祭品。值得注意的是其中屡屡提到以鼎、爵、鬲等铜器作为祭品或粢盛牺牲、酒鬯等祭品奉献祖先神鬼,以求雨、祈(祷)年、禳灾、祛疾,等等。

由此可见,殷商甲骨文和战国楚简所反映的殷商时期和战国楚地有关卜筮祭祷及祭祀活动的形式是基本一致的,本质是相同的;作为一种礼俗,其间应有一定的沿袭和传承。处于殷商和战国(东周)之间的西周,其文化和相应礼俗自然也与其前后的时代有一定的共性和延续性,保持相对的一致性。① 据考古出土实物与文字资料及传世古书的记载来看,商周在礼俗等各种制度上的延续性较多,相反,突变者则相对较少。从有关出土资料来看,总体而言,在疾病贞、祝祷祭祀等礼俗上,殷商、西周及东周时期的理念和行为及其背后的文化应系一脉相承、相对稳定的。

再回过头来看否叔尊、卣的"否叔献彝,疾不已",结合上述上下文的逻辑关系来看,"否叔献彝"显然也应如甲骨卜辞和楚简一样理解为否叔献祭于鬼神,以为其母禳除疾病。否叔献彝的对象,自然就应理解为自然或祖先神鬼(据甲骨卜辞及战国楚简有关材料看,指祖先神鬼的可能性较大),而非其尚在世的母亲。这样理解,则铭文文义清楚,记事前后逻辑井然。

三

考古发掘所见,商周大型女性贵族墓一般都随葬有酒器,如1976年河南安阳殷墟妇好墓(M5)就随葬有大量青铜酒器②,种类齐全、数量众多、组合完整,为一时之冠。又如湖北随州叶家山西周早期曾侯家族墓地③,大型女性贵族墓都随葬有成套的酒器。类似情况在山西曲沃晋侯墓地④、河南平顶山应国墓地⑤、三门峡虢国墓地⑥等皆有所见,这些材料所体现的墓主或器主等级皆较高。如叶家山M27出土爵2、瓿1、觯4、尊1、卣1、壶1、罍2、觥1,墓主为M28曾侯夫人。⑦ M50出土方鼎2、簋2、甗1、尊1、觯2、卣2、爵1⑧,其中酒器4种6件,墓主系与曾侯夫人身份相近的高级贵族。

否叔为其母所作遗器中酒器目前所见共7件,其中尊、卣、觯各1件,爵、瓿各2件,器类齐全(五种),器类、数量及组合皆与叶家山M50近似,组合亦系当时高等级铜器墓常见的固定型式,其身份等级也应和与其年代相近的叶家山M50墓主相仿。

综上所述,据铭文上下文记事逻辑并参照殷墟甲骨卜辞及战国楚简等相关出土文献,否叔尊、卣"否叔献彝"应理解为否叔制作彝器献祭于鬼神,以为其母禳除疾病;否叔献彝的对象系自然神或祖先神鬼,而非其母;及其母病甚而不治,否叔又为其制作随葬的遗器以记其事,此即此套器物制作及铭文记事之缘由。据器物种类、数量及组合等情况看,作器者否叔及其母应系身份等级很高的高级贵族。

附记:吴镇烽《释读山西黎城出土的季姒盘铭文——兼论否叔器》(复旦大学出土文献与古文字研究中心网站2020年10月19日,http://www.fdgwz.org.cn/Web/Show/4671)认为否叔尊、卣铭末的"◧◖◗"非"霝"字,而应系"聅日",是商周铜器铭文中常见的族徽(复合族氏铭文),是作器者否叔的族氏标识,与铭文内容无关。其说甚是,小文据其对有关释文进行了修改。08/03/2021

① 李学勤曾将战国楚简与商周甲骨卜辞进行过细致比较,指出商周甲骨卜辞以至战国时期的竹简卜辞实际上是一脉相承的,进而讨论商周文化之间的沿袭关系。看看李学勤:《竹简卜辞与商周甲骨》,《郑州大学学报(哲学社会科学版)》1989年第2期。

② 中国社会科学院考古研究所编著:《殷虚妇好墓》,文物出版社,1980年。

③ 湖北省博物馆、湖北省文物考古研究所、随州市博物馆编:《随州叶家山——西周早期曾国墓地》,文物出版社,2013年。

④ 邹衡主编,北京大学考古学系商周组、山西省考古研究所编著:《天马——曲村(1980—1989)》,科学出版社,2000年。

⑤ 河南省文物考古研究所、平顶山市文物管理局编:《平顶山应国墓地Ⅰ》,大象出版社,2012年。

⑥ 河南省文物考古研究所、三门峡市文物工作队著:《三门峡虢国墓》(第一卷),文物出版社,1999年。

⑦ 湖北省博物馆、湖北省文物考古研究所、随州市博物馆编:《随州叶家山——西周早期曾国墓地》,第184—185页。

⑧ 湖北省博物馆、湖北省文物考古研究所、随州市博物馆编:《随州叶家山——西周早期曾国墓地》,第226—227页。

Explanation of the Inscription "Pishu Offering Yi" of Pishu Zun and You

Huang Jinqian

(School of History, Xinjiang University, Urumqi 830046, China)

Abstract: According to the context and logic of the inscriptions, and referring to relevant unearthed literature such as oracle bone inscriptions from the Yin Ruins and the Bamboo slips of Chu in the Warring States period, the phrase "Pishu offering Yi" in the inscriptions of Pishu Zun and You should be interpreted as Pishu making bronzen sacrificial vessels to sacrifice to ghosts and gods, in order to ward off diseases for his mother. The objects of sacrificial vessels presented by Pishu are natural gods or ancestral gods and ghosts, rather than his mother. Even after his mother became seriously ill and passed away, Pishu made a set of burial artifact for his mother to record the events. This is the origin of the set of artifacts and inscriptions. Based on the type, quantity, and combination of the artifacts, the creator, Pishu, and his mother, should be high-ranking aristocrats.

Key words: Pishu offering Yi; Oracle bone script; The Bamboo slips of Chu in the Warring States period; Sacrifice; Dispelling diseases

读《倗金集萃》札记*

马 超

【摘 要】绛县横水墓地出土量簋铭文中的"肇"字异体,应是从勹得声的;□□父盆中缺释的四字应为"其用凤夜";钌我卣中用为"赏"之字,声符由"商"变形音化为了"唐";通簋中的禴字,应读为"禴(礿)",是夏日对祖先的祭祀;□盆中的明字应改释为"朕";旧所谓垂仲盉之"垂"应改释为"蔡",器主蔡仲见于《史记》,为蔡叔度之子。

【关键词】横水墓地;《倗金集萃》;文字考释

【作者简介】马超,西南大学汉语言文献研究所、出土文献综合研究中心副教授,硕士生导师,研究方向为古文字学。(重庆 北碚 400715)

《倗金集萃——山西绛县横水西周墓地出土青铜器》一书(以下简称《倗金》)①,以墓葬为单位对绛县横水墓地出土金文进行了集中著录和释读(M1、M2、M3 资料暂未收入),其中刊布有部分以往未曾著录过的新资料,为有关研究提供了很好的便利和帮助。拜读全书令人获益匪浅,同时在铭文释读以及文字构形理解等方面,我们也有一些浅薄之见,草就此文,以供学界批评指正。

一 释量簋中的"肇"字异体

横水墓地 M2022 出土有一件量簋,器、盖同铭,共 8 字,《倗金》释作"量肇作父乙宝尊彝"②。其中的肇字分别作:

(盖铭)、 (器铭)

金文常有"肇作"之说,根据辞例,《倗金》的释读意见应是可信的。此"肇"字与其常见的写法不同,以往未见,其右下应是从支,左上所从的(其右侧顶端放大作,人首与上肢之形明显)可与金文"勹"旁作(凫字所从,再簋《铭图》04870)、(凫字所从,凫叔匜《铭图》14856)、(鬱字所从,妇传尊《铭续》0785③)、(苞字所从,任鼎《铭图》02442)等相合观,其显然是一字(只是方向相反,而古文字中往往正反无别),故量簋此字应是从支、从勹的肇字异体。

肇字上古音属定纽宵部,勹属帮纽幽部,从勹声之字有匋,《说文·缶部》云:"匋,瓦器也。从缶,包省声。"④许慎以为匋从包省声,而段玉裁则指出"包"字所从的"勹"旁亦声⑤。古文字中的"匋",何琳

---

* 基金项目:本文为国家社科基金重大项目"商周金文字词集注与释译"(编号:13&ZD130),国家社科基金青年项目"金文所见两周古国爵姓及存灭史料整理与研究"(编号:19CZS014),西南大学中央高校博士启动项目"霸国金文综合研究"(编号:SWU2019502),西南大学创新团项目"古文字与出土文献研究"(编号:SWU2009108)的阶段性成果。

① 山西省考古研究所等编著:《倗金集萃——山西绛县横水西周墓地出土青铜器》,上海古籍出版社,2021 年。
② 山西省考古研究所等编著:《倗金集萃——山西绛县横水西周墓地出土青铜器》,第 164 页。
③ 吴镇烽编著:《商周青铜器铭文暨图像集成续编》,上海古籍出版社,2016 年。文中简称《铭续》。
④ 许慎:《说文解字》,中华书局,1963 年,第 109 页。
⑤ 段玉裁:《说文解字注》,上海古籍出版社,2013 年,第 227 页。

仪先生也曾指出过应是从"勹"声的。① 故"匋"从勹声,匋即属定纽,与肇声纽相同。幽部与宵部关系密切,且肇字本身亦有与幽部相通的证据。肇在金文中有从"舟"旁的写法,作 ![字]（丰簋《铭图》04542②）、![字]（善鼎《铭图》02487）、![字]（親簋《铭图》05362）,此类写法同样见于横水墓地所出土的金文,如 ![字]（夌伯方鼎《倗金》144 页）,传世还有一件夌伯鼎（《铭图》01963）其中的"肇"字亦从舟,作 ![字]。③ 陈英杰先生曾指出"肇"字本从户,写作从"舟",应是变形音化。④ 若此,则舟为肇之声符,而舟即属幽部。此外,在金文中"造""肇"二字可以互通⑤,造亦属幽部。总之,勹、肇二字声韵俱近,量簋中"肇"字异体所从的"勹"旁当可理解作声符。

二　释□□父盆中的"其用夙夜"

□□父盆 2005 年出土自横水墓地 M2016,《倗金》释盆铭为:"唯正月初吉,辰在庚申,□□父肇作文祖考宝簋,□□□□享孝,匄百福,其万年子子孙孙其永宝,用享孝。"⑥器主之名残去,难以辨识。"宝簋"以下四字《倗金》缺释,细看铭文照片与拓片仍可识出当是"其用夙（夙）夜"四字。

![字]（![字]）字保留有外部的 U 形轮廓,以及顶部外侈的两斜笔,内部的×形笔画只能看到一部分,与本铭后文"其（![字]）"字相比,可以确定为一字。

![字]（![字]）字保留有三竖笔（中间竖笔中部有残,右侧竖笔下部有残,但两者下部均可见）,又能看到上部右侧的横画,以及中间的横画,对照本铭文末"用享孝"之"用（![字]）",可知此应释为"用"。

![字]（![字]）字模糊最甚,不过照片和拓片均能看清左侧的"夕（![字]）"旁,夕旁右侧作 ![字]（![字]）,参照金文"夙"字写法 ![字]（梁其钟《铭图》15527）、![字]（伯狱簋《铭图》05275）、![字]（戜簋《铭图》05739）、![字]（叔噩父簋《铭图》05005）等,可以看出右侧应是丮旁（与戜簋写法最为近似）,其字从夕、从丮,即是夙（夙）字。

![字]（![字]、![字]）可以辨认出"大（![字]）"形（左侧腿部残断）,以及右侧略有残断的夕（![字]）旁。字形中既有残存的"大"形、"夕"形,再联系金文常见的"夙（夙）夜"一词,可以推测出盆铭其字应是"夜",试比较金文"夜"字写法 ![字]（戜方鼎《铭图》02448）、![字]（史墙盘《铭图》14541）等,上文所谓残存的"大"形应是"亦"旁之残。准此,□□父盆铭文此句应是"其用夙（夙）夜享孝",横水墓地出土的仲旬人盉（《铭续》0981、《倗金》67 页）云"其用丮［夙（夙）]夜享孝……",倗伯簋（《铭续》0442、《倗金》15 页）亦云"其用夙（夙）夜享于厥宗",均与此文例相同或相近,可作为上述释读意见的重要补证。

三　释釾我卣中用为"赏"之字

釾我卣（《倗金》173 页）出土自横水墓地 M2022,器盖同铭,《倗金》释作:"唯五一月初吉辛卯,王赛氏宫,![字]我肇进从多邦君即事,王赏邦君,![字]我蔑历眔赏十朋,对![字]（扬）王休,用作宝彝,子子孙孙永宝。"⑦

① 何琳仪:《战国古文字典:战国文字声系》,中华书局,1998 年,第 237—238 页。

② 吴镇烽编著:《商周青铜器铭文暨图像集成》,上海古籍出版社,2012 年。文中简称《铭图》。

③ 夌伯即是倗伯,夌的释读以及关于夌伯即倗伯的讨论,请参马超:《西周金文夌氏考》,《商周金文与先秦史研究论丛》,科学出版社,2019 年,第 378—386 页;又载《出土文献释读与先秦史研究》,科学出版社,2019 年,第 193—201 页。

④ 陈英杰:《西周金文作器用途铭辞研究》,线装书局,2008 年,第 273 页注释 3。

⑤ 陈剑:《释造》,《甲骨金文考释论集》,线装书局,2007 年,第 171、172 页;谢明文:《金文"肇"字补说》,《商周文字论集》,上海古籍出版社,2017 年,第 280、281 页。

⑥ 山西省考古研究所等编著:《倗金集萃——山西绛县横水西周墓地出土青铜器》,第 148 页。

⑦ 山西省考古研究所等编著:《倗金集萃——山西绛县横水西周墓地出土青铜器》,第 173 页。

《倗金》所释"五一月"中的"一月"，原作🔲（盖铭）、🔲（器铭）。"五一月"不词，无从谈起，实际所谓"一月"之"一"乃是"月"上部的饰笔罢了，古文字中与顶部横笔之上常增加短横笔为饰①，铭文记时实为"五月初吉辛卯"。器主之名"🔲"，《倗金》缺释，或应为"釱"字，只是于旁写在了金旁下部，并有借笔，二者共用一横画，则器主之名即为"釱我"。②🔲（盖铭）、🔲（器铭）字《倗金》隶定为🔲，读为扬。此字已习见于金文（字形参《新金文编》502页③），目前学界已认同其应释为"觞"④。

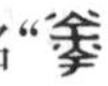

除上述问题之外，卣铭中的用为"赏"之字写法尤其值得留意。其字在盖铭、器铭中共四见，分别作🔲、🔲（以上盖铭），🔲、🔲（以上器铭）。盖铭两字与器铭较有差别，其字从卩或不从卩，《倗金》均径以"赏"字释之，并不精确，但在铭文里又无疑是读为"赏"的。盖铭第二形与"商"字作🔲（盟商壶《铭图》12010）、🔲（陆尊《铭图》11781）、🔲（"赏"字所从，叔簋《铭图》05113）等形的写法一致，应释为商字无疑，但是盖铭第一形则仅有上部与此相似。"商"字还有作🔲（商尊《铭图》11791）、🔲（商卣《铭图》13313）形的写法，器铭两字上部与此一致，而下部却又差别较大。

古文字中"庚"字作🔲（举父庚卣《铭图》12048）、🔲（旅鼎《铭图》2353）、🔲（陆册父庚卣《铭图》12924）、🔲（子翌父庚卣器铭《铭图》12959）等形，其形体与釱我卣中🔲、🔲左侧除去口旁以外的部分高度一致，故其左侧乃是从庚、从口，即是"唐"字。商与唐均属阳部字，声纽一为书纽，一为定纽，均属舌音，古音非常接近。商人的开国之君成汤，金文称"成唐"，见叔夷钟镈（《铭图》15555、15829），或"天乙唐"，见宋公繺簠（《铭图》5904）等，典籍又作"成商"，见《逸周书·史记解》："成商伐之，有洛以亡。"⑤可见唐、商音近可通，卣铭"商（赏）"字异体写作从"唐"声是没有问题的。卣铭由🔲（商）形到🔲（鄘）形，左侧偏旁变得上部同商，下部同唐，再演变到🔲、🔲（鄘）两形，商旁已变为了唐，完成了商（鄘）字从唐声的形声化改造。经过上述讨论，釱我卣铭文可以重新释读如下（释文从宽）：

唯五月初吉辛卯，王饔氏宫，釱我肇进从多邦君即事，王商/鄘（赏）邦君，釱我蔑历罘商/鄘（赏）十朋，对觞（扬）王休，用作宝彝，子子孙孙永宝。

铭文记载了在五月辛卯这天，周王饔（馆）于氏宫，釱我辅佐各位诸侯行事，王赏赐诸侯，釱我也被嘉勉并赏赐十朋贝，釱我称扬王的恩惠，因此铸作宝贵的祭器，子孙后代要永远以之为宝。铭文内容涉及了周王事迹以及倗国贵族与周王朝的交往等内容，颇具研究价值。

四　释通簋中的"�"

横水墓地 M2047 出土有两件器主名为"通"的方座簋（M2047：15 和 M2055：54，以下分别称为通簋甲、通簋乙），两器大小、形制、纹饰、容积、重量等均接近一致，铭文也相同，《倗金》释作："通肇作厥圣考伯宝尊彝，唯用永念厥考禴子子孙宝。"⑥其中的"禴"字原作：

🔲（通簋甲）、🔲（通簋乙）

通簋甲"衣"旁有残，通簋乙则完整无缺，其字从衣、从龠，《倗金》隶定为禴无误。字在此处或当读为"禴"，是夏日对先祖的一种祭祀。《诗·小雅·天保》："禴祠烝尝，于公先王。"毛传："春曰祠，

① 刘钊：《古文字构形学（修订本）》，福建人民出版社，2011 年，第 345 页。

② 此字或以为当释为㝬，亦可备一说。

③ 董莲池编著：《新金文编》，作家出版社，2011 年。

④ 李春桃：《从斗形爵的称谓谈到三足爵的命名》，台北"中研院"《历史语言研究所集刊》第 89 本第 1 分册，台北"中研院"历史语言研究所，2018 年，第 80—88 页。

⑤ 黄怀信、张懋镕、田旭东：《逸周书汇校集注（修订版）》，上海古籍出版社，2007 年，第 970 页。

⑥ 山西省考古研究所等编著：《倗金集萃——山西绛县横水西周墓地出土青铜器》，第 202、219 页。

夏曰禴，秋曰尝，冬曰烝。"①"禴"异体作"礿"，《说文·示部》："礿，夏祭也。从示，勺声。"②段注云："礿亦作禴，勺龠同部。"③《公羊传·桓公八年》："夏曰礿。"何休注："荐尚麦苗，麦始熟可礿，故曰礿。"④通簋铭"唯用永念厥考禴"应是"唯用永念禴厥考"的倒装，宾语"厥考"提前，大意是永远思念禴祭我的父亲。

禴（礿）祭已见于西周金文士上诸器（盉《铭图》14792，卣《铭图》13333、13334，尊《铭图》11798），其铭云"唯王大禴（禴）于宗周，诞饗茅京年，在五月既望辛酉，王令士上眔史寅殷于成周"。又见于我鼎（《铭图》02399）："唯十月又一月丁亥，我作禦，祟祖乙、妣乙、祖己、妣癸，诞礿祟二母，咸。"根据甲骨文以及西周金文禴（礿）祭铭文的记时，冯时、黄益飞先生均曾指出禴（礿）祭当在夏至前后，故禴（礿）为夏祭之名无疑。⑤ 通簋铭文显示这两件簋是器主为禴祭其父而作，这也与其自名为"尊彝（宗庙祭器）"相一致，通簋是新发现的、难得的西周禴祭和礼制研究资料。

五　释□盆中的"朕"

□盆 2007 年出土自横水墓地 M2606，腹内铸有铭文 30 字，《倗金》释作："□肇作珝文考宝盆，其用夙夜用享孝于珝宗室，其万年子子孙孙永宝用享。"⑥器主之名残去（似是从鼎），无法确识。《倗金》所释"珝"原作：

（　）、（　）

其字（以下用△代替）左侧明显从"舟"，不从日形，两个形体右侧上部均能看到短"｜"笔，故其右侧也绝不是"羽"旁。结合金文辞例"用享孝于朕文祖考，……丮（凤）夜享孝于厥宗用"（倗伯簋《铭续》0442、《倗金》15 页），"戀作朕皇考肆彝尊鼎，戀用享孝于朕皇考"（微戀鼎《铭图》02447），"自作宗彝，其用享用孝于我皇祖文考"（与兵壶《铭图》12445），"倗伯肇作宝鼎，其用享孝于朕文考"（倗伯鼎《铭图》02261）等，可以推知△应是与"我""朕"等相当的人称代词，从字形来考虑其应即是"朕"字。与常见的"朕"字写法相比，其差别主要是将"廾"形写作了"屮"形，其中的变化一是将廾旁所从的两手方向改变；二是将手中的三根手指省略为二。

首先就廾旁两手方向改变而言，古文字中已有其例，比如横水墓地出土的倗伯簋（《铭续》0442、《倗金》15 页）盖铭中"朕"字即作（盖铭），廾旁所从的两手一致向右，而在器铭中却仍作，方向不变。不其簋（《铭图》05387）中"朕"又作，两手形又分别向外；其次，将手中的三根手指省略为二也是古文字中常见的现象，比如甲骨文中"朕"字的写法（廾放大作，《合集》05498⑦）、（廾放大作，《合集》05498）等，其中的"廾"旁均是仅有两根手指。再如"晨"作（伯晨鼎《铭图》02489）形，上部的臼旁也是同样省为了二指。

综上所述，盆铭中的"屮"形应即两手形一致向左的"廾"旁变体，故此△字应释为"朕"，如此释读，盆铭"□肇作朕文考宝盆，其用夙夜用享孝于朕宗室"同样文从字顺，当可成立。

① 阮元校刻：《毛诗正义》，《十三经注疏》，中华书局，2009 年，第 880 页。
② 许慎：《说文解字》，第 8 页。
③ 段玉裁：《说文解字注》，第 5 页。
④ 阮元校刻：《春秋公羊传注疏》，《十三经注疏》，中华书局，2009 年，第 4816 页。
⑤ 冯时：《我方鼎铭文与西周丧奠礼》，《考古学报》2013 年第 2 期；黄益飞：《西周金文礼制研究》，中国社会科学出版社，2019 年，第 78 页。
⑥ 山西省考古研究所等编著：《倗金集萃——山西绛县横水西周墓地出土青铜器》，第 202、219 页。
⑦ 郭沫若主编，胡厚宣总编辑：《甲骨文合集》，中华书局，1982 年。文中简称《合集》。

六 释蔡仲盉中的"蔡仲"

横水墓地 M3250 出土有一件铜盉(M3250:40),盖内和颈内壁铸有铭文,器盖同铭,共 15 字,《佣金》释作:"垂仲作宝尊彝,其万年,用赞王出内(入)使。"[1]此所谓"垂仲"之"垂"原作:

(盖铭)、(器铭)

此字已见于甲骨文,作(《合集》2682 反)、(北图 2235=《合集》3318)之形,陈剑先生引唐兰、裘锡圭先生的意见认为此字有可能释为"蔡",同时还指出此类字形应是(《合集》793 正)类写法的异体(两者腿部的曲折笔画有两重和一重之别)。[2]裘先生曾将甲骨文字形与金文蔡侯之"蔡"作、形的写法相联系,补证了唐兰先生关于、一字的观点[3],此观点亦得到周波先生的赞同[4]。鸟虫书中"蔡"作、,腿部均为两重折笔,与甲骨文以及盉铭写法一致,这是晚出字形保留原始写法的证据。准此,盉铭旧释"垂仲"之"垂"就当改释为"蔡",器主名叫蔡仲,铜盉也应命名为蔡仲盉。

横水墓地 M3250 的完整墓葬资料尚未有发掘报告披露,从《佣金》所刊布的铜器器型来看,其墓葬年代应在西周早期,具体有可能是在成王或康王之世。该墓出土有三件形制类似的素面鼎(《佣金》523 页、526 页、529 页),其中一件有铭文"太保铸",这件太保鼎侈口,折沿,扁圆唇,口内一周勾槽,索状双立耳,束颈,浅扁圆鼓腹,圜底,三高圆柱足。[5] 其形制与宪鼎(《铭图》02386)近似,宪鼎铭文有"召白父辛",知其应与燕侯旨同辈,为康王时器。[6] 墓中出土的兽面纹鼎(M3250:43)敛口,折沿,方唇,双立耳,圆垂腹,圜底,三圆柱状蹄足,上腹饰一周扉棱兽面纹,下腹饰一周垂叶形简化龙纹,均以云雷纹衬地,三足面上部各饰一扉棱兽面纹。[7] 与其形制近似的有一件出土自陕西长安张家坡西周墓地的乍宝彝鼎(《铭图》01033),时代在西周早期成康时。[8] 蔡仲盉本身为椭圆形盖,子口内敛,顶面圆隆,中部置一圈形捉手,盖和器身由"8"字形链环连接。器身母口,高领斜直,扁腹圆鼓,圜底,三圆柱足,龙首桥形耳。[9] 此类铜盉属于《西周青铜器分期断代研究》所划分的 I 型罐形盉中的 1 式柱形三足盉,与蔡仲盉形近的有一件北京琉璃河 M251 西周墓出土的父乙盉,时代为西周早期。[10] 横水墓地 M3250 有一件太保都簋(《佣金》552 页),同人所作之器见于著录的尚有两盘(《铭图》14358、《铭三》1187[11])、两鼎(《铭续》0132、《铭三》0206)[12],上述诸器《铭图》《铭三》均定为西周早期器[13]。此外,发掘者也曾指出横水墓地自南向北墓葬时代从西周早期延续到春秋初年[14],而 M3250 正处于横水墓地靠南部的位

---

① 山西省考古研究所等编著:《佣金集萃——山西绛县横水西周墓地出土青铜器》,第 596 页。
② 陈剑:《释"瓜"》,《出土文献与古文字研究》第九辑,上海古籍出版社,2020 年,第 72 页。
③ 裘锡圭:《释"求"》,《裘锡圭学术文集·甲骨文卷》,复旦大学出版社,2012 年,第 275 页。
④ 周波:《三晋梁十九年鼎及中山王響方壶铭文新释》,《出土文献与古文字研究》第八辑,上海古籍出版社,2019 年,第 162 页。
⑤ 山西省考古研究所等编著:《佣金集萃——山西绛县横水西周墓地出土青铜器》,第 529 页。
⑥ 王世民、陈公柔、张长寿:《西周青铜器分期断代研究》,文物出版社,1999 年,第 29 页。
⑦ 山西省考古研究所等编著:《佣金集萃——山西绛县横水西周墓地出土青铜器》,第 541 页。
⑧ 王世民、陈公柔、张长寿:《西周青铜器分期断代研究》,第 25 页。
⑨ 山西省考古研究所等编著:《佣金集萃——山西绛县横水西周墓地出土青铜器》,第 596 页。
⑩ 王世民、陈公柔、张长寿:《西周青铜器分期断代研究》,第 145 页。
⑪ 吴镇烽编著:《商周青铜器铭文暨图像集成三编》,上海古籍出版社,2020 年。文中简称《铭三》。
⑫ 其中两件鼎铭、一件盘铭(《铭图》14358)与太保都簋铭文全同。
⑬ 吴镇烽编著:《商周青铜器铭文暨图像集成》第 25 卷,第 372 页;吴镇烽编著:《商周青铜器铭文暨图像集成续编》第 1 卷,第 134 页;吴镇烽编著:《商周青铜器铭文暨图像集成三编》第 1 卷,第 207 页。
⑭ 宋建忠等:《山西绛县横水西周墓地》,《2006 年中国重要考古发现》,文物出版社,2007 年,第 56 页。

置①。盉铭"蔡"字是目前金文中所见该字最原始的写法，双腿均有两重折笔，"大"旁的象形程度较高，多作肥笔，亦可作为其时代较早的证据。

判定墓葬年代大致在成康之世以后，蔡仲盉中的"蔡仲"身份或许可以得到确认。《史记·管蔡世家》载：

> 武王已克殷纣，平天下，封功臣昆弟。于是封叔鲜于管，封叔度于蔡……武王既崩，成王少，周公旦专王室。管叔、蔡叔疑周公之为不利于成王，乃挟武庚以作乱。周公旦承成王命伐诛武庚，杀管叔，而放蔡叔，迁之，与车十乘，徒七十人从……蔡叔度既迁而死。其子曰胡，胡乃改行，率德驯善。周公闻之，而举胡以为鲁卿士，鲁国治。于是周公言于成王，复封胡于蔡，以奉蔡叔之祀，是为蔡仲。余五叔皆就国，无为天子吏者。蔡仲卒，子蔡伯荒立。蔡伯荒卒，子宫侯立。宫侯卒，子厉侯立。厉侯卒，子武侯立。武侯之时，周厉王失国。②

蔡国始封君蔡叔度为武王之弟，但因参与武庚之乱而被废立，放逐而死，此后又因为蔡叔度之子德行优良，且治理鲁国有方，从而又被复封于蔡国。蔡叔度之子名胡，又被称为蔡仲，应是次子。蔡仲于成王时受封，应可延年至康王之世。③则蔡仲盉的时代与《史记》蔡叔度之子蔡仲的生活年代大约同时，两者极有可能是一人，若此则盉铭蔡仲就是蔡国复封后的第一代君主。M3250 的墓主是谁目前还不清楚，但此墓随葬铜器较多（铜礼器 25 件，其中有 9 鼎、3 簋），且出土有太保以及蔡仲等权贵所作之器，可见身份应较高。蔡仲铜器为何出土自佣国尚不可知，铜器流散乃是先秦时期的常见现象，并不足为奇。

2021 年 9 月初稿

补充说明：拙作投稿以后，学界又刊发了一些新的观点，涉及本文所讨论的内容，在此略作补充说明。

（1）《山西绛县横水西周墓地 2022 号墓发掘报告》的释文中④，已将《佣金》所释釿我卣铭文中的"五一月"改释为了"五月"，与拙作观点一致；

（2）釿我卣**𧶠**字的左侧偏旁，谢明文先生认为："与一般的'商'有别，介于'商'、'章'之间，商、章形音皆有相近之处，似可看作两者的糅合形。"⑤后又指出此字"是'皾'字异体的可能性不能完全排除，如此种情况，则读为训'赐'之'赣'"⑥。谢先生的两种意见均将其左偏旁与"章"字相联系，起初我们也有过一样的想法，但是考虑到古文字中的"章"其上部虽与器铭一致均作"辛"形，下部中间却一般作"田"形，与器铭左侧偏旁下部大致作"用"形有别，故而文中放弃了从"章"之说，认为其当从"唐"。

2023 年 5 月补记

---

① 横水墓地各墓葬位置图，参山西省考古研究所等编著：《佣金集萃——山西绛县横水西周墓地出土青铜器》，第 1 页。

② 司马迁著，裴骃集解，司马贞索隐，张守节正义：《史记》，中华书局，2014 年，第 1892—1894 页。

③ 据《史记》，蔡武侯时厉王出奔，蔡仲至蔡武侯共有五世，蔡仲与成王同时，而成王至厉王共有九世，可见蔡仲及其以下诸位蔡君应长寿。

④ 山西省考古研究院等：《山西绛县横水西周墓地 2022 号墓发掘报告》，《考古学报》2022 年第 4 期。

⑤ 谢明文：《商代金文与西周金文常用字词关系对比研究》，陈斯鹏主编：《汉语字词关系研究·二》，中西书局，2021 年，第 15—16 页。

⑥ 谢明文：《商代金文研究》，中西书局，2022 年，第 498—499 页。

The Study Notes of *Peng Jin Ji Cui*

Ma Chao

(The Institute of Chinese Language and Text Studies，Comprehensive Research Center of

Unearthed Literature，Southwest University，Chongqing 400715，China)

Abstract：The word "zhao (肇)" in Liang Gui which founded in Hengshui cemetery use bao (勹) as its sonic symbol. The words which unknow in □ □ Fu Pen at before are "qi yong su ye (其用夙夜)". At first，the sonic symbol of "shang (赏)" in Yuwo You is "shang (商)"，but it becomes to "tang (唐)" at last. The word "禴" in Tong Gui should read as "yue (禴)"，it means sacrifices to ancestors in the summer. The word "翈" in □ Pen should be "zhen (朕)". The word "chui (垂)" in Chuizhong He should be "cai (蔡)"，the name Caizhong appears in *Shi Ji*，he is the son of Cai Shudu

Key words：Hengshui cemetery；*Peng Jin Ji Cui*；text study

《曹沫之阵》与传世军事文献合证两则*

沈奇石

【摘　要】《曹沫之阵》中的两处字词释读,经合勘两种出土文献传本,与传世军事文献合证,得以解决。一是上博简本"𦂀"是"繬"的讹形。安大简本作"靭"。所在简文可与《司马法·定爵》相关文句合证。旧读"敦"虽然合理,但要理解为"信"。二是上博简本"𩵋"是一种带有"人"形饰笔的"鱼"字讹形,与"备"形近。安大简本作"𦜽"。所在简文可与《左传》成公十六年相关文句合证。当读为"虏"。又据"鱼""备"形体易混,可揭《玺汇》2562 号印文当为"鱼(鲛/渔)玺"。

【关键词】曹沫之阵;文献合证;敦;鱼

【作者简介】沈奇石,华东师范大学中国文字研究与应用中心博士生,研究方向为出土文献与古文字。(上海 200241)

　　《曹沫之阵》是一部久已亡佚的战国兵书。值得庆幸的是,在出土的战国竹书中已见两个传本,一是 2004 年公布的《上海博物馆藏战国楚竹书(四)》本(以下简称"上博简本"),另一是 2022 年公布的《安徽大学藏战国竹简(二)》本(以下简称"安大简本")。两本内容一致,大体完整,仅个别字词有出入。由此,《曹沫之阵》这部古佚兵书重见天日。经前人研讨,全篇已大体可读。笔者在诸家考释的基础上,发现尚有两处字词,经与传世军事文献合证,可得新解。今不揣谫陋,试求教方家。

一　说"敦"

　　上博简本《曹沫之阵》有如下一段话:

　　　　戒胜【49】怠[之],果胜矣(疑)[之]。亲率胜使人,不亲则不 A。不和则不辑[缉],不义则不服[职]。【33】①
这段简文的编联意见最初由李锐先生提出。② 经此编联后的简文,正与安大简本《曹沫之阵》简 19 内容一致。③ 其中 A 字,原形作"𦂀"。整理者隶定为"繬"。④ 李锐先生认为右从"章"。⑤
　　后来单育辰、高佑仁、连劭名等多数研究者赞成整理者释"繬"的意见。⑥ 也有学者支持李锐的

---

　　* 基金项目:本文为 2020 年度教育部、国家语委甲骨文等古文字研究与应用专项重点项目"战国秦汉简帛文献通假字集成及资料库建设"(项目号:YWZ-J030);2021 年度教育部哲学社会科学重大课题攻关项目"出土商周秦汉文献通假语料的整理与资料库建设研究"(项目号:21JZD043)。
　　① 马承源主编:《上海博物馆藏战国楚竹书(四)》,上海古籍出版社,2004 年,第 264、275 页。其中"矣(疑)"从邴尚白《上博楚竹书〈曹沫之陈〉注释》(《中国文学研究》2006 年总第 21 期)读。句读也因编联改动作了相应调整。又,本文引用出土文献资料时,如无特殊需要,一律采用通行文字。
　　② 李锐:《〈曹刿之阵〉释文新编》,初见于孔子 2000 网 2005 年 2 月 22 日;又见于简帛研究 2005 年 2 月 25 日(http://www.jianbo.sdu.edu.cn/info/1011/1690.htm)。
　　③ 黄德宽、徐在国主编:《安徽大学藏战国竹简(二)》,中西书局,2022 年,第 54 页。其中与 A 对应字下多补一"也"字。
　　④ 马承源主编:《上海博物馆藏战国楚竹书(四)》,上海古籍出版社,2004 年,第 264 页。
　　⑤ 李锐:《读上博四札记(三)》,孔子 2000 网 2005 年 2 月 21 日。
　　⑥ 单育辰:《〈曹沫之陈〉文本集释及相关问题研究》,硕士学位论文,吉林大学,2007 年,第 70 页;高佑仁:《〈上海博物馆藏战国楚竹书(四)·曹沫之阵〉研究》,硕士学位论文,台湾师范大学,2007 年,第 418 页;连劭名:《战国楚竹书丛考》,《文物春秋》2016 年第 4 期。更多学者在引这段释文时,直接采用了整理者的意见,在此不赘。

意见。①

安大简本《曹沫之阵》中，与 A 对应的字原形作"𣄰"。② 整理者隶定为"剸"，谓："即《说文》古文'断'，读为'敦'。简文指不能亲身率军作战就不能达到敦勉（兵士）的效果（黄德宽）。《上博四·曹沫》'剸'作'縛'。'縛'即'縛'。'敦''縛'皆从'辜'声。'縛''剸（断）'音近古通。（中略）或读为'专'。《易·系辞》韩康伯注：'专，专一也。'"③可知，安大简本的整理者也认为 A 当释为"縛"，并读为"敦"或"专"。

平心而论，A 字据形确实从辜，当隶定为"縛"无疑。楚文字中的"辜"旁与"辜"旁的构形差异，白于蓝师与俞绍宏先生都有过很好的讨论，读者可以参看。④ 只不过，这里的"縛"应该是"縛"的讹形，关键证据有二：一是上述安大简本《曹沫之阵》异文作"剸（断）"。正如安大简本整理者所揭，"剸（断）"与"縛"声韵近同。所以 A 只有理解为"縛"，才能与安大简本异文"剸（断）"联系起来。二是这段话用韵工整，两句一韵。其中"悤（怱）"与"疑"押之部韵，"辑"与"服"缉职合韵。据此推理，处于句末的 A，也应与上一句末字真部的"人"押韵。上古"縛"字声符"辜"韵在东部，韵不叶；而"縛"字声符"辜"韵在文部，正可与"人"构成真文合韵。真文合韵是一种常见的押韵形式，如《招魂》真部的"天、人、千"与文部的"侁"共韵，清华一《周公之琴舞》成王儆毖第五部分（简9—10）真部的"人、民"与文部的"勤（艰）"共韵。皆其例。因此，A 虽然写成"縛"，但却应该是"縛"字讹形。楚简中"辜"与"辜"作偏旁发生混讹，已有确例。如《诗·秦风·小戎》"钩矛鋈錞"之"錞"，本从"辜"声；安大简本对应作"濞"（简 46）⑤，所从"辜"即"辜"之形讹。即其例。

持释"縛"说的研究者多数读为"敦"，但在具体解释上又有所不同。整理者认为："读'敦'，有淳厚之义。"⑥单育辰先生认为"《孙膑兵法·善者》'敦三军'之'敦'与此用法相同"。⑦ 高佑仁先生训作"勤勉"。⑧ 黄德宽先生训作"敦勉"。⑨ 连劭名先生改读为"淳"，训作"忠谨"。⑩ 此外，上述安大简本整理者认为或可读为"专一"之"专"。⑪ 按，上述训解均与上下文意不够密合。

其实，这段简文主要是讲曹沫关于鲁庄公所问如何足以出兵作战提出的五点要求，即："戒、果、亲率、和、义"。做不到这五点就会造成"**悤、疑、不縛〈縛〉、不辑、不服**"五种恶果。上述研究者均未措意，《司马法·定爵》中有一段论"战患"的文字正可与之对读，其谓："**不服、不信、不和、悤、疑**、厌、慑、枝拄、诎、顿、肆、崩、缓，是谓战患。"《曹沫之阵》中的"悤""疑""不服"均见于上述"战患"。所谓"不辑"即谓"不和"⑫，亦可对应。笔者认为，剩下的"不縛〈縛〉"可与"不信"对应。所以该字确实当读为"敦"，但要训为"信"。《方言》："敦，信也。"《文选·谢灵运〈石门新营所住四面高山回溪石濑茂林修竹诗〉》"佳期何由敦"下李善注引《素问·上古天真论》："长而敦敏。"王冰注："敦，信也。"即其谓。这种意义

---

① 白于蓝：《战国楚简中的"辜"与"辜"及相关字》，《中国历史研究院集刊》2020 年第 1 期；俞绍宏、宋丽璇：《楚简"辜""辜"考辨》，《海岱学刊》2020 年第 1 期。

② 黄德宽、徐在国主编：《安徽大学藏战国竹简（二）》，第 25 页。

③ 黄德宽、徐在国主编：《安徽大学藏战国竹简（二）》，第 64 页。

④ 白于蓝：《战国楚简中的"辜"与"辜"及相关字》；俞绍宏、宋丽璇：《楚简"辜""辜"考辨》。

⑤ 黄德宽、徐在国主编：《安徽大学藏战国竹简（二）》，第 64 页。

⑥ 马承源主编：《上海博物馆藏战国楚竹书（四）》，第 264 页。

⑦ 单育辰：《〈曹沫之陈〉文本集释及相关问题研究》，第 70 页。

⑧ 高佑仁：《〈上海博物馆藏战国楚竹书·（四）曹沫之阵〉研究》，第 418 页。

⑨ 黄德宽、徐在国主编：《安徽大学藏战国竹简（一）》，中西书局，2019 年，第 31、103 页。

⑩ 连劭名：《战国楚竹书丛考》，《文物春秋》2016 年第 4 期。

⑪ 其实上引《易·系辞》故训是就"其静也专"而言，这里的"专"当读为"抟"，表示天象之屈曲。参见拙作《"乾专直"象意新研》，《经学文献研究集刊》第二十七辑，上海书店出版社，2022 年，第 80—88 页。

⑫ 马承源主编：《上海博物馆藏战国楚竹书（四）》，第 253 页；徐在国：《说"辠"及其相关字》，简帛研究网 2005 年 3 月 4 日（http://www.jianbo.sdu.edu.cn/info/1011/1700.htm）。

的"敦"，古书中又写作声韵近同的"端"或"专"。《国语·周语下》："端，德之信也。"《广韵·仙韵》："专，诚也。"皆其例。

二　说"膚"

上博简本《曹沫之阵》有如下一段话：

　　缮甲利兵[阳平]，明日将战。测死度伤[阳平]，以便修行[阳平]。【51上】〔凡〕失车甲，命之毋行[阳平]。明日将战，使为前行[阳平]。谍人[31]来告曰：其将帅尽伤[阳平]，车辇皆载，曰将早行[阳平]。乃[32上]〔命〕白徒：早食戒兵[阳平]，各载尔藏[阳平]，既战将歔（抗？）[阳平?]。为之[32下]毋怠[之去]，毋使民疑[之平]。袭尔龟筮，皆曰胜之[之平]。改祷尔鼓[鱼上]，乃逢亓B。明日复阵，必过其所[鱼上]。[52]"①

这段简文的编联，除了采用整理者的意见，另采用白于蓝师的意见，将简51上与31相连；以及邴尚白先生的意见，将简32下与52相连。② 经此编联后的简文，正与安大简本《曹沫之阵》简34—36内容一致。③ 其中B字原形作"（字形）"。整理者释为"备"，括读为"服"，认为："'鼓'乃中军之帅用以指挥作战的重要工具，如果失去，则三军不知所从，故曰'乃逢亓（其）备（服）'。"④后来的上博简本研究者大都赞成释"备"之说，仅高佑仁先生提出B字与楚文字中的"备"不同，但限于当时所见材料，只能"暂从'备'字之说"。⑤

安大简本《曹沫之阵》中，与B对应的字写作"（字形）"。⑥ 整理者隶定为"膚"，谓："《上博四·曹沫》简五二作'乃逢亓备'。（中略）'膚'，从'力'，'膚'声，'虏'之异体，疑读为'服'。"⑦可知，安大简本的整理者也认为B当释读为"备（服）"，并将安大简本的"膚"也改读为"服"。

其实，上述释读有三点值得商榷。其一，正如高佑仁先生所言，B字与同篇乃至其他楚文字中的"备"字形不合。表1所列的是B与楚简中的"备"字：

表1

	同篇简33	上博四《昭王毁室》简1	郭店《语丛一》简94
（字形）B	清华一《保训》简6	清华五《命训》简15	葛陵甲一11

---

　　① 马承源主编：《上海博物馆藏战国楚竹书（四）》，第263—264，277—288页。其中"缮""车辇皆载""早""怠"从陈剑《上博竹书〈曹沫之陈〉新编释文》（《战国竹书论集》，上海古籍出版社，2013年，第114—124页）释读。"以"从李锐《〈曹刿之阵〉释文新编》释。"筮"从禤健聪《关于〈曹沫之陈〉的"筮"字》（2005年3月4日）释读。"测死度伤""便""修""祷"从李家浩《上博楚简〈曹沫之陈〉"复盘战"一段文字义疏》（《战国文字研究》第五辑，安徽大学出版社，2022年，第49—68页）释读。"〔凡〕"据安大简本补，参见黄德宽、徐在国主编：《安徽大学藏战国竹简（二）》，第56页。

　　② 白于蓝：《〈曹沫之陈〉新编释文及相关问题探讨》（《拾遗录——出土文献研究》，科学出版社，2017年，第120—138页）；邴尚白：《上博楚竹书〈曹沫之阵〉注释》。

　　③ 黄德宽、徐在国主编：《安徽大学藏战国竹简（二）》，第56页。

　　④ 马承源主编：《上海博物馆藏战国楚竹书（四）》，第278页。

　　⑤ 高佑仁：《〈上海博物馆藏战国楚竹书（四）·曹沫之阵〉研究》，第336—337页。该文（第337页注238）引及陈剑先生也认为此字与"备"不像。

　　⑥ 黄德宽、徐在国主编：《安徽大学藏战国竹简（二）》，第64页。

　　⑦ 黄德宽、徐在国主编：《安徽大学藏战国竹简（二）》，第72页。

其主要差别在于 B 字右部比一般的"备"多一重"⿱", 且其右下部构形也有差异。其二, 上古"备"是职部字, "䲔"从肤声, 应是鱼部字, 两者很少通假。所以若将 B 释为"备", 便难与安大简本异文"䲔"有效联系起来。其三, 这段简文通篇用韵。第 1—14 小句中"兵、伤、行、行、行、伤、行、兵、藏、歔"押阳部平声韵, 第 15—18 小句中"怠、疑、之"押之部韵。第 19—22 小句中, 第 19 小句末字"敔(鼓)"与第 22 小句末字"所"同是鱼部上声。B 处于第 20 小句末字, 安大简本异文作鱼部的"䲔", 正可与"鼓、所"押韵。B 若释为"备", 反倒失韵; 若再将"䲔"也改读为"备", 更失其韵。

笔者认为, B 其实是一种带有"人"形饰笔的"鱼"字讹形。战国楚简中的"鱼"一般作"⿱、⿱、⿱"等形。其上部构件"⿱、⿱"的右部下垂笔画很容易割裂成两笔, 如上博九《邦人不称》简 8 中的"鱼"作"⿱"(辞例为"既言乃鱼, 固祝而止之。"其中"鱼"可从高佑仁先生意见读为"御"①), 其上部即割裂作"⿱"。这类构形进一步讹变, 遂衍生成"人"形饰笔。如上博五《苦成家父》简 9 中用为"长鱼矫"之"鱼"作"⿱", 其上部构件即作"⿱", 已带有"人"形饰笔。这类割裂衍生的现象在楚简文字并非独见。如上博简本《曹沫之阵》中的"者"或作"⿱"(简 28)、"⿱"(简 37); 上博九《陈公治兵》中的"两"作"⿱、⿱"(简 20); 包山简 131 中的"迊"或作"⿱"。郭店简《成之闻之》中的"厚"或作"⿱"(简 5)、"⿱"(简 9)。② 其中的"人"形饰笔均是右部下垂笔画衍生而来的。这些字过去或隶定从人, 不够准确。若这类"鱼"中的"人"形饰笔进一步割裂, 遂成 B 字。至于 B 字左上部"⿱"形, 可能是受其下部构形类化所致。要之, B 字构形源于一种带有"人"形饰笔的"鱼"字, 其演变路径如下所示:

⿱ (《邦人不称》简 8) → ⿱ (《苦成家父》简 9) → ⿱ (B)

当然, B 这样写法的"鱼"确实与"备"字形极近。在实际使用中一旦写得潦草, 两者很容易混同。如上博六《孔子见季桓子》简 5: "是古(故)⿱道之君子行冠, 弗见也; 语险, 弗见也; ⿱屡(鲜?), 弗见也。"其中"⿱"与"⿱", 原整理者释为"鱼"。③ 郭永秉先生改释读为"备(服)"。④ 按, 郭先生的理解颇有理致。但单就字形来说, 这两字就是"鱼", 在此误用为"备(服)"。⑤ 其产生的动机, 正是当时楚文字中"鱼"与"备"字形易混。另如《玺汇》2562 号著录的一方战国楚官印, 其印文为"⿱玺"。首字"⿱", 施谢捷、何琳仪两位先生同时释为"备"⑥, 李守奎先生据此读为"服"⑦。按, 此字释"备", 于形不完全密合; 且况楚官印中尚未见有"服玺"。笔者推测, 此字更可能是"鱼"与"备"的杂糅讹混形体。据文义, 以释"鱼"为佳。《玺汇》0347 号便著录了一方"鱼玺"印。吴振武先生认为"鱼"应读为"敔(渔)", 《周礼·天官》有敔人。⑧ 说可信。这里的"鱼"也应读为同声符的"渔"或"敔", 表示这类职官。

上古"鱼"是牙喉音鱼部字, 与"䲔"字声韵近同, 故两者记录的是一个词。要确定"鱼/䲔"记录为何词, 还需从简文内容出发。白于蓝师在讨论上博简本《曹沫之阵》的编联、释文等问题时, 认为《左传》成公十六年所载鄢陵之战的情景与这段简文有相似之处。⑨ 李家浩、刘新全两位先生在研究安大简本《曹沫之阵》时又重申此说。⑩ 今将相关内容移录如下:

① 参见季旭昇主编:《上海博物馆藏战国楚竹书(九)读本》, 万卷楼图书馆股份有限公司, 2017 年, 第 224—225 页。
② 笔者撰有《上博九〈成王为城濮之行〉"寡寺舟饮酒"考》, 待刊。
③ 马承源主编:《上海博物馆藏战国楚竹书(六)》, 上海古籍出版社, 2007 年, 第 204 页。
④ 郭永秉:《上博竹书〈孔子见季桓子〉考释二题》, 《古文字与古文献论集续编》, 上海古籍出版社, 2015 年, 第 227—236 页。
⑤ 高佑仁先生已提出如此观点。参见季旭昇主编:《上海博物馆藏战国楚竹书(九)读本》, 第 224—225 页。
⑥ 施谢捷:《〈古玺汇编〉释文校订》, 《容庚先生百年诞辰纪念文集》, 广东人民出版社, 1998 年, 第 648 页; 何琳仪:《战国古文字典》, 中华书局, 1998 年, 第 124—125 页。
⑦ 参见邱传亮:《楚官玺集释》, 学苑出版社, 2017 年, 第 1748—1749 页。
⑧ 吴振武:《战国官玺释解两篇》, 《金景芳九五诞辰纪念文集》, 吉林文史出版社, 1996 年, 第 190—192 页。
⑨ 白于蓝:《〈曹沫之陈〉新编释文及相关问题探讨》。
⑩ 李家浩:《上博楚简〈曹沫之陈〉"复盘战"一段文字义疏》。刘新全先生撰有《据〈左传〉校读〈曹沫之阵〉"复盘战"问对》, 待刊。

旦而战，见星未已。子反命军吏察夷伤，补卒乘，缮甲兵，展车马，鸡鸣而食，唯命是听。晋人患之。苗贲皇徇曰："搜乘、补卒，秣马、利兵，修阵、固列，蓐食、申祷，明日复战！"乃逸楚囚。王闻之，召子反谋。谷阳竖献饮于子反，子反醉而不能见。王曰："天败楚也夫！余不可以待。"乃宵遁。

这段文字记载了鄢陵之战中，楚国主将子反和晋国主将苗贲皇次日"复战"的具体行动。刘新全先生认为这段文字与上述简文"是严格对应的"，并将两段文字的对应关系做成表格。① 但他利用的简文是以安大简本为底本，今改为上博简本，具体如表2所示：

表2

《曹沫之阵》	《左传》子反做法	《左传》苗贲皇做法
缮甲利兵，明日将战。	缮甲兵	秣马利兵 "明日复战！"
测死度伤，以便修行。〔凡〕失车甲，命之毋行。 明日将战，使为前行。	命军吏察夷伤 补卒乘	搜乘补卒 修阵固列
乃〔命〕白徒，早食歺兵，各载尔藏。	鸡鸣而食 展车马	蓐食
改祷尔鼓。		申祷
乃逸其鱼/牖		乃逸楚囚

可见，这里的"鱼/牖"记录的词应与"乃逸楚囚"的"囚"相关。刘新全先生据此提出"牖"当读为"虏"，但B字他仍释为"备"，读为"俘"。② 笔者认为，"牖"读为"虏"可从。"牖"字声符"肤"本从"庸"，"虏"亦从"庸"声，两者例可通假。至于B字既然当释为"鱼"，也应读为"虏"。

附记：白于蓝师在审读拙作后认为，A字中部多一横笔，可能是本篇书手已发觉该字错写成了"繣"，遂欲改笔成"繣"。关于"测死度伤，以便修行。〔凡〕失车甲，命之毋行"这段话的释读，白师认为安大简本"凡"是衍文，上博简本此处系完简，不缺字；所谓"以"，原形作"⿱凵⺊"，仍应释"亡"，安大简本作"以"（原形作"⿺乚丿"），或为错讹；该句当改读为"则訾度伤亡，擎搜行失车甲，命之毋行"，参见白于蓝《〈曹沫之陈〉新编释文及相关问题探讨》（《拾遗录——出土文献研究》，科学出版社，2017年，第120—138页）。

Two Marks of Comprehensive Interpretation among *Caomo Zhi Zhen* and Other Received Military Texts

Shen Qishi

(Center for the Study and Application of Chinese Characters，East China Normal University，
Shanghai 200062，China)

Abstract：Two words in *Caomo Zhi Zhen* are interpreted according to the comparation between two excavated versions，as well as other received military texts related. One is the "牖" in the version of

---

① 刘新全：《据〈左传〉校读〈曹沫之阵〉"复盘战"问对》。
② 刘新全：《据〈左传〉校读〈曹沫之阵〉"复盘战"问对》。

the Shanghai Museum Bamboo Slips，which was a typographical error of "繛". Its variation in the Anhui University Bamboo Slips is written as "靭". It should be read as "敦" referring to "to be sincere"，compared by related texts in the Dingjue of Sima Law. The other is the "𦰠" in the version of the Shanghai Museum Bamboo Slips，which was an typographical error of a special writing form of "鱼"，similar with "备". Its variation in the Anhui University Bamboo Slips is written as "牘". It should be read as "虏"，compared by related texts in the 16th year of Chenggong of Zhuozhuan. What's more，The text of Xihui No.2562 should be "鱼（魰/渔）玺" according to the phenomenon of typographical error between "鱼" and "备".

Key words：*Caomo Zhi Zhen*；comprehensive literary interpretation；Dun；Yu

"婴""晏"一字分化说*

尉侯凯

【摘　要】甲骨文"🔲"象在女子的脖颈之处画一指事符"○"表示缨饰,是《说文》训为颈饰的"婴"的表意初文。当"○"与"女"分离后,它的表意效果已不显著,故保留"女"旁,而把指事符"○"替换成声符"賏",由此产生后世常见的"婴"。"🔲"亦可用来形容女子安娴、晏安之貌。当指事符"○"与"女"脱离,"○"进一步讹变为"日",再将"女"替换为读音更加明确的"安",最终形成"晏"的固定写法。一言以蔽之,"🔲"应该是"婴""晏"二字的共同表意初文。

【关键词】婴;晏;妟;旻;一字分化

【作者简介】尉侯凯,"古文字与中华文明传承发展工程"协同攻关创新平台、郑州大学汉字文明研究中心讲师,历史学博士,主要研究方向为先秦秦汉出土文献。(河南 郑州 450001)

已公布的清华简中,"🔲"作为单字或偏旁曾多次出现,它既可用来表示"晏(晏)",也时常能够读作"婴",特别引人注目。譬如,《耆夜》"乐乐旨酒,宴以二公"之"宴"作"🔲",《金縢》"禾斯偃"之"偃"作"🔲",《殷高宗问于三寿》"留邦偃兵"之"偃"亦作"🔲",《封许之命》"罗缨"之"缨"、《治政之道》"被甲缨胄"之"缨"则分别写成"🔲"和"🔲"。诸字皆以"🔲"为基本声符,读法却参差不齐。"🔲"也见于甲骨、金文、玺印等出土材料,冯胜君先生有专文详加讨论,他认为王子婴次卢(《集成》10386)、三晋玺印(《玺汇》527)的"婴"写作"🔲""🔲"①,所从之"🔲""🔲"可隶定作"妟","妟"源于甲骨文"🔲"(《合集》190)、"🔲"(《合集》5460 反),"○"象女人脖颈处长有肿瘤的样子,是"瘿"的表意初文②。

甲骨文中跟"🔲""🔲"字形接近的还有"🔲"(《合集》22067),张亚初先生最初认为它"本为脖子上长瘤的指事字,用一小圆圈指示颈部长瘤,是瘿字的初文(《说文》瘿训颈瘤)",又谓《说文》婴训颈饰,卜辞中的这个字理解为颈上有饰的指事字似也可以"。③ 前后解释迥然不同,说明此时他对"○"的认识尚不成熟。十年后,张先生再次撰文指出:"此字在女字的女子的颈部加有指事性符号○,表示婴之所在,是婴字的初文。"④经过长时间的反复思考,他完全放弃了原先释"瘿"的看法,继而把"🔲"所从之"○"理解成表颈饰的指事符号,可谓独具只眼。按"股"字甲骨文作"🔲"(《合集》3183 正乙)、"🔲"(《合集》13670),"厷(肱)"作"🔲"(《合集》13679 正)、"🔲"(《合集》13680),"项"作"🔲"(《英藏》97 正)、"🔲"(《屯南》463),分别在人的腿部、手的曲折处以及脖颈后方画"○"表示"股"

---

　　* 本文是"古文字与中华文明传承发展工程"资助项目"河南古文字资源调查研究"(G1426)、"甲骨文合集三编释文与阐释"(G1008)的阶段性成果。

　　① 按"🔲"所从之"贝"乃表义偏旁,可径释为"婴"。包山简 27、278 背有"🔲""🔲"二字,刘钊先生均释作"婴"。参见刘钊:《包山楚简文字考释》,《出土简帛文字丛考》,台湾古籍出版有限公司,2004 年,第 6—7 页。"🔲"在"🔲"的基础上赘加表义的"玉",也是"婴"的异体,上博简《景公疟》"晏婴"之"婴"作"🔲"可证。包山简 32 有与简 27 完全相同的人名"登婴","婴"字图版作"🔲",白于蓝先生、李零先生释"缨"。参见白于蓝:《〈包山楚简文字编〉校订》,《中国文字》新 25 期,艺文印书馆,1999 年,第 200 页;李零:《读〈楚系简帛文字编〉》,《出土文献研究》第五集,科学出版社,1999 年,第 152 页。释字虽无问题,但"缨"是"婴"的分化字,结合简 27"登婴"之"婴"作"🔲"考虑,"🔲"亦可直接释作"婴"。

　　② 冯胜君:《试说东周文字中部分"婴"及从"婴"之字的声符——兼释甲骨文中的"瘿"和"颈"》,《出土文献与传世典籍的诠释——纪念谭朴森先生逝世两周年国际学术研讨会论文集》,上海古籍出版社,2010 年,第 67—79 页。下引冯先生意见皆出此文。

　　③ 张亚初:《古文字考释分类论稿》,《古文字研究》第十七辑,中华书局,1989 年,第 237 页,第 265 页注 14。

　　④ 张亚初:《〈汉语古文字字形表〉订补》,《中国古文字研究》第一辑,吉林大学出版社,1999 年,第 316 页。

"肶""项"。① "膺"作"▨"(《合集》8239)、"▨"(《合集》18338),于"隹(鸟)"的胸脯部位画"○"指代"膺"。以上这些"○"都是指事符号,无论如何也不能把它们曲解成股、肶或胸脯的形状。② 遵循这个通例,女子脖颈处加指事符"○",很容易让人联想到《说文》训为颈饰的"婴"("瓔""纓"皆其分化字)。张亚初先生释"婴"之说不但准确揭示出"○"的指事作用,还将"▨"字所从的"女"落到实处,显然比把"○"想象成肿瘤,再解释为"女性较男性更容易罹患'瘿'这种疾病"要来得自然和贴切得多。③

冯胜君先生还将"妟""晏"看成两个截然不同的字,其依据主要有二:第一,三晋、燕、楚文字系统中确切无疑的"晏",从未发现可用作耕部字声符的例子。第二,"瓔""瘿"等耕部字均以"妟"为声符,"匽""郾"等元部字则以"晏"为声符,二者判然有别。古书中耕部与元部的相通,多与齐方言特别是邹鲁方言有关。"战国时期耕部字与元部字的读音并不相近"。

先谈耕、元相通。裘锡圭、李家浩先生曾谓:

"婴""晏"古音相近。二字的声母同属影母。"婴"的韵母属耕部,"晏"的韵母属元部,古代耕元二部的字音关系密切,通用的例子很多,这里略举数例。《诗·邶风·燕燕》"燕燕于飞"之"燕燕",马王堆汉墓帛书《老子》甲本卷后佚书《五行》引作"婴婴"。"燕"属元部。《左传》僖公元年"公败邾师于偃",《公羊传》作"纓"。"偃"属元部,"纓"属耕部。《春秋》襄公十七年"邾公牼"之"牼",《公羊传》《谷梁传》作"瞯"。"牼"属耕部,"瞯"属元部。《礼记·郊特牲》"故既奠,然后炳萧合膻芗",郑玄注:"膻,当为'馨',声之误也。""膻"属元部,"馨"属耕部。古文字把"婴"所从"女"旁改作"晏",当是有意使其声符化。④

"婴"本由"妟"加声符"賏"演变而来,此处却说"婴"把"女"旁变形声化作"晏",恐与事实不符。但裘、李两先生指出耕、元二部关系密切,显然非常可信。这里再补充几个例证:"袁"及从"袁"之"遠""園""辕""圜""還""寰""環"均属元部,"嬛""嬛"却属耕部。《尚书·尧典》"平章百姓",《尚书大传》"平"作"辩",《史记·尧本纪》作"便",《白虎通·姓名》作"采","平"属耕部,"辩""便""采"皆属元部。上博简《景公疟》"缚纚诸市"之"纚",陈伟先生、董珊先生均主张读为"纓"⑤,"纓"属耕部,"纚"属元部。《诗·小雅·六月》"吉甫燕喜",海昏侯简《诗》"燕"亦作"婴"⑥,"婴"属耕部,"燕"属元部。《尚书》《公羊传》《景公疟》都是先秦文献,马王堆帛书《五行》的"说"一般认为出自"七十子之弟子"⑦,自当完成于战国以前,而《史记》等书所反映的也不是邹鲁方言。更关键的是,马王堆帛书、海昏侯简皆发现于长江以南的边远地区,倘若耕、元相通不具有普遍性,那势必会给当地的阅读者造成理解上的障碍,岂非

① 参看赵平安:《关于乃的形义来源》,《新出简帛与古文字古文献研究》,商务印书馆,2009年,第97—105页。何景成:《试释甲骨文的"股"》,《古文字研究》第二十八辑,中华书局,2010年,第42—48页。陈剑:《释西周金文中的"厷"字》,《甲骨金文考释论集》,线装书局,2007年,第234—242页。

② 陈世辉先生认为甲骨文"▨"(《合集》13679正)、"▨"(《合集》13693)等字所从的"小方形符号所表示的就是疾病的所在和形状"(陈世辉:《殷人疾病补考》,《中华文史论丛》第四辑,中华书局,1963年,第138页)。陈汉平先生也将甲骨文"项""肶"等字所附的半圆形看作"人身之肉"(陈汉平:《古文字释丛》,《出土文献研究》,文物出版社,1985年,第220页)。范毓周先生指出这种所谓"小方块符号"是一种"标示部位所在的指事符号","与�疖肿风马牛不相及"(范毓周:《〈殷人疾病补考〉辨正》,《东南文化》1998年第3期,第99页)。李宗焜先生也认为:"这些字所加的指事符号并不是明显的小方块,而隐接近于半圆形。而且甲骨文为了契刻的方便,把圆形笔划刻成方形是常有的事……指事符号的唯一任务只是指示其位置,跟符号的形状无关。"(李宗焜:《从甲骨文看商代的疾病与医疗》,台北"中研院"《历史语言研究所集刊》,2001年,第360页)。

③ 曾明星等先生已指出"瘿病多发于女性在甲骨文时代未见相关记载,此字与女性的相关性的解释牵强",见曾明星、向楠、陈继东:《从膚到瘿的考释》,《中医文献杂志》2016年第1期,第28页。

④ 裘锡圭、李家浩:《曾侯乙墓竹简释文与考释》,湖北省博物馆编:《曾侯乙墓》上册,文物出版社,1989年,第517页。

⑤ 陈伟:《读〈景公疟〉札记》,《新出楚简研读》,武汉大学出版社,2010年,第264页。董珊:《读〈上博藏战国楚竹书(六)〉杂记》,《简帛文献考释论丛》,上海古籍出版社,2014年,第73—74页。

⑥ 朱凤瀚:《海昏竹书〈诗〉初读》,《海昏简牍初论》,北京大学出版社,2021年,第95页。

⑦ 参看李学勤:《从简帛佚籍〈五行〉谈到〈大学〉》,《孔子研究》1998年第3期,第50页。收入李学勤:《重写学术史》,河北教育出版社,2002年,第113—115页。

咄咄怪事？

再看"晏"可否用作耕部字的声符。山东邹县出土陶文有字作"▨"（《陶汇》3.1248），从玉、糸、晏，裘锡圭、李家浩先生主张释为"缨"①。古玺文之"▨"（《玺汇》1573）、"▨"（《玺汇》5623），从糸、从晏，对比上揭陶文，知二字均当释"缨"。包山简146用为人名的"缨"作"▨"，陈伟等先生据红外影像指出该字从"晏"②。包山简270"缨组之绥"之"缨"作"▨"③，右旁也明显是"晏"而非"妟（婴）"。以上诸字都以"晏"为基本声符，却全部能够用来表示"缨"（"婴"的分化字），这是"晏"可充作耕部字声符的显证。

不仅如此，耕部的"妟（婴）"也经常用作元部的"晏"。上揭清华简《金縢》"禾斯偃"、《殷高宗问于三寿》"留邦偃兵"之"偃"分别作"▨""▨"，即以"妟（婴）"表示"晏"，故可读为"偃"。郭店简《语丛二》"华，自宴也"之"宴"作"▨"④，清华简《耆夜》"乐乐旨酒，宴以二公"之"宴"作"▨"，从妟（婴）、从心，乃"宴安"之"宴"的专字。即此可见，"晏""妟"之间没有不可逾越的鸿沟。

从字形的演变看，甲骨文"▨"的指事符"○"最初画在女子的脖颈之处，后追加表义的"贝""玉"作"▨"（王子婴次卢）、"▨"（曾侯乙57）。当"○"与"女"分离，于是变成"▨"（包山简27）。经此讹变，它的表意效果已不显著，故保留"女"旁，而把指事符"○"替换成声符"䁥"⑤，此即后世常见的"▨"（王子婴次钟，《集成》52）。请注意，王子婴次卢中的两个"婴"分别作"▨""▨"，同一人名，一从贝、从妟，一从女、䁥声，演进过程已然展露无遗。

"▨"本指女子佩戴缨饰，也被用来形容女子安娴、晏安之貌。郭店简《缁衣》"君子不自留女"，马王堆帛书《老子》甲本"爱以身为天下，女可以寄天下"，今本《礼记·缁衣》《老子》与"女"相对应的字都写成"焉"，表明此二"女"皆用为"安"，读作"焉"⑥。鲍则岳（William G. Boltz）先生曾指出，"女"字实际上是一个双手交叉跪在前面的女人的图形，在文字的形成阶段，它是"安（安顿）""晏（安宁）"两个字的基础。换言之，"安""晏"二字最初都应该是用"女"来表示的⑦。郭店简《缁衣》、马王堆帛书《老子》

① 裘锡圭、李家浩：《曾侯乙墓竹简释文与考释》，湖北省博物馆编：《曾侯乙墓》上册，第517页。

② 陈伟等：《楚地出土战国简册［十四种］》，经济科学出版社，2009年，第71页。

③ 原简比较模糊，这里采用的是经过处理后的图片，见李守奎、马楠、贾连翔编著：《包山楚墓文字全编》，上海古籍出版社，2012年，第455页。

④ 此字的释读参看刘钊：《郭店楚简〈语丛二〉笺释》，《古墓新知——纪念郭店楚简出土十周年论文专辑》，国际炎黄文化出版社，2003年，第256页。

⑤ 学者一般认为"婴"是会意兼形声字，见何琳仪：《战国古文字典——战国文字声系》，中华书局，1998年，第780页。李学勤主编：《字源》，天津古籍出版社，2012年，第1097页。季旭昇：《说文新证》，艺文印书馆，2014年，第853页。郭店简《老子乙》5—6用为"惊"的字作"▨""▨""▨""▨"，整理者释"缨"，裘锡圭先生认为："此字从'䁥'从'縈'，'䁥''縈'皆影母耕部字。如'縈'的'糸'旁兼充全字形旁，此字仍可释为'缨'。"（见荆门市博物馆编：《郭店楚墓竹简》，文物出版社，1998年，第119页）白于蓝先生提出该字上部从"眢"，可能是"惊"的异构。（白于蓝：《读郭店简琐记（三篇）》，《古文字研究》第二十六辑，中华书局，2006年，第308—309页）按楚简"縈"字作"▨"（上博简《三德》15）、"▨"（上博简《用曰》1）、"▨"（清华简《尹至》4），上部从"炏"。郭店简《老子乙》用为"惊"的字除"▨"外，其余三例"眢"下尚有两个"人"形，它们显然应该跟上部的"眢"而非下部的"火"构成一个整体。"▨"省去两个"人"形，当视为前三例的偶然省写，并非真的从"眢"。李守奎先生指出，楚简"贝"作"▨"（曾侯乙简80）、"见"作"▨"（包山简15），两者的区别主要在于，"贝"上部作平首状，"见"则为锐角状。（李守奎：《江陵九店56号墓竹简考释四则》，《江汉考古》1997年第4期，第67页）这是区分"见""贝"的重要标志，可称之为通例，但不能排除个别变例的存在。清华简《皇门》3从䁥、从尔的"▨"，抑或写作"▨"（四年皋奴戈，《集成》11341B），陈剑先生谓"'䁥'形可以简化为'眮'形。"（陈剑：《清华简〈皇门〉"▨"字补说》，《出土文献与古文字研究》第四辑，上海古籍出版社，2011年，第174页）郭店简《老子乙》中的"▨""▨""▨"可分析为从糸，从䁥、炏、䁥、炏皆声，乃"缨"之异体，这是"缨"从"䁥"声的明证。冯胜君先生认为"婴"或从䁥，或从𧵥，表明䁥是义符而非声符，亦可商榷。清华简《耆夜》"𧵥𧵥戎服"，整理者认为"𧵥"可读为"英"。（清华大学出土文献研究与保护中心编，李学勤主编：《清华大学藏战国竹简（壹）》，中西书局，2010年，第151页）"䁥"繁化作"𧵥"，亦犹"▨"（包山简80）之繁化作"▨"（包山简135），"▨"（伯幾父簋，《集成》3766.1）之繁化作"▨"（幾寯册觚，《集成》7177）。

⑥ 参看吴辛丑：《简帛典籍异文与古文字资料的释读》，《古文字研究》第二十四辑，中华书局，2002年，第366—367页。陈剑先生认为"女""安"古音相距甚远，此二"女"当视为"安"的错字（见陈剑：《说"安"字》，《甲骨金文考释论集》，第120页），本文不取此说。

⑦ William G. Boltz. *The Origin and Development of the Chinese Writing System*. New Haven, Conn. American Oriental Society，1994，p108. 感谢河南大学国际汉学院毛耀辉博士代为翻译。

甲本均以"女"表示"安（焉）"，可为此说提供积极的证据。由此联想到新蔡简甲三 84、信阳简 2-04、望山简 2-02 中的"女乘"，李守奎先生认为，"从典籍所载看，安车是上有盖，四周有帏的坐乘。出土简策中，安车的特点是有'轩'"，望山简的"女乘"有"轩反（軬）"、有"韦（帏）"、有"屋（车盖）"，"'女乘'的形制与前文所列的'安车'没有太大差别，很可能就是女性所乘较小安车的别名"。[①] 在诸位墓主人确定为男性贵族的情况下，与其将"女乘"之"女"跟女性发生联系，不如直接把它读作"安"。"女（安）乘""安车"异名同实。

表"安坐"义的"🀄"在楚简里写成"🀄"（上博简《孔子诗论》16"躬"字所从），后在"女"旁增加一点分化出"🀄"（曾侯乙 98"铵"字所从），这就是早期的"晏"字。"🀄"的指事符"〇"与"女"脱离后作"🀄"（《孔子诗论》10"躬"字所从），"〇"进一步讹变成"日"，又将"女"替换为读音更加明确的"安"，最终形成"🀄"（郭店简《五行》40）、"🀄"（上博简《景公疟》12）的固定写法。一言以蔽之，"🀄"应该是"晏"和"婴"的共同表意初文。其演变序列如下：

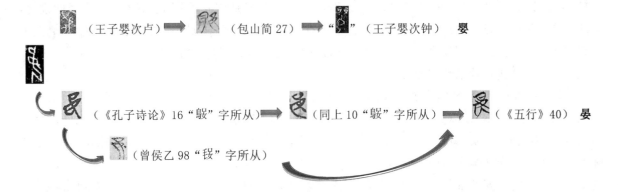

（王子婴次卢）➡（包山简 27）➡"　"（王子婴次钟）　婴

（《孔子诗论》16"躬"字所从）➡（同上 10"躬"字所从）➡（《五行》40）　晏

（曾侯乙 98"铵"字所从）

The Hypothesis that Ying（婴）and Yan（晏）are Differentiated from One Word

Yu Houkai

(Research Center of Chinese Character Civilization of Zhengzhou University, Zhengzhou 450001, China)

Abstract：The original meaning of Oracle Bone Inscriptions's "🀄" is to draw an indicator "〇" on the neck of a woman to represent tassel decoration, that is the initial ideographic text of ying（婴）which is interpreted as a neck ornament in *Shuo Wen Jie Zi*. When "〇" is separated from "女", its ideographic effect is not significant, therefore, the radical of "女" was kept, but the knowing "〇" was replaced by the phonetic symbol "賏", so it became a common ying（婴）in later generations. The character "🀄" can also be used to describe a woman's quiet and elegant appearance. When "〇" is separated from "女", "〇"is further wrongly written as "日", and then "女" was replaced by "安" with a clearer pronunciation, which finally formed the fixed writing method of yan（晏）. In a word, "🀄" should be the common initial ideographic text of ying（婴）and yan（晏）.

Key words：Ying（婴）；Yan（晏）；Ying（妟）；Yan（晏）；differentiation of a word

---

① 李守奎：《出土简策中的"轩"和"圆轩"考》，《古文字研究》第二十二辑，中华书局，2000 年，第 197 页。

从秦简牍材料看"也""矣"之辨*

向贤文

【摘　要】秦简牍中，"也"主要表示判断语气，同时辅助表达静态描写。"矣"主要有以下功能：第一，表示过去某种动作或状态的结束；第二，表示过去某种状态的持续；第三，介绍新信息；第四，表示事情将要如此。两者的相似之处是主要用于陈述句，基本不能用于疑问句；两者的不同之处是"也"所在的陈述小句不涉及时体信息，"矣"所在小句则涉及时体信息。两者分工明确，形式上的证据是与"也"共现的成分不与"矣"共现，反之亦然。

【关键词】也；矣；语气；判断；时体信息

【作者简介】向贤文，台州学院人文学院讲师，上海大学博士后，研究方向为古汉语语法和语言类型学。（浙江 台州 317000）

"也""矣"两个语气词在先秦汉语中使用频率极高，它们的基本功能和分工一直是研究的热门问题。传统的研究认为，"也""矣"的基本功能是表示陈述、论断等的语气[①]，同时"矣"还兼有表时体的功能[②]。新近的研究因之两分。有部分学者对其表语气的功能进行分类研究，但更为主要的研究方向，是借助语言学的时体研究成果，对其时体标记功能进行探讨。这方面已经取得了丰富的成果，如陈前瑞[③]、梁银峰[④]、洪波[⑤]等学者。一方面，此类研究的基本语料主要是传世文献，对出土文献鲜有提及或者较为概括。但是出土文献中有一些特殊现象是传世文献中没有的或罕见的，如睡虎地秦简《法律答问》篇中有一种特殊的交替形式："论何也"和"何论""何以论"的交替。我们知道，传世文献中当动词宾语是疑问代词的时候一律前置，但是这里当句末出现"也"的时候却一律后置且没有例外，这就值得进一步探索。

另一方面，已有的以出土文献为基本语料的相关研究较少，且通常是将已出土的全部材料作为对象。如张玉金[⑥]、罗祥义[⑦]等。这样容易产生的一个问题是忽略不同出土文献的差异。比如楚简中"矣"可用于疑问句句末，但秦简中的"矣"却没有相关用例，因此如果我们做出结论，认为出土文献中的"矣"可以用于疑问句句末，显然这个差异就被忽略了。基于以上两个方面，我们认为"也""矣"仍有继续探索的空间。本文拟参考已有研究的理论成果，以出土且公布的全部秦简牍材料（以下简称"秦简牍"）为基础语料，对其中的"也"和"矣"进行深入研究，旨在构建两者体系的基础上，参照传世文献，对"也""矣"的异同等问题提出自己的看法。[⑧]

＊ 基金项目：本文是国家社会科学基金重大项目"东亚汉字文化圈《切韵》文献集成与研究"（项目编号：19ZDA316）的阶段性成果。

① 王力：《汉语史稿》，中华书局，2015年，第431—433页。
② 史存直：《汉语语法史纲要》，华东师范大学出版社，1986年，第165—167页。
③ 陈前瑞、王继红：《〈左传〉中"矣"的多功能性的量化分析》，《中国语文》2018年第5期，第547—562页。
④ 梁银峰：《关于上古汉语语气词"也"动态用法的例证辨析——附论语气词"也"动态用法的衍生途径》，《语言研究集刊》第二十六辑，上海辞书出版社，2020年，第194—211页。
⑤ 洪波、王雪燕：《语言接触视角下的上古汉语形态句法问题——兼论"也""矣"的来源》，《古汉语研究》2021年第1期，第10—19,126页。
⑥ 张玉金：《出土先秦文献语气词的发展》，《语言研究》2015年第1期，第37—44页。
⑦ 罗祥义：《出土先秦文献语气词研究》，硕士学位论文，西南大学，2017年。
⑧ 具体包括：睡虎地秦简、龙岗秦简、秦牍，周家台秦简，岳山秦牍，放马滩秦简、秦牍，岳麓书院秦简1—5，里耶秦简1—2。文中引例均用简称。

一　秦简牍中的"也"①

"也"在秦简牍中共计662例,其中625例有效,残断37例。按其句法位置可分为句中的"也"和句末的"也"两大类。前者计有13例,后者有612例,占据绝对优势。因此,我们拟先简述一下句中的"也",重点论述句末的"也"。

(一)句中的"也"

此类"也"处于小句内部的某两个句法成分之间,其前后的句法成分在秦简牍中主要有五种。试举例说明。

(1)正月五月九月,北徙大吉,东北少(小)吉,若以是月殹东徙,击,东南刺离,南精,西南室毁,西困,西北辱。(《睡虎地·日书甲种·徙》)

(2)人有思哀也弗忘,取丘下之莠,完掇其叶二七,东北乡(向)如(茹)之乃卧,则止矣。(《睡虎地·日书甲种·诘》)

(3)以己丑、酉、巳,不可嫁女、取妻,交徙人也可也。(《睡虎地·日书甲种·娶妻出女》)

(4)卯,会众,其后必有子将弟也死,有外丧。(《睡虎地·日书甲种·十二支占死咎》)

(5)愚料而不备者,钦书其愚料也之数。(《睡虎地·效律》)

例(1)中的"也"处于两个状语之间,介词短语"以是月"和方位词"东"分别指明"徙"的时间和方向。例(2)中的"也"处于连谓结构的两个谓语之间,VP1"有哀思"和VP2"弗忘"均描述主语"人"。例(3)中的"也"处于主语和谓语之间,谓语"可"是对主语"交徙人"这种行为是否可行的判断。例(4)中的"也"处于兼语结构中。该结构的兼语是一个联合结构,其中"将"同"或",义为"或者",因此"也"处在兼语"子将弟"和VP2"死"之间。例(5)因为"之"的存在,明显"也"处在定语和中心语之间。以上五例代表句中"也"在秦简牍中的句法分布。对于句中"也"的功能,学者们的看法比较一致,即认为其表示小停顿②,这在例(3)这种句中和句末的"也"都出现的例子中看得最清楚。句中"也"表示句法成分间的小停顿,句末"也"表示整个小句的停顿和语气,这也是我们后文将要讨论的核心。

(二)句末的"也"

秦简牍中句末的"也"可做如下分类。首先,从句类出发,可以分为两大类:陈述句句末的"也"和疑问句句末的"也",未见感叹句句末的用法。③ 其次,陈述句句末的"也"可依据形式继续分为三类:判断结构中的"也",代词结构中的"也"和独用的"也"。这一部分我们拟先详细论述陈述句句末的"也",再讨论疑问句句末的"也"。在后者的讨论中重点论述特殊结构"论何也"。

1. 陈述句句末的"也"

上述三种类型在秦简牍中分别为45例、95例和437例。前两种类别还可按形式继续分类,下面分别论述。

1.1　判断结构中的"也"

语言学里的判断结构主要是指包含系词或类似成分的结构。在近现代汉语中,一般指"是"字结构,但在古代汉语中,没有专职的系词,只有类似系词的成分,如"非""为"等。秦简牍中,"非"与"也"

---

① "也"在秦简牍中有"也"和"殹"两种写法,学者们通常认为是同词异字,因为两者用法基本重合。罗祥义进一步考证了同词异字的原因是方言差异。参罗祥义:《出土先秦文献语气词研究》,第33页。

② 王力:《汉语史稿》,第432页。

③ 秦简牍中,祈使句的界定有一定困难。按照通常的定义,祈使句指的是表示命令或请求的句子,然秦简牍以法律条文为主,其中的有关句子既可以看成是对法律条文进行客观描述的陈述句,也可以看成说明可为与不可为的命令句,考虑到这种两可情况,本文对陈述句和祈使句不作细分。

共现最多，计有 34 例，"为"与"也"共现 1 例，未见到其他用法。如：

（6）即已，禹步三出种所，曰："臣非异<u>也</u>，农夫事<u>也</u>。"（《周家台·病方及其他·先农》）

（7）魏，晋人，……，甚悍，非恒人<u>殹</u>。（《岳麓三·一〇·魏盗杀安宜等案》）

（8）"辞者辞廷。"今郡守<u>为</u>廷不为？<u>为也</u>。（《睡虎地·法律答问》）

例（6）（7）是否定判断，带有否定词"非"。值得注意的是，例（6）两个小句句末都有"也"，考虑到此例是对农神的祈告，因此这两个"也"有一定的强调作用。秦简牍中，此类例子共计 13 例，除了类似的前后两个小句有递进关系，还有并列关系的小句句末都用"也"的，如：

（9）姑先（洗），善<u>殹</u>，喜<u>殹</u>，田宇、池泽之事<u>殹</u>。（《放马滩·日书乙种·贞在黄钟》）

例（8）是仅有的"为"与"也"共现的例子，据前文可知，此处的是"（郡守）为（廷）也"的省略。

此外，判断结构还包含一些由情态动词构成的形式，因为情态动词可以表达客观的可能性及某人对某事物的主观评价。秦简牍中此类形式仅有"可"与"也"共现一种，计有 11 例。如：

（10）击（系），久不已。不可有为<u>也</u>，而可以葬埋。（《睡虎地·日书甲种·稷辰》）

（11）夹钟、（毋）无射、应钟皆曰：请谒难得，有为难成，取（娶）妇嫁女可<u>殹</u>。（《放马滩·日书乙种·十二律吉凶》）

例（10）（11）代表"可""也"共现的两种形式，即：可 VP 也和 VP 可也。均表示对 VP 所指是否可行的判断。

以上是判断结构中的"也"的情况。从范畴本身来说，判断也是一种陈述，只是因为构成判断结构的核心成员是系词，其在形态变化和功能上有自己的特色，如汉语中的系词"是"一般不可带"着""了""过"等，因此学者们对判断结构往往关注度更高。

1.2 代词结构中的"也"

秦简牍中含"也"的代词结构主要有两种，"是/此"与"也"共现和"者"与"也"共现。如：

（12）可（何）谓"琼"？"琼"<u>者</u>，玉检<u>殹</u>。（《睡虎地·法律答问》）

（13）典老、伍人皆赎耐，挟舍匿<u>者</u>人奴婢<u>殹</u>，其主坐之如典、老、伍人。（《岳麓书院五·第一组·简 1122＋0965》）

（14）诘芮：芮后智（知）材不得受列，弗敢居，<u>是</u>公列地<u>殹</u>。（《岳麓三·芮盗卖公列地案》）

（15）令日为之，弗为，<u>是</u>谓"废令"<u>殹</u>。（《睡虎地·法律答问》）

（16）爰书：某里公士甲、士五（伍）乙诣牛一，黑牝曼麋有角，告曰："<u>此</u>甲、乙牛<u>殹</u>，而亡，各识，共诣来争之。"（《睡虎地·封诊式·争牛》）

（17）告曰："丁与此首人强攻群盗人，自昼甲将乙等徼循到某山，见丁与此首人而捕之。<u>此弩矢丁及首人弩矢殹</u>。"（《睡虎地·封诊式·群盗》）

（18）丁辞曰："士五（伍），居某里。<u>此首某里士五（伍）戊殹</u>。"（同上）

例（12）（13）是"者"与"也"共现的例子，形式均为"者……也"。例（12）中，"者"前是一个 NP，此类"者"具有复指功能，可译为："琼"这种东西。例（13）中，"者"前是一个 VP，此时的"者"与"所"的功能相同，即将 VP 体词化，可译为：帮助留宿藏匿的人（是主人的奴婢）。不同的是"所"指代受事，"者"指代施事。

例（14）（15）是"是"与"也"共现的例子，形式均为"是……也"。此类形式中"是"是一个复指代词，指代上文中的某事物，如例（13）中的"是"复指上文中的"列"，即集市中的铺位。例（14）中，"是"后有动词"谓"出现，秦简牍中还可以是连词"即"。

例（16）（17）（18）是"此"与"也"共现的例子。把三个例子综合起来看，可以看出此类例子的完整形式是：此 NP_1＋NP_2NP_1＋也，如例（17）。结构中的"此 NP_1"和"NP_2NP_1"均为定中结构，分别如例（17）中的"此弩矢"和"丁及首人弩矢"。此类例子的两种省略形式分别为：此＋NP_2NP_1＋也和此

$NP_1 + NP_2 +$ 也，前者如例(16)，后者如例(18)。由此可见，用例中的"此"是一个近指代词，义为"这"。以上是代词结构中的"也"。我们选取的用例代表了该类结构在秦简牍中的主要形式。

1.3 独用的"也"

此类"也"所在的小句中没有上述两类那样的共现形式。如：

(19) 其大厩、中厩、宫厩马牛殴，以其筋、革、角及其贾钱效，其人诣其官。（《睡虎地·秦律十八种·厩苑律》）

(20) 县官有卖殴，不用此律。（《岳麓四·第二组·简1289+288》）

(21) 已，收胈(馓)而釐之，如此鬼终身不食殴。（《放马滩秦牍·丹》）

例(19)中"也"所在小句描述对象，后续小句陈述对其的处理办法，例(20)同。只不过其陈述对象为VP。例(21)则表达了行为的结果。以上三例只是独用的"也"的一部分，该类小句还可以表达各种其他内容，如客观事实或假设，原因和结果，目的和条件等。其所在的小句根据表述的内容或者居前，如例(19)(20)；或者居尾，如例(21)。

1.4 陈述句句末"也"的功能

从已有的研究来看，句末"也"的功能主要有以下两点。其一，表示陈述语气和小句间的停顿；其二，表示静态描写。① 对于一中"陈述"的外延，各家表述各异，有的学者认为包含"判断，解释，肯定"②，有的学者认为包含"可能性，原因，推理"③等。从形式逻辑的角度看，陈述句与非陈述句对立，前者表达逻辑上的判断而后者不表达④，因此，思维上陈述句表达的内容具有逻辑统一性。从这个角度，功能一可统一表述为：表示判断语气。二中的"静态"，诸家意见则基本一致，即认为指事物未发生变动，也即后文将要提及的"不涉及时体变化"。但此种功能不一定是"也"单独承担的，除去"者"，上述与"也"共现的成分都可单用，因此功能二表述为辅助表示静态描写更为准确。

2. 疑问句句末的"也"

秦简牍中，疑问小句句末的"也"共计32例，其中有22例是"论何也"结构。剩余10例中，是非问句有3例，正反问句有3例，特指问句有4例。如：

(22) "矫丞令"何殴？为有秩伪写其印为大啬夫。（《睡虎地·法律答问》）

(23) 顷半(畔)"封"殴，且非是，而盗徙之，赎耐，可(何)重也？是，不重。（同上）

(24) 相与斗，交伤，皆论不殴？交论。（同上）

例(22)是特指问句，句中有疑问代词"何"，其他两同。例(23)是是非问句，其中的"何"为语气副词，义为"恐怕"。例(24)是正反问句，其中的"不"指不皆论。一般认为"也"不能表疑问语气，疑问句中的"也"仅表示语调且句中有其他表疑问的成分，如疑问代词等。从秦简牍来看，特指问句和正反问句不必说，前者有"何"，后者有特殊的形式。在3例是非问句中，例(23)有表疑问的语气副词"何"，其他两例如下。

(25) □譖(潜)谓同：同和不首一吏(事)者，而言(音——意)毋(无)坐殴？（《岳麓三·九·同、显盗杀人案》）

(26) 校长予言敢大心多问子柏：柏得毋恙殴？（《里耶一·第八层·简8-832+8-1977Ⅰ》）

例(25)中，"而"整理者释为："副词，表示反问，相当于'岂''难道'"。例(26)是私人书信中的内容，其中有动词"问"。由此可见，上述结论在秦简牍中被证实。下面重点来看特殊结构"论何也"。

---

① 王力：《汉语语法史》，商务印书馆，1989年，第301页。

② 史存直：《汉语语法史纲要》，第165页。

③ 王力：《汉语史稿》，第432页。

④ 华东师范大学哲学系逻辑学教研室编：《形式逻辑》，华东师范大学出版社，2016年，第38页。

"论何也"结构的特殊性表现在以下方面。首先，该结构仅出现在睡虎地秦简的《法律答问》篇中，考虑到该篇是口语性质的材料，因此这个表现可能由其主要用于口语导致。其次"论何也"与"何论""何以论"交替出现，形成句尾有"也"，则"何"居于"论"后的句法现象，这一现象没有例外。如：

　　(27) 有稟叔(菽)、麦，当出未出，即出禾以当叔(菽)、麦，叔(菽)、麦贾(价)贱禾贵，其<u>论何殹</u>？

　　(28) 甲盗钱以买丝，寄乙，乙受，弗知盗，乙<u>论何殹</u>？

　　(29) 抉之弗能启即去，一日而得，<u>论皆何殹</u>？

　　(30) 人臣甲谋遣人妾乙盗主牛，买(卖)，把钱偕邦亡，出徼，得，<u>论各何殹</u>？

　　(31) 或以赦前盗十钱，赦后尽用之而得，<u>论何殹</u>？

以上 5 例代表秦简牍中"论何也"结构的全部形式。例(27)(28)的"论"前有体词性成分，分别为代词"其"和用于代指人名的"乙"，此类共计 6 例。例(29)(30)的"论"后有副词"皆"和"各"，此类共计 3 例。例(31)中"论"前后均无其他成分，此类共计 13 例。我们知道，古代汉语中当动词宾语是疑问代词时一律前置，但该结构中的"何"一律后置于"论"，因此其出现有以下几种可能。第一，"何也"是一个凝固结构；第二，"论何也"并不是一个述宾结构，因此不需要遵循上述规则；第三，对比其交替结构"何论""何以论"，此结构的出现与"也"有关。

如果是第一种可能，那么"何也"势必有一定的使用频率。然而整个秦简牍中，"何也"仅 5 例，"何"与"也"单用的例子却大量存在，因此可能一就被统计数据排除了。可能二是目前比较有说服力的观点。张玉金认为此处的"论"义为"所论"，"论何也"是一个主谓结构，"何"充当谓语，整个结构义为："判决的结果是什么？"①这是很正确的。从"论"的前名后副的组合分布来看，此处的"论"为动词的无标记体词化，即"论"由判罪这种行为转指判罪的具体内容或结果。对于可能性三，限于目前的材料和相关研究极其有限，还不能作出结论。从传世文献来看，这种现象则不存在，因此有待进一步研究。

综上所述，相对于陈述句句末的"也"，疑问句句末的"也"用例要少得多，这主要是因为"也"主要表示判断语气，与疑问语气相对立。另一方面，"也"能用于疑问句我们认为与秦简牍中表疑问的语气词极少有关。传世文献中的"乎、哉、与、耶"四个疑问语气词仅有"乎"在里耶秦简中存在 2 例，更多的是靠句中疑问词如"何"等来表达，这也可论证"也"并不表疑问的结论。

二　秦简牍中的"矣"

语气词"矣"在秦简牍中共计 84 例，79 例完整，5 例残断。完整的"矣"均用于陈述句句末，未见句中及疑问句、感叹句句末的用法。传统的研究认为"矣"可表过去时②，还可以表示已经如此或将要如此的事件③。新近的研究将其归纳为"完成体"用法，即表示情状发生在参照时间之前，且与参照时间相关。④ 其中的参照时间可以是过去，也可以是现在，还可以是将来的某个时间。相对于传世文献中大量"矣"独用的例子，秦简牍中"矣"所在的小句则多有表示时体信息的动词或副词，可据此分为三类：完结义动词结构中的"矣"，时间副词结构中的"矣"和独用的"矣"。下面分别说明。

(一) 完结义动词结构中的"矣"

秦简牍中，与"矣"共现的完结义动词有"已""止""毕""尽""死""去"六个。如：

　　(32) 人毋(无)故鬼攻之不已，是是刺鬼。以桃为弓，牡棘(荆)为矢，羽之鸡羽，见(现)而射

---

① 张玉金：《出土先秦文献虚词发展研究》，暨南大学出版社，2016 年，第 232 页。
② 史存直：《汉语语法史纲要》，第 165 页。
③ 王力：《汉语语法史》，第 301—303 页。
④ 陈前瑞、王继红：《〈左传〉中"矣"的多功能性的量化分析》，第 549 页。

之,则已矣。(《睡虎地·日书甲种·诘》)

(33) 人有恶梦,觉,乃绎(释)发西北面坐,祷之曰:"皋!敢告尔夗忌。某有恶梦,走夗忌之所。夗忌强饮强食,赐某大幅〈富〉,非钱乃布,非茧乃絮。"则止矣。(《睡虎地·日书甲种·梦》)

(34) 制诏丞相御史:兵事毕矣,诸当得购赏贳责(债)者,令县皆亟与之。(《岳麓四·第三组·简 1918》)

(35) 迁陵廷辨、平具狱有期,期几尽矣。(《里耶二·第九层·简 9-462+9-483》)

(36) 鬼恒从人女,与居,曰:"上帝子下游。"欲去,自浴以犬矢,击以苇,则死矣。(《睡虎地·日书甲种·诘》)

(37) 人毋(无)故室皆伤,是粲迓之鬼处之。取白茅及黄土而西(洒)之,周其室,则去矣。(同上)

以上诸例中,"已""止""毕""尽"义均为"停止,结束"。四者中,"止"和"已"的用例最多,分别为 24 例和 15 例,"毕"2 例,"尽"1 例。把"死"和"去"归为此类是因为相关用例仅出现在睡虎地秦简《日书甲种》的《诘》篇,"死"有 4 例,"去"有 2 例。该篇讲的是使得鬼怪停止其行为的方法,因此鬼怪的死亡和"去"(离开)即表示其行为的结束,所以这两个词的完结义由语境赋予。与此类似的还有此篇中几种短语结构与"矣"的组合,分别为"不 VP+矣",共计 13 例;"毋(无)殃矣",计有 2 例;"亡恙矣",计有 1 例;"免於忧矣",计有 1 例。如:

(38) 鬼恒从人游,不可以辞,取女笔以拓之,则不来矣。

(39) 人毋(无)故而忧也,为桃更(梗)而攲(播)之,以癸日日入投之道,遽曰:"某,免於忧矣。"

(40) 有祭,十日收祭,裹以白茅,貍(薶)埜(野),则毋(无)殃矣。

(41) 票(飘)风入人宫而有取焉,乃投以履,得其所,取盎之中道;若弗得,乃弃其履於中道。则亡恙矣。

此类例子中,"矣"所在的小句一般处于最后,表示采取措施后,已有的某种动作或状态因此结束,这也是完成体的基本用法。该类用法的总体数量在秦简牍中最多,共计 65 例。

(二) 时间副词结构中的"矣"

与"矣"共现的时间副词在秦简牍中有"已""久""固"三个,均表过去时。其中"已"的用例最多,计有 6 例,"久"有 2 例,"固"有 3 例。如:

(42) 今法律令已具矣,而吏民莫用,乡俗淫失(泆)之民不止,是即法(废)主之明法也。(《睡虎地·语书》)

(43) 谒者日月有谴问,毋有此献行久矣,何▨(《里耶二·第九层·简 9-462+9-483》)

(44) 谳固有审矣。(《岳麓三·〇二·尸等捕盗疑谳案》)

例(42)中"已"义为已经,表示"法具"的时间是在"吏民莫用,乡俗淫失(泆)之民不止"之前。此类例子的形式为"已 VP 矣"。例(43)中的"久"表示"毋有此献行"的状态从过去某个时间点一直持续到现在。"献"和"行"分别义为贡献和施行。例(44)是上级回复下级请示的固定句式。"谳"义为请示,"固"义为已经,"审"义为结论。其上文详述下级官吏的疑虑之处,下文则详述上级官吏对其所疑的答复,即"审"的具体内容。除此之外,还有 3 例小句中有时间名词出现。如:

(45) 爰书:某里公士甲、士五(伍)乙诣牛一,……,共诣来争之。即令令史某齿牛,牛六岁矣。(《睡虎地·封诊式·争牛》)

(46) 爰书:某里士五(伍)妻甲告曰:"甲怀子六月矣,自昼……,自宵子变出。今甲裹把子来诣自告,告丙。"(《睡虎地·封诊式·出子》)

(47) 达曰:发冢一岁矣,今徼,敞乃来,不可与敞。(《岳麓三·〇三·猩、敞知盗分赃案》)

例(45)中,"牛六岁矣"是最后一个小句,除了陈述"齿牛"的结果,还表明到"争牛"发生为止,"牛六岁"的状态(如牙齿的特征等)一直持续。例(46)(47)中，"矣"所在的小句均是第一个小句，一方面与下文相关，一方面表明某种过去的状态持续到现在。如例(46)中，"怀子六月矣"既表明到甲与丙打斗之时，甲怀孕的状态已经持续六个月，也是后面甲"出子"(流产)的原因。例(47)可类推。

此外，秦简牍中还有1例表示将来的例子，小句中有"且"，义为"将要"，如下：

(48)【廿】六年二月癸丑朔庚申，洞庭叚(假)守高谓县丞：乾蕈及菅茅善用也。且烧草矣，以书到时，令乘城卒及徒隶、居赀赎责(债)勉多取、积之，必各足给县用复到乾草。(《里耶二·第九层·简 9 - 1861 I ＋ Ⅱ》)

例(48)中，"善"义为"多"，"善用"即大量使用，其原因是"且烧草矣"，因此这两个小句是因果关系。从后文来看，讲的是"善用"的具体做法。整理者在"也"后断以句号，"矣"后断以逗号，次序似可颠倒。功能上，显然此处"矣"所在的小句表达的是事情将要如此，这也是"矣"的基本功能之一。

(三) 独用的"矣"

秦简牍中独用的"矣"仅3例，如下：

(49)自从令、丞以下，智(知)而弗举论，是即明避主之明法殹，而养匿邪避(僻)之民。如此，则为人臣亦不忠矣。若弗智(知)，是即不胜任、不智殹。智(知)而弗敢论，是即不廉殹。此皆大罪殹。(《睡虎地·语书》)

(50)殳(投)者叁(三)合日辰求星从，期三而一。中期如叁(三)合之数，远数有(又)叁(三)之，即以钟音之数矣。(《放马滩·日书乙种·阴阳钟》)

(51)沛妻危以十岁时死，沛不取(娶)妻。居可二岁，沛免媛为庶人，妻媛。媛有(又)产男必、女若。居二岁，沛告宗人、里人大夫快、臣、走马拳、上造嘉、颉曰：媛沛有子所四人，不取(娶)妻矣。欲令媛入宗，出里单赋，与里人通饮食。(《岳麓三·〇七·识劫媛案》)

例(49)中，"矣"所在的小句看似是一个普通陈述句，表述结论，但考虑到上下文则不然。此例主要讲了三种情况，即"智(知)而弗举论"，"弗知"和"智(知)而弗敢论"。对这三种情况定性的后续小句均为"是……也"形式。而"养匿邪避(僻)之民"句首的"而"，句后的"如此""则"以及"矣"所在小句中的"亦"则表明，"而"和"矣"之间的内容相对于上述三者是新插入的信息。据王力[1]，"矣"具有传递新信息的功能而"也"没有，因此此处自然用"矣"煞句。如果上述分析成立，则"是即明避主之明法也"句尾应改用句号，"而养匿邪避(僻)之民"句尾则应该改用逗号。

例(50)中简的缀合存在争议。如果缀合无误，从位置看，"矣"所在的小句表结果。但秦简牍中共计6例此类形式中，仅此1例用"矣"，其余均用"也"。如：

(52)即曰：半平得五寸，令相乘也，以深一寸为法，如法得一寸，有(又)以深益之，即材径也。

(《岳麓二·勾股算题》)

据此可将例(50)视为"矣"用如"也"的例子。

例(51)的"不取(娶)妻矣"有两种可能。其一是"不取(娶)妻"这种状态从上文"十岁时"(十年前)一直持续到现在；其二是表示将来不娶妻。结合上文中的"妻媛"(以媛为妻)和下文中的"欲"，可知此处可能性二成立。因为只有不再娶妻，才能使自己的第二任妻子"媛"入宗。可见此处是一个表示事情将要如此的用例，与前例(48)同。

综上所述，秦简牍中的"矣"主要有以下功能。第一，表示过去某种动作或状态的结束；第二，表示过去某种状态的持续；第三，介绍新信息；第四，表示事情将要如此。考虑到"矣"所在的小句绝大多数都有共现成分，如完结义动词等，因此其辅助功能相对于"也"更加明显。

---

① 王力：《汉语语法史》，第301页。

三　小结

本文分两部分详细论述了秦简牍材料中的"也"和"矣",并对其功能进行了总结。不难看出,本文以形式为纲,即按与两者共现成分的类型展开讨论,这主要是由材料本身的特点决定的。秦简牍中,有共现成分的"也"为23.5%,"矣"为74.6%。① 通过已有的结论,我们可以对两者做进一步总结。

首先,"也"和"矣"的相似之处是两者均主要用于陈述句,基本不能用于疑问句。传世文献中出现的语气词的组合形式也是一个证据,如"也乎""也乎哉"等。其次,两者的不同之处是"也"所在的陈述小句不涉及时体信息,"矣"所在小句则涉及时体信息,两者分工明确。形式上的证据是与"也"共现的成分不与"矣"共现,反之亦然。最后,与同时期的主要传世文献如《左传》《论语》相比,"也"和"矣"的使用范围要小很多,且基本不存在混用的例子,由此产生一个问题,即我们在秦简牍材料中得出的结论可以适用于传世文献吗?从基本用法的角度看,"也"和"矣"在两种材料中一致,不同的是传世文献多了很多新用法,"也""矣"混用也可看成其中一种,这些新用法的产生则有待进一步研究。

【参考文献】

[1] 王力.汉语史稿[M].北京:中华书局,2015.
[2] 史存直.汉语语法史纲要[M].上海:华东师范大学出版社,1986.
[3] 陈前瑞,王继红.《左传》中"矣"的多功能性的量化分析[J].中国语文,2018(5):547-562.
[4] 梁银峰.关于上古汉语语气词"也"动态用法的例证辨析——附论语气词"也"动态用法的衍生途径[C]//语言研究集刊(第二十六辑).上海:上海辞书出版社,2020.
[5] 洪波,王雪燕.语言接触视角下的上古汉语形态句法问题——兼论"也""矣"的来源[J].古汉语研究,2021(1):10-19,126.
[6] 张玉金.出土先秦文献语气词的发展[J].语言研究,2015(1):37-44.
[7] 罗祥义.出土先秦文献语气词研究[D].重庆:西南大学,2017.
[8] 王力.汉语语法史[M].北京:商务印书馆,1989.
[9] 华东师范大学哲学系逻辑学教研室编.形式逻辑[M].上海:华东师范大学出版社,2016.
[10] 张玉金.出土先秦文献虚词发展研究[M].广州:暨南大学出版社,2016.

The Analysis of the Distinction Between Ye(也) and Yi(矣), Which is Based on the Bamboo Slips in the Qin Dynasty

Xiang Xianwen

(School of Humanities, Taizhou University, Taizhou 317000, China)

Abstract: In the bamboo slips in the Qin dynasty, "Ye" mainly indicates the tone of judgment, and at the same time assists in expressing static description. "Yi" mainly has the following functions. First, it represents the end of a certain action or state in the past. Second, it indicates the continuation of a certain state in the past. Third, it introduces new information. Fourth, it means that things will be like this. The similarity between the two is that it is mainly used for declarative

---

① "矣"的数据不包含语境赋予完结义的那些词和短语。

sentences and basically cannot be used in question sentences；The difference between the two is that the statement sentences where "Ye" is located does not involve the information of tense and aspect，while the small sentences where "Yi" is located involves them. The division between the two is clear，and the formal evidence is that the component that coexists with "Ye" does not coexist with "Yi"，and vice versa.

Key words：ye(也)；yi(矣)；tone；judgment；the information of tense and aspect

饶宗颐楚帛书研究的文献学考察[*]

——以《楚帛书新证》为例

李三梅

【摘　要】楚帛书是饶宗颐研究的重要课题,《楚帛书新证》是其楚帛书研究成果的集中体现。该文是在《长沙楚墓时占神物图卷考释》《长沙出土战国缯书新释》《楚缯书疏证》等基础上修订成文,后又于 1993 年、2003 年作了两次修订。系统梳理该文的形成、修订过程,依据的摹本和释字情况,以及饶先生考释观点的变更,对于全面认识饶宗颐的楚帛书研究特点及其贡献具有重要意义。

【关键词】饶宗颐;楚帛书;《楚帛书新证》

【作者简介】李三梅,女,中山大学中文系博士研究生,研究方向为古文字与出土文献。(广东 广州 510275)

饶宗颐先生是最早研究楚帛书的学者之一,《楚帛书新证》(以下简称《新证》)[①]是他五十多年来研究楚帛书的结晶,也是楚帛书研究史上的代表性成果。《新证》的形成贯穿饶先生楚帛书研究的始终,系统梳理其形成、修订过程,有助于我们全面认识饶先生的楚帛书研究特点及其在楚帛书研究史上的贡献。

一　《楚帛书新证》的成文过程

饶先生撰写过多篇楚帛书文字考释的长文,以及一些探讨帛书内涵的文章[②],在此基础上,1985年撰成《新证》。此后,饶先生持续跟进新材料,吸收新观点,不断增补、修订旧作,分别于 1993 年、2003 年出版《新证》修订本。其成文过程大致可分为以下三个阶段。

(一) 雏形阶段

1944 年秋,蔡季襄命长子蔡修涣据楚帛书实物作套色临写本,1945 年 1 月刊于《晚周缯书考证》[③],由于印刷极少,流传未广,直到 1950 年蒋玄怡据此作重摹本,发表在《长沙——楚民族及其艺术》第二卷[④],帛书才广为人知。饶先生有感于蔡、蒋二本"文字多模糊残缺,不堪卒读",且"自此图本刊布,尚未有人专作研究"[⑤],1954 年撰成《长沙楚墓时占神物图卷考释》(以下简称《图卷》),文后附据蒋本所作复制本。该文由"发现及流传经过""帛书所记四时与五木五正""帛书所见之楚先公""帛书所见之楚方言及古语""帛书所见之古文奇字""图像探索之一斑""论楚人之天文学"及"追记"八部分

　　* 本文为国家社科基金重大项目"战国文字诂林及数据库建设"(项目编号:17ZDA300)、国家社科基金重大项目"战国文字研究大数据云平台建设"(项目编号:21&ZD307)、2022 年度中山大学饶宗颐研究院"饶学"研究生资助计划(项目编号:RYB22001)阶段性成果。

　　① 饶宗颐:《楚帛书新证》,饶宗颐、曾宪通《楚帛书》,中华书局香港分局,1985 年,第 1—96 页。

　　② 饶宗颐:《长沙楚墓时占神物图卷考释》,《东方文化》第 1 卷第 1 期,1954 年;饶宗颐:《长沙出土战国缯书新释》,香港义友昌记印务公司,1958 年;饶宗颐:《楚缯书十二月名核论》,《大陆杂志》第 30 卷第 1 期,1965 年;饶宗颐:《楚缯书之摹本及图像——三首神、肥遗与印度古神话之比较》,台北《故宫季刊》第 3 卷第 2 期,1968 年;饶宗颐:《楚缯书疏证》,台北"中研院"《历史语言研究所集刊》第 40 本,台北"中研院"历史语言研究所,1968 年;饶宗颐:《从楚缯书所见楚人对于历法、占星及宗教观念》,《古代中国艺术及其在太平洋地区之影响论文集》,美国哥伦比亚大学,1972 年。此外,《楚帛书之内涵及其性质试说》《楚帛书之书法艺术》《楚帛书十二月名与〈尔雅〉》三篇皆收录于饶宗颐、曾宪通《楚帛书》。

　　③ 蔡季襄:《晚周缯书考证》,1944 年石印本。

　　④ 蒋玄怡:《长沙——楚民族及其艺术》第二卷,上海今古出版社,1950 年,附记图版二七。

　　⑤ 饶宗颐:《长沙楚墓时占神物图卷考释》,第 69 页。

组成，基本涵盖了帛书的主要内容，文中对"四时""五木""五正"的考证颇有见地，并结合传世文献推测帛书"殆为楚巫占验时月之用；而施之墓葬，以镇邪魅"。① 但由于所据底本残损严重，一些具体文字的释读多有争议。《图卷》的出版开启了饶氏楚帛书研究的序幕。

（二）突破阶段

《新证》形成过程中的重大突破与新摄影技术的运用、饶先生目睹实物的经历有关。

1947年②，弗利尔美术馆将帛书拍成全色照片并将洗印副本提供给部分学者研究。1954年9月，梅原末治在《近时发现的文字资料》中首次刊布该底本的局部摹本③，并指出该本远比实物清晰，将给楚帛书的研究带来新的希望。饶先生从梅原末治家中借摹帛书照片，有感于梅原末治本"辨识未审，间颇失真"，屡思重摹改写，无奈"因循人事，废置三载。夏间重行着笔，至秋而稿粗具"。④ 1958年5月发表《长沙出土战国缯书新释》（简称《新释》）⑤，文中摹本据全色照片原状摹出，比蔡本多摹191字，文字考证上"祝融""四海""青阳"的释读颇见卓识，"兵""德""福""岁""气"等字的按断澄清了蔡本的不少谬误。⑥

1964年9月，饶先生访古董商戴润斋于纽约，获睹帛书原物，饶先生"反复勘读，凡三小时之久"，1964年11月撰成《楚缯书十二月名核论》⑦，发现了梅原末治所言的"反印文"⑧，证实帛书中间并无黄木痕迹，纠正了原来将章句号误为缺文号的错误，最重要的是证成帛书十二月名即《尔雅》十二月名。

1966年，大都会博物馆将帛书拍摄成红外线照片⑨，并将照片分发给部分海内外学者，饶先生据此撰成《从缯书所见楚人对于历法、占星及宗教观念》，提出"經绌"即"赢缩"，"天棓"即同篇"天棓"⑩等新见。1967年8月，饶先生参加由美国哥伦比亚大学美术史及考古学系主办的"古代中国艺术及其在太平洋地区之影响"学术座谈会，会上面对部分海外学者对帛书真伪的质疑，饶先生舌战群儒力证楚帛书的真实性⑪，会后获得帛书收藏者Philip Mazzola赠送的110张帛书放大十二倍照片。饶先生据此作新摹本，1968年10月于《楚缯书之摹本及图像——三首神、肥遗与印度古神话之比较》中公诸同

① 饶宗颐：《长沙楚墓时占神物图卷考释》，第69页。

② 关于弗利尔全色照片的拍摄时间，曾宪通《楚帛书研究四十年》认为是1952年，李零《长沙子弹库战国楚帛书研究》认为"大约在1952年前后"。按：据李零《子弹库帛书》"相关文献"之"子弹库帛书在美的借存记录"中书信记载，1947年1月7日，福格博物馆应史克曼之请，将子弹库帛书寄往弗利尔美术馆进行拍照，1947年12月9日寄回福格博物馆。此后楚帛书完帛寄存于大都会博物馆，说明全色照片的拍摄时间应为1947年1月7日至1947年12月9日之间，而非1952年。

③ 〔日〕梅原末治：《近时发现的文字资料》，载〔日〕下中弥三郎：《书道全集（1）》，平凡社，1954年，第36页。该摹本只摹写了八行文一篇的上半部分，摹存101字，间隔符号1处，其中残脱者18字。

④ 饶宗颐：《长沙出土战国缯书新释》，第46页。

⑤ 陈韩曦《饶宗颐学艺记》记载："1958年，1月，与林仰山、简又文等同游新安县鲤鱼门北佛堂；与美国加州大学东方语文学系陈世骧结交。5月，《长沙出土战国缯书新释》'选堂丛书之四'，经先生手书，在香港义友印务公司印行。"（陈韩曦：《饶宗颐学艺记》，花城出版社，2011年，第42页）

⑥ 陈民镇：《饶学概论：饶宗颐学术思想研究》，中国社会科学出版社，2022年，第77页。

⑦ 该文原是为纪念董作宾先生逝世周年纪念专号所作，因稿到稍迟，刊登于《大陆杂志》第30卷第1期。后重订为《楚帛书十二月名与〈尔雅〉》，收录于《楚帛书》中。饶先生有诗云："十载爬梳意自暇，惊看宝绘在天涯。"（饶宗颐：《冰炭集·初见楚缯书于纽约戴氏家》，《饶宗颐二十世纪学术文集》卷十四"文录、诗词"，花城出版社，2017年，第419页）

⑧ "反印文"最早由梅原末治发现，他曾在《近时出现的文字资料》中指出帛书表面另有用白色或朱色写成的三四行文字。后林巳奈夫在《长沙出土战国帛书考》后附有摹本。饶氏目睹实物也发现"缯书面上有若干文字残迹，在'玄司宿'句之侧，似是从其他带有文字之丝质物黏上。经摄影后，附着之残文，如'君'字犹约略可睹。"

⑨ 关于大都会红外线拍摄时间，各家说法有出入。曾宪通《楚帛书研究四十年》认为是1966年1月，李零《长沙子弹库战国楚帛书研究》记载楚帛书于1966年1月开始试验用航空摄影的红外线胶片摄制帛书照片，历时数月，终于找到合适的方法，拍摄成功，即拍摄时间应为1966年1月至1967年之间。李零《子弹库帛书》"楚帛书纪年表"记载拍摄时间为1967年。按：利用红外线照片进行研究的第一篇著作是林巳奈夫《长沙出土战国帛书考补正》，该文发表时间是1966年3月。据此推测，大都会红外线照片至少应该在1966年3月之前即已完成拍摄，结合上述曾宪通、李零的记载，推测大都会红外线的拍摄时间应该在1966年1月到3月之间完成，李零说法有误。

⑩ 该观点后收录在《楚缯书疏证》中，"高子平来书，甚表赞许"。

⑪ 参见曾宪通《我所认识的饶宗颐大师》，此文为曾宪通先生在韩山师范学院伟南国际会议中心的学术演讲稿，由韩师中文系王奎光博士据录音整理，原载《潮州社科》2008年第1期，后收入氏著《选堂访古留影与饶学管窥》，花城出版社，2013年，第75页。

好,同时发表《楚缯书疏证》(简称《疏证》),全面论述和逐句疏释帛书的文字和内容。《疏证》励志"正其句读,明其训故",考证多有创见,如发现缯书实为韵语;释"龗""万""建""逆""筑""发";论四时之神以色为号,解十日、四时与共工关系以及证三首神为祝融等。陈槃在跋语中评价此篇为"胜义络绎,深造有得,精思卓识,斯可谓难能矣"①。

(三)精研阶段

1970 年代以后,楚地出土文物倍徙于前,饶先生曾三度漫游于荆楚之间作实地考察,就研讨所得,修订《疏证》,撰成《新证》,收录于与曾宪通合著的《楚帛书》。该文重点讨论了中间两段文字的训释和疑难字的释读,如:"据《易纬》,知雹戏亦号大熊氏。据《地母经》,证女娲亦言女皇。据《墨子》,知楚人所居之馘即睢(山)之繁文。据《中山王兆域图》知虇逃即法兆。据秦简《日书》,证土事必为土功。于文字偏旁之审订,新定更多,论证皆比前为绵密。"②在此基础上,探讨了帛书的神话体系,并将四神指名目与帛书四隅四木联系,揭示了帛书文字与图像间的内在关联。

1980 年代以后,红外线照片传入内地掀起研究热潮,加之包山简、郭店简、秦简等新材料相继刊布,文字可据之修订者多。饶先生酌采众说,对《新证》又作了两次修订,分别收录于《楚地出土文献三种研究》和《饶宗颐二十世纪学术文集》。③整个修订过程,曾宪通编《选堂书札:致曾宪通》可资参看。④

二 饶宗颐的楚帛书摹本、释字情况

楚帛书的文字考释与帛书底本及摹本情况关系密切。饶先生先后作过两个摹本,一个是据弗利尔全色照片临摹,附于《新释》文末,是据该照片所作的首个完整黑白摹本;一个是据大都会红外线照片原状摹写,附于《楚缯书之摹本及图像——三首神、肥遗与印度古神话之比较)》文末,该本只摹录了文字,未绘制四隅树木和十二神像。这两个摹本代表着楚帛书研究的两个阶段,尤以第二个摹本最优,李零评价为"目前所见的最好帛书摹本"⑤。两个摹本的刊布为楚帛书的文字释读带来了新的飞跃。我们统计了饶先生的摹本及释字情况,并在此基础上整理出不同版本释文的新释字、改释字,以便更直观地展现饶先生在楚帛书研究史上的贡献。

(一)摹本情况

饶先生在 1954 年《图卷》后附有据蒋本作的复制本,为直观呈现饶氏不同摹本摹字数量的变化,现将该本也列入统计范围内。摹写情况如下表:

	1954 年复制本				1958 年摹本				1968 年摹本			
	摹存	残字	误字	正字	摹存	残字	误字	正字	摹存	残字	误字	正字
甲	170	/	/	/	242	25	7	210	263	29	1	233
乙	299	/	/	/	352	14	25	313	406	39	1	366
丙	123	/	/	/	189	30	22	137	243	28	3	212
总	592	/	/	/	783	68	55	660	912	96	5	811

---

① 陈槃:《楚缯书疏证跋》,台北"中研院"《历史语言研究所集刊》第 41 本,台北"中研院"历史语言研究所,1968 年,第 33 页。
② 饶宗颐、曾宪通:《楚帛书》,第 3 页。
③ 饶宗颐、曾宪通:《楚地出土文献三种研究》,中华书局,1993 年,第 229—283 页;饶宗颐:《饶宗颐二十世纪学术文集》,新文丰出版公司,2003 年,第 223—297 页。《饶宗颐二十世纪学术文集》后于 2009 年由中国人民大学出版社采用简体横排再版。
④ 该书共收录饶曾二人书信 73 封,涉及楚帛书修订的就多达 44 封。(曾宪通编:《选堂书札:致曾宪通》,中西书局,2019 年)
⑤ 李零:《长沙子弹库战国楚帛书研究》,中华书局,1985 年,第 24 页。

安志敏、陈公柔曾统计《图卷》复制本摹存情况，指出该本共摹 583 字，校之蒋本讹脱达 20 余处，校之蔡本讹 50 余处，评价"此本临摹极为草率，其字画讹脱之处，皆苟简不合常例"①。今细审该本，实际摹存 592 字，个别字形确有笔画脱衍，如蒋本 ![字] 、![字] 、![字] 、![字] ，饶本讹作 ![字] 、![字] 、![字] 、![字] ，此外与蒋本基本无二，认为该复制本"极为草率"，有失公允。

三版总摹存字数，1958 年版比 1954 年版多摹 191 字，1968 年版又比 1958 年版多摹 129 字，误字也由 1958 年的 55 个下降至 5 个，充分体现了摄影技术的进步在楚帛书研究史上的重要性。

（二）释字数量

释字量是评价学者学术成就的重要标尺。我们整理饶先生五个版本的帛书通释文本，数据如下：

版　本	释　字②				新　释	改　释
	甲	乙	丙	总计		
《新释》	178	273	115	566	/	/
《疏证》	238	381	213	832	244/80③	58/22
85 版《新证》	246	382	233	864	12/8	44/28
93 版《新证》	246	382	236	867	2/1	14/1
03 版《新证》	246	382	236	867	0	12/4

如表所示，释字总量上，《新释》《疏证》到 85 版《新证》呈不断攀升的趋势，尤其《疏证》在《新释》基础上多认出 266 字，85 版《新证》也比《疏证》多认出 32 字，极大地推动了帛书文本的释读。新释字上，《疏证》最为突出，多达 244 字，其中饶先生就新释 80 字。改释字上，《疏证》和 85 版《新证》共改释 102 字，其中饶先生改释 50 字，接近半数。文字释读的情况与帛书底本由手写临摹、全色彩照到红外线照片的变迁一致，由此帛书文本也逐步实现了"依据残辞断句探索帛书内容"，"可以通读某些比较完整的句子"到"朝着全面释读并向纵深发展"的飞跃。④

三个版本的《新证》依据的底本相同，文字释读总量上也逐渐趋于稳定，但新释、改释数量依然可观，如表所示：

	新　释	改　释
85 版	水、鱼、皇、墢、凼、四、翟、㝮、杀、遄、率、败	雹、![字]、霆、睢、弼、於、各、逃、堵、十、戬、百、戈、单、夋、重、遝、降、极、敢、蕿、当、尚＝、兼、泪、内₁⑤、七、尿、既、顯、同、台、尧、成、祑、西、壬、丙、火、妻、笑、戠、内₂、腖
93 版	襄、庀	弼、而、隗、致、蔑、送、泪、薗、娄、躬、襡、备、笑、训
03 版		尻、弼、戬、夋、坪、夨、非、失、笑、譆、浅、首

① 安志敏、陈公柔：《长沙战国缯书及其有关问题》，《文物》1963 年第 9 期，第 49 页。
② 此处的释字指除去残字、缺字以外释出的字。
③ "/"前数据为新释、改释总量，后为饶先生所新释、改释的数量。
④ 曾宪通：《长沙楚帛书研究述要》，《曾宪通学术文集》，汕头大学出版社，2002 年，第 143—154 页。
⑤ "内₁"指将"肭月"改释为"入月"，"内₂"指将"宎"改释为"内"。

释文的修订有些是细审图版的结果,如"水""凶""翟",在《疏证》中是作为残字缺释。有些是与出土材料合证,如饶先生将帛书"<u>簧</u>"与侯马盟书"<u>皇</u>"认同,释"皇";对比《秦简·日书》:"入月一日二日,吉。"将"肭月"改为"入月"。有些是字形、文义及文献综合考释的结果,如"僌""堘""庀"。还有些是吸收其他学者的意见,如"豤""杀""襄""率"。从最新研究成果看,饶先生的修订意见大多可信,个别字虽考证有误但释读方法值得借鉴,如上述"<u>簧</u>",饶氏即采用的字形比勘法,只是囿于材料关联有误。该字李零首释"填",陈斯鹏联系曾侯乙墓"真""填"及上博简《周易》"遗",考定该字即"填"。①

饶先生对三版《新证》累计改释70次,其中饶氏独自改释33次,几乎占改释总数的一半,而其中不乏反复求索者,如"<u>敎</u>",先后释为"延""殷""疏",再如"坪",《新释》释"重",《疏证》改隶为"垄",85版重新改从《新释》,03版才根据新出郭店简改释为"坪",矻矻穷年,锲而不舍,方成就楚帛书研究史的集成之作。

三　饶宗颐观点变动举隅

在跨越半个世纪的研究中,饶先生的观点前后多有变化,可概括为前后不同释、前缺释后有释、修订表述三方面,我们在每个类别之下择优选取代表性词条,梳理观点变化的线索,探寻变动的依据,同时结合学界研究动态,试论其中短长。

(一) 前后不同释

1. <u>雹戏</u>(△②尌→霾虘→雹戏)

甲篇首句"曰古〔大〕熊<u>雹戏</u>","<u>雹戏</u>"二字,《新释》将后字释为"尌",读作"驻",训为"立";《疏证》将后字改隶为"虘",读作"戏",前字隶定为"霾",释为"霾",认为"霾虘"是神话中祝融父"戏嚣"的倒文,抑或读为"赫戏",光明貌;85版《新证》改释为"雹戏",93版、03版从之。

按,商承祚释为"霾虘",疑神名③;严一萍率先指出"霾虘"为伏羲④;金祥恒释"<u>雹戏</u>"为雹戏,即传世文献中的包戏、伏羲、包牺等⑤。饶氏《新释》将后字误摹作"<u>尌</u>"导致误释,《疏证》据红外线照片重摹作"<u>虘</u>",改释为"虘"。前字释读受到商氏的影响释为"霾",商氏认为"<u>雹</u>"底部形体是"将二人并为一人写入二目之间",纵观"见"及以"见"为构件的古文字形,人形皆置于"目"下,未有二者分离且左右并立者,释"霾"于字形未安,"霾虘"亦于史无征。然商氏将二字与神名联系,为文字的正确释读提供了方向,金祥恒在此基础上,结合字形和文例将二字释为"雹戏",为不刊之论,饶氏《新证》亦吸收了此意见。

2. <u>丙霊</u>(△震→雷霆→△霄)

甲篇"出自<u>丙霊</u>",《新释》释"霊"为"震";《疏证》释为"雷霆",即"听訞",炎帝之妻;85版《新证》将"霊"隶定为"霆",读为"霄",为楚世之先有蟜氏,93版、03版从之。

按,二字释读主要有两种意见:一种认为是神名,林巳奈夫、姜亮夫、刘信芳释为颛顼⑥,金祥恒、汤余惠、陈茂仁、冯时释为华胥⑦;一种认为是地名,如院文清释为雷霆,董楚平、何新释为雷

---

① 李零:《楚帛书的再认识》,《中国文化》1994年第10期;陈斯鹏:《战国楚帛书甲篇文字新释》,《古文字研究》第二十六辑,中华书局,2006年,第343—345页。

② 文中用△指代缺释字形。

③ 商承祚:《战国楚帛书述略》,《文物》1964年第9期,第15页。

④ 严一萍:《楚缯书新考》,《甲骨古文字研究》第三辑,艺文印书馆,1990年,第286页。

⑤ 金祥恒:《楚缯书"雹虘"解》,《中国文字》第二十八册,台湾大学文学院中国文学系,1968年,第3187—3204页。

⑥ 〔日〕林巳奈夫:《长沙出土战国帛书考补正》,《东方学报》第37册,1966年;姜亮夫:《离骚首八句解》,《社会科学战线》1979年第3期,第230页;刘信芳:《楚帛书解诂》,《中国文字》新21期,艺文印书馆,1996年,第68—69页。

⑦ 金祥恒:《楚缯书"雹虘"解》,第3202—3203页;汤余惠:《战国铭文选》,吉林大学出版社,1993年,第165页;陈茂仁:《楚帛书研究》,花木兰文化出版社,2010年,第144页;冯时:《中国天文考古学》,社会科学文献出版社,2001年,第15页。

泽①。何琳仪初认为是地名，后又疑为神名华胥。② 近年来，裘锡圭根据清华简《楚居》"氏于穴穷，前出于乔山，宅处爰陂"，新蔡简"昔我先出自郋遳（窭）"等新出土材料，怀疑"霝"应读为穴窭之"窭"，可能具有"出神人"的"熊穴"的性质。③ 邬可晶否定了"霝""窭"语音相通的可能性，主张读"霝"为"陬"，指可出入的隅口。前一字疑为楚简中"倒山形"的倾覆之"覆"，隶定为"冚"，读为"阜"，"出自阜陬"是说大熊伏羲自山之隅口而出，或认为"冚"也可能为地名。④

今按，首字历来各家摹本不一，有""多种摹法，《新释》摹作""，未释，《疏证》摹作""，误认为是"雨"，三版《新证》皆认为该字不明，未释。李零据最新数码照片将首字摹作""，有残划，似"币"。⑤ 帛书"币"四见""，与残存笔画的走势不符，恐非一字。以往学者对该字的摹写虽有出入，但皆视为残泐字，邬可晶则将该字作完整字处理。今细审该字的全色照片、红外线照片：

林巳奈夫摹本⑥　　　商承祚摹本　　　饶宗颐放大十二倍图版　　李零2017版高清数码照片

虽然红外线照片更为高清，但早期拍摄的全色照片亦具有参考价值。⑦ 细审弗利尔照片，该字左下明显有白色残缺痕迹，在李零高清数据照片中显示为黑色团块，在彩色图案中，该处颜色比其他位置浅，饶宗颐放大图版中未显示该信息。帛书此处未发现折叠痕迹，而该字与下字之间的行距远远大于左侧"填"与"是"之间的距离，似乎有残笔存在的可能。邬可晶据饶氏图版而视该字为完字，可疑。"霝"隶作"霝"，从雨，走声，可从，裘先生结合新材料锁定二字表地名的可能性更大，邬可晶读"霝"为"陬"值得重视。

3. （重→塋→重→坪）

《新释》疑为"重"，读为"壅"；《疏证》改隶作"塋"，读为"滂"；85版《新证》重新改隶作"重"，读为"涌"，93版从之；03版据新出郭店楚简《老子》丙篇"安坪大"，改释为"坪"。

按，该字的正确释读得益于新材料的刊布。容庚将该字归入《金文编》附录待考⑧，吴大澂、高田忠周释"墉"⑨，林巳奈夫释"重"，读为"通"⑩；商承祚隶作"塋"，释"滂"⑪；严一萍引平安君鼎""、古玺文

<hr />

① 院文清：《楚帛书中的神话传说与楚先祖谱系略证》，载王光镐：《文物考古文集》，武汉大学出版社，1997年，第259页；董楚平：《楚帛书"创世篇"释文释义》，《古文字研究》第二十四辑，中华书局，第347—348页；何新：《何新古经新解》，时事出版社，2002年，第225—226页。

② 何琳仪：《长沙帛书通释》，《江汉考古》1986年第2期，第77页；何琳仪：《战国古文字典——战国文字声系》，中华书局，1998年，第383页。

③ 裘锡圭：《说从"甾"声的从"贝"与从"辵"之字》，《文史》2012年第3辑，第25页。

④ 邬可晶：《楚帛书甲篇第一章新诠》，《古文字研究》第三十四辑，中华书局，2022年，第414—415页。

⑤ 李零：《子弹库帛书》下编，文物出版社，2017年，第59页。

⑥ 〔日〕林巳奈夫：《长沙出土战国帛书考》所附摹本，《东方学报》第36册，1964年。

⑦ 李零《楚帛书的再认识》讨论"反印文"时就曾提到反印文"只有早期弗利尔美术馆拍摄的照片比较清楚，现在从红外线照片反而看不清，原物也只有模糊不清的红斑"。这说明，早期拍摄的图版虽然在技术上没有红外线成熟，但仍然保留了一些值得重视的信息。红外线照片拍摄比全色照片晚了近二十年，期间楚帛书的价值因未得到重视，而被柯强借存于美国不同机构，辗转流传给帛书原物也会带来一定程度的损耗。

⑧ 容庚：《金文编》，贻安堂，1925年，第42页。

⑨ 吴大澂：《说文古籀补》，商务印书馆，1936年，第269页。

⑩ 〔日〕高田忠周：《古籀篇》第四册，台湾大通书局，1982年，第2285页。

⑪ 商承祚：《战国楚帛书述略》，第16页。

平君"![图]",首释"坪"①;裘锡圭据曾侯乙钟磬乐律名,磬铭作"![图]皇",钟铭作"![图]皇","![图]"同《说文》篆文"![图]",亦释"坪"②。这一结论后得到包山简、郭店简、马王堆帛书的证实。饶先生《疏证》从商氏说,后来一直囿于材料,对释"坪"存有疑虑,直到 03 版《新证》才改释。近来,饶先生又补充上博简《子羔》中"坪(平)万邦……"中"平"增土旁,竹书《诗论》"坪德"之"坪"皆借"坪"为平,与帛书合证,并指出"地平天成"为古之恒语。③

4.

《新释》隶作"![图]",《疏证》隶作"![图]",读为"佴";85 版、93 版《新证》从之,03 版改释为"矢",倾斜。

按,该字以往有释眺、![图]、![图]、盛、![图]、![图]多种意见,李零、何琳仪等学者隶作"![图]",但读法各异,李零初从"矢"声,后随朱德熙改从"血"声,读为"徙",近来又改读为"堕"④;何琳仪初从矢血声,"佴"之异体,后改读为"仄"⑤;连劭名从"矢"声,读为"侧"⑥;汤余惠认为"![图]"通矢、仄,倾仄义⑦;刘信芳初认为"![图]"与"洫""洿"音近,后认为应读矢声,谓倾矢而血出⑧;范常喜读为"衋",训"裂"⑨。陈秉新隶作"![图]",从血从夫,"肤"之异文,读为"敷"⑩;陈斯鹏亦认为可能是"肤"之异体,读为"逼"⑪。何新隶作"![图]",即佴,宁也。⑫

今按,释"![图]""![图]""![图]""![图]""![图]"于字形均不确。⑬ 近来,刘洪涛指出该字与花园庄东地甲骨 161 号"![图]"为同一个字,右侧为"吴"初文之变,释"![图]",读为"亏",是盈亏之亏的本字。⑭ 将该字与帛书认同,可从,然右侧明显为向左倾斜的人形"矢"。王宁首次将该字释为"倾",认为是从血从矢的会意字,表示盛血的器皿倾侧、倾倒⑮,但未得到学界重视。徐在国、管树强通过与新出安大简《诗经·周南·卷耳》"不盈倾筐"之"倾(![图])"对读,肯定了王宁释"倾",但认为该字也有可能是从矢血声的形声字。该字还见于清华八《邦家处位》简 1"![图]戾其天命",整理者隶作"![图]",释为"倾"。

(二)前缺释后补释

1.

《新释》缺释,《疏证》、85 版《新证》释"达",违逆之义;93 版改隶作"![图]","逆"之别构;03 版改隶作"![图]",释"失"。

按,该字商承祚、严一萍、高明释"达"⑯,饶宗颐初从之;林巳奈夫作"![图]"⑰,饶氏改从之,进一步训

① 严一萍:《楚缯书新考》,第 299 页。
② 裘锡圭:《谈谈随县曾侯乙墓的文字资料》,《文物》1979 年第 7 期。
③ 饶宗颐:《"九州平"及"地平天成"说》,《华学》第七辑,中山大学出版社,2004 年,第 87—88 页。
④ 李零:《长沙子弹库战国楚帛书研究》,第 70 页;李零:《〈长沙子弹库战国楚帛书研究〉补正》,《古文字研究》第二十辑,中华书局,2000 年,第 171 页;李零:《子弹库帛书》下编,文物出版社,第 63 页。
⑤ 何琳仪:《长沙帛书通释》,《江汉考古》1986 年第 2 期,第 81 页;何琳仪:《战国古文字典——战国文字声系》,中华书局,1998 年,第 96 页。
⑥ 连劭名:《长沙楚帛书与中国古代的宇宙论》,《文物》1991 年第 2 期,第 42 页。
⑦ 汤余惠:《战国铭文选》,吉林大学出版社,1993 年,第 166 页。
⑧ 刘信芳:《〈楚帛书〉与〈天问〉类征》,载中国屈原学会、贵州省古典文学学会编:《楚辞研究》,文津出版社,1992 年,第 256 页。
⑨ 范常喜:《读简帛文字札记六则》,简帛网 2006 年 11 月 13 日(http://www.bsm.org.cn/?chujian/4677.html)。
⑩ 陈秉新:《长沙楚帛书文字考释之辩正》,《文物研究》1988 年第 4 期,第 189 页。
⑪ 陈斯鹏:《战国楚帛书甲篇文字新释》,《古文字研究》第二十六辑,中华书局,2006 年,第 347 页。
⑫ 何新:《何新古经新解》,第 228 页。
⑬ 参见徐在国、管树强:《楚帛书"倾"字补说》,《语言科学》2018 年第 3 期,第 245—247 页。
⑭ 文章于 2011 年 4 月 27 日在复旦大学出土文献与古文字研究中心网站以《清华简补释四则》为题首发(http://www.fdgwz.org.cn/Web/Show/1479),后正式发表在《考古与文物》2013 年第 1 期上,并在 2017 年 10 月 28—29 日由中国人民大学举办的《第二届小学专书与文献考订学术研讨会》上发表的《古文字中的盈亏之"亏"》中,进一步认为古文字资料中的"![图]"都应读为"亏",帛书该字应为盈亏之"亏"的本字。
⑮ 曾宪通:《选堂书札:致曾宪通》,第 80—81 页。
⑯ 曾宪通:《楚帛书文字新订》,《中国古文字研究》第一辑,吉林大学出版社,1999 年,第 93—94 页。
⑰ 商承祚:《战国楚帛书述略》,第 16 页。

为"逆"；李学勤作"遻"，李零作"遊"，皆读"逆"①；汤余惠释"祥"，刘信芳初释"祥"后改读为"亡"②；廖名春、黄德宽、赵平安据郭店简释为"失"③，饶宗颐在 1999 年 8 月中旬与曾宪通的书信中提到"《楚帛书》有一条必须改正，即'遻'字旧释逆或达皆误。郭店楚简《老子》'执者失之'共见两次，失字皆作 𢾭，又一作'逢之若累'，逢与得为对文，皆当释失。帛书'乱遻开行''是胃遻终'，宜从之释'失'。'"綖细遊襄"句可读"盈细失让"，郙阁颂云"汉水逆让"是也。④ 并在 03 版《新证》中改释为"失"，并补充上博三《周易·随卦》六二爻辞"失丈夫"作"遊丈夫"。⑤

2. 𦰩（△→芄→芺→莽→笑）

《新释》缺释，《疏证》释"芄"，"尤"之繁形，训为"异"；85 版《新证》改隶为"芺"，读为"汰"；93 版释"莽"，读为"茂"；03 版改释为"笑"。

按，该字严一萍释"光"⑥，曾宪通首释"笑"，后改释"汰"，又改释"笑"⑦；李零初释"疑"，后改释"笑"⑧；陈梦家释"芄"，高明释"艾"⑨；何琳仪疑"莽"之省，读为"亡"⑩；朱德熙释"莽"，读为"墓"，汤余惠读"莽"为"蔑"，刘信芳读"莽"为"嫫"⑪；连劭名释"芰"⑫。

今按，饶先生对该字的按断经过了一个反复求索的过程，这可从他与曾宪通的往来书信中略知一二。1984 年 6 月 30 日，他提到："陈梦家《楚帛书考》甚精辟。……芄字较芄为胜，请再细核原物，下半是否从尤。如确系'芄'字，拟改订如下：芄字似从艹从尤。《广韵》二十二'侵'及上声四十九'敢'俱收芄字。其一训热。颇疑芄读为疣，亦即瘊，训'腹内故病'。是'毋为邦芄'犹言'毋为邦病'。"⑬1984 年 9 月 5 日饶氏又云："𦰩字，曾君定为从艹从犬，可读为汰，《尔雅》：'汰，坠也。'"⑭85 版《新证》最终采用的是曾宪通释"汰"的意见。曾宪通认为该字是秦汉简帛笑字形体之所本，改释"笑"，饶先生开始对此持怀疑态度，在 93 版《新证》中坚持旧说，直到曾氏根据郭店简《老子》、马王堆乙本和传世诸本异文，确释该字为"笑"⑮，饶氏才在 03 版中改从其说。

3. 𣸧（△→衃→△→溾）

《新释》缺释，《疏证》隶定为"衃"，85 版《新证》缺释，93 版释为从水由，即"溾"。

按，该字商承祚隶定为"敷"，读为"鬼"⑯；林巳奈夫释"油"⑰；何琳仪释"溾"⑱；李零初释"咪"，目验

---

① 〔日〕林巳奈夫：《长沙出土战国帛书考补正》，第 509—514 页。

② 何琳仪：《长沙帛书通释》，第 81 页。

③ 李零：《长沙子弹库战国楚帛书研究》，第 67 页；李零：《楚帛书目验记》，《文物天地》1990 年第 6 期，第 30 页；李零：《子弹库帛书》下编，第 63 页。

④ 曾宪通编：《选堂书札：致曾宪通》，第 191 页。

⑤ 饶宗颐：《"九州平"及"地平天成"说》，第 88 页。

⑥ 严一萍：《楚缯书新考》，第 330 页。

⑦ 曾宪通：《楚月名初探》，《古文字研究》第五辑，中华书局，1981 年，第 310 页；曾宪通：《长沙楚帛书文字编》，1985 年，第 255 页；曾宪通：《长沙楚帛书文字编》，1993 年，第 255 页。

⑧ 李零：《长沙子弹库战国楚帛书研究》，第 95 页。

⑨ 高明：《楚缯书研究》，第 376 页。

⑩ 何琳仪：《长沙帛书通释》，第 84 页。

⑪ 朱德熙：《长沙帛书考释（五篇）》，《古文字研究》第十九辑，中华书局，1992 年，第 206—207 页；汤余惠：《战国铭文选》，171 页；刘信芳：《楚帛书解诂》，第 101 页。

⑫ 连劭名：《长沙楚帛书与卦气说》，《考古》1990 年第 9 期，第 850—851 页。

⑬ 曾宪通：《选堂书札：致曾宪通》，第 69 页。

⑭ 曾宪通：《选堂书札：致曾宪通》，第 80—81 页。

⑮ 曾宪通：《楚帛书文字新订》，第 93—94 页。

⑯ 商承祚：《战国楚帛书述略》，第 16 页。

⑰ 〔日〕林巳奈夫：《长沙出土战国帛书考补正》，第 509—514 页。

⑱ 何琳仪：《长沙帛书通释》，第 81 页。

实物改隶作"淼",后经辨识高清数码图版,疑释"沁"①;陈茂仁认为从二水从卤,省水作"卤",今"细"字②;徐在国疑释"潘",读为"寒"③。饶先生写予曾宪通的两封书信曾云"近见李零及何琳仪二君对楚缯书之著作,甚望兄将所见能逐条见告,俾可参考,作进一步之研讨。""何琳仪一文颇重要,有若干地方可以采用,容细细斟酌去取。"④93 版释"涹"可能吸收了何琳仪的意见。

今按,该字饶宗颐所藏放大十二倍图版作"淼",饶宗颐摹作"淼",李零据高清数码照片处理作"淼"。贾连翔联系清华九《成人》篇之"淼",将帛书隶定为"涹"⑤,后据新缀补的《封许之命》简 4"淼",改隶为"洣",从"心"得声。该字与楚简所见"淼""沬""涹""泽""浌""濍""激"为一字异形,"激"字中"心"为"恩"之省⑥,皆释"湛(沈)"⑦。单育辰认为"洣"以"心"为声符的可能性存在,但该字主要是取象于将心投入水中进行沈祭之"沈"状,并补充了先秦祭祀用心的文例,《礼记·明堂位》云"有虞氏祭首,夏后氏祭心,殷祭肝,周祭肺",《礼记·郊特牲》云"血祭,盛气也。祭肺、肝、心,贵气主也"。同时,他还将该字的早期形体追溯到西周早期 [图]（《铭三》沁鼎）,说明"心"为"恩"之省是颠倒了字形的先后关系,提出"恩"当为"心"之讹。⑧ 此外,该文审稿专家提出该字也有可能从"林"得声。综上,上述字形当释"湛(沈)",但造字来源尚存争议。

(三) 修订表述

饶先生观点的变化还体现为增补新证据、删改旧文例、改换表明态度的词语。

1. 增补新证据

饶先生考释甲篇"陸"字:

《新释》:与曾姬无恤壶漾陸同。

《疏证》:与鄂君节襄陵字作陸同,释为山陵甚当。

85 版/93 版:《鄂君舟车节》"襄陵",陵一作陸,一作陸。望山简:"乃祷戋陸。"俱当释陵。故此处读为山陵,甚当。

03 版:《鄂君舟车节》"襄陵",陵一作陸。望山简:"乃祷戋陸"。俱当释陵。故此处读为山陵,甚当。

《新释》引用金文字形作为对比资料,《疏证》改换为新出时代更为接近的鄂君启节字形,85 版《新证》增补了望山简文例,03 版《新证》选择性地列举了鄂君启节中更具代表性的一个形体,行文更为精简,变与不变之间,尽显饶先生的细腻缜密。

2. 删改旧文例

饶先生考释乙篇"日月既乱,乃有兄□"之"兄",85 版将之与秦简合证,言:"《秦简·日书》屡见'可取,不可兄'一类语,义应为'与','与'及'取'相对成文,字仍读如兄,而借作覠,如《诗·彤弓》'中心覠之'之覠。"93 版、03 版删减了该条例证,补充:"帛书《十六经·立命》:'吾爱民而民不亡(逃亡),吾爱地而地不兄。'兄读为荒,足证帛书兄字释兄之确定。"睡虎地秦墓竹简整理小组 1990 年 1 月出版

---

① 李零:《长沙子弹库战国楚帛书研究》,第 67 页;李零:《楚帛书目验记》,《文物天地》1990 年第 6 期,第 30 页;李零:《子弹库帛书》下编,第 63 页。

② 陈茂仁:《楚帛书研究》,第 171 页。

③ 徐在国:《楚帛书诂林》,安徽大学出版社,2010 年,第 903 页。

④ 曾宪通:《选堂书札:致曾宪通》,第 149、129 页。

⑤ 清华大学出土文献研究与保护中心编,黄德宽主编:《清华大学藏战国竹简(九)》,中西书局,2019 年,第 160 页注[三一]。

⑥ 贾连翔:《〈封许之命〉缀补及相关问题探研》,《出土文献》2020 年第 3 期,第 16 页;贾连翔:《申论子弹库帛书〈四时〉之四神——战国文献中四时四方神的"天神""地祇"两系说》,《中国史研究》2023 年第 1 期,第 42 页。

⑦ 关于"湛"字考释,参见黄德宽:《试释楚简中的"湛"字》,《中山大学学报(社会科学版)》2018 年第 1 期,第 49—52 页;黄德宽:《清华简新见"湛(沉)"字说》,《清华大学学报(哲学社会科学版)》2020 年第 1 期,第 35—38 页。

⑧ 单育辰:《四十二年逑鼎"林"字考》,《文史》2023 年第 1 辑,第 241—248 页。

的《睡虎地秦墓竹简》该字形作"▨"，与饶氏所摹字形有出入，整理小组将该字释为"鼠"，读为"予"，饶先生在93版、03版《新证》中吸收该意见，删掉了《秦简·日书》辞例。

3. 改换表明态度的词语

饶氏考释甲篇"曰故大▨雹戏"之"▨"：

> 《疏证》："▨"与鄂君舟节二节"岁能返"之"能"字作▨比较，下半字形无异……鄂君节之䏿字，为"能"之繁体。……"熊"字之异体甚多，古作"䰠"，见《玉篇》。《集韵》熊或作"猊"，故"▨"为"熊"字，似可论定。

> 85版▨字下半与鄂君启节"岁能返"之"能"字作▨相似，史墙盘"广㩜楚荆"作"㠱"。望山简"罷祷"。《广韵》二十五德有"㿟"字，奴勒切。《篇海》入声作䏿，奴勒切，与㿟同，疑即由此讹，其字形远有所本。《左传》昭七年黄能，《释文》作黄熊，能与熊通。王引之论旧本并作熊，后人径改为能。辨详《经义述闻》十九。《说文》："熊从能。炎省声。"《玉篇》作"䰠"，合黄能为一文，则六朝以来之俗字。《集韵》熊或作"猊"，"熊"字之异体甚多，䰠释为熊，可以论定。

《疏证》认为该字释"熊"，"似可论定"。85版《新证》补充了史墙盘、望山简新见字形和《广韵》《篇海》中诸多异体，以及《左传》"黄能"在《释文》中作"黄熊"的异文证据，最终得出"䰠释为熊，可以论定"的肯定结论。"似可论定"到"可以论定"这种表述上的细微差别背后，是坚强证据的支撑，也是饶先生严谨求实的治学态度的最好注脚。

四　饶宗颐楚帛书研究特点

饶宗颐在楚帛书研究史上取得了不可磨灭的业绩，创获颇多，特点鲜明：

(一) 锲而不舍，精益求精

饶先生从20世纪50年代开始关注并研究楚帛书，到20世纪80年代撰写《新证》，此后又数易旧文，二订《新证》，在反复探索中实现学术进步，真正践行了"求是，求真，求正"的学术追求。[①] 这条求索之路并未因《新证》的完成结束，而是贯穿其学术生命的始终。2004年，已是97岁高龄的饶先生撰文《"九州平"及"地平天成"说》，利用新出上博简和传世文献材料，进一步坐实"坪""失"的释读，文末附记："宪通嘱为《华学》撰文，大病之后，未敢握管，聊书短记塞责，望有已教我。"[②]正是这种锲而不舍的努力和精益求精的精神，成就了饶先生在楚帛书研究史上不可撼动的地位。

(二) 旁征博引，研究广泛

饶先生熟谙经史子集等传世典籍，对甲骨、金文及战国秦汉等出土文献亦能信手拈来，又通晓英、日、德、法等多国语言及梵文、希伯来文、楔形文，因而在具体文字考释时，征引材料常不分古今中外，只要与论旨相关皆可触类旁通、左右逢源，尤其常能利用偏僻文献破译关键字词，如据纬书《易纬·乾凿度》知庖牺亦号大熊氏，据《地母经》知女娲亦曰女皇；再如考订祝融即三首神，讨论三首神、肥遗与印度古神话之间的联系，从楚文化和太平洋文化，进一步拓展到印度古文化，令人叹为观止。同时，饶先生对楚帛书的研究立足于文字释读又不拘泥于专门之学，而是注重关联相关宏观问题，深入挖掘帛书背后的楚文化内涵。如帛书之置向和读法，饶先生赞同上南下北，八行先读，十三行后读的读图，并给出了目前对此构图最合理的解释"甲篇(八行)道其常而乙篇(十三行)言其变，故甲篇居前而乙篇列

---

① 饶先生于2001年11月2日在北京大学百年纪念论坛上发表题为《新经学的提出——预期的文艺复兴工作》的演讲，提到："当前是科技带头的时代，人文科学更增加它的重任，……我们应该好好去认识自己，自大与自贬都是不必要的，我们的价值判断似乎应该建立于'自觉''自尊''自信'三者结成的互联网之上，而以'求是''求真''求正'三大广阔目标的追求，去完成我们的任务。"2017年8月19日人民日报发表的《名师谈艺·饶宗颐：求真 求是 求正——寄语中华文化之学》中，饶先生再次提及做学问要求真，求是和求正。

② 饶宗颐：《"九州平"及"地平天成"说》，第88页。

后，前者顺写而后者倒书，所以昭其顺逆"，此置图方式后被王家台《政事之常》、马王堆《禹藏图》《式图》、孔家坡《日廷》《土功》等楚地图版证实①；考证帛书神话人物，认为甲篇神话系统具有鲜明的南方色彩，与楚先世有关；将丙篇与云梦秦简《日书》合证，讨论相关数术问题②；此外，对帛书书法、残片也有研究③。

（三）虚怀若谷，尊重规矩

饶先生在《新证》的修订中，虚心谨慎，勇于自新，批判性地吸收新成果④，并十分强调学术规矩，这在他与曾宪通、李零的交往中可见一斑。饶曾二人合著过《云梦秦简日书研究》《随县曾侯乙墓钟磬铭辞研究》《楚帛书》《楚地出土文献三种研究》，学术交往密切，饶先生每征引曾氏观点，必于文中说明。如1984年6月8日记载了两则修订意见，"不见陵⊘，是则兄（荒）至。曾宪通云：'陵下一字，据放大照片作⊘，即西字。'陵西，谓陵丘之西，如西郖之比。""页27'祀则述（遂）'句，加'述字详曾君《文字编》……'。"⑤修订版均如实订补。此外，李零曾将《长沙子弹库战国楚帛书研究》油印稿送给饶先生过目，饶先生对李文非常重视，修订《新证》时常有参考和引用。后来《楚帛书》出版在即，饶先生多次询问李零之书是否出版，并一再告知香港中华书局，一定要在北京中华书局出版了李文之后，再出版《楚帛书》⑥，他认为"这是学术界的规矩"。

An Observation to Rao Zongyi's Research of Chu Silk Manuscript from His *New Evidence of Chu Silk Manuscript*

Li Sanmei

(Department of Chinese Language and Literature, Sun Yat-sen University, Guangzhou 510275, China)

Abstract: Chu Silk Manuscript is an important subject of Rao Zongyi's research, and *New Evidence of Chu Silk Manuscript* is the concentrated embodiment of his research results. This article is written on the basis of *Changsha Chu Tomb Accounted for Divine Object Picture Interpretation*, *Changsha Unearthed New Interpretation of Warring States Book*, *Chu Zeng Book Sparse License* and then in 1993, 2003 made two revisions. It is of great significance to comprehensively understand the characteristics and contributions of Rao Zongyi's research on Chu Silk Manuscript by systematically sorting out the formation and revision process of this article, the conditions of the facsimiles and the interpretation of characters based on it, as well as the changes of Mr. Rao's interpretation views.

Key words: Rao Zongyi; Chu Silk Manuscript; *New Evidence of Chu Silk Manuscript*

---

① 黄儒宣：《长沙子弹库楚帛书的方向》，《简帛》第五辑，上海古籍出版社，2010年，第361—368页。

② 饶宗颐：《帛书丙篇与日书合证》，饶宗颐、曾宪通：《楚地出土文献三种研究》。

③ 饶宗颐：《楚帛书之书法艺术》，饶宗颐、曾宪通：《楚帛书》；饶宗颐：《长沙子弹库残帛文字小记》，《文物》1992年第11期。

④ 饶先生对各家论著及观点征引评述，详见曾宪通编《选堂书札：致曾宪通》中1984年6月25日、1984年6月30日、1985年3月19日、1986年9月10日、1986年11月25日、1987年10月23日、1988年4月14日、1988年8月18日、1989年1月31日、1989年2月22日所记。

⑤ 曾宪通：《选堂书札：致曾宪通》，第67页。

⑥ 李零《长沙子弹库战国楚帛书研究》出版于1985年7月，饶宗颐、曾宪通合著《楚帛书》出版于1985年9月。

山东金乡鱼山刻石文字补论[*]

伊 强

【摘 要】1980 年发现的山东金乡鱼山刻石,现残存文字 14 行。第 1 行原释为"我"的字,释为"臧"字似更合适。第 3 行一般释为"疾设"的二字,可能是"疾愬",即古书中的"嫉忌"。第 7 行的"犯磨","磨"当为"曆"的讹混字,"犯曆"可读作"犯雁"。第 11 行原释"毛蚤"的字,当释为"手蚤",即"手爪"之义。从文字内容看,此刻石文字与山东出土的几件文字较长的汉代墓葬题记有一致之处。

【关键词】鱼山刻石;犯曆;手蚤;文字考释

【作者简介】伊强,山东大学文学院副研究员。研究方向为古文字学、出土文献与秦汉史。(山东 济南 250100)

1980 年在山东金乡县胡集乡郭山口村发现两座汉墓,其中 M1 发现一件有字刻石,为墓门的上槛石,已断为数段,今存其前段及中间一段,顾承银等分别称之为第一石、第二石。^① 对这篇文字目前有不同的称呼,如从内容性质方面定名的《禳盗刻石》《山东金乡汉墓镇墓文》等^②,或以出土地而称为《鱼山刻石》^③,王子今先生则以首句而称为《"诸敢发我丘者令绝毋户后"刻石》^④。本文大致按照出土地称之。1990 年,顾承银、卓先胜二人从当地村民郭俊庸处征得刻石未毁前所抄的原文。由于损毁部分的相关抄文无从比对,今只对刻石所存的部分文字做些讨论。先移录刻石的释文如下,为行文方便,在每一行后标以顺序号。

第一石:

　　诸敢发臧(?)丘 1 者,令绝毋户 2 后;疾愬不详 3 者,使绝毋户 4 后。毋谏(阑)卖人,5 毋□【□□□】6

第二石:

　　【□□】□犯磨〈曆－雁〉7□罪,天利之。居 8 欲孝,思贞廉,9 率众为善,天利 10 之。身礼(体)手蚤(爪),父 11 母所生,慎毋 12 毁伤,天利之。分 13□□□□□14

一

第 1 行"臧"字,顾承银、毛远明皆释作"我"。原字形作▨^⑤,笔画有些错位不清,对比汉代文字资料据中的"臧""我"二字,释为"臧"似也未尝不可:

* 基金项目:本文为山东省社会科学规划研究项目"汉代墓葬题记的文字整理与综合研究"(21CYYJ119)的阶段性成果。

① 顾承银、卓先胜、李登科:《山东金乡鱼山发现两座汉墓》,《考古》1995 年第 5 期。该刻石相关著录、研究情况,可参看刘海宇:《山东汉代碑刻研究》,齐鲁书社,2015 年,第 150 页。

② 《禳盗刻石》的定名,如宫衍兴编著:《济宁全汉碑》,齐鲁书社,1990 年。《山东金乡汉墓镇墓文》的定名,见毛远明:《汉魏六朝碑刻校注》第一册,线装书局,2008 年,本文所引毛远明先生说皆据该书,不再出注。

③ 刘海宇:《山东汉代碑刻研究》,第 150 页。

④ 王子今:《金乡汉墓"诸敢发我丘者令绝毋户后"刻石考议》,《文博》2019 年第 1 期。本文所引王子今先生说皆据该文,不再出注。

⑤ 字形图片据马新林:《西汉〈禳盗刻石〉之我见》,《中国书法》2020 年第 6 期。本文所用字形图片皆据该文,不再出注。

臧	我
臧 白石神君碑　臧 杨统碑①	致 郑固碑　我 华山庙碑②

《说文·舜部》:"葬,臧也。"《三辅黄图·陵墓》:"文帝霸陵,在长安城东七十里,因山为藏,不复其坟。"1968年曲阜出土的《徐村臧堂画像石题记》:

延熹元年十月三日始作此臧堂,北为北(?)相,皆□1

□守(?)丞。使工五万,又食九万,并直钱十□(四)万。即2

十月廿日成此田,买奴以十一月七日葬妇此臧中。3

车马延人,龙蛇虎牛,皆食大仓。4③

第1、3两行中的"臧"字,原作、,笔画不是很清楚。"葬妇此臧中"的"臧"明显即坟墓之义。"丘"也有坟墓之义,《方言》卷十三:"冢,自关而东谓之丘。小者谓之塿,大者谓之丘。"故"臧(藏)丘"连文,亦即坟墓、墓葬的意思。

二

第3行"疾誋不详",与前面的"敢发臧丘者,使绝毋户后"对比,可知大概是说对墓葬造成的不祥行为。"誋"字,顾承银、毛远明等皆释为"疾",王子今先生从之,并据《释名》"疾,截也,有所超越也",指出可理解为"截"。但《释名》的说解用的是声训的方法,而不是说"疾"在实际语言中有"截"的词义。且"疾设"的说法,在文献中也未检得用例。所谓"设"字,原字形作、,其右旁略有残泐,但右旁似更近"忌"。其右旁下部,可对比此刻石中(思)下部的"心"旁。因此,我们怀疑此字当释为"誋"。"疾誋",即古书中的"疾忌",如《后汉书·卷十·皇后纪上》:"初,宋贵人生皇太子庆,梁贵人生和帝。后既无子,并疾忌之,数间于帝,渐致疏嫌。""疾忌"从结构上说为同义复词,故又可作"忌疾",如《后汉书·卷六十三·李杜列传》:"时太后以比遭不造,委任宰辅,固所匡正,每辄从用,其黄门宦者一皆斥遣,天下咸望遂平,而梁冀猜专,每相忌疾。""疾誋不详",大致是说因疾忌而生的不祥举动。

三

第5行"毋谏卖人",王子今先生认为当是"毋谏卖人",并解释说"'谏',或许即'阑'字的别写。"今案"阑"作为非法之义,《说文·门部》:"闌,妄入宫掖也。从门絲声,读若阑。"除了王子今先生所举的《史记》《汉书》中的例子外,这种用法的"阑"字,出土秦汉法律类文献中多见,如睡虎地秦简《法律答问》简48:"告人曰邦亡,未出徼阑亡,告不审,论可(何)殹(也)?为告黥城旦不审。"④张家山汉简《二年律令·津关令》简488:"御史言,越塞阑关,论未有□,请阑出入塞之津关,黥为城旦舂。"⑤王先生又

---

① 汉语大字典字形组编:《秦汉魏晋篆隶字形表》,四川辞书出版社,1985年,第204页。

② 汉语大字典字形组编:《秦汉魏晋篆隶字形表》,第901页。

③ 宫衍兴编著:《济宁全汉碑》,第15页,图版十六。释文参考了永田英正:《汉代石刻集成[图版·释文篇]》,同朋舍,1994年,第134页。

④ 陈伟主编,彭浩、刘乐贤等撰著:《秦简牍合集释文注释修订本(壹)》,武汉大学出版社,2016年,第200页。

⑤ 张家山二四七号汉墓竹简整理小组:《张家山汉墓竹简[二四七号墓](释文修订本)》,文物出版社,2006年,第83页。

说："对照拓片，细察字形，可知'卖'其实应当读作'窦'。所谓'毋阑窦入'，即以通常盗墓以开凿盗洞的方式非法进入墓道及墓室。"从原字形看释为"卖"无误，但王先生认为读作"窦"则是有问题的。"窦"下部所从的"卖"，《说文·穴部》分析为"渎省声"，与"买卖"之"卖"截然有别，因此将刻石中的"卖"读为"窦"是明显不合适的。刻石"毋谏卖人"四字，由于原石残损，末一字原是"人"抑或"入"难以断定。但"毋谏卖人"在文义上还是比较通顺的。类似的表达，可参考《芗他君石祠堂石柱题记》："唯观者诸君，愿毋败伤。寿得万年，家富昌。"①需要注意的是，汉代文献里，"阑"作为擅自、非法之义，一般用在律令等文书里。因此，刻石"毋谏卖人"之句，在遣词及语义上大概是有意模仿律令类文书。

四

第7—8行"【□□】□犯磨□罪"，前二字残去，第三字仅存左侧部分笔画且难以辨识，"犯磨"存文字左半，"罪"上一字的左旁"氵"清晰可辨，右旁则残去。郭俊庸所作刻石被毁前的抄文作"教人政道，毋使犯磨，□罪，天利之"，对照刻石残余文字，加之这几句并非难识之字，其所作的抄文应该具有一定的可信度。就现存文字看，"犯磨"实难索解。我们认为这个"磨"，应该就是"厤"的讹混字。在古书及出土文献里"厤"常用作历日之"历"、游历之"历"等。② 张再兴先生也已指出在秦汉简帛里"厤"习惯表示"历"，与"磨"是同形字的关系。张先生在提到《金乡刻石》的"磨"时，因其上下文残泐，认为其意义无法确定。③ 我们认为此刻石中的"厤"当读作"瞿"。上古音离、瞿皆是来母歌部字，历是来母锡部字，而古书又有"历"与从"离"声字相通的例子，如《史记·屈原贾生列传》"瞩九州而相君兮"，"瞩"《汉书·贾谊传》作"历"，因此"犯厤"可读作"犯瞿"。"犯瞿"又见于南北朝时的文献中，如《上清太上九真中经绛生神丹诀》有"犯瞿五刑"。④ 古书又常见"犯法""瞿罪"的说法，所以我们怀疑"犯厤□罪"大概原是"犯瞿法罪"。根据石毁前的抄文，其前后原文大概就是"教人政道，毋使犯厤法罪，天利之"，如此则文义较为顺适。

五

第11行"身礼（体）手蚤（爪）"，"手"研究者多释为"毛"，毛远明先生将"毛蚤"解释为头发指爪。"毛"的原字形作▨，马新林先生则释为"手"。⑤ 在《说文》里"毛"的小篆写法作▨，"手"则作▨，二者的区分是比较清楚的，主要是中间一笔的上倾下斜的方向。从图片看，此字中间笔画的最上是左倾还是右倾难以判断，但其下部向左斜下则是非常清楚的，因此释为"手"似更合适。"手蚤"即"手爪"。"蚤"上部所从为"叉"，《说文·又部》："叉，手足甲也。"段玉裁注说："叉、爪古今字，古作叉，今作爪。"且古书中多有"蚤"借为"爪"之例，如《仪礼·士丧礼》："蚤揃如他日"，郑玄注："蚤，读为爪。""手爪"一词则见于古书及出土文献，如《后汉书·文苑列传·赵壹》："然而糗脯出乎车軨，针石运乎手爪；今所赖者，非直车軨之糗脯，手爪之针石也。"《缘禾六年（437）正月瞿万衣物疏》有"故手爪囊一枚"。⑥ 因此，刻石中的"手蚤"当即"手爪"。

---

① 毛远明：《汉魏六朝碑刻校注》第一册，第188页。

② 高亨著，董治安整理：《古字通假会典》，齐鲁书社，1997年，第470—471页。白于蓝编著：《战国秦汉简帛古书通假字汇纂》，福建人民出版社，2012年，第481页。

③ 张再兴：《秦汉简帛中的"厤"和"磨"》，《简帛研究二〇一八（春夏卷）》，广西师范大学出版社，2018年。

④《中华道藏》，华夏出版社，2004年，第一册第240页上栏。

⑤ 马新林：《西汉〈禳盗刻石〉之我见》，《中国书法》2020年第6期。

⑥ 贾小军、武鑫：《魏晋十六国河西镇墓文、墓券整理研究》，中国社会科学出版社，2017年，第105页。

"身礼(体)手蚤,父母所生,慎毋毁伤",这几句话,研究者皆指与《孝经·开宗明义章》"身体发肤,受之父母,不敢毁伤"相关。二者句式、句意上基本一致,但明显不同的是,一作"手蚤(爪)",一作"发肤"。上古时期先民的意识里,发、须、爪等都是人体的精华所在,具有非常特殊的神秘作用。江绍原先生1928年初版的《发须爪》一书①,全书共分六个部分来论述,分别是:

> 甲　发须爪被认为有药物的功效
>
> 乙　发被认为能致病
>
> 丙　本主与其发爪被认为有同感的关系
>
> 丁　发须爪被用为本人的替代品
>
> 戊　去发须爪甲被认为有择日的必要
>
> 己　死者的发须爪被认为有埋藏的必要

上面的六部分除"乙"之外,都涉及到了"爪"。尤其在最后一部分举了很多古书中用"爪"随葬的记载,下抄引两条:

> 《仪礼·丧大祭》:君大夫鬈爪,实于绿中;士,埋之。
>
> 唐《开元礼》云:"(为死者)剪须断爪,如平常。须、发、爪,盛以小囊;大殓内于棺。"("品官""庶人"礼同。)

上文所举的《缘禾六年(437)正月翟万衣物疏》"故手爪囊一枚",也可以看作这种礼俗的一条资料补充。刻石里这几句话也可以看作是对《孝经》的化用,只不过"手爪"相对于"发肤"似更接近当时的社会礼俗。"身体手蚤,父母所生,慎毋毁伤",王子今先生指出可能是对伤害死者遗体的劝诫,从上文所举各种以爪随葬的例子看,大致可通。但结合其前文"教人政道,毋使犯磿法罪,天利之。居欲孝,思贞廉,率众为善,天利之"来看,应该是一种着重于个人修为的劝诫之辞,当然也含有告诫他人毋毁坏墓葬的意思。出土的汉代画像石题记,有些内容可以和此刻石作比较。如《许卒史安国祠堂题记》,其前边部分是叙述墓祠营建的经过、画像内容及费用等,末尾则是一段劝诫的话:"勉修孝义,无辱生生。唯诸观者,深加哀怜。寿如金石,子孙万年。牧马牛羊诸僮,皆家子,来入堂宅,但观耳,无得琢画。令人寿,无为贼祸,乱及孙子。明语贤仁四海士,唯省此书,无忽矣。"②《滕州永元三年刻石》:"敬白士大夫,愿毋毁伤,愿毋毁伤。"③《滕州建初六年食堂画像题记》:"盗冡者得毋败坏。"④对比可知,《鱼山刻石》整体而言大概跟此类画像题记内容性质相近,只不过开头是几句类似诅咒盗墓者的话而已。

最后需要说明的是,山东出土的几件文字较长的汉代墓葬题记,如《许卒史安国祠堂题记》《他芶祠堂题记》《苍山汉画像石题记》《汉安元年文通祠堂题记》等,多刻写草率且有残泐,使得有些文句难以通顺解读。本文所讨论的《鱼山刻石》也有这些特点,因此本文只是提出了一些很不成熟的粗浅看法,请方家批评指正。

---

① 本文依据的是江绍原:《发须爪——关于它们的迷信》,中华书局,2007年。该书"自序"中说:"民国十七年二月二十日,本书已经全部印完,只等定本了。"

② 毛远明:《汉魏六朝碑刻校注》第一册,第207页。伊强:《〈东汉永寿三年画像石题记〉补正》,《出土文献》第十四辑,中西书局,2019年。

③ 杨爱国:《幽明两界——纪年汉代画像石研究》,陕西人民美术出版社,2006年,第44页。

④ 杨爱国:《幽明两界——纪年汉代画像石研究》,第66页。

The Textual Research on Yushan Stone Documents

Yi Qiang

(Faculty of Arts，Shandong University，Jinan 250100，China)

Abstract：Yushan stone documents（鱼山刻石）was founded in Shandong province Jinxiang County, now 14 lines of text remnants. The "wo（我）" in first line should be "cang（臧）". The third line is generally interpreted as "ji she（疾设）", which may be "ji ji（疾諰）", that is "ji ji（嫉忌）" in ancient books. In line 7, "fan li（犯磨）", 磨 should be misspelled as 磿, "fan li（犯磨）"can be read as "fan li（犯罹）". In line 11, the word "mao zao（毛蚤）" should be interpreted as "shou zao（手蚤）", which means nails.

Key words：Yushan stone carved（鱼山刻石）；Fanli（犯磿）；Shouzao（手蚤）；Textual Research

柳带韦墓志释文补正*

董宪臣　郑邦宏

【摘　要】柳带韦墓志是 2014 年在西安出土的一方北周墓志。发掘简报所作释文及标点大体准确,但个别之处仍可商榷。旧释"览斫为械"之"斫",当改释为"箸";旧释"子及之床"之"及",当改释为"反";旧释"升绝"之"升",当改释为"斗";旧释"叔列将之坛"之"叔",当改释为"升";旧释"遽车"之"遽",当改释为"蘧"等。

【关键词】柳带韦墓志;释文;补正

【作者简介】董宪臣,西南大学文学院副教授,研究方向为出土文献及近代汉字;郑邦宏,西南大学文学院副教授,研究方向为出土文献。(重庆 400715)

柳带韦墓志 2014 年 1 月出土于陕西西安,《文博》2020 年第 5 期刊布发掘简报附释文①,同期另有一文对志主家世、仕宦经历及该志的史学意义进行探讨②。据发掘简报介绍,该志志盖保存完好,志石边长 73.5 厘米,高 14 厘米,画细线棋格,志文阴刻楷书 34 行,满行 34 字,共计 1 091 字。拓片整体清晰,文字刻写工整,略无蚀泐。整理者所作释文亦基本准确。然该志措辞古雅,尤善援引典故,书写方面或见六朝俗字夹杂其间,致个别释录及断句仍有未安之处。今据拓片并结合相关史料进行疏通校补③,以期该志能更好地发挥其语言文字及文物考古价值。

1. 墓志第 9~11 行,原释文作"梁宜丰侯萧循,作牧华阳,凭险天狱,风云密迹,声教犹暧。大祖意有吞并,绐之以睦,命公为使,探其赜隐。<u>公聚米图山,石穴非固,览斫为械,金汤可越</u>,遂遣大将军达奚武、行台杨宽鼓行南郑。公为左辖,职此戎机。"

按:"大(太)祖"指宇文泰。西魏大统十七年(551),宇文泰派遣大将军达奚武经略汉川,以志主为行台左丞("左辖"),从军征讨南梁宜丰侯萧循所守之南郑。此时志主身为达奚武属官,理当受其节制,故"遂遣大将军达奚武、行台杨宽鼓行南郑"的主语应是"大祖",但文中加以省略,致施事者不显。画线部分乃引典以誉志主运筹帷幄的谋略智慧,与下文意不相属,其末宜施句号。

此外,画线部分之"览斫"不辞,且与"聚米"失对,释文恐有失误。核对拓片,"斫"本作"**楮**",即"楮"字。《说文·石部》:"礸,斫也。从石,箸声。"段玉裁注:"《释器》曰:'斫谓之鐯。'鐯字又作楮。依许则当作礸。"此盖整理者将志字释作"斫"的依据。今谓此处"楮"当是"箸"之异体。"箸"指筷子。《集韵·御韵》:"箸,或作楮。"俗书"艹""竹"相混,故"楮"又作"楮",与表斫义之"楮"同形。④

《史记》卷五五《留侯世家》载,刘邦在吃饭时请张良为其出谋划策,张良回答说:"臣请藉(借)前箸为大王筹之。"裴骃集解引张晏曰:"求借所食之箸用指画也。"⑤志中"览箸为械"即化用此典,谓聚拢筷

---

　　* 基金项目:本文为国家社科基金西部项目"汉魏六朝碑刻疑难字汇释"(编号:20XYY017)及国家社科基金重大招标项目"东汉至唐朝出土文献汉语用字研究"(编号:21&ZD295)的阶段性成果。

① 郭永淇、宁琰、辛龙等:《陕西西安北周康城恺公柳带韦墓发掘简报》,《文博》2020 年第 5 期。

② 宁琰:《北周康城恺公柳带韦墓志考释》,《文博》2020 年第 5 期。

③ 志主柳带韦,《周书》《北史》有传。参令狐德棻:《周书》卷二二《柳庆传》,中华书局,1971 年,第 373—375 页;李延寿《北史》卷六四"柳虬传",中华书局,1974 年,第 2281—2282 页。文中与志主相关的史料皆出自两史相关章节。墓志拓片见发掘简报及胡海峰、汤燕编:《1996—2017 北京大学图书馆新藏金石拓本菁华(续编)》,北京大学出版社,2018 年,第 161 页。

④ 高丽本《龙龛手镜·礻部》:"褚,音箭,又智吕切。"邓福禄、韩小荆认为音箭的"褚"当即"箭(箸)"的俗字,其字形演变过程是"箸→楮→楮→褚"。其说甚确,堪为旁证。参氏著《字典考正》,湖北人民出版社,2007 年,第 254 页。

⑤ 司马迁:《史记》,中华书局,1959 年,第 2040 页。

子当作攻城器械。"览"当通"揽",表聚拢义。《后汉书》卷二四《马援传》:"(援)于帝前聚米为山谷,指画形势,开示众军所从道径往来,分析曲折,昭然可晓。"①志中"聚米图山"当本此,谓把米堆积成山川阵势形状。东魏武定二年《李希宗墓志》:"借箸而数利害,聚米以图夷崄。"②亦引两典对言,可资比勘。

2. 墓志第11~12行,原释文作"萧循秉心宗戚,守其维扞,每萦墨翟之带,未登子及之床。"

按:萧循镇守南郑,达奚武久攻不下,故派遣志主入城劝降。此段志文着力渲染萧循守城的坚定决心,以烘托后文所叙志主成功劝降的难度,凸显其卓越的外交能力。"及"拓片作"**及**",当释作"及"。"子反"指楚将公子侧。《左传·宣公十五年》载,楚国围攻宋国,双方相持不下。宋人恐惧,派大夫华元夜里潜入楚军中,登子反之床,说之以利害。最终楚军退兵,两国讲和。③此处"未登子反之床"即反用此典。《墨子·公输》:"公输盘为楚造云梯之械,成,将以攻宋……子墨子解带为城,以牒为械,公输盘九设攻城之机变,子墨子九距之。公输盘之攻械尽,子墨子之守圉有余。"④志中"每萦墨翟之带"即本此。两处引典措意略同,皆谓萧循坚守城池,不肯投降议和。

3. 第18~19行,原释文作"玉垒铜梁之域,本隔星桥;火井绵竹之乡,从来升绝。兼复谯王帝弟,出镇天彭,僚端副贰,妙简才德,是以。命公为总管司马,益州治中。"

按:北周天和年间,谯王宇文俭出为益州总管。⑤高祖宇文邕简选志主为益州总管府长史,领益州别驾,辅佐谯王("僚端副贰,妙简才德")。志中"是以"表因此义,与下文"命公为总管司马"应连读,其间不当以句号点断。

"玉垒"句言益州偏僻悬远、交通不便。"升"拓片作"**斗**",据文义当是"斗"字,通"陡"。"斗绝"谓陡峭险峻。《后汉书》卷八六《南蛮西南夷传·白马氏》:"(氐人)居于河池,一名仇池,方百顷,四面斗绝。"李贤注引《水经注》曰:"羊肠盘道三十六回……所谓'积石峨嵯,嵚岑隐阿'者也。"⑥"星桥",即鹊桥。庾信《舟中望月诗》:"天汉看珠蚌,星桥似桂花。"⑦"本隔星桥"喻交通阻隔。"玉垒""铜梁""火井""绵竹"皆蜀中山名或地名,此处代指益州。

4. 第22~23行,原释文作"故知运筹帷帐,功高横野,确乎不拔,犹贤去就,作落之岁。皇帝壹戎衣平天下,军功既著,册授上开府,进爵为公。"

按:建德年间,北周发起攻灭北齐的战争。志主被征召从军东讨,任前军总管齐王宪府长史。平齐后,因军功被"册授上开府,进爵为公"。志中画线部分自成一句,中间当施逗号,末尾当施句号。拓片"皇帝"前有一空格,此为敬空,非另起一句的标识。"作落之岁"为太岁纪年,"作落"通常作"作噩",是十二支中"酉"的别称。《尔雅·释天》"岁阳"条:"(太岁)在酉曰作噩。"此处指建德六年(577)丁酉年。其年武帝宇文邕统一北方("壹戎衣平天下")。

5. 第23~24行,原释文作:"叔列将之坛,实凭大树;执诸侯之玉,非为削桐。"

按:"叔"拓片作"**升**",此为"升"之俗写。《后汉书》卷一七《冯异传》:"异为人谦退不伐,行与诸将相逢,辄引车避道。进止皆有表识,军中号为整齐。每所止舍,诸将并坐论功,异常独屏树下,军中号曰'大树将军'。"⑧志中"大树"指东汉开国名将冯异,此处喻军功卓著。《史记》卷三九《晋世家》:"成王与叔虞戏,削桐叶为珪,以与叔虞,曰:'以此封若。'史佚因请择日立叔虞。成王曰:'吾与之戏耳。'史

① 班固:《后汉书》,中华书局,1965年,第834页。
② 毛远明校注:《汉魏六朝碑刻校注》,线装书局,2008年,第7册第398页。
③ 杜预注,孔颖达正义:《春秋左传正义》,阮元校刻:《十三经注疏》,中华书局,1980年,第1887页。
④ 李小龙译注:《墨子》,中华书局,2007年,第263—265页。
⑤ 令狐德棻:《周书》卷一三"文帝诸子·宇文俭",第203—204页。
⑥ 班固:《后汉书》,第2859页。
⑦ 逯钦立辑校:《先秦汉魏晋南北朝诗·北周诗》卷四"庾信",中华书局,1983年,第2393页。
⑧ 班固:《后汉书》,第641—642页。

佚曰:'天子无戏言,言则史书之,礼成之,乐歌之。'于是遂封叔虞于唐。"①志中"削桐"即本此,喻帝王封赏亲戚。墓志载志主曾被宇文泰赐姓宇文氏("大祖之世,郁为宇文"),具有皇家贵戚身份,故此处援引"削桐"之典。这段文字用意是赞誉志主拜将封爵实凭军功卓著,而非贵戚身份。

6. 第29～30行,原释文作:"摄官载睦,将命频华,先驱隰马,却坐遽车。"

按:"遽"拓片作"𦽏",即"蘧"字,指春秋卫国大夫蘧伯玉。《列女传》卷三《仁智传·卫灵夫人》:"灵公与夫人夜坐,闻车声辚辚,至阙而止,过阙复有声。公问夫人曰:'知此谓谁?'夫人曰:'此必蘧伯玉也。'公曰:'何以知之?'夫人曰:'妾闻:礼,下公门,式路马,所以广敬也……蘧伯玉,卫之贤大夫也,仁而有智,敬于事上。此其人必不以暗昧废礼,是以知之。'"②后因以"蘧车"喻人知礼而贤能。上文"隰"指春秋齐国大夫隰朋。《韩非子·说林上》:"管仲、隰朋从桓公伐孤竹,春往冬反,迷惑失道。管仲曰:'老马之智可用也。'乃放老马而随之,遂得道。"③此处以"隰马"喻经验丰富的人能在工作中起引导作用。这段文字为墓志铭辞,以贤大夫隰朋、蘧伯玉作比,赞誉志主居官有度、贤能知礼。

Collations on the Text of *Liu Daiwei Epitaph* (柳带韦墓志)

Dong Xianchen　Zheng Banghong

(School of Literature, Southwest University, Beibei, Chongqing 400715, China)

Abstract: *Liu Daiwei Epitaph* is an epitaph of the Northern Zhou Dynasty unearthed in Xi'an in 2014. The text of the excavation report are generally accurate, but some errors are still open to discussion. Such as, "*zhuo*(斫)" "*fan*(反)" "*sheng*(升)" "*shu*(叔)" "*ju*(遽)" should be re-explained as "*zhu*(箸)" "*ji*(及)" "*dou*(斗)" "*sheng*(升)" "*qu*(蘧)" and so on.

Key words: *Liu Daiwei Epitaph*(柳带韦墓志); text; collations

---

① 司马迁:《史记》,第1635页。

② 绿净译注:《古列女传译注》,上海三联书店出版社,2014年,第123页。

③ 陈秉才译注:《韩非子》,中华书局,2007年,第131页。

唐石经《尔雅》磨改校议六则*

张子帆

【摘　要】 论文考校唐石经《尔雅》六处文字磨改问题。唐石经《尔雅·释诂》"漠,谋也",原刻"谟",磨改作"漠"是。《释诂》"谟,谋也",原刻"谋",磨改作"谟"是。《释诂》"仪,榦也",原刻"幹",磨改作"榦"是。《释草》"瓝棲,瓝",原刻"捿",磨改作"棲"是。《释草》"茹藘,茅蒐",原刻"蘆",磨改作"藘"是。《释草》"萑,蓷",原刻"萑",磨改作"萑"是。

【关键词】 唐石经;《尔雅》;磨改;校勘

【作者简介】 张子帆,山东大学文学院博士后,研究方向为中国古典语文学、中国哲学。(山东 济南 250100)

严可均《唐石经校文》云:"石经者,古本之终,今本之祖。"①唐石经《尔雅》勘定文字,提供标准文本,深刻影响了后世《尔雅》的刊行。唐石经刊刻之初即有磨改,其详情今已无法具知,据典籍记载或与郑覃、唐玄度、韩泉、孙自牧、鱼宗会等人有关。② 其磨改之字多有所本,部分磨改文字或当时便存异文,此间往往涉及《尔雅》经文校勘的疑难问题。唐石经《尔雅》为"今本之祖",故其磨改文字传世刻本多因袭之,复为历代字韵书载录,波及尤大,影响深远,不可不辨。本文就严可均《唐石经校文》、阮元《尔雅注疏校勘记》指认出的唐石经《尔雅》磨改六例略作考辨,以备参考。

一　唐石经《尔雅》磨改概况

严可均《唐石经校文》言及唐石经《尔雅》磨改者共 12 处,其中仅记载磨改者 7 处,记载磨改并提供版本异文者 2 处,记载磨改且论断是非者 3 处。《唐石经校文》遗漏而阮元《尔雅注疏校勘记》指出的唐石经《尔雅》磨改共 4 处,皆有考证。

《唐石经校文》卷九《尔雅》共记载磨改文字 12 处:

《释诂》4 处:

  1.《释诂》:"漠,谋也。"《校文》:"谟、图。谟,磨改作漠。"(第 358 页上栏)

  2.《释诂》:"谟,谋也。"《校文》:"虑、谋。谋,磨改作谟。"(第 358 页上栏)

  3.《释诂》:"褘,美也。"③《校文》:"褘,磨改作褘,各本作褘。《说文》有褘无褘,汉碑亦但有褘字,褘不体。"(第 358 页上栏)

  4.《释诂》:"强,勤也。"《校文》:"劳、来、强、事。强,磨改作强。"(第 358 页下栏)

---

* 基金项目:本文为教育部人文社会科学研究青年基金项目"清代《尔雅》校勘学研究与疑难文本考校"(编号:22YJC870021)的阶段性成果。

① 严可均:《唐石经校文》,《续修四库全书》第 184 册影印《四录堂类集》本,上海古籍出版社,2002 年,第 246 页。

② 严可均《唐石经校文·叙例》:"有未刻之寿旷格、挤格以改者,盖郑覃校定。有随刻随改及磨改字迹文谊并佳者,盖唐元(笔者按避清讳,即唐玄度)度覆定。有文谊两通而字迹稍拙者,盖韩泉详定。……若初刻谊长,而磨改缪戾,字迹又下下者,及未磨而遽改者,谛视之,竟与《五经文字》末署名及勘定处如出一手,盖干符中张自牧勘定。"严可均:《唐石经校文》,第 247 页上栏。可参刘昫等撰,中华书局编辑部点校:《旧唐书》卷十七下"文宗下",中华书局,1975 年,第 571 页。王钦若等编纂,周勋初等校订:《册府元龟》卷六百八"学校部(十二)",凤凰出版社,2006 年,第 7018 页。瞿林江:《唐石经〈尔雅〉考略》,《国学学刊》2018 年第 2 期。

③ 唐石经《尔雅·释诂》"褘"磨改作"褘",校释意见详参张子帆:《唐石经〈尔雅〉"褘,美也"磨改校释》,《古汉语研究》2023 年第 1 期,第 34—46 页。

《释言》1处：

5.《释言》："强,暴也。"《校文》："强,暴也。强,磨改作强,各本作强。毛本暴作暴,不体。"（第358页下栏）

《释训》1处：

6.《释训》："佗佗,美也。"《校文》："《释训》他他,磨改作佗佗。"（第359页上栏）

《释天》1处：

7.《释天》："河鼓谓之牵牛。"《校文》："何鼓。何,磨改作河,各本作何。《金石文字记》云:'何误作河。'按郭注'今荆楚人呼牵牛星为担鼓'。担者,荷也,则郭所据本是何字。验诸天文,牵牛在天河旁,是河鼓以天河得名。《初学记》卷四六《帖》卷四引作河,《史记·天官书》《汉书·天文志》皆作河,今即以为误,亦改刻者受之,初刻是何字未误。"（第359页下栏）

《释地》1处：

8.《释地》："中有枳首蛇焉。"《校文》："中有枳首蛇焉。监本、毛本枳误作轵。蛇,磨改作蛇,各本作蛇。"（第360页上栏）

《释草》3处：

9.《释草》："瓝棲,瓣。"《校文》："瓝捿,瓣。捿,改刻作棲。"（第360页上栏）

10.《释草》："茹藘,茅蒐。"《校文》："茹藘,茅蒐。藘,磨改作薗,各本作薗,《说文》有藘无薗,当从初刻。"（第360页下栏）

11.《释草》："萑,蓷。"《校文》："蓷。磨改作萑。"（第360页下栏）

《释鸟》1处：

12.《释鸟》："鴡,周。"《校文》："□,周。□,磨改作鴡。"（第362页上栏）

《唐石经校文》遗漏而阮元《尔雅注疏校勘记》指出的唐石经《尔雅》磨改文字共4处：

13.《释诂》："癠,病也。"[1]《校勘记》："癠○单疏本、雪牎本同,唐石经此字磨改。"[2]（第5608页）

14.《释诂》："桢、翰、仪,榦也。"《校勘记》："单疏本、雪牎本同,唐石经原刻作幹,后磨改作榦。"（第5610页）

15.《释天》："太岁在甲曰阏逢。"《校勘记》："单疏本、雪牎本、注疏本同,唐石经太字一点后人增添。"（第5681页）

16.《释地》："东至日所出为太平。"《校勘记》："雪牎本、注疏本同。《释文》:'大平,音泰。下同。'瞿中溶云:'唐石经太皆作大,独此太平、太蒙字各两见,四小点后人所加。'"（第5702页）

二 唐石经《尔雅》磨改考校

（一）《释诂》"漠,谋也",原刻"谟",磨改作"漠"

唐石经《尔雅·释诂》：

靖、惟、漠、图、询、度、咨、诹、究、如、虑、谟、献、肇、基、访,谋也。[3]

钱大昕《唐石经考异附补》："漠、谟二字皆磨改。"[4] 严可均《唐石经校文》："谟、图。谟,磨改作漠。"[5]

---

[1] 有关《释诂》"癠,病也"的校释,笔者撰有《〈尔雅·释诂〉"癠,病也"校补:兼论唐石经〈尔雅〉"癠"的磨改》,待刊。

[2] 阮元校刻:《尔雅注疏》卷二《校勘记》,中华书局影印清嘉庆间刊本,2009年,第5608页。

[3] 虞万里主编:《唐开成石经》第18册,天津古籍出版社,2018年,第346—347页。

[4] 钱大昕撰,陈文和主编:《嘉定钱大昕全集》第1册,江苏古籍出版社,1997年,第179页。

[5] 严可均:《唐石经校文》,第358页上栏。

阮元《尔雅注疏校勘记》引瞿中溶云："唐石经漠、谟二字皆磨改。"①

唐石经原刻"谟"，磨改作"漠"，磨改是否得当？钱大昕、严可均、瞿中溶、阮元《校勘记》皆未下判断，笔者认为磨改正确。传世宋本《尔雅》皆作"漠，谋也"，无作"谟"者，元明诸本亦如是。元本郑樵《尔雅注》亦作"漠"。唐石经原刻"谟"，误，因为《释诂》此条被释语中已有"谟"字。

再说《释诂》"漠，谋也"的故训来源。"漠，谋也"出自鲁《诗》。《毛诗·小雅·巧言》："圣人莫之。"毛传："莫，谋也。"②陆德明《释文》："莫之，如字，又作漠，同，一本作谟。"③王先谦《诗三家义集疏》："鲁'莫'作'漠'，齐作'谟'。"④按《释诂》"漠，谋也"与鲁《诗》吻合，鲁《诗》用"漠"字，齐《诗》用"谟"字，毛《诗》用"莫"字，不相乱。

唐石经《尔雅》原刻"谟"是否有版本上的依据？古钞本郭璞《尔雅注》早已湮灭，无从得见相证。原刻误作"谟"，其致误之由存在两种可能：其一，唐石经校写者疏忽所致，复校时改正作"漠"。其二，唐石经《尔雅》所据底本有作"谟"者。笔者臆测"谟"字或与犍为舍人注本有关。陆德明《尔雅音义》："漠，孙⑤音莫。舍人云：'心之谟⑥也。'"⑦陆氏及孙叔然所据本皆作"漠"，而犍为舍人云"心之谟"，字作"谟"，与唐石经原刻同，不禁使人联想，唐石经原刻作"谟"是否与《尔雅》舍人注本有关？

郝懿行认为"《尔雅》之漠当依毛《诗》作莫"，这是以毛《诗》律《尔雅》，大可不必，郝氏不知此故训之来源。

《尔雅义疏》：

> 漠者，莫之假音也。《诗》"圣人莫之"，毛传："莫，谋也。"莫训谋者，莫本训无，无古读若谟，谟亦谋也。通作漠。《释文》："漠，孙音莫。舍人云：心之谋也。"《诗·巧言》释文："莫，又作漠，一本作谟。"《抑》释文："谟，本亦作漠。"是漠、谟互通，莫之与漠又音同字通。《尔雅》多假借，《毛诗》本古文，此则《尔雅》之漠当依《毛诗》作莫矣。⑧

不可据毛《诗》改《尔雅》。《尔雅》众本经文皆作"漠"，慧琳《一切经音义》卷八十九《高僧传》"恬漠"条引郑注《尔雅》云："漠，谓静察也。"⑨字亦作"漠"，此字无疑。《释诂》"漠，谋也"，"漠"是假借字，故存在字形与字义的不谐和，不烦改字。

郝懿行之意是要找到"漠，谋也"的正字，则当作"谟"。《说文·言部》："谟，议谋也。从言、莫声。《虞书》曰'咎繇谟'。暮，古文谟，从口。"《玉篇·言部》："谟，莫胡切。《说文》曰：'议谋也。'"《龙龛手鉴·言部》："谟、暮。谟，莫胡切，谋也。议也。伪也。二同。"按从口、从言表意同，"谟""暮""暮"异字同词，训"议谋"，与《释诂》"漠"字训同。仅就字形而论，当以"谟"为正。黄侃《尔雅音训》云："漠，正作谟。漠、谟同字并见。"⑩黄侃先生所谓"同字并见"，其实质是"异字同词"。前此，尹桐阳《尔雅义证》已有此说，云："'漠，北方流沙也。从水、莫声。'正字为谟。"⑪《说文》亦载"漠"字，其义与"议谋"无涉。《水部》："漠，北方流沙也。一曰清也。从水、莫声。"

① 阮元校刻：《尔雅注疏》卷一"校勘记"，第 5594 页。

② 毛亨传，郑玄笺，陆德明音义，孔祥军点校：《毛诗传笺》，中华书局，2018 年，第 285 页。

③ 陆德明：《经典释文》卷六"毛诗音义中"，上海古籍出版社，2013 年，第 317 页。

④ 王先谦撰，吴格点校：《诗三家义集疏》，中华书局，1987 年，第 707 页。

⑤ 此为郑玄门人，东州大儒孙炎。

⑥ 犍为舍人原本早佚。严元照云："舍人本殆作慔。《说文·心部》：'慔，勉也。'"此说无确证。参严元照：《尔雅匡名》卷上，清光绪十六年(1890)广雅书局刻本，第 8 叶。

⑦ 陆德明：《经典释文》，上海古籍出版社影印宋元递修本，2013 年，第 1596 页。

⑧ 郝懿行撰，吴庆峰、张金霞、丛培卿、王其和点校：《尔雅义疏》，齐鲁书社，2010 年，第 2692 页。

⑨ 徐时仪：《〈一切经音义〉三种校本合刊(修订本)》，上海古籍出版社，2012 年，第 2046 页下栏。

⑩ 黄侃撰，黄焯辑，黄延祖重辑：《尔雅音训》，中华书局，2007 年，第 7 页。

⑪ 尹桐阳：《尔雅义证》，载许锬辉、蔡信发等编：《民国时期语言文字学丛书》第一编第 114 册，台中文听阁图书公司，2009 年，第 55 页。

（二）《释诂》"谟，谋也"，原刻"谋"，磨改作"谟"

唐石经《尔雅·释诂》：

> 靖、惟、漠、图、询、度、咨、诹、究、如、虑、谟、猷、肇、基、访，谋也。①

郭璞注：

> 《国语》曰："询于八虞，咨于二虢，度于闳夭，谋于南宫，诹于蔡原，访于辛尹。"通谓谋议耳。如、肇所未详。余皆见《诗》。②

严可均《唐石经校文》："虑、谟。谋，磨改作谟。"③黄焯《经典释文汇校》："唐石经谟字原刻作谋。"④唐石经《尔雅》"谟，谋也"，原刻"谋"，磨改作"谟"，磨改是否得当？众家未下判断，笔者认为磨改正确，理由如下：

（1）从版本的维度看。诸宋本，如宋监本、宋十行本《尔雅注》、宋本《尔雅疏》皆作"谟，谋也"。宋监本或源自五代监本，故与唐石经颇有渊源，而宋十行本和宋单疏本各有来历又皆作"谟"，与唐石经磨改字形合。其他本子，如元雪牕书院本、元巾箱本《尔雅注》、元本郑樵《尔雅注》亦皆作"谟"，不烦多举。

（2）《释诂》此条训释语为"谋"，则被训释语中不当有"谋"字。

（3）《释诂》作"谟，谋也"与《说文》合。《言部》："谟，议谋也。"

（4）唐郎知本《正名要录》成书于唐石经前，亦作"谟，谋也"⑤。又慧琳《一切经音义》卷四十九《大庄严论》："玄暮，母蒲反，古字也。亦高僧名。今或作谟。谟，谋也。"⑥字亦作"谟"。

（5）从书证用例的维度看。《毛诗·大雅·抑》："吁谟定命。"，毛传："谟，谋。"《书·皋陶谟》孔传："谟，谋也。皋陶为帝舜谋。"《书·胤征》："圣有谟训，明征定保。"孔传："圣人所谋之教训为世明证，所以定国安家。"皆可证。

综上，知唐石经磨改是，当作"谟，谋也"。其致误之由存在两种可能：其一，形近而讹。其二，"谟"讹为"谋"或是受郭璞注引文"谋于南宫"之"谋"字的影响，有援注改经之嫌。郭璞引《国语》证"询""咨""度""诹""访"五字，而"谋"字又巧见《国语》，故有此误。郭注谓"余皆见《诗》"，知郭以《诗》"吁谟定命"释"谟"，而非《国语》"谋于南宫"。

（三）《释诂》"仪，榦也"，原刻"幹"，磨改作"榦"

唐石经《尔雅·释诂》：

> 桢、翰、仪，榦也。⑦

郭璞注：

> 仪表亦体榦。⑧

阮元《尔雅注疏校勘记》：

> 桢、翰、仪，榦也。○单疏本、雪牕本同，唐石经原刻作幹，后磨改作榦。《释文》："翰，胡旦反。榦，本又作幹。"翰、幹字当两列，今本误并为一。按《诗》正义："翰，幹。《释诂》文。"凡三引。又一引《释诂》："桢，幹也。"字皆从干，与石经原刻合。⑨

---

① 虞万里主编：《唐开成石经》第 18 册，第 346—347 页。

② 宋监本郭璞《尔雅注》卷上第 2 叶。

③ 严可均：《唐石经校文》，第 358 页上栏。

④ 陆德明撰，黄焯汇校：《经典释文汇校》，中华书局，2006 年，第 836 页下栏。

⑤ 图版载黄征编撰：《敦煌俗字典》，上海教育出版社，2005 年，第 593 页。

⑥ 徐时仪：《一切经音义三种校本合刊（修订本）》，第 1370 页上栏。

⑦ 虞万里主编：《唐开成石经》第 18 册，第 360 页。

⑧ 宋监本郭璞《尔雅注》卷上第 8 叶。

⑨ 阮元校刻：《尔雅注疏》，第 5610 页。

《校勘记》指出"唐石经原刻作幹，后磨改作榦"，其意以原刻"幹"为是，此说不可从。今检宋监本、宋十行本《尔雅注》、宋单疏本、元本、明闽本、监本、毛本《尔雅注疏》经、注皆作"榦"，当以"榦"为是。敦煌伯 3719《尔雅》白文残卷作"幹"乃唐人俗写，非《尔雅》旧貌。《校勘记》引《毛诗正义》作"幹"误，《春秋左传正义》引《释诂》有作"榦"者。又元本郑樵《尔雅注》作"榦"①乃后起讹俗字。

《五经文字·木部》："榦，古但反，桢榦字。"与唐石经磨改字形合。《说文·木部》"檊，榦也"，亦作"榦"。《说文》之"檊"通《尔雅》之"儀"。且《说文》有"榦"无"幹"，《木部》："榦，筑墙端木也。从木、倝声。"徐铉等曰："今别作幹，非是。矢榦亦同。"大徐明言"幹"误。此字"从木、倝声"，则知"榦"为是。小篆字形为"榦"，故隶变有作"幹"者，作"幹"(武荣碑)者，东汉张寿碑、郭有道碑、樊敏碑作"幹"为汉代讹俗字，是不知"榦"之声符为"倝"，而改右下构件为"干"以充声符，又不知构件"木"用来表意。"幹"字出现于汉代，声符出现了替换，由"倝"声变为"干"声，音近替换而有喉、牙音之别。同时，字的性质也发生了变化，表意成分丧失。早于上述汉碑的睡虎地秦简写作"榦"，从"木"。汉史游《急就篇》："榦桢筑板度圜方。"颜师古注："榦、桢，筑墙之植木，谓竖立者也。"②字皆作"榦"。典籍中有作"榦""榦""榦"者，皆讹俗字。

综上，知唐石经《尔雅》原刻"幹"误，磨改作"榦"是，《校勘记》误。又《校勘记》云："翰、幹字当两列，今本误并为一。"此说无据，郭璞《尔雅注》诸本皆同，无两列之本，元本郑樵《尔雅注》亦同。

（四）《释草》"瓟瓠，瓣"，原刻"瓟"，磨改作"瓠"

唐石经《尔雅·释草》：

> 瓟瓠，瓣。③

郭璞注：

> 瓠中瓣也。《诗》云："齿如瓟瓠。"④

严可均《唐石经校文》：

> 瓟瓟，瓣。瓟，改刻作瓠。⑤

阮元《尔雅注疏校勘记》：

> 瓠，《释文》、单疏本、雪牕本同，唐石经作瓟，从手，误。《释草》："瓟瓠，瓣。"瓠字刮磨，盖本作手旁。明道本《国语》"越王句践瓟于會稽之上"，瓟亦从手。⑥

唐石经原刻"瓟"，磨改作"瓠"，严氏未言磨改当否？《校勘记》认为"从手"误，是。现补证如下：

（1）从版本的维度看。宋监本、宋十行本《尔雅注》、宋单疏本、元本、明闽本、监本、毛本《尔雅注疏》、元本郑樵《尔雅注》皆作"瓠"。

（2）《五经文字》与唐石经磨改字形合。《五经文字》有"瓠"无"瓟"，《木部》："瓠，巢也。作栖同。"⑦

（3）从字形出现的时代和用法来看。"瓟"，《说文》《方言》《释名》《广雅》皆无，汉碑亦无，更可疑者，经传无此字，只汉印有"瓟"(王瓟之印)，人名用字。

（4）从书证用例的维度看。《诗·卫风·硕人》："齿如瓠犀。"毛传："瓠犀，瓠瓣。"孔颖达《正义》：

---

① 据《中华再造善本》影印中国国家图书馆藏元刻本，卷上第 6 叶 a 面。

② 张传官：《急就篇校理》，中华书局，2017 年，第 330 页。

③ 虞万里主编：《唐开成石经》第 18 册，第 481 页。

④ 宋监本郭璞《尔雅注》卷下第 1 叶。

⑤ 严可均：《唐石经校文》，第 360 页上栏。

⑥ 阮元校刻：《尔雅注疏》卷二《校勘记》，第 5611 页。

⑦ 张参：《五经文字附新加九经字样》，清乾隆祁门马氏丛书楼影刻石经原本，卷上第 8 叶。

"《释草》云:'瓠棲,瓣也。'今定本亦然。孙炎曰:'棲,瓠中瓣也。'棲与犀,字异音同。"①按"瓠犀"即"瓠棲"。孔颖达等所见《尔雅》定本作"棲",引孙炎注亦作"棲",唐石经磨改是。

(5)"捿"为"棲"之讹俗字。《龙龛手鉴·手部》:"捿,俗,音西,正作棲,鸟捿。"按从手、从木往往相混,当以"棲"为正。

(五)《释草》"茹藘,茅蒐",原刻"蘆",磨改作"藘"

唐石经《尔雅·释草》:

> 茹藘,茅蒐。②

郭璞注:

> 今之蒨也,可以染绛。③

严可均《唐石经校文》:

> "蘆",磨改作"藘",各本作"藘",《说文》有"藘"无"蘆",当从初刻。④

汪鋆《尔雅正名》:

> 《御览》九百九十六引作"茹藘",唐石经初刻作"茹蘆"。⑤

严氏认为唐石经磨改误,应从初刻作"蘆",汪鋆补充《太平御览》引《尔雅》作"茹藘"的例证。严氏、汪氏之说不可信。《御览》所引为讹字,《御览》下文引《诗·郑风·东门之墠》作"茹蘆在阪","藘"亦讹作"蘆"。唐石经磨改作"藘"是,理由如下:

(1)严氏校订作"蘆",理由是《说文》无"藘",然《说文·艸部》:"蒐,茅蒐,茹藘⑥。人血所生,可以染绛。"《说文》解说有"藘"字,知严氏说不可信。又《广雅》实有"藘"字,各本讹作"蘆"耳。⑦《广雅·释草》:"地血、茹藘,蒨也。"同于《尔雅》作"茹藘"。此字又见战国玺印"邻藘"⑧。"藘""蘆"形近,故古籍多有相乱。

(2)从本书异文的维度看。宋监本《尔雅注》、宋单疏本皆作"藘",而宋十行本《尔雅注》作"蘆",形近而讹。此亦可见宋监本和宋十行本来源有别,宋监本与唐石经关系更密切。元雪牕书院本、元巾箱本《尔雅注》、元本郑樵《尔雅注》皆作"藘"。

(3)从《五经文字》载录的二字形、音来看。《五经文字》之作为是正文字,与唐石经关系紧密。《艸部》:"藘,力居反。"《卅部》:"蘆,历奴反。"二字皆收,但判然有别。"茹藘"之"藘"开口三等,而"蘆苇"之"蘆"开口一等,二字形音义皆不同,不可相乱。《五经文字》与唐石经磨改后字形同。

(4)从陆德明《经典释文》的载录来看。《尔雅·释草》释文:"藘,力居反。"字作"藘",与《五经文字》载录形、音同,与唐石经磨改字形同。

(5)从字书载录的维度看。《广雅》《五经文字》外,《玉篇·艸部》:"藘,旅居切。茹藘,茅蒐。"《集韵》《类篇》亦作"茹藘"。

(6)从书证用例的维度看。《诗·郑风·东门之墠》:"东门之墠,茹藘在阪。"毛传:"茹藘,茅蒐也。"陆德明《音义》:"藘,力于反。茹藘,茅蒐,蒨草也。"孔颖达疏:"'茹藘,茅蒐',《释草》文。李巡曰:'茅蒐,一名茜,可以染绛。'陆机疏云:'一名地血,齐人谓之茜,徐州人谓之牛蔓,然则今之蒨

---

① 阮元校刻:《毛诗注疏》卷三,中华书局影印清嘉庆间刊本,2009年,第679页。
② 虞万里主编:《唐开成石经》第18册,第481页。
③ 宋监本郭璞《尔雅注》卷下第1—2叶。
④ 严可均:《唐石经校文》,第360页下栏。
⑤ 汪鋆:《尔雅正名评》,载《制言(半月刊)》第19期,第74页。
⑥ 段玉裁《说文解字注》"茹藘"作"茹蘆",云"蘆音闾,铉本作蘆"。见段玉裁:《说文解字注》,上海古籍出版社,1988年,第31页上栏。今检中华书局影宋本《说文解字系传》字亦作"藘",段氏所据小徐本误。
⑦ 参王念孙撰,张其昀点校:《广雅疏证》,中华书局,2019年,第746页。
⑧ 徐畅:《古玺印图典》,天津人民美术出版社,2016年,第182页。

草是也。'"①《黄帝内经素问》："以四乌鲗骨一藘茹,二物并合之。"按"藘茹"误倒,当作"茹藘"②。上述书证字皆作"藘"。"茹藘"即"茜草",又名"茅蒐""地血""牛蔓"。

(7)《尔雅》收"茹藘""蘆菔""蘆",义各有别。《释草》"葖,蘆菔","蘆菔"即今萝卜。《释草》"葭,蘆","蘆"指未开花前的蘆苇,非茅蒐,无染绛之功效。

综上,知唐石经磨改作"藘"是,严可均、汪鋆误。"蘆"误,形近而讹。"茹藘"又称"茅蒐",即郭注所称"蒨"(同茜),今谓之"茜草",可作植物染料,古人用之染绛。

(六)《释草》"萑,蓷",原刻"蕹",磨改作"蓷"

唐石经《尔雅·释草》：

    萑,蓷。③

郭璞注：

    今茺蔚也。叶似荏,方茎,白华,华生节间。又名益母,《广雅》云。④

严可均《唐石经校文》：

    蕹。磨改作蓷。⑤

严氏未言磨改是否得当? 笔者认为磨改正确,理由如下:

(1) 从版本的维度看。宋监本、宋十行本《尔雅注》、宋单疏本、元本、明闽本、监本、毛本《尔雅注疏》、元本郑樵《尔雅注》皆作"蓷",与唐石经磨改字形合。

(2) 从陆德明《经典释文》的载录来看。《尔雅·释草》释文："蓷,他回反,或音推。郭云:'茺蔚也。'《本草》:'茺蔚子,一名益母,一名大札,一名益明,一名贞蔚。'陶弘景云:'处处生,叶如荏,方茎,子细长,三楞,白华,华生节间。'"陶弘景的解说与郭璞大致同。《释文》字亦作"蓷"。"蓷","推"声,不当作"蕹"。王念孙《广雅疏证》:"蓷者,茺蔚之合声。"⑥郭璞云"今茺蔚也"。

(3) 从字书载录的维度看。《说文》有"蓷"无"蕹"。《艹部》:"蓷,萑也。从艹、推声。《诗》曰:'中谷有蓷。'"按《说文》与《尔雅》合。又《五经文字》有"蓷"无"蕹"。《艹部》:"蓷,音佳,又他回反,见《诗·风》。"

(4) 从书证用例的维度看。《诗·王风·中谷有蓷》:"中谷有蓷,暵其干矣。"毛传:"蓷,鵻也。"陆德明《释文》:"蓷,吐雷反,韩《诗》云'茺蔚也',《广雅》又名益母。"黄焯《经典释文汇校》:"鵻,《尔雅》又作萑○敦煌本作萑"⑦与《尔雅》合。王先谦《诗三家义集疏》:"韩说曰:蓷,益母也。又曰:茺蔚也。"⑧

综上,知唐石经磨改作"蓷"正确,"蕹"形近而讹。"蓷"即"茺蔚",又名"益母草",有"消水行血,去瘀生新,调经解毒"之功效。

结论

唐石经的磨改非一时一人所为,具体的磨改状况比较复杂,当不止于上文载录。就以上六例而言,唐石经《尔雅·释诂》"漠,谋也","谟"磨改作"漠",是。《释诂》"谟,谋也","谋"磨改作"谟",是。

① 阮元校刻:《毛诗注疏》卷四《校勘记》,第728页。
② 参山东中医学院、河北医学院校释:《黄帝内经素问校释》,人民卫生出版社,2009年,第412页。
③ 虞万里主编:《唐开成石经》第18册,第481页。
④ 宋监本郭璞《尔雅注》卷下第2叶。
⑤ 严可均:《唐石经校文》,第360页下栏。
⑥ 王念孙撰,张其昀点校:《广雅疏证》卷十上《释草》,第792页。
⑦ 陆德明撰,黄焯汇校:《经典释文汇校》,第144页下栏。
⑧ 王先谦撰,吴格点校:《诗三家义集疏》卷四"中谷有蓷",第323页。

《释诂》"仪,榦也","幹"磨改作"榦",是。《释草》"瓡棣,瓟","捿"磨改作"棣",是。《释草》"茹藘,茅蒐","蘆"磨改作"藘",是。《释草》"萑,蓷","蓷"磨改作"蓷",是。

Proofreading of Six Textual Changes in *Erya* of Tang Shijing

Zhang Zifan

(School of Literature，Shandong University，Jinan 250100，China)

Abstract：The paper proofread six textual revisions in *Erya* of Tang Shijing. "漠，谋也" in *Erya* of Tang Shijing was originally engraved as "谟", but later changed to "漠", which was correct. "谟，谋也" in *Erya* of Tang Shijing was originally engraved as "谋", but later changed to "谟", which is correct. "仪，榦也" in *Erya* of Tang Shijing was originally engraved as "幹", but later changed to "榦", which was correct. "瓡棣，瓟" in *Erya* of Tang Shijing was originally engraved as "捿", but later changed to "棣", which is correct. "茹藘，茅蒐" in *Erya* of Tang Shijing was originally engraved as "蘆", but later changed to "藘", which is correct. "萑，蓷" in *Erya* of Tang Shijing was originally engraved as "蓷", but later changed to "蓷", which is correct.

Key words：Tang Shijing；*Erya*；revise；collation

《宋代石刻文献全编》正误*

和艳芳

【摘　要】《宋代石刻文献全编》是宋代石刻文献的总集,对宋代政治、历史、文化、民俗研究有重要作用。然其辑录或有阙失,本文以石刻拓本为据,对编者整理过程中的疏误进行全面订正,以期裨益于宋代石刻文献的收集与整理。

【关键词】《宋代石刻文献全编》;拓片;正误

【作者简介】和艳芳,女,湖北师范大学文学院讲师,博士。研究方向为文字训诂、碑刻文献及语言文字。
(湖北 黄石 435000)

　　《宋代石刻文献全编》①是中国国家图书馆善本金石组辑录的宋代石刻文献总集,内容涉及宋代政治、历史、地理、文化诸方面,共计三千余篇,编为四册。其所辑资料,全部录自民国及民国以前编印的金石志书(包括地方志中的金石志),合计89种。编者以实用为目的,将零散的石刻材料编辑成册,可为宋代文字词汇研究提供丰富材料,也是研究宋代历史、地理、政治、文化、民俗的第一手资料,其功甚大。然材料数量大,碑石文字或磨泐难辨,或经辗转誊录翻刻而非其原貌,且书出众手,辑录实非易事,校理者可能会出现诸如文字误释、漏释、误倒、夺文、衍文等失误错漏,且几经誊抄翻刻,文本亦非原貌,从而影响了材料的真实性。而拓片是同时文献,真实性强,以石刻拓本对勘金石志书,可订正阙误,保证其准确性。今以所见宋代拓本对照《全编》目录,除去只著目不载录文者,通过复核,得录文相合者两百余篇,其可校补者亦近百篇。兹择其疏误较为集中诸篇加以勘正,敷衍成文,以期裨益于宋代石刻文献的整理与研究。

一 《先天太后赞》

　　是赞乃《全编》开篇,辑自《十二砚斋金石过眼录》卷一六②,真宗赵恒撰并正书,刻于大中祥符七年(1014)。与《北京图书馆藏中国历代石刻拓本汇编》③所录图版《先天太后赞碑》勘验,《十二砚斋》之阙有八。第3行:"若夫元气本无,尚存其祖;高旻至大④,亦有其先。""无",原拓作㞢。"㞢"字,义为饮食后气向上逆进,不能平息。《说文·㞢部》:"饮食气㞢不得息曰㞢。从反欠。"于此文意不畅,当为"无"。"无"乃"无"之异体。"无"字有异体作无(《睡虎地秦简》88),后讹作㞢,与"㞢"字同形。唐《李皋妻墓志》:"妃讳无生忍,字无生忍。"⑤"无"作无,敦煌写卷 P.2173《御注金刚般若波罗蜜景宣演卷上》:"至化洽于无垠,玄风昌于有截。""无"作无,可资比堪。《全宋文》⑥卷二六三亦录此赞,此处作"无",确。另第6行:"仰观神化,虽则无方;俯协人伦,□将有自。""无"亦当作"无"。有自,有其来处。

---

　* 基金项目:本论文为湖北省社科后期项目"宋代碑刻文字研究"(批准文号:2022w131)阶段性成果。

　① 国家图书馆善本金石组:《宋代石刻文献全编》,北京图书馆出版社,2003年。以下简称《全编》。
　② 汪鋆:《十二砚斋金石过眼录》卷一六,清光绪元年(1875)刻本,第9页。以下简称《十二砚斋》。
　③ 北京图书馆金石组:《北京图书馆藏中国历代石刻拓本汇编》第38册,中州古籍出版社,1989年,第42页。以下简称《北图》。
　④ "旻"字,避道光帝旻宁讳,《十二砚斋》作"旻";"旻"字避讳,常见写法为中间缺一点,作"旻"。
　⑤ 周绍良主编,赵超副主编:《唐代墓志汇编》,上海古籍出版社,1998年,第1904页。
　⑥ 曾枣庄、刘琳主编:《全宋文》第13册,上海辞书出版社,2006年,第161页。

《元史·显宗宣懿淑圣皇后传》："阴功久积,衍圣绪于无疆;神器攸归,知庆源之有自。"①例多不赘。"无方""有自"对举成文。第 3 行:"灵斯所始,虽表异而何详。""何",原拓作![字],当为"靡"。第 9 行:"百世膺其祜,万灵归其真。""真",原拓作![字],显"尊"字,当正。第 10 行:"奉先天之名,所以崇徽□;葺洞霄之宇,所以法元都。"阙处原拓作![字],轮廓尚可辨,乃"偁",可补。偁,"称"之异体。徽称,褒扬赞美的称号,《旧唐书·韦温传》:"今岁三川水灾,江淮旱歉,恐非崇饰徽称之时。"②元都,即玄都,道教神仙所居之地,"徽称""元都"对举成文。第 11 行:"至于体凝寂之气,分柔顺之情。""情",原拓作![字],当为"精"。第 11 行:"编彼周篇,含□吞珠。""编",原拓作![字],乃"纪"字,当正。第 19 行:"式扬圣化,用致时雍。""圣",原拓作![字],当为"神",音近致误。

二　《乳母任氏墓志铭》

此篇来源同上,碑额正书横题"乳母任氏墓志铭",记刻于北宋元丰三年(1080),《北图》③著碑拓图录《苏轼乳母任采莲墓志》,可据校理。第 5 行:"从轼官于杭、密、徐、湖,谪于黄。""从"后一字,原拓作![字],确为"子"字,然据文义当为"于",介词,盖刻者之失。同书《湖北金石志》卷九《乳母铭》不误。④　又志云:"元丰三年八月壬寅,卒于黄之临皋亭。""十月壬午,葬于黄之东阜,黄冈县之北。"《北宋文学家年谱》:"元丰三年八月,养视苏过三兄弟之苏轼乳母任氏卒,十月葬之。"⑤与志合。

三　《放商盐颂》

此篇摘从《八琼室金石补正》卷八九⑥,石立于北宋明道二年(1033),碑裂为三,《北图》⑦合而拓之,残泐无几。又《山右石刻丛编》卷一三录《皇宋放商盐颂碑》⑧,两相对照,实同据一碑,然文本稍有差异,可相互比勘。以图版勘验,二本正讹,即可通辨。第 5 行:"闻命令既行,公私咸□。""行"字原拓作![字],残泐已甚,《山右》阙,惟赖《八琼室》补以"行"字,字形左下隅残画与"行"字隶书写法一致。命令即行,即言令之施行。第 6—7 行:"咸别滋味,用广货□/必。""必",原拓作![字],《山右》误作"义"。第 7 行:"保父子兄弟,守先人旧庐。""庐"上一字拓本作![字],显"旧"字,《山右》误作"之"。第 8—9 行:"为□□□/王常行之典也。"首字原拓作![字],左下部虽泐,据残笔可辨,《山右》阙,《八琼室》作"为",确。第 9 行:"我皇帝贻谋四世,继明三圣,□除时弊,澄清化源。""四"字原拓作![字],该字形源于"四"之古文,《山右》作"六",误。"世"字原拓作![字],《八琼室》误作"叶"。"明"上一字,原拓作![字],显"继"字,《八琼室》径脱。另"时""弊""澄""化"四字拓片字形分明,而《山右》未录。第 10 行:"见之于今日矣","于"字《八琼室》未释,原拓作![字],据残画为"于"字,介词,《山右》不误。第 12 行:"岁运所须,日劳民力;道途之上,昼夜不息。""所"字《八琼室》作"四",然"四须"不词,该字原拓作![字],据轮廓及残画,可识为"所"字,东汉《淮源庙碑》作![字];唐《卢君妻墓志》作![字];北齐《窦泰墓志》作![字],是其例。《八琼室》因其与"四"字古文冗,上部形近,且以石花为笔画而误,《山右》确。"道"

① 宋濂等:《元史》卷二一〇,中华书局,2016 年,第 1622 页。
② 刘昫等:《旧唐书》卷一六八,中华书局,1975 年,第 3032 页。
③ 北京图书馆金石组编:《北图》第 39 册,中州古籍出版社,1989 年,第 135 页。
④ 张仲炘:《湖北金石志》卷九,民国 10 年(1921)朱印本,第 24 页。
⑤ 曾枣庄、舒大刚:《北宋文学家年谱》,文津出版社,1999 年,第 392 页。
⑥ 陆增祥:《八琼室金石补正》卷八九,民国 14 年(1925)希古楼刻本,第 18 页。以下简称《八琼室》。
⑦ 北京图书馆金石组编:《北图》第 38 册,第 82 页。
⑧ 胡聘之:《山右石刻丛编》卷一三,清光绪二十七年(1901)刻本,第 11 页。以下简称《山右》。

后一字，原拓作 途，显"途"字，《八琼室》作"圣"，于义无取，当正。第 15 行："□□□□，我利于商；彼□尚霸，我尚于王。""我利"二字，原拓上下顺沿作 致、利，《八琼室》倒误。该句首个"我"字，原拓作 致，《山右》误作"致"，同文另有："彼☑尚霸，我尚于王。""我"字，拓本作 致，胡氏即识为"我"，不明此处何以作"致"。另"尚"字原拓作 尚，笔画清晰，《山右》未释，可补。二本皆有缺漏，亦可互相补充。

四 《坦山岩劝农记》

此记取自《八琼室》卷一一三，镌刻于南宋绍兴十八年（1148），碑额篆书横题"坦山岩劝农记"。以拓本①对勘，可见录文之阙。第 13 行："趣戒幕中，诸公相与升阶而请。""中"字原拓作 下，当为"下"，笔画遒劲，与旁之石斑不相杂厕。第 18 行："时□元绍兴龙集戊辰月应夹钟冀余三荚也。"阙处原拓作 统，右旁为"充"，左旁为"纟"，乃"统"字。统元绍兴龙集戊辰，纪年。统元，绍兴六年颁行统元历。龙集，犹言岁次。龙，指岁星。集，次，止。唐《故洛阳尉赠朝散大夫马府君碑》："今龙集戊申，将返葬故国。"②统元绍兴龙集戊辰即南宋绍兴十八年（1148）。"月应夹钟"纪月③，"应夹钟"指二月。冀余三荚，纪日，意为距月末还有三天。冀荚，又名"历草"，《白虎通·符瑞》："冀荚者，树名也。月一日一荚生，十五日毕，至十六日，一荚去。故夹阶而生，以明日月也。"④又，该月为南宋绍兴十八年（1148）（闰年）二月，查《两千年中西历对照表》⑤该月共二十九日，故"时统元绍兴龙集戊辰月应夹钟冀余三荚"即绍兴十八年（1148）二月二十七日。《北图》著录该拓本，刻石时间未注明具体纪日，可补。《抱朴求真：曹隽平论文求正集》亦著录该记，云刻石时间为"绍兴十八年（1148）二月十八日"⑥，误。第 20 行："新桂阳监押赵不□、郴县尉张瑜。"阙处原拓作 桎，为"桎"字。"瑜"字原拓作 华，当为"华"。第 22 行"右承议郎通判郴州军州主管学事兼管内劝农事主管坑冶事务赐绯鱼袋卢□"，第 23 行"左朝奉郎权知郴州军州主管学事兼管内劝农事提点坑冶事务借紫金鱼袋赵不□"，此两行末一字拓片均泐。陆氏云："石根为泉流所泪，不得尽拓。"卢赵二人均不见官志，今据明万历四年《郴州志》卷二《秩官表》补"道""退"。又："绍兴十七年，卢道由承议郎任知军、邓深由从政郎任通判。"⑦而由《坦山岩劝农记》落款题名可知，直至绍兴十八年二月，赵不退仍任知军，卢道、邓深分别任通判、教授，故《秩官表》所记疑似有误。

五 《汾阴二圣配养铭》

此篇辑自《山右》卷一二，始刻于北宋大中祥符四年（1011）。真宗赵恒撰并正书、篆额。《北图》⑧及《河东碑刻精选》⑨均著录此铭碑拓图本。额失拓，拓分五纸，第 4 纸下半部分磨泐，与拓本对勘，《山右》之阙有八。第 2 纸第 7 行："合于上玄，佑孚率土。""孚"字，原拓作 孚，当为"乎"，介词，与"于"对举。第 4 纸第 8 行："何以追美于二代，之欢于三神。""之"字原拓作 交，乃"交"字。三神，汉族民间信仰，指天神、地祇、山岳。第 4 纸第 11—12 行："亦明昭锡类之仁，传乎不朽；□持盈/之训，保乎益恭。"

① 北京图书馆金石组编：《北图》第 43 册，中州古籍出版社，1989 年，第 44 页。
② 周绍良总主编：《全唐文新编》第 1 部第 4 册，吉林文史出版社，2000 年，第 2576 页。
③ 夹钟，古代乐律名。古乐分十二律，阴阳各六，古人常以十二律指称十二月份。
④ 班固：《白虎通》，中华书局，1985 年，第 145 页。
⑤ 薛仲三、欧阳颐等：《两千年中西历对照表》，生活·读书·新知三联书店，1956 年，第 230 页。
⑥ 曹隽平：《抱朴求真：曹隽平论文求正集》，湖南美术出版社，2014 年，第 1 册，第 33 页。
⑦ 胡汉：《郴州志》卷二，明万历刻本，第 11 页。
⑧ 北京图书馆金石组编：《北图》第 38 册，第 33 页。
⑨ 运城市河东博物馆编：《河东碑刻精选》，文物出版社，2014 年，第 64 页。

"明"字,原拓作【图】,当为"期"。阙处原拓作【图】,《山右》未释,乃"奉"字,可补。锡类,谓以善施及众人。语出《诗·大雅·既醉》:"孝子不匮,永锡尔类。"持盈,保守成业。语本《老子》:"持而盈之,不如其已。"第5纸第1—2行:"瞻言雕土,/允居汾曲。""瞻言雕土"于义不畅,细核拓本,"土"字作【图】,乃为"上"字。雕上,即汾阴雕,汉代汾阴县土丘,汉武帝祭祀地神之地。《汉书·武帝纪》:"(元鼎四年)立后土祠于汾阴雕上。"第5纸第5—6行:"河童之民,/搢绅之士。""童"字,原拓作【图】,当为"潼"。第5纸第12行:"御书□,/敕□□刻石。""书"后一字,《山右》未释,原拓作【图】,为"院"字;"敕"后一字《山右》未释,原拓作【图】,乃"模"字,可补。

六 《仇公著墓志》

该志录自《山左冢墓遗文》①,记于北宋绍圣三年(1096),《北图》②著录拓本,据以对勘,可订录文之失。第20行"终以不得志而无所大弛设","弛","弛"之异体。《类篇·弓部》:"弛,或作弛。"弛设,不词,细核原拓,作【图】,当为"施"字。罗氏将左部构件"方"误作"弓"。施设,本指陈设,后指抱负之施展。《重修善明桥记》:"因有此大抱负,方有此大施设。"③《浑偘传》:"然若公之材,未大施设,不继乎台鼎,不迄于期颐。"④皆其比也。《(咸丰)青州府志》卷四一录该志,作"弛",亦误。《全宋文》卷二七一〇作"施",确。第20—21行:"君以绍圣三年四月初四日卒于官,享年六十有一,其葬以是年十月□酉日,其墓在/青州永固乡云门里。"阙处拓本作【图】,此处当为天干名称,据字形上部残画,似为"癸"。隋《王楚英墓志》:"以隋开皇元年十二月丙子朔廿八日癸卯终于勃海条县新安里第。"⑤"癸"作【图】,宋《虞帝庙碑》:"秋七月癸未,侯率其僚奉承牢醴,俯伏灌荐,以妥皇灵。"⑥"癸"作【图】,可资比勘。绍圣三年(1096)十月癸酉日,据《两千年中西历对照表》,即绍圣三年(1096)十月十七日。校者未核历表,踌躇于此,故作阙。《北图》著录图版,仅记其年月而具体纪日阙,可补。

七 《罗适墓志》

该志录自《台州金石录》卷四⑦,刻于北宋崇宁元年(1102),《北图》⑧著录其图版,据以比勘,可知《台州金石录》之脱误。第1行题名"朝散大夫致政罗公墓志铭","朝"上二字拓片作【图】、【图】,为"宋故"二字;"致"上三字拓片自上而下作【图】、【图】、【图】,为"上护军"三字,《台州金石录》径脱,故该句当为"宋故朝散大夫上护军致政罗公墓志铭"。第30行"去则人思之,多为立生祠。"核原拓,"立生"二字,拓片上下顺沿作【图】、【图】,《台州金石录》倒误。据文义,确应为"为立生祠"。此盖刻者之失。

八 《法云寺重修护伽蓝神堂碑》

此文辑自《江苏通志稿·金石八》⑨,石立于北宋庆历七年(1047),僧思恭篆额,《北图》38册108

---

① 罗振玉:《山左冢墓遗文》,民国自刊本,第32页。以下简称《山左》。
② 北京图书馆金石组编:《北图》第40册,中州古籍出版社,1989年,第135页。
③ 张天真:《辉县志》卷七,明嘉靖刻本,第21页。
④ 周绍良总主编:《全唐文新编》第4部第2册,第9529页。
⑤ 周铮:《北齐封子绘及夫人王楚英墓志释文与笺证》,《中国国家博物馆馆刊》1994年第2期,第120—121页。
⑥ 北京图书馆金石组编:《北图》第43册,第105页。
⑦ 黄瑞:《台州金石录》卷四,嘉业堂刊本,第1页。
⑧ 北京图书馆金石组编:《北图》第41册,中州古籍出版社,1989年,第68页。
⑨ 缪荃孙等:《江苏通志稿·金石八》,民国16年(1927)影印本。以下简称《通志稿》。

页著录其拓本图版《法云寺护伽蓝神堂碑》，额失拓，且右下角残泐。碑石末行小字刻刊者姓名"当寺净人源交云白刊"，《通志稿》未录。第 2 行，"钱塘西湖石函宝胜兰若传天台教□□□□"，"教"后四字，碑泐，《通志稿》阙，据《全宋文》卷六六一《释灵鉴》下《重迁聪道人墓志》署"钱塘西湖石函宝胜兰若传天台教沙门灵鉴撰"，《法云寺重修大殿记》署"（阙）云间传天台教观沙门灵鉴撰"。灵鉴，天台宗沙门。庆历间住杭州西湖石函宝胜兰若，嘉佑中居华亭（今上海市松江区）。据此推断此碑当为灵鉴所撰。第 3 行："顾亭林法云寺护伽蓝神者，故梁门侍郎兼太学博□□□也。""梁门侍郎"费解，核原拓，"门"上脱一"黄"字。黄门侍郎，职官名。第 14 行"因始异之，即于东偏构屋立像以安之。""像"上脱"一"字。第 19 行"勾当僧怀谦"，"谦"字，原拓作𧮫，当为"让"，形近致误。

九 《荣事堂记》

是记取自《安阳县金石录》卷七①，刻石时间为北宋宣和四年（1122），碑额篆书"荣事堂记"，其笔画尾部尖细，与常见篆书或异。武氏文后无跋，且记文阙误颇多，疑或辗转他处而来，未能亲睹原石或拓本图录。《北图》②录其碑版，拓片下截漫灭，石花盈目，然近处谛视，文字多处可辨，可正录本之失。第 4—5 行："上曰：'韩氏世官于相，先帝诏也，若父子今□为守□□事矣。'□□""今"后一字原拓作𧶼，据轮廓，为"继"字，"守"后一字原拓作信，乃"信"字。"事"上一字原拓作𦀚，泐蚀已甚，仅存上部构件似"艹"及右下角一捺笔，又《宋史·韩肖胄传》："帝曰：'先帝诏韩氏世官于相，卿父子相代，荣事也。'"③碑史相合。"先帝诏韩氏世官于相"即"韩氏世官于相，先帝诏也"；代，继也；"卿父子相代"，对应"若父子今继为守"，故"荣事"亦可相互印证，且原拓字形轮廓与"荣"字相合，故该字为"荣"。信，确也，"信荣事矣"即言其父子相继官于相，实为家族之荣事，与本记题名"荣事堂记"相得益彰。"矣"后二字《安阳县金石录》未录，原拓作𦚰、𦙾，为"肖胄"二字，其下泐蚀，不可辨识。第 7 行："熙宁八年薨□□。""薨"下二字《安阳县金石录》阙，原拓作于、郡，首字为"于"，次字左部构件泐蚀，轮廓似"君"，右部构件"阝"分明，盖为"郡"，备参。第 13 行："守相纯彦去郡，命王之长孙治继之，合肖胄（下阙）。""合"字原拓作令，为"令"字，与上文"命"字意义相关。第 17 行"前者济其美，后者受其□。"阙处原拓作𤲞，为"献"。献者，献馈也。第 19 行："前有昼□之记，后有醉白之文。""昼"后一字，原拓作锦，为"锦"字。昼锦，典出《汉书·项籍传》："富贵不归故乡，如衣锦夜行。"④后称富贵还乡为"衣锦昼行"，省作"昼锦"。《宋史·韩肖胄传》载："琦守相，作昼锦堂，治作荣归堂，肖胄又作荣事堂，三世守乡郡，人以为荣。"⑤"醉白"，堂名，在河南安阳。苏轼《醉白堂记》："故魏国忠献韩公，作堂于私第之池上，名之曰'醉白'。取乐天《池上》之诗，以为醉白堂之歌，意若有羡于乐天而不及者。""昼锦之记""醉白之文"对文互见。第 21 行："通直郎提点河北□□□公事。""提"字原拓作𥣫，为"权"字。"点"字，原拓作𧸘，乃"蔡"字。"北"字，原拓作𢫦，左部构件"扌"分明，右部构件据轮廓"發"，该字为"拨"。"公"上一字，原拓作𨔣，为"运"字。"运"上一字原拓作𦈝，泐蚀已甚，仅左部构件"纟"及右部一竖笔可辨，此为"纲"字。纲运，自唐代起，转运大宗货物，分批启行，每批的车辆船只计数编号，名为一纲，故称为"纲运"。《宋史·徽宗本纪》："辛酉，罢苏、杭州造作局及御前纲运。"⑥《续资治通鉴长编》卷一八一至和二年十一月丁巳："宋代特置河北都大提举便籴粮草及催遣黄、御河纲运公事，负责

① 武亿：《安阳县金石录》卷七，清嘉庆二十四年（1819）刻本，第 10 页。

② 北京图书馆金石组编：《北图》第 42 册，中州古籍出版社，1989 年，第 128 页。

③ 脱脱等：《宋史》卷三七九，中华书局，1977 年，第 8176 页。

④ 班固：《汉书》卷三一，中华书局，2012 年，第 1785 页。

⑤ 脱脱等：《宋史》卷三七九，第 2604 页。

⑥ 脱脱等：《宋史》卷二二，第 284 页。

解决河北粮草。"①"通直郎权蔡河拨□纲运公事"为其官职,其后当为人名,拓片作李、觏,第一字为"李",第二字虽泐,然轮廓可见,乃为"处"字。故该句为"通直郎权蔡河拨□纲运公事李处"。第22行:"中大夫提点河北东路刑狱公事□□□。""事"后三字《安阳县金石录》未释,按文义该三字当为人名,原拓泐蚀不可辨识,唯第二字右下方一捺笔及第三字下部构件"口"可辨,据《续资治通鉴长编》卷三〇七元丰三年(1080)八月壬子"权提点河北东路刑狱公事刘定言"②,此处为"刘定言"三字,笔画与拓片残画相符。

十 《商王庙大殿记》

此记源自《武陟县志》卷二一③,碑额正书"商王之记",刻于北宋绍圣四年(1097),《全编》目录记其刻石时间为绍兴四年,误。《北图》40册145页录其拓本,可据校理。第4—5行:"其陵之,/有瞳名曰南陵。""之"后拓本有左字,即"左",《武陟县志》脱。第5行:"故知王者之迹,因以名乡。""名"下一字原拓作䢔,为"之"字,代词。编者盖以石花为笔画,将其识作"乡",然"乡"字于宋及以前,一般作"鄉",未见其简体写法。第5—6行:"其神之福也,□/顺于民心。"阙处原拓作䧹,乃"应"字。第12行:"聊书琬□,用谨岁月云尔。""琬"下一字,原拓作琰,为"琰"字。琬琰,碑石之美称。第17行"杨遂、王□□","王"下二字《武陟县志》阙,原拓作世、人,为"世""人"二字。第18行"杨闰、冯瑄","瑄"下一字《武陟县志》脱,原拓作王,为"王"字,当补。第19行"张长官、孙张长重","长重"原拓作重、立,乃"重""立"二字。第22行"单德、□□、金达、宋氏、周□、张二","德"后二字《武陟县志》未释,原拓作刘、安,显"刘安"二字;"宋",原拓作桑,当为"桑";"周"后一字《武陟县志》阙,原拓作整,为"整"字;"二",原拓作琪,为"琪",当正。第22行"盖大殿木匠鲁辛,瓦匠马顺清,庙人张道易","人"字原拓作令,为"令"字豁然。庙令,职官名。

【参考文献】

[1] 北京大学图书馆金石组编.1996—2012 北京大学图书馆新藏历代金石拓本菁华[M].北京:北京大学出版社,2012.

[2] 国家图书馆善本金石组编.宋代石刻文献全编[M].北京:北京图书馆出版社,2003.

[3] 毛远明.碑刻文献学通论[M].北京:中华书局,2009.

[4] 脱脱等.宋史[M].北京:中华书局,1977.

[5] 臧克和.汉魏六朝隋唐五代字形表[M].广州:南方日报出版社,2011.

[6] 臧克和.中国文字发展史·隋唐五代文字卷[M].上海:华东师范大学出版社,2015.

[7] 曾枣庄,刘琳主编.全宋文[M].上海:上海辞书出版社,2006.

[8] 邹虎.《辽金元石刻文献全编》正误[J].古籍整理研究学刊,2017(1):51-55.

---

① 李焘:《续资治通鉴长编》卷一八一,中华书局,2004 年,第 4382 页。
② 李焘:《续资治通鉴长编》卷三〇七,第 7468 页。
③ 疏篾:《武陟县志》,三秦出版社,2014 年,第 424 页。

Collation of Characters in *Complete Edition of Literature on Stone Carvings in the Song Dynasty*

He Yanfang

(Linguistics Research Center, Hubei Normal University, Huangshi 435000, China)

Abstract: The *Complete Edition of Literature on Stone Carvings in the Song Dynasty* is a collection of Literature on Stone Carvings in the Song Dynasty, which plays an important role in the study of politics, history, culture and folklore in the Song Dynasty. However, there are some shortcomings in the compilation. Based on the rubbings of stone inscriptions, this paper comprehensively revises the errors in the compilation process, in order to benefit the collection and collation of the literature of stone inscriptions in the Song Dynasty.

Key words: *Complete Edition of Literature on Stone Carvings in the Song Dynasty*; rubbings; collation

异文与年代[*]

臧克和

【摘　要】依托商周金文等各类出土文献数据库,调查《史记会注考证》异文类型、标注方式、相关文本的年代问题。通过具有明确写定年代的一次性出土文献记录,对照测查一百几十处"异文"形成的大致年代。

【关键词】金石文;简帛书;《史记》异文;时代层次

【作者简介】臧克和,华东师范大学终身教授,中国文字研究与应用中心主任。（上海 200062）

单位汉字书写变化的年代学考察,构成汉字发展史学科体系研究基础。不同时代的《史记》注本异文,反映了各个时期注本所见文本的差异;对比各个时期实际使用文字体系,或可揭示这些异文背后的各种文本写定年代。恢复联系线索,为古文献文字年代学调查研究提供参考。

《史记会注考证》第一册

一　《史记正义》"论例"之"论字例"^①

（1）《史》《汉》文字,相承已久。若"悦"字作"說","閑"字作"閒","智"字作"知","汝"字作"女","早"字作"蚤","後"字作"后","既"字作"溉","勑"字作"飭","制"字作"剬":此之般流。缘古字少,通共用之。《史》《汉》本有此古字者,乃为好本。

按:制—剬。《正义》以为剬为古字,以流为源,颠倒历史。出土文字作"剬"或接近该字形者,尚属后起:▨（北魏元宁墓志）、▨（北齐西门豹碑）、▨（唐诸葛亮祠堂碑）、▨（唐石浮图铭）,等等。是《正义》所见"好本",或不过唐代刻本。

按:闲—閒。闲,圈闲、防闲,金文作▨。间,见于金文从门中见夕;见于秦汉简历代刻石从门中窥月。间,由空间缝隙类比为时间空闲、安闲,读 xián,这个意义常常借"闲"字表示。原本一"閒"字,分化出"間"字,"間"字出现后,读 jiàn、jiān 时一般写作"間",读 xián 一般写作"閒"。读 xián 的"閒",因与"闲"混用,今以其为"闲"字异体。

（2）《正义》"论例"结构分析例字还有"匿匠",不从"匚"而从"走"。《考证》[6]引张文虎曰:"走"疑"辵"。唐宣宗御书《道德经》"匠"作"近"。

按:匝、匹、迺、陋等字,或从匚,或从辵,不知孰是。隶变楷化过程中乚、辶（辵）、匚诸件混用为常,由来已久。循此线索,成联类者,诸如匝、匠、匹等成批字形。以往或简单分析为从匚从乚形,其实字形书写过程中远未整齐划一,如下例:

---

　　* 调查报告数据分析形成"单位汉字书写记忆"系列:第一部分《"注解"的标注》,见于《华东师范大学学报（哲学社会科学版）》2021年第5期;此为第二部分,有关分析说明,已见于第一部分,此处不赘;第三部分,在整理分析过程中;第四部分,关于"借用"类型的文字标注,将见于 SAGE 出版发行《中国书写》（*Journal of Chinese Writing Systems*）。本系列属于国家哲学社会科学基金项目"计算机识别商周金文研究"（19ZDA313）年代识别内容之一。

　　① 〔日〕泷川资言著,杨海峥整理:《史记会注考证》,上海古籍出版社,2016年,第14页。同时对照上海古籍出版社1985年影印本。行文简称《考证》。其中,各个时期注本,像南朝宋代裴骃《史记》集解、唐代司马贞《史记》索引、唐代张守节《史记》正义所及版本,还有日本所存古代抄本如古钞本、枫山本、三条本、南化本、庆长本等,亦均见于《考证》。相关文本,除了便于与出土金文简文石刻文等对照,各本所存"异文"有必要保留字形结构原本形态之外,行文取简体。

陋，北魏司马显姿墓志作〓，唐卢宏及妻墓志作〓：都是由辵符构造。①

匝，北魏檀宾墓志"晓风空往，夕月虚来。举世追慕，匝宇流哀"作〓，隋张俭及妻胡氏墓志"乡号凤台，宜置高坟之所；院匝长松，追想延陵之剑"作〓，唐束君墓志作〓，唐杨淡造陀罗尼经幢"绕佛三匝"作〓：悉从辶形。唐代《干禄字书》关于"匝"曰〓〓，上通下正"。

匦，唐张泽墓志从辶作〓。唐《干禄字书·入声》："〓匦：上通下正。"

匹，北魏普泰二年韩震墓志作〓，隋大业六年张乔墓志作〓，唐大足元年张寿墓志作〓。唐咸亨四年李氏（淑姿）墓志铭作〓。

匠，唐大忍寺碑作〓，唐程宝安墓志作〓：皆从辶构造。

是知辶或不必疑作"辵"，从辵者，亦非古。适证作"匜匠"字而从辵构造者，其所见《史记》文本大体不出南北朝隋唐抄本。从"辶（辵）"类到"匚"类过渡，可以帮助考察《史记》注本所见版本年代问题。至于"後"字作"后"者，系以同音替代充当所谓简体字，尤属晚近所出者。

二 《五帝本纪第一》

（1）黄帝娶妻蜀山氏女，曰昌僕

《考证》[7]：古钞、枫山、三条、南化本，庆长本标记引邹诞本"僕"作"漢"，与《帝系》合。

按：汉印"僕"作〓，石刻文字作〓（隋段济墓志）、〓（唐祁日进墓志），为"僕"轮廓近乎"漢"之渐：漢，〓（古陶文）、〓（隋□彻墓志）、〓（唐王才墓志）。

据字列，可推知僕、漢之混淆较早发生于隋唐之际，即古钞、枫山、三条、南化本，庆长本标记引邹诞本"僕"误作"漢"，诸本所见《史记》文本，或不会早于唐代抄本。

（2）顺天之意，知民之急

《考证》[2]："急"字当依《戴记》作"悫"，读如"勤"，"恤民隐"之"隐"。

按：秦汉简牍文从心及声，〓睡虎地秦简、〓〓〓关沮秦简、〓〓〓〓马王堆汉简、〓〓张家山西汉简。唐代石刻上部从爪形，见〓（唐周急墓志）：以与"悫"形近而可能发生混淆。又，隐、隱异体字，时代分布大体如下：〓（睡虎地秦简）、〓（西汉墓马王堆简）、〓〓（西汉张家山简）、〓（东汉曹全碑）、〓（东汉肥致碑）、〓（东汉孙仲隐墓刻）、〓（东汉张迁碑）、〓（晋黄庭内景经）、〓（北魏高珪墓志）、〓（北魏元灵曜墓志）、〓（北魏元顺墓志）、〓（北魏元晫墓志）、〓（东魏刘目莲造像）、〓（隋段威墓志）、〓（隋皇甫深墓志）、〓（隋张波墓志）、〓（唐杜孚墓志）、〓〓〓（唐干禄字书）、〓（唐石经周易）、〓（唐王景曜墓志）、〓（唐王仲建墓志）——北朝至隋唐，由"急"构成之"隐"，已属常见。

急、悫之间，或可换用。其间字形结构流转，大体发生于北魏唐代之际。《考证》所见《戴记》作"悫"，而《史记》本纪作"急"，或不过唐代抄本。

（3）帝罂溉执中而徧天下

《考证》[7]：《戴记》无"溉"字，"徧"作"獲"。洪颐煊曰："溉"古通作"概"字。概，平也，言执中以徧及于天下。沈涛曰：《集解》引徐广曰，古"既"字作水旁、"既"之作"溉"，犹"夷"之作"銕"，是史迁书古字之仅存者。孙诒让曰：徧，《大戴》作"獲"，"獲"当为"護"。護，犹云辨護，理董监治之义。李笠曰："徧"即"辨"之叚音，古字通。《大戴礼》当作"護"，《史记》当作"辨"，字异义同。并理董监治之义。

按：既、溉、概，声符相同。溉，从既得声，古代切，秦汉简多见。既，从皂旡声，《集韵》许既切。既、溉，《史记》质、咍二部合韵，亦犹《史记》古地名"盱眙"之"眙"字音读。溉，后来分化出从既得声的"槩"字，以与"执中"（持中庸之道，无过与不及，亦公平之道）相接。概，量谷物时刮平斗斛的器具。《史记》时代，

① 按语所援引各期各类出土文字形态，皆见于各数字化项目组研制的出土文字数据库，某些部分亦参见臧克和、刘本才等：《汉字结构认知大字典》，广东人民出版社，2020 年。

或只使用"溉"字。概、槩异体,较早仅见于(北魏郭显墓志)、(《说文》唐写本)、槩(宋代《说文》小篆)。

偏、遍异体,《说文》小篆从彳扁声结构,南北朝隋唐,较为普遍使用从辵之"遍"字,唐代《干禄字书》:"遍偏,并上通下正。""遍"本为"偏"俗字,今以"遍"为规范字,"偏"为异体。字样见于唐《干禄字书》。"辨"者,亦下文所引《尚书·尧典》"便程"之意。

(4)分命义仲,居郁夷,曰阳谷

《考证》[5]引沈涛曰:《释文》云《尧典》"宅嵎夷",《史记》及《考灵耀》作"禺铁",是陆氏所见《史记》本与小司马、张守节不同。又曰:《索隐》云《史记》旧本"旸谷"作"汤谷",今并依《尚书》字,然则"旸谷"者,小司马所改也。史迁从孔安国问故,则《古文尚书》必作"汤谷"。《山海经》:"黑齿国下有汤谷,汤谷上有扶桑,十日所浴。"《楚辞·天问》云:"出自汤谷至蒙汜。"《淮南·天文训》云:"日出于汤谷,浴于咸池,拂于扶桑。"古书皆以汤谷为日出之地。钱大昕说同。

按:夷、銕、铁、鐵异体作銕者,仅见于《说文·金部》"鐵"下所存"古文",现存秦汉简尚未见记录。嵎夷,《释文》敦煌本"伯3315"有"嵎"条,注作"音隅"。鐵,《说文》小篆从金𢦏声,隶变楷化作"鐵"。鐵,《说文》或体从金,𢦏省声,古文从金夷声。嵎夷,即嵎铁。唐代《干禄字书》:"鐵鏤,上中通下正。""铁"字石刻作,见于北齐宇文诚墓志,似为现存最早使用"铁石"字记录:"松筠雅操,石深衷。"

(5)便程南为

《考证》[10]引张文虎曰:南为,各本作"南譌",依《尚书撰异》改。钱大昕、梁玉绳说同。

按:便、辨、平音近通用。《今文尚书·尧典》作"平秩南讹",意思是依次辨测太阳向南运行的时序变化。讹,内野本、足利本等均写作"訛",《书古文训》作"僞",《释文》敦煌本"伯3315"该字残渴不全,只存"爲"旁,其下音义为:五禾反,化也。《说文·匕部》:匕,变也。匕实即化字初文。①

辨、便字,见于金文秦汉简。平字这类用法,也由来已久。上海博物馆《战国楚竹书》第一册《孔子诗论》1号简整理为"讼坪(平)悳也",笔者曾释为:"《颂》,辨德也。"基于《颂》在《诗》中主要是所谓"形容盛德"的部分,可以理解为《颂》就是辨德的。② 又,楚简多用从土平声字形,这跟春秋战国金文用字情形一致:《商周金文数字化处理系统》筛选,铭文"坪"字,春秋战国时期共使用了66次。《尚书·酒诰》篇今本"勿辩乃司民湎于酒"之辩字,汉、魏石经就刻作"伻",伻字不见于《说文》,应该也是从平得声的。③

譌,字见战国简及《说文》小篆,而金文及西汉简作"讹",其后南北朝到唐代刻石一直沿用作"訛"。

(6)观其德于二女

《考证》[7]:枫山、三条、南化本"德"作"自为",《尚书》作"刑"。

按:刑—德"二柄,是《尚书》文献核心依对结构。若求德字配合,刑字亦当作从井声结构,井者,"范型"初文。甲骨文从井从刀,井兼表音,依据一定的法度标准铸造范型。战国简帛或从土井声。《说文》篆文本别为二字,其一由"井"和"刀"两个构件组成,其一由"刀"和"开"两个构件组成:前者从井从刀,后者从刀开声。从出土文字看,"刑""荆"为异体,"刑"为讹变。东汉石刻、楼兰古文书,已经使用"刑"字结构。《考证》所谓《尚书》作"刑",殆《史记》后出抄本。

(7)重华父曰瞽叟

《考证》[3]:叟,《尚书》《左传》《孟子》《新序》诸书作"瞍",《戴记》作"叟"。

按:叟,多见于秦汉简。瞍字除了《说文》小篆,出土文字记录就是唐代刻石。如唐石经《尚书》,其余略无使用记录。是说明《考证》所见诸本作"瞍",最早或不过唐代抄本。

---

① 阮元校勘记卷二文字校订"平秩南讹"条。"平""便"关系,见"平章百姓"条。清代学者多以"平章"通"辨章"为说,王引之《经义述闻》以为"平"本有区辨义,不烦改字。

② 臧克和:《中国现存最早的诗学批评文献及范型—上海博物馆藏战国楚竹书中的"诗论"文字》,《学术研究》2003年第9期。

③ 详见臧克和:《尚书文字校诂·尧典》"平秩南讹""平章百姓"诸条,上海教育出版社,1999年。

三 《夏本纪第二》

（1）鸟夷皮服

《考证》[10]：鸟读为"岛"。古"岛"为"鸟"。今本《尚书》作"岛"者盖后人依托《孔传》改。《集解》所引郑注可证。

按：《汉石经》存"鸟夷皮"字，正作"鸟"。岛字仅见于《说文》小篆，出土材料始见于南北朝刻石。敦煌本"伯3615"作岛，其所见《史记》文本，或不过唐代抄本。

（2）嵎夷既略

《考证》[2]：古钞本"堣"字从土，与《礼记》所引宋本、旧刻本合，古文也。《索隐》本作"嵎"，盖后人依今文改，见《尚书撰异》。

按：从土禺声结构之堣，见于战国楚简作 ![字]![字]![字]![字]，《说文·土部》：堣夷，在冀州阳谷。立春日，日值之而出。从土禺声。《尚书》曰："宅堣夷。"至于嵎，除了《说文·山部》小篆之外，余见石刻记录如：![字]（晋辟雍颂）、![字]（北魏元弼墓志）、![字]（唐石经尚书）。《集韵·虞部》："堣，《说文》堣夷，在冀州，阳谷立春日，日值之而出，引《尚书》宅堣夷。通作嵎隅。"是作嵎者，显系后出版本。

（3）浮于潜

《考证》[11]：枫山、三条本"潜"作"湾"，与《汉志》合。

按：潜字见于西汉简、汉印及《说文·水部》，湾字则最早见于唐代刻石，如：![字]（唐田伓妻祔志）、![字]（唐吴恭阴堂志）。说明枫山、三条本诸本所见《史记》文本，较早不过唐代抄本。

四 《殷本纪第三》

（1）于是乃使百工营求之野，得说于傅险中

《考证》[3]：险、巖古通。《左传》"巖邑"即"险邑"。

按：险，字见于战国、秦汉简。岩、喦、巗、巖异体，巖字较早见于汉印、《说文·山部》、东汉刻石，大量使用见于南北朝隋唐刻石，简体"岩"见于北魏净悟浮图记。是使用险字，或可视为较早文本。

《战国楚竹书·競建内之》保存了有关《尚书·商书》部分的内容。与有关《尚书》传世文本相对照，可以重新认识《尚书·高宗肜日》祭主及年代等《尚书》学史重要问题。[①]

（2）于是纣乃重刑辟，有炮格之法

《考证》[1]：炮格，各本作"炮烙"，依古钞、南本、宋本改，下同。《吕氏春秋·过理篇》高诱注"格以铜为之，布火其下，以人置其上，人烂堕火而死"。《韩非子·喻老篇》"纣为肉圃，设炮烙，登糟邱，临酒池"，肉圃、炮格、糟邱、酒池，皆相对为文。今改为"炮烙"，则文不相对矣。说详于段氏《尚书撰异》、卢氏《钟山札记》、王氏《读书志》、张氏《史记札记》。

按：炮、砲、礮异体，炮字篆文见于《说文·火部》，其余仅见于唐代及以降刻石，如：![字]（唐石经五经）、![字]（后梁穆君弘墓志）。至于"烙"字，更是仅见于宋代新附《说文·火部》。是作"炮烙"者，最早或不过唐代以降《史记》抄本。

（3）五年，郑怨与鲁易许田

《考证》[2]：怨，馆本、局本作"宛"。陈仁锡曰："怨"当作"宛"。《春秋》"郑伯使宛来归祊"，《正义》云"宛，郑大夫"，是唐本"宛"字未错也。张文虎曰：《郑世家》"庄公怒周弗礼，与鲁易祊、许

---

① 其中，第三、四简记录发现处于岩穴的贤臣傅说，周量之："周量之以寰汲"，"高宗命傅鸢（说），量之以"。前者"以寰汲"，说明得贤之由：包含地方、身份等。像《康熙字典》卷七《宀部》："《集韵》洛林切，与寰同，溉也。又水名，寰水出武安县东。"后者"高宗命傅鸢（说）、量之"，傅说、量之比列，知上出"周量之"为人名。编者径将"鸢"标注作"说"，不如标注作为地名的"傅岩（巖、险）"字尤为直接。傅说作为贤臣专名，得名于岩地。《尚书注疏》卷九《商书·书序》："《序》：高宗梦得说。《传》：盘庚弟小乙子名武丁，德高可尊，故号高宗。梦得贤相，其名曰说。使百工营求诸野，得诸傅岩。"《楚辞·离骚》："说操筑于傅岩兮，武丁用而不疑；吕望之鼓刀兮，遭周文而得举；宁戚之讴歌兮，齐桓闻而该辅。"《章句》："说，傅说也，傅岩，地名。"详见臧克和：《简帛与学术·楚简与〈尚书〉》，大象出版社，2010年。

田"，疑"怨"是"怒"之讹，又怨、怒义亦相近，或不烦改字。愚按：张氏后说是。据《左传》隐公八年文，郑与鲁易田，不由怒周。

按：宛、怨声符同，战国楚简"怨"从人作 [图] [图]，《集韵》"古作怨怨愈忆"。又，怒字见马王堆汉墓简帛书作 [图] [图] [图]，怨字则作 [图] [图] [图] [图]：隶变字形结构相近。

五 《秦本纪第五》

（1）得骥、温骊

《考证》[11]："温"当从一本作"盗"，《世家》及《穆天子传》《列子·周穆王》《后汉·东夷传》李贤注可证。

按：温、盗二字，汉代隶变过程中，有些情况下形体接近。温，马王堆汉墓简帛书作 [图] [图] [图]；盗，马王堆汉墓简作 [图]、西汉张家山简作 [图] [图] [图] [图] [图]。

（2）叶阳君悝出之国

《考证》[53]引中井积德曰："叶阳"当作"华阳"。梁玉绳曰："华"形近"叶"，传写致讹，华阳君即昭王舅芈戎。悝乃昭王母弟高陵君，此《纪》当有脱误，不然将以芈戎为公子悝矣。

按：叶、华隶变及草书楷化，形体易混淆。叶，出土文献见 [图]（唐倪彬墓志）、[图]（唐韦士逸墓志）、[图] [图]（唐张休光墓志铭）、[图]（唐张某墓志）。石刻智永草书千文"华夏"字作 [图][1]，赵孟頫草书作 [图]。

六 《秦始皇本纪第六》

（1）华阳太后卒

《考证》[6]："卒"当依《表》作"薨"。

按：卒字出土文献记录早见且高频使用。薨字较早仅见于《说文·死部》及晋代刻石。《史记》时代未必即使用"薨"字记录。

（2）齐人徐市等上书

《考证》[1]：市，即"芾"字，與"黻"同。各本作"市井"之"市"，讹。《淮南王傳》作"徐福"，福、市一声之转。

按：市、巿二字隶变楷化之后，视觉区别性近乎丧失。巿，金文作 [图] [图]，战国楚简作 [图]；芾，睡虎地秦简作 [图]，唐代刻石分别见 [图]（唐独孤开远墓志）、[图]（唐石经五经）。

（3）饰省宣义

《考证》[11]引中井积德曰："省"当作"眚"。朱锦绶曰：省、眚同音假借。《书·洪范》"王省维岁"，《宋世家》引作"王眚"，《公羊传》庄公二十二年"肆大省"，《左传》、《谷梁传》作"眚"。《周礼·大司徒》"眚礼"，注"杀礼也"。省、眚通用。余有丁曰：《左传》"不一眚掩大德"。眚，过失也。

按：金文、战国楚简有记录，作 [图] [图] [图] [图]（金文）、[图] [图] [图]（战国楚简）；秦汉简则多见"省"字：[图]（里耶秦简）、[图]（马王堆汉简）、[图] [图]（西汉居新简）。金文为形声字，从目生声，即为"眚"字，但使用记录后世渐稀。秦汉简记录业已分化出"省"，是《史记》时代使用"省"字，未必即构成《考证》所援引"同音假借"类关联。

"饰省宣义"，构成并列结构。于过失则掩饰之，于道义则宣扬之：相反相成。是该处所见"省"字，即相当于"眚"。《说文》分析小篆，反映了后来所使用者的理解："省"为会意字，从眉省，从中。隶变楷化作"省"，延续至今。

（4）生刺龚公

《考证》[3]：三条、南化本"刺"作"赖"。梁玉绳曰：《秦纪》及《六国表》作"属共公"，独此作"刺龚公"，《正义》又谓"刺"一作"利"。盖"龚"与"恭"通，即"共"也，《谥法》有"刺"，与"属"字义同，音通，而"利"字复因形声相邻致讹，犹陈属公之为利公尔。

---

[1] 高峡主编：《西安碑林全集·碑刻》第三卷，广东经济出版社，1999年，第314页。

按：刺字，隶变过程中某些时段像南北朝到唐代，多以从束构造而近"剌"形，至于"刺"字特出从夹形结构以分别之：**刺**（北魏元略墓志）、**刺**（北魏元秀墓志）、**刺**（北魏张玄墓志）、**刺**（东魏李艳华墓志）、**刺**（东魏叔孙固墓志）、**刺**（北齐窦泰墓志）、**夹**（隋尔朱敞墓志）、**夹**（隋苏恒墓志）、**夹**（隋王荣及妻墓志）、**刻**（隋□静墓志）、**刺**（隋龙藏寺碑）、**剌**（隋杨真墓志）、**刺**（唐崔志墓志）、**刺**（唐李贞墓志）、**刺**（唐李超墓志）、**刺**（唐五经文字）。

刺、赖、利、厉诸字，不但双声，而且质、台韵合。是《考证》所见作"刺"文本，或为《史记》唐代前后抄本。

七 《项羽本纪第七》

（1）一府中皆慴伏

《考证》[8]：慴，《汉书》作"讋"。《说文》"讋，失气言"。傅毅读若"慴"。愚按：慴、讋，古通。

按：讋字见于金文、里耶秦简。至于慴字，见于《说文·心部》小篆著录，后世见于《玉篇·心部》等，尚未见出土实物使用记录，是《考证》所见文本，或为《史记》后世传本。

八 《高祖本纪第八》

（1）于是沛公夜引兵从他道还，更旗帜，黎明

《考证》[6]：古钞本"兵"作"军"，与《御览》所引合。更，《御览》作"张"，《汉书》作"偃"，与下文《索隐》所引《楚汉春秋》合。黎明，《汉书》作"迟明"，服虔曰：欲天疾明也。文颖曰：迟，未明也，天未明之顷，已围其城矣。颜师古曰：此言围城事毕，然后天明，明迟于事，故曰迟明。王念孙曰：小司马说是也。"黎""迟"声相近，故《汉书》作"迟"。黎明、迟明，皆谓比明也。此言高祖夜引军，还至宛城，比及天明，已围城三匝耳。"黎"亦作"犁"。《史记·吕后传》"帝晨出射，太后使人持酖饮赵王，犁孝惠还，赵王已死"。徐广云"犁，犹比也"。《汉书·外戚传》作"迟帝还，赵王死"，迟帝还，比帝还也。《史记·南越传》"犁旦城中皆降伏波"，"犁"一作"比"，《汉书》作"迟"。《史记·卫将军传》"迟明行二百余里"，一作"黎明"，《汉书》作"会明"，"会"亦比及之意。

按：黎，见于秦汉简，如**黎**睡虎地简、**黎**马王堆汉墓简。犁，见于秦简。迟，见于金文、战国简、秦汉简。是诸本或作黎明、犁旦、迟明，后来尚有"质明"，皆关乎读音。① "犁旦"即"待旦"，等到天刚亮。时间性结构，后世或作"质明"，待到天明。底层的因素，以"质""待"古音质、咍二部尚未完全分化。犁旦、迟日、迟明、质明、质旦，形式为若干词，实际作用并无二致。《集解》曰"结"曰"连"曰"逮"曰"黑"曰"迟"，皆苦于纠缠，一间未达。

（2）引兵临河，南飨军小修武南

《考证》[4]：秘阁本"飨"作"乡"，与凌引一本及《汉书》合。颜师古曰："乡"读曰"飨"。

按：金文但作乡，西汉简使用飨字。"向"字见于甲骨文、金文、战国楚简等记录，隶楷阶段仍见从宀从口的写法，"丿"笔偏向左边的写法作"向"，始见于北朝石刻，如**向**字结构，见于隋杨居墓志，盛行于隋唐之际。繁体"嚮"为形声字，从向乡声。异体"曏"为形声字，从日乡声，主要用于记录"曩昔"。

《史记会注考证》第二册

一 《吕后本纪第九》

（1）太后遂断戚夫人手足，去眼煇耳

《考证》[6]引张文虎曰：煇，《御览》引作"燻"，《汉书·外戚传》作"熏"。

---

① 犁旦—迟日，见《南越列传》："楼船力攻烧敌，反驱而入伏波营中，犁旦，城中皆降伏波。"《集解》引徐广曰："吕静云，犁，结也，音力奚反。结，犹连反、逮至也。"《汉书》"犁旦"为"迟旦"，谓待明也。《索隐》引邹氏云"犁，一作'比'。比，音必至反。"然犁即比义。又解犁，黑也，天未明尚黑时也。《汉书》亦作"迟明"。迟，音稚。迟，待也，亦犁之义也。

按：辉、輝、煇异体，西汉张家山简记录煇字，熏字则见于金文及西汉武威简。《御览》引作"燻"，而该字见于《集韵·文部》："黦熏，許云切。《說文》火煙上出也。从中从黑；中，黑熏象也。隷作熏。俗作燻，非是。"是《御览》引作"燻"，其所见《史记》文本，或不过宋代版本。

（2）诸吕權兵关中

《考证》[5]：古钞、枫山、三本"權"作"擁"，《通鉴》亦作"擁"，《汉书·高五王传》作"举"。"擁"字义长。

按：擁，见于《说文·手部》小篆及三国魏曹真残碑作，其余为南北朝刻石。至于"權"字，从东汉开始，北朝及隋唐刻石出现一批接近"擁"的结构，石刻分别作：（东汉张迁碑）、（北魏吴高黎墓志）、（北魏元诲墓志）、（隋王荣及妻墓志）、（隋张俭及妻墓志）、（隋田光山妻墓志）、（隋萧饰性墓志）等。

《考证》所见文本作"權"者，或为《史记》汉魏六朝隋唐之际抄本。

二　《孝文本纪第十》

（1）日有食之，适见于天

《考证》[3]：古钞、三条、南化"适"作"谪"。颜师古曰："适"读曰"谪"，责也，音张革反。

按：《史记》时代，适、谪关系，只用适字；古钞本、三条本、南化本作谪者，说明诸家所见《史记》文本，或即唐代抄本。[①] 适、谪皆见于《说文》，而现有秦汉简帛书数据库暂未见"谪"字使用记录。适，具备适、谪二读，秦汉简多用"适"字：马王堆汉简"以绳适臣之"作，北大藏西汉简贰《老子》简 192"无瑕适善"作。是《史记》时代，不用"谪"字，谪、适皆从啻声，一"适"字可以记录适、谪语音分化两边。适，本纪亦音 zhé，后世使用"謫""讁"字，表示责备，谴责。从辵结构，多见于战国秦汉简，《说文》："适，之也。从辵啻声。适，宋鲁语。"謫，音 zhé，《说文·言部》："罚也，从言啻声。"出土文献较早见于唐代石刻。《索隐》《考证》等以《史记》适字，本具"谪"用，无待通假，胜过后世若干语文工具书不顾历史实际的"破读"标注。

（2）故遣使者冠盖相望，结軼于道

《考证》[5]：依注，《集解》本"軼"作"辙"。今本《汉书》作"徹"。《田敬仲世家》"伏式结軼"，《索隐》"軼，音姪，车辙也"。

按：軼，仅见于《说文·车部》小篆以及北朝唐代刻石：（东魏卢贵兰墓志）、（北齐司马遵业墓志）、（唐董希令墓志）、（唐朱行斌墓志）。至于辙字，亦见于北朝隋唐刻石，《说文·车部》见宋代大徐新附所补。"徹"，金文及秦汉简多见，战国楚简、《说文》小篆，中间的形旁"鬲"形近而讹变为"育"，隶变后楷书写作"徹"。唐代《干禄字书》："徹徹，并上通下正。"简体"彻"为新造形声字，从彳切声。"车辙"字，即以此为基础后出分化结构。《集解》所见《史记》文本，或系即宋代前后版本；《考证》所见文本，较早或亦不过唐代抄本。

（3）毋发民男女哭临宫殿

《考证》[12]引张文虎曰：各本"民"作"人"，旧刊作"民"，《御览》引同。与《汉书》合。愚按：延久本亦作"民"。

按：所谓"各本"者，唐代张守节《正义》、司马贞《索隐》之类。其中"民"字抄作"人"者，为避唐代李世民讳。出土唐代刻石，或采取省末笔方式，往往省略末笔，亦为避讳用字类型，如李迪墓志作。要之，《正义》《索隐》避"民"字讳，所见《史记》文本体现出唐抄本的标注特点。

---

① 此为《史记》通例：《大宛列传》："发天下七科适。"本传下文："以适过行者皆绌其劳。"《陈涉世家》有"適戍"，亦用适字，《正义》：适，音谪。张晏云："吏有罪，一；亡命，二；赘壻，三；贾人，四；故有市籍，五；父母有市籍，六；大父母有市籍，七；凡七科。武帝天汉四年，发天下七科谪出朔方也。"《屈原贾生列传》："行闻长沙卑湿，自以寿不得长，又以适，去，意不自得。"以适，去，因被贬谪而离去。适，音 zhé，适、谪皆从商得声，贬谪。《苏秦列传》"適燕者"，《考证》引中井积德曰："适，只作贬义。"《索隐》：适，音宅。适者，责也。下同。《魏其武安侯列传》："举適诸窦宗室毋节行者，除其属籍。"亦记录贬斥词义项。

三 《孝景本纪第十一》

（1）齐王将庐、燕王嘉

《考证》[19]：古钞、枫山本"庐"作"间"。梁玉绳曰：齐王之名，诸处并作"将间"，盖古通用，犹吴王阖闾之为"阖庐"也。中井积德曰：按《齐悼惠世家》，哀王名襄，无襄王，将间是悼惠之子。

按：庐，多见于西汉简。间，则多见于历代出土文献记录：🔲🔲🔲（金文）、🔲🔲🔲（古玺文）、🔲🔲（古陶文），通行结构为从门吕声，而早期金文等材料或从门肤声，或从门足声。间字以肤为声符，与庐字金文作🔲、西汉马王堆墓简作🔲、西汉张家山简作🔲🔲，声符为卢，二者接近。

（2）十二月晦，霄

《考证》[2]引焦竑曰："霄"即"雷"字。雷，《集韵》原作"霄"字，《通志》云："回，古'雷'字，后人加'雨'作'霄'。回象雷形，古尊罍多作云回"。今人不通字学，而欲读古书，难矣哉。

按：金文"雷"形结构作🔲🔲🔲🔲🔲，《说文》：霝，籀文。霝间有回；回，霝声也。字汇直接贮存为霄者，其中过渡联系参见《玉篇·雨部》"霝"字下古文作霝、霄。《万象名义·雨部》："霝，力回反。震也。霝，古文。霝，古文。霝，古文。霝，籀文。"《集韵·灰部》："霝霝霝霝霝霄霝雷，卢回切。"将二口套合为"回"而结构为霄字者，此属较早所见。《类篇·雨部》存储亦全同："霝霝霝霝霝霄霝雷，卢回切。"另外，《广韵·灰部》以霄为"古文"。《考证》所见《史记》文本，或最早不过宋代版本。

四 《孝武本纪第十二》

（1）乃为帛书画以饭牛，详弗知也，言此牛腹中有奇

《考证》[4]：详，枫山、三条本作"佯"，《郊祀志》作"阳"。

按：仿效《陈涉世家》陈吴首难，蒙骗谪戍群众故事。《史记》以"详"作"佯"，盖为当时通例。① 出土文献如张家山汉墓竹简《奏谳书》17"冠详病"作🔲，北大藏西汉简《老子》贰50号简作🔲；银雀山汉墓竹简《孙子兵法》贰1557号其"详北勿从"作🔲，该简记录"佯北"凡三处，都作"详"字。至于"佯"字，现存文献，较早见于北朝北齐元贤墓志等石刻使用。是《史记》"佯装"字写作"详"字，相当于后来分化所出"佯"字。不能说《史记》时代，所使用文字体系即存在本有"详"字以通"佯"的关联使用情形。标注"详，通佯"，就汉字发展使用实际而言，属于以今律古，或以后起标注先前。《考证》以所见各本作"佯"，说明各本为后出，"毛本"为古本，这是符合汉语史的确切事实。汉简整理者直接将"详病"标注作"佯病"，只能算是后来现代人的理解。对于汉代文字体系的整理理解以及各类传本的年代先后判断，并没有什么帮助。

（2）夏有芝生殿防内中

《考证》[7]：《封禅书》《郊祀志》"防"作"房"，《索隐》本亦作"房"，下同。"房"字古隶从户从方。与"防"相似，故讹耳。

按：房字结构，汉简隶变及北魏刻石分别作🔲（西汉居新简）、🔲（西汉武威简）、🔲（东汉西简）、🔲（北魏宁懋墓志）。以西汉简为过渡，书写至于接近左右结构。是《考证》所谓与"防"相似而讹，不为无据。②

（3）每脩封禅

《考证》[3]：《封禅书》"每"作"毋"，为是。《汉书·郊祀志》亦讹作"每"。

---

① 《留侯世家》："上详许之，犹欲易之。"皇上佯装应允，还是想要换掉太子。《史记选》本传注78：详，通"佯"。《考证》：详、佯通，《汉书》作"阳"。《廉颇蔺相如列传》："相如度秦王特以诈详为予赵城。"《考证》：详，凌本作"佯"，同。本传："秦将白起闻之，纵奇兵，详败走。"《考证》：详，各本作"佯"，今从毛本。本传："匈奴小人，详北不胜，以数千人委之。"《史记选》本传注272：详，《蜀本》《百衲本》《黄本》《汲古本》都径作"佯"。《李将军列传》有"广详死"。《屈原贾生列传》有"乃令张仪详去秦，厚币委质事楚"。《苏秦列传》有"详僵而弃酒"（《索隐》标注比较符合实际："详，音羊。详，诈也。僵，仆也，音薑。"）、"于是苏秦详为得罪于燕，而亡走齐"。

② 又见下出《陈涉世家第十八》"朱房"条。

按：毋，甲骨文、金文从女从一，"女"表女子，或以为"一"表禁止，全字表示不要侵犯女子，属合体指事。古文字假借"母"作副词，表示否定，战国简、古玺文等把"母"字的两点改成一画，分化出"毋"字专门表示否定。至于"每"字，出土文献记录高频使用，《说文》分析小篆为形声字。从屮母声。"屮"义为草木初生。有人认为"每"为"母"的异体字，甲骨文、金文象戴头饰的妇女之形，下面是"女"或"母"形，上面或为头饰之类。至于"母"形，下具南北朝隋唐刻石发生与"毋"混淆的情形较为明显：（东汉杨著碑）、（三国吴简）、（东魏王令媛墓志）、（隋成公氏墓志）、（唐李审规墓记）——是《考证》所见文本，将"毋"字抄混作"每"，或即发生在唐代前后的抄本之间。

（4）犹以为未可，其后乃放弑

《考证》[2]：《索隐》本"弑"作"杀"，《汉书·异姓王表序》亦作"杀"。

按：弑字见于《说文·杀部》："弑，臣杀君也。《易》曰：臣弑其君。从杀省，式声。"《集韵·志部》："弑杀煞弒：杀也。自外曰戕内曰弑。或作杀煞弒。"出土文字记录，基本见于唐代刻石。是《考证》所见文本，或即唐代《史记》抄本。

《史记会注考证》第四册

一 《河渠书第七》

（1）雒汭至于大伾

《考证》[9]：《尚书》"伾"作"伾"。

按：邳，《说文·邑部》分析结构为从邑丕声，金文以"不"为"邳"。历代刻石见于东汉及以降使用记录。至于伾，从人丕声。汉墓帛书、武威汉简、汉印皆作"伾"，从人不声，为"伾"字异体。"不"上或增繁横画为饰，"不"中竖笔或加点或加横为饰。要之，邳之从丕得声结构异体，仅见于《说文》、东汉及以降刻石；至于邳，则主要见于隋唐刻石：（隋尔朱敞墓志）、（唐王景之墓志）。是《考证》所见文本作邳，或即隋唐之际抄本。

二 《吴太伯世家第一》

（1）必致国于季札而止

《考证》[2]：枫山、三条本"止"作"上"。

按：致国，即传国、让国。《史记·刺客列传》："诸樊知季子札贤而不立太子，以次传三弟，欲卒致国于季子札。"想以此权宜，最终达到让国给季札的结果。然则，《史记》"世家"本作"止"。金文"上"从"上"位于"止"上作，战国楚简依然保存这类结构作，存在跟"止"字结构部分重合。《史记》时代简牍竖写，或存在这种结构的离散从而导致传抄文本异文的客观条件。①

（2）大而宽，俭而易行

《考证》[21]：《左传》"宽"作"婉"，"俭"作"险"。张文虎曰：宽，各本作"婉"。《索隐》本作"宽"，与注合。各本依《左传》改。钱大昕、梁玉绳说同。鬼井道载曰：虽大而婉，虽险而易行也。杜牧"俭"，恐误。鬼井昱曰：大中有婉，险中有易，细大难易，和而不相夺，所以为沨沨也。愚按：俭、险古通用。

按：险，见用于秦汉简。俭，较早仅见于汉印《说文·人部》，从人佥声。东汉至隋唐石刻，构件"从"或从"丷"或从"一"。简体"俭"由繁体"儉"草书楷化而来，已见于唐代石刻。《考证》所见文本"古通用"，或仅发生于后来抄本之间。

（3）欲霸中国以全周室

《考证》[2]：枫山、三条本"全"作"令"。

---

① 又见下出相关条目"鸥之塞"及《外戚世家第十九》"通至金氏门外止"条。

按：《吴太伯世家第一》该处所接上句为："十四年春，吴王北会诸侯于黄池，欲霸中国以全周室。"是"全"当作"令"，犹"挟天子以令诸侯"之"令"。

隶变过程中，全、令易混，参见下具字形序列：全、🈴（西汉居延新简）、🈴（东汉郫阁颂）、🈴（东汉张迁碑）、🈴（东魏高盛墓碑）、🈴（唐杨孝恭碑）、🈴（唐石经五经）、🈴（唐干禄字书）。①

由此大体推测，枫山、三条本"全"作"令"，所见《史记》文本，或为中古以降唐代抄本。

三 《齐太公世家第二》

（1）以渔钓奸周西伯

《考证》[2]引张文虎曰：《诗·文王疏》引"奸"作"干"，《册府元龟》同。

按：渔钓，钓鱼。奸，以干为声符。以渔钓奸周西伯，即谓用钓鱼方式干谒周文王。秦汉简记录"奸"字结构，分别作：🈴（睡虎地秦简）、🈴 🈴 🈴（西汉张家山简）。是《史记》时代，存在干、奸通用条件。

（2）还師，与太公作《泰誓》

《考证》[4]：枫山、三条本"師"作"歸"。

按：隶变楷化以后，归，北魏刻石作🈴。师，秦汉简隶变作🈴（西汉张家山简）、🈴（东汉曹全碑），所从自形，秦汉简及东汉刻石记录，与上列"归"字所从构字符相同。

（3）客寝甚安

《考证》[3]：《御览》引"甚"作"處"。

按：处，金文从虍处声，结构作🈴🈴🈴🈴🈴，一如虎形结构从几得声；凫，从鸟几声，金文从隹几声。《说文》小篆分析为从鸟几声。"几"古文字象人俯伏之形，隶变楷化阶段"几""力""几"区别性丧失，汉简和南北朝石刻，结构多为从鸟从力，"力"实为"几"形横笔出头结果。唐代石刻，则率多从鸟从几，或以"几"形横笔出头稍示区别，敦煌俗写沿用。至于甚字，甘、匹会意结构，西汉时期写作🈴 🈴，草化程度极高，与当时隶书的写法完全不同，可以认定这就是敢字的草书写法（以甘为声符，反文草书如此作）。《玉篇》："甚，市荏切。孔也，安乐也，剧也。𠯑，古文。"《名义》："甚，时稔反。孔也。安樂也。劇也。"劇、處二字，隶变易混。然则，《史记》文本甚、處混用，或在唐代前后抄本。

（4）长卫姬生无诡

《考证》[3]梁玉绳曰：诡、虧古通，鲧《人表》亦作"诡"。

按：詭，见于宋代《说文·言部》小篆，出土实物记录仅见于北朝及唐代刻石。虧，记录时间与詭字大体相当。二者即通用，所出抄本或在南北朝隋唐之际。

（5）陪臣争趣

《考证》[7]引梁玉绳曰：徐广谓"争，一作'扞'"，是"扞趣"与《左传》"扞掫"同。杜预曰"扞掫，夜行也。"

按：争趣，指巡夜搜捕。《齐太公世家》："君之臣杆疾病，不能听命。近于公宫。陪臣争趣有淫者，不知二命。"司马贞："《左传》作'扞趣'。此为'争趣'者，是太史公变《左氏》之文。""扞"字出土文献见

---

① 还可连类者，石刻文字中，【旌—旍—斾】构成异体系列。其中斿字，实际就是旌字结构当中"全"形与"令"形的区别性不显乃至混用的产物。例如，隋大业五年《宁赟墓碑》"云横百阵，靡旌摩垒"作🈴，隋大业十三年《杜君妻郑善妃墓志》"忠桑海之迁移，书玄石以旍记"作🈴。隋开皇九年《封祖业妻崔长晖墓志》"士林宗仰，才望攸归，弓旌屡招，承掾交至"，其中"旌"字作🈴。隋大业十一年《田氏墓志》"式刊玄石，🈴斯芳猷，以得不朽，乃为铭曰"作斿。【全—令】演变线索既明，旌又如何由从生变为从全呢？底层原因仍不外是南北朝隋唐石刻旌字所从生形，已经存在生、金、全、令等区别性不显即混用使用问题。例如，隋开皇二十年《独孤罗墓志》"全璞不雕"作🈴。唐贞观十九年《何相墓志》"依仁遊艺。弘教以训下，笃贞信以全交"作🈴。唐武德八年《卢文构妻李月相墓志》"密勿禁中，铨衡礼阁，清晖素履，领袖人伦"，其中"铨衡"字作🈴。详见臧克和：《中国文字发展史·隋唐五代文字卷》第一章第二节石刻过渡字形，华东师范大学出版社，2015年。

于北朝隋唐刻石。扞掫，亦指巡夜、守卫。然则，《考证》所引异文文本，或为后起抄本。

四 《鲁周公世家第三》

（1）周公于是乃自以为质，设三坛，周公北面立，戴璧秉圭

《考证》[3]《尚书》"质"作"功"，"戴"作"植"。愚按：质、贽通，或以为"周郑交质"之"质"，疑非。查得基曰：《易林·无妄》之《蠡》曰："载璧秉圭"。载、戴通用。

按：质，多见于秦汉简记录。贽，不见于《说文》著录，仅见于东汉及以降刻石：■（东汉华山庙碑）、■（晋辟雍颂）、■（北魏元子正墓志）、■（北齐西门豹碑）、■（唐贾政墓志）、■（唐石经尚书）。是《考证》所谓质、贽通，或以为"周郑交质"之"质"，疑非。即果然成立，也仅存在于后出抄本之间。①

（2）天降福祉，唐叔得禾，异母同颖，献之成王

《考证》[1]引钱大昕曰：古文"畞"作"晦"，"母"即"晦"之省。

按：異畞，指植物根株不同。母，本源。《尚书·微子之命》："唐叔得禾，异畞同颖，献诸天子。"与《考证》所引钱说不同。金文晦作■■，金文、《说文》小篆为形声字。从田每声。《说文》或体为形声字，从田从十久声，"十"象田中纵横小路。隶变楷化作"畞"。《说文》："晦，六尺为步，步百为晦。从田每声。莫厚切。畞，晦或从田、十、久。臣铉等曰：十，四方也。久声。"

（3）言乃讙

《考证》[8]：《书》"讙"作"雍"。冈白驹曰：在丧则不言，丧毕发言，则天下乃喜。愚按：讙读为懽。

按：歡、懽、讙、驩异体字，战国楚简从心结构作■，汉代居延简1826号有从言蘿声结构，东汉及南北朝隋唐刻石，或从心或从欠结体，从言结构罕见。古文字到今文字构形，义符之间一直存在"心""口""欠""言"等构件互相替换情形。现存战国楚简、东汉南北朝唐代石刻，都可以见到从心蘿声结构。"歡""懽""讙""驩"异体，唐代《干禄字书》定型将"歡""懽"二形都当作正体结构。又雍字，出土文字作：■■■■■■（金文）、■■（战国楚简）、■■■■（汉印）、■■（石刻篆文）、■（睡虎地秦简）、■（西汉居新简）、■（北魏韩显宗墓志），《说文·佳部》作雝，从佳邕声。其中居延汉简结构形态，与讙字较为接近。

（4）峙尔刍茭、糇粮、桢干

《考证》[8]：峙、庤通，储具以待用也。

按：峙，储备，刍茭，干草，此指牛马饲料。《说文·山部》未存，较早见于北朝隋唐刻石。庤，见于《说文·广部》："庤，储置屋下也。从广寺声。"由小篆直到唐代刻石，始见记录，后见于《玉篇·广部》。是《考证》所见文本作峙，或《史记》唐代以降后出抄本。

（5）子弗湟立，是为惠公

《考证》[2]引梁玉绳曰："湟"当作"惺"。沈家本曰：《左传正义》引《世家》作"弗皇"。《释文》隐元年作"不皇"，文十六年引《世家》作"弗皇"。

按：惺字较早见于宋本《玉篇·心部》，是《史记》时代抄本并不存在记录"惺"字条件。"湟"字见于

---

① 《书序·金縢》篇称："武王有疾，周公作《金縢》。"原文："既克商二年，王有疾，弗豫。二公曰：我其为王穆卜。周公曰：未可以戚我先王。'公乃自以为功，为三坛同墠。为坛于南方，北面，周公立焉。植璧秉圭，乃告太王、王季、文王。史乃册，祝曰：惟尔元孙某，遘厉虐疾。若尔三王是有丕子之责于天，以旦代某之身。予仁若考，能多材多艺，能事鬼神。乃元孙不若旦多材多艺，不能事鬼神。乃命于帝庭，敷佑四方，用能定尔子孙于下地，四方之民罔不祗畏。呜呼！无坠天之降宝命，我先王亦永有依归。今我即命于元龟，尔之许我，我其以璧与圭归俟尔命；尔不许我，我乃屏璧与圭。"详见臧克和《尚书文字校诂·金縢》。

显而易见，周公以自身为质为当为抵押，换取替代成王受天降疾责难，而不是一般礼物。至于祝告所设贽礼有常，即璧与圭。这些关系，都有明确交代。近年《清华大学藏战国竹简（壹）》整理有《周武王有疾周公所自以代王之志》篇，有些字词语句，与传世文本某些内容存在关联。

《说文·水部》，出土文献迄今尚未之见。

（6）次妃敬嬴，嬖爱，生子倭

《考证》[2]梁玉绳曰：当作"倭"，《汉志》曰宣公倭，《左传疏》曰"名倭，或作'接'。"《释文》曰："名倭，一名接，又作'委'。"枫山、三条本作"俀"。

按：倭，见于《说文·人部》小篆，出土文献记录较早见于晋代及南北朝唐代刻石：█（东晋高句丽好太王碑）、█（东魏萧正表墓志）、█（唐石经五经）。《说文》："倭，顺皃。从人委声。《诗》曰：周道倭遟。"与后起作为专名记录没有关联。日本九州志贺岛所出土最早汉印文字记录①，作"委"字而尚未使用"倭"字结构。《考证》所引"当作"类型标注，缺少根据。《玉篇》："倭，于为切。《说文》云：顺皃。《诗》云：周道倭遟。又乌禾切。国名。"《集韵》："倭，邕危切。《说文》：顺皃。引《诗》：周道倭遟。""倭，鸟禾切。女王国名，在东海中。""倭，鄔果切。倭堕，髻皃。"又，俀字，《集韵》吐猥切，亦仅见于宋本字汇韵书，是枫山、三条本所见《史记》文本，或为宋代刻本。

（7）齐景公与晏子狩竟，因入鲁问礼

《考证》[2]：古钞本"竟"作"境"。冈白驹：狩鲁境也。

按：境字较早见于南北朝及隋唐刻石，《说文·土部》所著录者，为宋代新附字。是《考证》所引古钞本，所见《史记》文本，不过唐代前后抄本，抑或宋代刻本。

五 《燕召公世家第四》

（1）燕北迫蛮貉

《考证》[2]引王念孙：北，当作"外"。

按：二字结构，书写最近。外字，秦汉简及东汉刻石等作█（睡虎地秦简）、█（马王堆西汉简）、█（东汉苍山元嘉题记）。北字，同时代各种出土文献记录作█（睡虎地秦简）、█（马王堆西汉简）、█（西汉张家山简）、█（西汉居新简）、█（东汉石门颂）。

六 《陈杞世家第六》

（1）楚穆王灭之，无谱

《考证》[2]：三条本"谱"作"语"。

按：谱，见于《说文·言部》宋代新附，从言普声结构见于北魏刻石，简化字形见于唐代作█（唐杨琏墓志）。是《考证》所见文本，为《史记》后出抄本。

（2）诸侯力攻相并

《考证》[1]：枫山、三条本"攻"作"政"。

按：政，西汉居新简草书作█，与攻字结构最为接近。上古书籍记录"攻伐""征伐"之际，多用"政"字。

七 《卫康叔世家第七》

（1）五十五年，卒，子庄公扬立

《考证》[2]引张文虎曰：《表》"扬"作"杨"，与《诗谱·疏》引合。

按：杨、扬二字，秦汉简历代石刻文字隶变楷化过程中，扌、木形符多混淆不别。

（2）子穆公遬立

《考证》[15]引梁玉绳曰：《表》作"速"，此作"遬"，从《公羊传》也，《左氏》《穀梁》俱作"速"。

按：遬，《说文》籀文从辵敕声，古文从言敕声。从"辵"表示行走之疾速，从"言"表示说话之疾速。以敕为声符，隶变楷化过程中省减构件成分。以敕为声符结构，成为出土汉魏六朝文字记录普遍现

---

① 日本九州志贺岛出土汉印：█——"漢委奴國王"。

象。《表》作"速"者,或系《史记》后出抄本。①

（3）行爵食炙

《考证》[15]：古钞本"爵"作"嚼"。

按：嚼,见于《说文·口部》以及北魏、唐代刻石：冀（说文或体）、▆（北魏吊比干文）、▆（唐石经五经）、▆（唐实照墓志）。《说文》以"嚼"为"噍"的或体。唐代《五经文字》："噍嚼,二同。并才笑反。上见《礼记》。"是《考证》所谓古钞本作嚼者,所见《史记》文本,或不会早于唐代抄本。

八 《宋微子世家第八》

（1）在昔鲧陻鸿水

《考证》[1]：《书》"鸿"作"洪"。

按：鸿,见于秦汉简记录。洪,仅见于《说文·水部》及东汉刻石。《考证》所见《尚书·洪范》文本系晚出。②

（2）是夷是训,于帝其顺

《考证》[23]：《书》"夷"作"彝","顺"作"训",彝、夷通。"训"作"顺",《史记》义长。黄式三曰：顺、训,韵。

按：顺,金文作▆,战国楚简同作▆▆,同从心从川。训,金文用同,作▆。以该时期许多场合下心、言二符作用相当,甚至或可替换。

（3）曰涕,曰霁

《考证》[2—3]引钱大昕曰：再考"霁"与"霁"是一字,然当依郑作"霁"为定。郑云"霁,声近蒙也"。《尚书后案》云"郑读若蒙,而即改为'蒙'则非矣"。今俗刻《史记》误"霁"为"霁",其作"盂"者,音近而假借。钱大昕曰：被,盖"救"之讹,即"霁"之省。

按：霁,《集韵》亡遇切,同"霁";又《广韵》莫红切,同"霁"。霁,从矛声构造者,除了《说文·雨部》记录"籀文"之外,出土文字仅见于唐刻石经,如唐石经五经作▆▆▆▆。是《考证》援引所谓"今俗刻《史记》误霁为霁",即使不误而作霁者,较早也不过于唐代前后抄本。

（4）曰阳,曰奥

《考证》[1]：《书》"奥"作"燠"。

按：奥,见于《说文·宀部》小篆（从宀弄声,隶变楷化作"奥"）、东汉及以降刻石,唐代刻石作▆（唐石经尚书）、▆（唐石经五经）。《集韵》乙六切,"奥"的旧字形,后分工作"燠"。燠,意思是暖,形声结构,从火奥声,字见《说文·火部》小篆及唐代刻石,五经文字作▆。是《考证》所见《尚书》文本,或为后出抄本。

九 《晋世家第九》

（1）卜曰"齿牙为祸"

《考证》[15]：《晋语》"祸"作"猾"。

按：猾字,较早见于东汉及以降石刻。

（2）赵盾与诸大夫皆患缪嬴,且畏诛

《考证》[4]：《左传》"诛"作"偪"。

---

① 《卫康叔世家》下文"声公十一年卒,子成侯遫立",记录作"遫",不用"速"。参见遫、速出土文字：▆▆▆（汉印）、▆（魏三体石经石刻古文）、▆（东汉衡方碑）、▆（东汉孔宙碑）、▆（三国魏王基断碑）、▆（东魏成休祖造像）、▆（唐陈宪墓志）、▆（唐赵叡冲碑）、▆（唐李寿墓志）、▆（唐卢直墓志）、▆（唐石经）。

② "在昔"一词,或作"昔在"：《尚书注疏》："在昔上帝割申劝宁王之德。"敦煌本"伯 2748"："公曰君在昔上帝割申劝宁王德,其集大命于厥身。"郭店楚墓竹简《缁衣》引作："昔才上帝▆▆▆文王惠,其集大命于乒身。"段玉裁《古文尚书撰异》：《礼记·缁衣》篇引作"昔在上帝周田观文王之德"。北魏《南阳张元墓志》："出自皇帝之苗裔,昔在中叶,作牧周殷。"

按：偪字见于秦诅楚文作 ，《说文·辵部》仅见于宋代新附，尔后仅存从辵之"逼"字，见录于东汉及其以降历代刻石。是《考证》所见《左传》文本，当为后出刻本。

（3）冬，秦取我栎

《考证》[11]：《年表》"取"作"败"，与《左传》合。

按：败，西汉马王堆墓简作 ，唐代刻石作 （唐韦麟墓志）；取，唐代刻石作 （唐薛华墓志）。二形存在混淆使用可能。又，《楚世家》《考证》亦列出："伐楚，取我陉山。"《考证》[1]引梁玉绳曰："取"当作"败"。《六国表》《魏世家》可证。

十　《楚世家第十》

（1）四日会人

《考证》[5]：《帝系》"会"作"鄶"。

按：鄶，从邑会声。见于 （战国楚简）、（古陶文）、恼（说文小篆）、（唐薛参墓志）。

（2）少子执疵为越章王

《考证》[6]：《帝系》"执疵"作"疵"，"越章"作"戚章"。

按：越，金文作 ，石刻古文作 。戚，石刻篆文作 ，《说文》小篆戚字结构从戉未声，"戉"即"钺"初文（金文 、战国楚简 ），一种形似大斧兵器：戉、戚二形，轮廓近似。"戚"本义为一种形似大斧的兵器，假借为忧愁、悲伤、祸患，如"休戚"，后又写作"慼""慽"加以分化，从心戚声。

（3）子庄王侣立

《考证》[5]：《春秋经》及《国语》"侣"作"旅"，《谷梁传》作"吕"。

按：作"侣"，是《考证》所见《史记》文本，最早或系南北朝隋唐之际抄本。侣，见于宋本《说文·人部》新附，较早见于石刻，如：（北魏元显俊墓志）、（北魏曹天度造像）、（东魏侯海墓志）、（东魏王偃墓志）、（隋宋景造像碑）、（唐道因法师碑）、（唐成君墓志）。

（4）至乘丘而还

《考证》[3]：《年表》"乘丘"作"桑丘"。梁玉绳曰：桑丘。燕地。楚肃王元年齐伐燕取桑丘可证。

按：桑，石刻如晋石尠墓志作 、隋元智墓志作 ，与乘字相近易混用。就混用可能发生年代来看，《考证》所见文本作"乘丘"，或是在隋唐之际的《史记》抄本。

十一　《越王勾践世家第十一》

（1）厚遇宾客，振贫吊死

《考证》[2]：枫山、三条本"振"作"赈"。

按：振，西汉马王堆墓简，"举救"字作 ，西汉武威简同。赈，见于《说文·贝部》小篆及北魏唐代刻石。枫山、三条本所见文本，或为后出抄本。

（2）填抚国家，亲附百姓

《考证》[3]：各本"填"作"镇"。今从《索隐》本。

按：镇，见于《说文·金部》及东汉刻石等。填，见于西汉张家山简作 。

（3）吾不贵其用智之如目

《考证》[21]引王念孙曰"不贵"二字，当作"患"。《韩子·喻老篇》杜子谏楚庄王曰"臣患王之智如目也，能见百步之外，而不能自见其睫"，语意正与此同。

按：患，从心串声；"串"即"毌（贯）"字。贵、贯轮廓接近而混淆。金文贯字写作 ，从贝串声，西汉马王堆墓简作 ，唐石台孝经作 ；贵，睡虎地秦简作 、关沮秦简作 、马王堆汉简作 、西汉张家山简作 、西汉居新简 、汉印作 ：贯、贵隶变楷化轮廓近似易混用。

十二 《郑世家第十二》

(1) 公怒,溉逐群公子

《考证》[4]引方苞曰:"溉"当作"概"。

按:溉,见于秦汉简。槩,见于《说文·木部》唐写本作▨,亦见于北魏隋唐刻石,皆作上下结构(上既声,下木形),至于"概"字罕见,系楷化过程中将上下结构调整为左右结构的字形。[①] 是《考证》所引当作"概",系未见实际抄本而作推测性标注。又见上文"《史记正义》论例之论字例"条。

(2) 郑襄公肉袒擎羊以迎

《考证》[3]:擎,古"牵"字。枫山、三条、毛本作"牵"。

按:牵,见于甲骨文(▨)及秦汉简。《考证》所谓诸本作"牵",这类写法的字体,仅见于唐代刻石:▨(唐勿部将军碑)、▨(唐张叡墓志)、▨(唐刘俭墓志)、▨(唐石经五经)、▨▨(唐干禄字书)。是诸本所见文本,或即唐代前后《史记》抄本。至于《考证》将擎字标注为古"牵"字,实际系晚出,见于后世字汇。《说文·手部》记录擎字,本意为固,与"牵牛"略无关联,《玉篇·手部》标注同;与"牵牛"关联的记录,见于《集韵·先部》:"擎,轻烟切。固也,擎也,牵也。"是《考证》所见并不为"古"。甲骨文象用绳索牵牛之形。后绳索变为"玄"。[②] 隶变楷化作"牵"。唐代《干禄字书》:"▨牵,并上俗下正。"简体"牵"由繁体"牵"的草书演变而来。

(3) 子悼公費立

《考证》[2]:《表》作"費"。

按:西汉简作▨▨▨▨(马王堆汉墓简),其中或作沸或作潰。潰,从水费声。

《史记会注考证》第五册

一 《赵世家第十三》

(1) 简子将合诸侯戍于周

《考证》[1]:枫山、三条本"合"作"令",与《左传》合。

按:《说文·会部》会字古文作岳:"峃,合也。从人,从曾省。曾,益也。黄外切。岳,古文會如此。"流沙简纸"合"字草写作▨,与"令"字草书近似易混。

(2) 荀櫟

《考证》[12]:各本及《左傳》"櫟"作"躒",今从《索隐》《正义》本。

按:櫟,见于金文、古陶文及西汉张家山墓简。躒,见于传世字汇《玉篇·足部》:"躒,令的切,动也。《大戴礼》曰:骐骥一躒,不能千步。"《集韵·锡部》:"趯躒,《说文》动也。或作躒。"是《索隐》《正义》所见文本,为《史记》较早抄本;其余各本所见,或为后出版本。

(3) 韩不佞

《考证》[14]:《正义》本"不佞"作"不信",与《晋世家》及《左传》合。

按:信,金文、战国楚简高频字,《说文》分析小篆为会意字,从人从言。古文字或从言心声、从言身声、从口人声、从口千声、从言千声。又,"仁义"之仁,金文从二从人,战国楚简或从心身声,结构作▨▨▨▨▨▨▨。佞,岳麓书院秦简作▨,从女仁声结构。是佞、信音近通用。

(4) 请代王,使厨人操铜枓

《考证》[2]:《张仪传》"枓"作"斗",酌酒器。古钞本"请"上有"诱"字。

---

① 见《赵世家》"左师触龙言愿见太后"条。
② 《说文》分析小篆为形声字,从牛玄声,中间象牵牛的长绳:牵,引前也,从牛,象引牛之縻也,玄声。

按：斗，见于甲骨文、金文、秦汉简，取象于勺具器形。枓，《说文·木部》唐写本残卷作："枓，勺也。从木从斗。"《玉篇·木部》："枓，靓口切。枡枓。"《集韵·嚘部》以枓、斗之间省略而成或体。出土文献尚未见记录，是《考证》所见文本，或系《史记》后出抄本。

（5）属阻障、滏之险立长城

《考证》[5]：古钞、枫山、三条本"滏"作"釜"。中井积德曰："阻"字疑衍。冈白驹曰：障，当作"漳"。滏、漳二水名。吴起所谓"左孟门右漳、滏"是也。《赵策》云"赵前漳滏右常山"。

按：滏，出土文献见于唐代刻石记录，如滏（唐屈突通墓志）、滏（唐赵仲子墓志）。另，传世字汇《说文·水部》所无，见于《玉篇》："滏，扶甫切。水名。"是古钞、枫山、三条本"滏"字写作"釜"，其所见文本，或系《史记》较早抄本。

（6）可以毋尽百姓之劳，而序往古之勋

《考证》[5]：古钞、枫山、三条本"序"作"厚"，与《正义》合，可从。《策》作"享"。

按："序""厚"二字隶变过程中曾经存在轮廓比较接近的状态。厚，战国楚简有的记录作厚，西汉居新简作厚。序，出土文献记录见序（西汉武简）、序（东汉白石神君碑）、序（东汉石门颂）、序（晋辟雍颂）、序（北魏王僧男墓志）、序（北魏元颢墓志）、序（隋豆卢实墓志）。

（7）明德先论于贱

《考证》[3]：枫山本"先论于贱"作"生于谕贱"。三条本"论"作"谕"。

按：谕，出土文献记录如战国侯马盟书作谕，西汉马王堆墓简作谕；论，睡虎地秦简作论，西汉马王堆墓简作论，西汉张家山简作论。隶变二字形轮廓近似，易混写。

（8）仇液之韩

《考证》[3]引梁玉绳曰：《策》"仇液"作"机郝"，又作"机赫"，盖一人而记别也。

按：机，西汉张家山简作机，易与"仇"字轮廓混淆。

（9）鸥之塞

《考证》[5]引中井积德曰："之"疑当作"上"，《正义》可征。

按：地名，或作鸿上塞。上，出土文献金文或记录作上，战国楚简亦存上部从上得声，下部从之形结构作上。①

（10）齐之事王，宜为上佼

《考证》[10]：《策》"佼"作"交"。王念孙曰：佼与交同。上交，上等之交也。言齐之事王如此，当为王之上交，而今反触罪也。

按：佼，形声兼会意字。从人交声，交兼表义。见于《说文·人部》小篆："交也。从人从交。"历代刻石见于北齐朱氏等造像记作佼。是《考证》所见文本，或乃《史记》后出抄本。

（11）左师触龍言愿见太后

《考证》[4]：《策》"龍言"作"讐"。

按：讐，形声结构，从言龖(dá)省声，简体作讐。《说文》："讐，失气言。一曰不止也。从言，龖省声。傅毅读若慑。之涉切。讐，籀文讐不省。"各类出土文字分别作：讐（金文）、讐（说文小篆）、讐（说文籀文）、讐（里耶秦简）、讐（北周匹娄欢墓志）、讐（唐苏斌墓志）、讐（唐赵本质墓志）。

"龍言"为"讐"一字抄写破体为二，简牍竖写，上下结构字易占两字位置。书写史上，后来为了解

① 已见上出《吴太伯世家第一》"必致国于季札而止"条。元代碑刻篆书"之"字，趋于楷化字形结构：或为上部从山下部从人，见元碑篆书题额可释读为"刘氏祖宗之碑"，其中"之"字作之；之则为"玄宫之碑"篆文"之"；"牛山之主忠惠王庙碑"篆文"之"刻作之。详见邹虎：《元代碑刻辑释》，凤凰出版社，2022年。

121

决这类问题,尽量将上下结构调整为左右结构,但也未能完全避免。①

（12）太后盛气而胥之

《考证》[5]：《策》"胥"作"揖",义异。

按：胥,汉代用来记录"须"即"待"词义。银雀山汉墓竹简《佚书残丛·十问》："敌人圆陈以胥,因以为固。"《战国策·魏策四》："韩且坐而胥亡乎？"鲍彪注："胥,待也。"《史记·赵世家》："太后盛气而胥之。"《集解》："胥犹须也。"揖,刻石记录有些时期作🗛（北魏王诵墓志）、🗛（北齐赵道德墓志）、🗛（北周乙弗绍墓志）、🗛（隋巩宾墓志）、🗛（隋伍道进墓志）、🗛（唐高氏墓志）、🗛（唐张弘墓志）、🗛（闽坚牢塔记）。

《考证》所见《战国策》文本为后出抄本。至于胥,某些时期书写与"揖"字声符相同：🗛🗛（西汉马王堆简）、🗛（西汉张家山简）、🗛（东汉淮源庙碑）、🗛（东汉礼器碑）、🗛（北魏穆绍墓志）、🗛（北魏郑道忠墓志）、🗛（唐崔绍墓志）、🗛（唐干禄字书）、🗛（唐赵仁表墓志）。唐代字样学专书将其作为"通行"一类分级看待,见《干禄字书》："胥胥,并上通下正。"

（13）有城市邑十七……聽王所以賜吏民

《考证》[1]：十七,《策》作"七十"。聽,《策》作"才",裁也。宋、中统、王、柯、毛本作"财",今从古钞、枫山、三条、凌本。

按："十七",出土古文字当写作"丨十",后世传抄者或又乱次：此为《考证》所见二抄本数量相去甚远之根。②

（14）大饥,民謳言曰

《考证》[3]《风俗通·六国篇》"謳言"作"童谣"。

按：謳（讹）,或以为指徒歌、歌谣,见朱自清《中国歌谣》："谣字有或作'讹'字者……而其词用韵,实系歌谣之体……""讹",见于金文等出土文献。至于"谣"字,《说文》小篆作"䚻",会意字,从言从肉,跟后来从缶等不同,初无乐器成分参与。䚻、谣古今字。战国楚简从言,声符从木肉声。从言䚻声结构,历代刻石见于晋南北朝及以降记录。

二 《魏世家第十四》

（1）魏献子生魏侈

《考证》[4]引沈家本曰"赵世家"作"哆"。侈、哆皆從"多"得聲,古通用。

按：侈,见于汉印、《说文·人部》小篆,晋、南北朝唐代刻石。哆,则除了古玺、《说文·口部》小篆,

---

① 唐代手写楷字结构趋向左右平衡,关乎楷化选择的认知机制。唐代楷字定型,成批上下结构趋向左右调整,这类结构稳定倾向性现象值得关注并加以讨论。这种结构平衡协调倾向,似乎贯穿整个楷化定型过程,参见字形表"影部"等。这类调整倾向,至于唐代仍然有鲜明体现。如唐贞元十七年《张公夫人荆府墓志铭并序》（《汇编》第40册第183页）："长未冠笄,幼缠鬈䯰。"其中"總髮"专用字作🗛,从影忽声；又如唐石经《五经》"剃髮"专用字作🗛,从影剔声；"鬓毛"字形用🗛；"䰅髻"字形用🗛,从影前声字形用🗛；从影卷声字形用🗛；等等。结构调整为左右,符合该时期此类上下结构调整习惯。至于中唐敦煌本抄本《郭象注庄子南华真经辑影》,所有上部从影结构如鬐、髮、鬟、髻等,全部调整为左右结构,还是没有例外。隋唐石刻,多见将上下结构调整为左右结构。像"幼"字,尽管秦汉之际简牍率多上下结构,但南北朝及隋唐石刻,除了偶尔见字形表《幺部》所录唐《开国残石》作🗛,十九已经调整为左右结构"幼"字形。又如唐天宝元年《告华岳府君文》"荒淫者神降之凶,圣哲者神授之吉""历阶趋庭,鬈鬃其形",其中"哲""鬈鬃"字形,为左右结构；武周圣历三年《郑遵墓志》（《汇编》第18册第185页）"君托迹嚣俗,无愆素尚",其"嚣俗"字写作左右结构；唐开元二十八年《吴真妻席夫人墓志铭并序》其"况复遵崇圣教,常读涅盘"字形用🗛；唐天宝元年《赵巨源墓志铭并序》"襲"作🗛；唐开元二十八年《崔公故夫人荥阳郑敏墓志铭并序》两处"誓"字皆作🗛；皆由上下结构调整为左右结构。诸如此例,堪为联类。详见臧克和《中国文字发展史·隋唐五代文字卷》,华东师范大学出版社,2015年,第43—44页。竖行抄写破体现象,亦可参见年代相当中唐时代日本空海所抄《篆隶万象名义》,见上注臧克和《中国文字发展史·隋唐五代文字卷》第一章第二节中《名义》释例。

② 《货殖列传》："范蠡既雪会稽之耻,乃喟然而叹曰：'计然之策七,越用其五而得意。既已施于国,吾欲用之家。'"《正义》标注：策七,《汉书》作"十"字。又本传下"洛阳街居,在齐、秦、楚、赵之中,贫人学事富家,相矜以久贾,数过邑不入门,设任此等,故师史能致七千万"。《考证》：《汉书》作"十千万"。数字之出入,见臧克和《注解的"标注"》,《华东师范大学学报（哲学社会科学版）》2021年第5期。

仅见于唐五代刻石，如▨（唐石经五经）、▨（后唐竖立生台记）。《考证》所引沈家本作"哆"，所见或即唐代前后《史记》抄本。

（2）夫憎韩不爱安陵氏，可也；夫不患秦之不爱南国，非也

《考证》[1]：《策》"安"上"爱"作"受"，《史记》文为长。

按：记录"慈爱"字，《史记》时代尚不用"爱"字，是《考证》所见文本为后出。又，爱、受混用，亦为《史记》文本常见例，如《史记·李将军列传》等。①

三　《韩世家第十五》

（1）不毅将以楚殉韩

《考证》[13]：《索隐》本作"殉"，《正义》本作"徇"。中井积德曰：以国殉国，只是同存亡之意。未可以死生解。愚按：作"殉"义长。

按：殉，《说文》所无，出土文献记录见于北朝及唐代刻石，诸如▨（北周卢兰墓志）、▨（唐张休光墓志）、▨（唐袁秀岩墓志）。是《考证》所见文本，或《史记》唐代前后抄本。即记录同存亡之语，当时亦只用"徇"字，例如《吕氏春秋·忠廉》："苟便于主利于国，无敢辞违杀身出生以徇之。"司马迁《报任少卿书》："常思奋不顾身，以徇国家之急。"

（2）败楚将屈丐

《考证》[3]引陈仁锡曰：古本"丐"作"匄"。

按：丐，甲骨文、金文字从亡从人。《说文》小篆从勹从亡，"勹"是"人"的变写。隶变楷化作"匄""匃"，唐代刻石作"丐"应该是讹变的结果，例如▨字，见于唐屈元寿墓志。今以"丐"为规范字，"匄""匃"为异体，《玉篇》《集韵》贮存"匄"字。是《考证》所见文本为唐宋之际抄本，所引"古本"所作字形相较为早出。

（3）不如出兵以到之

《考证》[6]引王念孙曰：到，当依《韩策》作"劲"。劲，强也。故《韩策》曰"魏氏劲，威王怒，楚与魏大战，秦取西河之外以归也"，《秦策》记此事曰"楚攻魏，张仪谓秦王曰'不如与魏以劲之'"，则作"劲"者是也。下文"公待秦而到"，亦当依《韩策》作"公恃秦而劲"，谓韩恃秦而劲，必与楚战。愚按：诸说皆缺明邑，并书存疑。

按：劲，北魏隋唐刻石大率作从刀或从刃结构，声符亦有作"至"者。② 是"到"得与"劲"混用，而《考证》所引诸说，所见文本较早不过北魏隋唐之际。

（4）公叔伯婴必以国待公

《考证》[8]：《策》"待"作"事"。崔适曰：此多脱文，无从校订。

按：事，《广韵》鉏吏切，属于去声志部崇母，潘悟云教授《汉字古音手册》"史"类拟音为 sgruɯs。待，《广韵》徒亥切，古音上声咍部定母，《手册》拟音为 gluɯ：上古音皆属之部。③

（5）韩相国谓陈筮曰

《考证》[2]：今本《策》作"田苓"。

---

① 《李将军列传》："广家世世受射。"《考证》："《正义》本'受'作'爱'，《索隐》本、《汉书》作'受'。"按：《史记》《索隐》本作"受"，是。受，汉代以之为传授习学方式。《孟子荀卿列传》："孟轲，邹人也。受业子思之门人。"另外，西汉记录"爱好"词义，尚不使用"爱"字。《说文·心部》："恶，惠也。从心旡声。旡，古文。"战国早期中山王墓壶铭上面"慈爱"一词，记录作恶，这是早期使用记录。战国中晚期楚简像郭店楚墓竹简等数十次使用，一般都是恶字。马王堆汉墓简牍为高频用字，其中记录诸如"言请（情）爱而实弗随""必爱而喜之"等处，皆为从夊恶声结构。又《说文·夊部》"爱，行皃，从夊恶声"，与"爱好"无关。至于出土实物使用"爱"字记录"爱好"词义，比较通行时期大体为南北朝隋唐时代，如北魏《元项墓志》等。参见臧克和：《注解的"标注"》。

② 诸如：▨（北魏元昒墓志）、▨（隋任轨墓志）、▨（唐诸葛亮祠堂碑）、▨（唐江璀墓志）、▨（唐慕容晓墓志）、▨（唐赵庄墓志）、▨（唐张登山墓志）、▨（唐干禄字书）。

③ 《史记》时代质、咍合韵，见《史记》"盱眙"地名读音，《三国志》《后汉书》古国名"邪马壹"亦读"邪马臺"之类。

按：陈、绅、田音近，古书通用。① 郭店楚墓战国竹简《缁衣》所引作："昔才上帝**〓〓〓**文王惪其集大命于氒身。"楚简文字中**〓**所增加"田"符功作用，即在于将"绅"字声符，通过所增"田"符加以突出标记。《左传·襄公二十二年》"陈文子"，《田敬仲完世家》作"田文子"；《左传·昭公三年》"齐其为陈氏矣"，《晏子春秋·内篇》"陈"作"田"；《庄子·天下》《战国策·齐策》"田骈"，《吕氏春秋·不二》《淮南子·人间》作"陈骈"。②

四 《田敬仲完世家第十六》

（1）田臣思曰

《考证》[6]引钱大昕曰：臣，当作"臣"，音怡，与期音近。梁玉绳曰：今《竹书纪年》作"田期"。

按：臣，金文作**〓〓〓**，古陶文作**〓**，象形字，象下巴之形，与"臣"形轮廓较为近似。《说文·臣部》："臣，顄也，象形。颐，篆文臣。〓，籀文从首。"又，"期颐"，连绵成词。

（2）赵伐我，取甄

《考证》[6]：《赵世家》"甄"作"鄄"。鄄，山东曹州府濮州。

按：《集韵·线部》："鄄甄，规掾切。《说文》卫地。今齐阴鄄城。或作甄。"《仙部》："鄄，之人切。卫地名。通作甄。"然则，以《考证》所见鄄、甄通用的《史记》文本时代，或亦属晚近宋代前后。

（3）冯将以秦、韩之兵东卻齐、宋，冯因（搏）〔搏〕三国之兵

《考证》[11]：枫山、三条本"卻"作"劫"。

按：劫，见于北朝及唐代刻石。却，《玉篇》以"却"为"卻"的俗字，《字汇》以"刼"为"卻"的俗字。唐代《五经文字》："卻，作却，俗亦相承用之。"《考证》所引诸本作"劫"，所见《史记》文本，当为后出抄本。

（4）有陶、平陆

《考证》[14]：《策》"陶"作"阴"。《补注》云：阴即陶。

按：汉简陶、阴二字隶变易混，二本必有一误。马王堆壹号汉墓 85_143"陶必亡"作**〓**，壹号汉墓 84_104"以陶封君"作**〓**，与从阜金声的"阴"字异体难以区别；北大藏西汉简贰《老子》16"负阴抱阳"作**〓**，敦煌简 0063"阴雨独不见故"作**〓**。③

五 《孔子世家第十七》

（1）聊人挽父之母诲孔子父墓

《考证》[7]：《檀弓》"挽"作"曼"，音近义通。

按：免、曼作为音符相同，出土文字结构可得相互替换。传世文献《老子》有"大器晚成"，出土马王堆汉墓帛书《老子》作"大器免成"。许多专业工作者以"大器"为"免于成就"者奇诡可喜。后来郭店战国楚墓竹简整理公布，《老子》乙本又写作"大器曼成"："大方亡禺（隅），大器曼成，大音祇聖（声），天（大）象亡坓（形）。"④北京大学藏汉简，整理发表第二册又有"大器勉成"异文。于是简文研究者或又以为"大器是可以避免一般合成的"。且不论"勉"如何就成了"避免"，"大器"就可以不成形状；也许应该考虑到"合成"作为"合成词"可能使用的时代？

（2）君欲用之以移其俗，非所以先细民也

《考证》[13]：《墨子》作"今君封之以利齐俗，非所以导国先众"。《晏子》"今欲封之以移齐国之俗，非所以道众存民也"。文异义同。

---

① "陣"字本作"陈（陈）"，从阜从木申声。"陣"是为"陈"的引申义"军队行列"而造的专字。"陈""陣"为古今字。《说文》小篆从支陈声。陈，《说文》分析小篆为形声字，从阜从木申声，所存古文从阜申声。

② 臧克和：《简帛与学术·楚简及〈书〉》之"楚简所见《尚书》今古文联系"。

③ 阴—陶，《朝鲜列传》："相路人、相韩阴、尼谿相参、将军王唊。"《集解》引《汉书音义》曰："朝鲜相路人、相韩陶、尼谿相参、将军王唊，凡五人也。戎狄不知官纪，故皆称相。"《考证》："《通鉴》从《史记》。"即《通鉴》跟《史记》相同，都是作"阴"字。

④ 刘钊：《郭店楚简校释》，福建人民出版社，2003年，第33页。

臧克和：异文与年代

按：《史记》"先"字,《墨子》作"导",《晏子》作"道"。先,即战国"先之"之先,郭店楚墓竹简《成之闻之》篇第 3 简："古(故)君子之立民也,身备(服)善以先之,敬慎以肘(受)之,其所才(在)者内矣。"亦属君子"立民"必以"先"为"导"之例。《尊德义》篇第 16 号简："先之以悳,则民进善安(焉)。"按该例"先"上部之"之"使用重文符,即"教之以德",以德教之。上海博物馆《战国楚竹书》第二册《从政》(甲篇)第 2016 号简："少人先人。"是说小人领先于他人,用法与《礼记·坊记》"君子约言,小人先言"貌合神离。要之,区别在于"先"字后面所接词性。[①]

（3）为厘姓

《考证》[10]引梁玉绳曰：《鲁语》作"漆姓",《说苑》《家语》、杜注文十一《传》同。黄丕烈曰："漆"当作"涞"。

按：漆,西汉居新简作 **[字形]**；石刻见隋唐墓志：**[字形]**(隋代杨居墓志)、**[字形]**(唐代庞履温碑)、**[字形]**(唐长孙安墓志)等,与"涞"字易混淆。《说文·水部》"涞"篆,后世仅见于唐代刻石,如 **[字形]**(唐北岳庙碑)、**[字形]**(唐石经五经)。是作"漆"姓者,系与"涞"混;作"涞"者,系晚出文本。[②]

（4）犁鉏

《考证》[1]：《韩非子·内储说下》"犁鉏"作"黎且"。

按：鉏,今作锄,《说文·金部》："立薅所用也。从金且声。"并见于出土文献,诸如 **[字形]**(魏晋楼兰纸文书)、**[字形]**(唐白知礼墓志)、**[字形]**(唐桑鄂墓志)、**[字形]**(唐石经五经)、**[字形][字形]**(唐干禄字书)、**[字形]**(唐守忠亀记)、**[字形]**(唐惟岳神道碑)等。是作"鉏"者为后出文本。

（5）据鲁,亲周

《考证》[6]引阮元曰：《董子》《史记》"亲周"皆"新周"之误。愚按：诸说略是。据鲁史也。亲,当作"新"。新周,从今周也。

按：战国楚简以"新"为"亲",秦诅楚文或从女亲声。

（6）三年心丧毕

《考证》[3]：古钞、枫山、三条本"心"作"之"。

按：心,东汉三国碑刻隶书作 **[字形]**(东汉肥致碑)、**[字形]**(东汉景君碑)、**[字形]**(三国魏正始石经),与"之"形庶几近似。

（7）子高生子慎

《考证》[4]引梁玉绳曰：《孔光传》作"顺"。《后序》子高生武,字子顺,名微,后名斌。《阙里文献考》云名谦,或作"武",后名斌。《孔丛子·陈士义篇》"子顺为相",注"孔武后名斌"。《唐世系表》穿生斌,一名胤。考子慎曾孙名武,则"武"必"斌"之讹文,但何以一人而有四名,疑莫能定,故《史记》缺不书也。慎、顺,古通。

按：顺,混同从忄符,见于北魏隋唐石刻：**[字形]**(北魏穆亮墓志)、**[字形]**(北魏元恪嫔墓志)、**[字形]**(北周董道生造像)、**[字形]**(唐姚恭墓志)、**[字形]**(后周智坚塔记)。是《考证》所谓"慎、顺,古通"者,反映《史记》抄本,大体属于南北朝隋唐之际文本。

---

① 《说文·叙》："周礼八岁入小学,保氏教国子,先以六书。"即《汉书·艺文志》："古者八岁入小学,故《周官》保氏掌养国子,教之六书。"《敦煌汉简释文》第 1448 号简："制诏皇太子：善禹百姓,赋敛以理。存贤近圣,必秦谐士。表教奉先,自致天子。"其中"表教奉先"为并列结构,表奉、教先,地位相当,就是表奉教育,即尊崇教育。汉代"奉先",至于唐代则谓之"教先"：唐代似乎以"教先"为固定结构使用,例如唐碑颜真卿《自书告身》："敕国储为天下之本,师导乃元良之教。将以本固,必由教先。非求中贤,何以审谕。"唐开元廿四年《御制令长新诫》刻石："我求令长,保乂下人。人之不安,必有所因。侵渔浸广,赋役不均。使夫离散,莫保其身。征诸善理,寄尔良臣。与之革故,政在惟新。调风变俗,背伪归真。教先为富,惠恤于贫。无大无小,以躬以亲。青旌劝农,其惟在勤;墨绶行令,孰不依遵。曷云被之,我泽如春。"

② 作"涞"者,读音与"厘"姓同,古音质、咍二部合韵,参见利一赖、厲一迈、壹一臺、隶一逮、眙一苔等字组读音关系。

（8）余祇迴留之不能去云

《考证》[4]引张文虎曰：《索隐》本作"祇迴"。凌本作"祇回"。各本作"低回"。愚按：低回，猶徘徊也。

按：低，《说文·人部》仅见于宋本新附篆文，历代石刻见于北魏隋唐，且字形多作伍形。是《考证》所谓各本作"低回"者，或仅为《史记》唐代前后抄本。

六 《陈涉世家第十八》

（1）陈涉少时尝与人傭耕

《考证》[3]引张文虎曰：宋本、毛本"傭"作"庸"，與《字类》合。愚按：古钞本亦作"庸"。

按：庸，见于各类出土古文字。傭，从人庸声。见于《说文·人部》篆文，出土文字仅见于唐代刻石。是《考证》所据文本，或为《史记》唐代抄本。简体"佣"是将繁体"傭"的声旁替换为"用"，用、庸字声符。

（2）夜篝火

《考证》[15]：篝，音溝。《汉书》作"構"。郭璞云"篝，籠"是也。

按：篝，见于《说文·木部》："篝，答也。可熏衣。从竹冓声。宋楚谓竹篝墙以居也。"历代出土文字不见记录。構，见于《说文·木部》篆文，出土文字历代石刻有记录。从木冓声，而"冓"符甲骨文、金文象两鱼相遇形，当是"遘"字初文，有相遇、相交之义。"構"是木相交构成房屋，义理有相通。异体"搆"字，从手冓声，为"構"俗字。简体"构"为新造形声字，从木勾声。

（3）陈以朱房为中正

《考证》[8]：《汉书》作"朱防"。

按：见上出《孝武本纪第十二》"夏有芝生殿防内中"条，房字结构，汉简隶变及北魏刻石分别作 、、、。以西汉简为过渡，至于接近左右结构。

（4）仰关而攻秦

《考证》[5]：仰，亦作"卬"，并音仰。谓秦地形高，故并仰向关门而攻秦。有作"叩"字，非也。

按：仰、卬隶变楷化轮廓近似而混用。仰，见于《说文·人部》小篆及汉魏六朝隋唐石刻记录，从人从卬，卬兼表音。"卬"为会意字，见于战国楚简诅楚文、秦汉简等，《说文》小篆从匕从卩，"匕"象立人，"卩"象跪坐之人，会翘首仰望之意，当是"仰""昂"初文，隶变楷化作"卬"。"卬"被借用为第一人称代词，于是其本义用加"人"符的"仰"表示。叩，从卩口声，战国楚简与《说文》小篆作"敂"，从攴句声。

（5）伏尸百万，流血漂橹

《考证》[8]：《始皇纪》《汉书》作"卤"。

按：金文作上下结构为 ![字形]；唐写本《说文·木部》作 ![字形]。櫓、橹、樐、樐、艣、艪构成异体，或体从木卤声，为诸本异文来源。

（6）士亦不敢贯弓而抱怨

《考证》[2]：《新书》《始皇纪》《汉书》《文选》"贯"作"弯"。

按：弯，见于《说文·弓部》小篆，出土文字记录见于北朝东魏及隋唐石刻。贯字早出，使用"弯"字，系后出文本。弯、贯关联，见于《集韵·影部》："弯關貫，乌关切。《说文》：持弓关矢也。《左氏传》作關。或作贯。"《后汉书·祭肜传》："肜有勇力，能贯三百斤弓。"

七 《外戚世家第十九》

（1）以吕后会葬长陵，故特自起陵，近孝文皇帝霸陵

《考证》[2]：枫山、三条本"以"作"由"。会，古钞、枫山、三条本、《汉书》作"合"。以文例，此误。

按：虽然宋本《说文》小篆字条没有直接记录"由"字，但并不意味着"由"字来源为晚。^① 三国魏三体石经《尚书春秋》残石"迪"字作▨（《汇编》第2册第13页），所从由声，已与畄之篆形相同。出土战国早期楚文字《曾侯乙墓》有20余处使用胄字，释者皆作辇形，但谛观第123号简▨，128号简▨，136号简▨，137号简▨，可知字形上部为由、中间为冃省、下部为革，组合起来应是从革胄声结构。在马王堆汉墓帛书中，可以见到完整的祝由词，而且是"祝""由"分开使用的例子。如马王堆医书《五十二病方》97—98，《养生方》195—196等，其中《五十二病方》第22方，关于"闚者方"："熬者▨曰：'胙胙诎诎，从灶出。毋延，黄神且与言。'即三潅之。"所用的"由"字，帛书即写作"古"。又如"▨曰：辛巳日，三。曰：天神下干疾神女倚序听吾(语)某"，其中有的整理者将近"古"之形所释为"辜"。其实，该字形也是与"祝由"关联的，作用跟"祝"一致。简帛医书中有大量的祝由方，即用祝咒法来治病的"方术"。马王堆简帛文字，已经发展为各种有针对性的祝由方术。战国郭店楚墓竹简《成之闻之》第28号简所用"由"字作▨，《缁衣》篇"我弗迪圣"，以"迪"用作"由"，简文字形作从辵由声，而声符"由"形亦近▨。上海博物馆藏《战国楚竹书》第一册《缁衣》第15号《吕刑》"员"："苗型之由。"其中"由"作▨，用作"迪"。双向通用，可符验比照。《战国楚竹书·缁衣》有关字形用"胄"作由，而胄上部的由也写作接近"古"形（只是有的"古"字口形当中添加一指示记号）。《成之闻之》第6号简"由上"使用繇字，从言形；第12号简"苟不從其由，不反其本，未有可得也者"作繇，用字同；第14号简用字同；战国楚简用"由"字，凡数十处，一般如此。唯《成之闻之》第28号简，所用"由"字作▨，同上海博物馆藏《战国楚竹书》第一册《缁衣》第15号简援引《吕刑》作▨。字形上部所从"十"符，不过是"丨"形的分化。上具楚简用字"古"形或上出"十"形，或下出口中添加一"一"形，也许就是试图将"古""由"两个轮廓易混的形体加以区别的手段。《上海博物馆藏〈战国楚竹书·缁衣〉所引〈尚书〉文字考》一文已经作过对照考辨，关于《君陈》的两处引文部分："凡人未见圣，若不克见；既见圣，亦不可由圣。"包山楚简207号卜筮简文结构中"以其古敓之。薦於埜地宝一犠，宫地宝一犠"，所出现"以其古敓之"，其中使用从示敓声的结构，表示的是祭祷环节之一，此简使用的正是本字，其余简文所用敓字，为该字的同声符替代字。如同帛书"祝""由"皆可单独使用，在有的情况下，楚简"敓"字并不需跟"古"连用，而是单独使用。第214号简，使用"祝"字情况，与第209—210相同。而第217号简中"占之，亙贞吉，少有忧于躬身，且外又不训(顺)。以其古敓之，旆禱楚先老僮祝融……酓各一牂，由攻解於不殆。苟嘉占之曰：吉"。该简也出现"以其古敓之"，并且跟后面的"由攻解於不殆"相呼应。第237号简："其古敓之，鼹禱……"第198简："於躬身，志事少迟得。以其古敓之。□□□□□□由攻解於人禹。"战国楚简卜筮部分，当存在"由"和"敓"的祝祷环节。由此环节上溯，金文"由"作▨▨▨：古文可谓传播有序，结构一脉相承。^②

（2）寒卧岸下百余人

《考证》[4]引王念孙曰："寒"当从《汉书》作"暮"。《御览》引《史记》亦作"暮"。张揖曰：卧岸下，《论语·吉验篇》作"卧炭下"。李笠曰：《说文》山部"岸，岸也"。此云"入山作炭"，当非水涯，当谓卧岸下。

按：战国简秦汉简记录"暮"多作"莫"，《考证》所援引诸本所引作"暮"者，或为晚出抄本。

---

① 今存大徐本《说文解字》已无法呈现"由"形，徐锴就认为《说文解字》（下简为《说文》）无由字，《说文·马部》："甹，木生条也。从马由声。《商书》曰：若顚木之有甹枿。古文言由枿。徐锴曰：《说文》无由字，今《尚书》只作由枿，盖古文省马，而后人因省之。通用为因、由等字。从马，上象枝条华函之形。以州切。"《说文》相关各部从由构造形体凡20余字。看来，至迟六朝之际"由""畄"关系，就混淆难辨了。据唐代传抄《玉篇》一系的《万象名义·由部》（下简为《名义》）所抄存，已经分化出"由"的读音："由，侧治反。又与周反。由古。否古。畄，今由。"南北朝《原本玉篇》（下简为《原本》）所存《说文》字形，唐写本残卷已经抄作"由"："《说文》以由东楚谓缶之词，音侧治反，在由部。"

② 臧克和：《简帛与学术·楚简与〈尚书〉》。由，《说文·由部》："鬼头也。"是祝由驱鬼者所为头饰。人禹，见"禹步"一词。

（3）虽小识其县名及姓

《考证》[7]：枫山本"小"作"少"。

按：少，"小"之分化字。"少""小"甲骨文都象散落的微粒之形。后来在"小"下附加一个小点，以此区别于"小"，但字音仍得于"小"。战国简帛或在"少"下加"口"旁。少小混淆，其在草书过程。

（4）通至金氏门外止

《考证》[5]：枫山、三条本"止"作"上"。

按：之、止、上混用，已见《吴太伯世家第一》"必致国于季札而止"及"鸥之塞"诸条。

（5）视其身貌行状

《考证》[3]：古钞、枫山、三条本"身"作"體"，与《艺文类聚》《初学记》《御览》引合。王念孙曰：古书无以"身貌"连文者。

按：體，金文或从身豊声作☒，汉印也存记录，东汉隶变石刻使用这类结构，北魏、隋唐刻石或从身豊声，或从身从本结构。① 《考证》所见记录作"身貌"文本，或即"體貌"的省写。诚如是，则为《史记》后出抄本。

（6）入朝见嫉

《考证》[2]：《史记·仓公传》赞"嫉"作"疑"。

按：见嫉，受到嫉妒。嫉，从女疾声。《说文》正篆从人疾声，"嫉"为《说文》或体。"嫉"是"疾"的分化字，"疾"引申有嫉恨、妒忌义，后来为此义加形旁"女"而成为"嫉"字，出土文字见于东汉、北魏、唐代刻石。至于"疑"字，则多见于金文等出土文献记录。

八　《楚元王世家第二十》

（1）王戊立二十年冬，坐为薄太后服私奸，削东海郡。春，戊与吴王合谋反，其相张尚、太傅赵夷吾谏，不听。戊则杀尚、夷吾

《考证》[3]引徐孚远曰："则杀"疑"贼杀"。李笠曰："则"古与"即"字通用。《汉传》作"遂"。遂杀，犹即杀也。愚按：李说是。

按：金文从刀从鼎，会法则之意，钟鼎之类可以传之久远，所以古人将法律条文铸刻在鼎上，谓之铸鼎象物。《说文》小篆从刀从贝，"鼎"讹变为"贝"。隋唐刻石所记录"则"形，偶或有接近于"即"形轮廓的情形，如☒（隋宋仲墓志）、☒（隋苏洪姿墓志）。贼，金文作☒，战国楚简作☒，秦汉简也同样，从戈则声结构。

（2）坐鼌错以适，削赵王常山之郡

《考证》[1]按：适读为谪，《汉书》作"过"。

按：适，读为谪，为《史记》通例，已见上出孝文本纪第十"日有食之，适见于天"条。

九　《荆燕世家第二十一》

（1）列十余县王之

《考证》[18]：枫山、三条本"列"作"裂"，与《汉书》合。

按：裂字记录，早见于秦汉简，从衣刿声。至于从列得声结构，则见于北魏、隋唐刻石。是《考证》所揭枫山、三条本从衣列声结构，较早不过北魏、隋唐之际所见抄本。

十　《齐悼惠王世家第二十二》

（1）西驰见齐王

《考证》[8]：古钞本"西"作"逦"，与《汉书》合。陈仁锡曰："西"当作"逦"，枫山、三条本作"便"。

---

① 义类偏旁从身、骨者，指向人体；从豊者为声符，豊为醴禮初文，"豊"古文从玉盛于豆器表征祭献之仪式，"禮"《说文·示部》从语源上揭示为"履"，即"禮"是诉诸实行践履的仪式行为。體體结构，表征人体体现着仪式行为规范，是一"體"两边类型。这类汉字结构，往往既可记录名词，同时亦记录动词：堪称哲学上"体用不二"纯粹直观的认知结构。

按：迺，《说文·乃部》："从乃省，西聲。籀文卤不省。"战国简帛及秦汉简文字，底部弧线或变为一条平横，但后来多变作左下一条曲线。秦汉时期，左下曲线变为"乚""辶"或"乀"，上部变为"卤"或"西"。楷书中有"卤""迺""迺"三种隶定形式。《考证》所揭古钞本作从辵从西之"迺"，大体见于隋唐石刻，例如，迺（隋郭王墓志）、迺（隋任轨墓志）、迺（隋吴严墓志）。由此亦可了解，所谓古钞本所见《史记》文本，或有可能属于隋唐之际抄本。

十一 《萧相国世家第二十三》

（1）而发蹤指示兽处者人也

《考证》[4]引何焯曰：《汉书》"发蹤"作"发縱"。洪景伯《隶释》引汉碑多以"縱"为"蹤"。

按：蹤，从足從声，见于东汉晋南北朝隋唐石刻，《说文·足部》所无。縱，从糸從声，见于战国简、秦汉简、东汉晋南北朝隋唐石刻。是《考证》所据文本作"发蹤"者，较为晚出文本。[1]

（2）因民之疾奉法，顺流与之更始

《考证》[4]：古钞、枫山、《班马异同》本"奉"作"秦"，与《汉书》合。

按：更始，重新开始，除旧布新。《考证》所见古钞、枫山本"奉"改作"秦"为是。石刻智永《千字文》"秦"作秦，"奉"作奉，草书轮廓近似。

十二 《曹相国世家第二十四》

（1）择郡国吏木诎与文辞

《考证》[1]：古钞本"诎"作"讷"，与《汉书》合。

按：诎，见于金文、战国楚简、秦汉简等。讷，除了见于《说文·言部》，出土文字记录见于晋代北魏唐代刻石。是《考证》所见《史记》文本为晚出，而古钞本为早见抄本。

（2）萧何为法，顜若画一

《考证》[2]：顜，《索隐》本作"觏"，《正义》本作"较"；《汉书》作"講"，注引文颖云"講或作'较'"；《通鉴》作"较"。梁玉绳曰："顜"当作"斠"。《说文》云"平斗斠也"，与《月令》"角斗甬"之"角"同。

愚按：洪颐煊、钱大昭说同。据《正义》本及徐广一说及《通鉴》作"较"，义亦通。较，直也，明也。

按：觏，形声兼会意字。从见冓（構、篝、媾、溝声符）声，冓兼表义。"冓"为会意字，甲骨文、金文象两鱼相遇之形，会相遇、相交之意。除了《说文·见部》小篆之外，出土文字见于北周隋唐刻石记录。顜，仅见宋代《集韵·讲部》古项切，以为顜、觏相通："明也。和也。直也。《史记》顜若画一。或从见。通作講。"是《考证》所见文本，或为《史记》唐宋之际抄本。

十三 《留侯世家第二十五》

（1）放牛桃林之隂

《考证》[10]：古钞、枫山本"隂"作"墟"，《汉书》作"野"。

按：墟，较早见于北魏隋唐刻石记录，古钞本、枫山本所见文本，系《史记》后出抄本。

（2）运筹策帷帐中，决胜千里外

《考证》[2]引张文虎曰：中统、游、毛本"帐"作"幄"。愚按：《汉书》亦作"幄"。

按：帷帐，又见《史记·陈涉世家》："入宫见殿屋帷帐，客曰：'伙颐！涉之为王沉沉者。'"至于"帷幄"之"幄"字，《说文·巾部》不录，现存出土文字仅见于北魏隋唐石刻。是诸本"帐"作"幄"者，或为《史记》后出抄本。

（3）乃学辟谷道引轻身

《考证》[6]：枫山本"道"作"導"。《汉书》作"乃学道轻举"。

---

[1] 《史记》"蹤迹"，以"縱迹"标记之。"縱"，通稍后起的"蹤"。蹤迹，行动所留下的痕迹。《史记·酷吏列传》："上问曰：'言变事縱迹安起？'"

按：導，见于东汉及以降历代石刻，《说文・辵部》录存。道，在金文及战国楚简文献中则属多见字。是枫山本所见《史记》文本，或为后出抄本。

十四 《陈丞相世家第二十六》

（1）其嫂嫉平之不视家生产

《考证》[4]：枫山、三条本"嫉"作"疾"。

按：嫉，见上出《外戚世家第十九》之"入朝见嫉"条。出土文字见于东汉北魏唐代刻石，《考证》所见文本或较为晚出。

（2）要中当有金玉宝器

《考证》[3]：古钞、枫山、三条本"要"作"腰"。与《艺文类聚》合。《汉书》"中"作"下"。

按："要"为会意字，金文从女从臼，象女性两手束腰之状，当是"腰"字初文。《说文》小篆"女"形变成了突出腰部的人形，隶变楷化作"要"。后出"腰"形分化字，始见于北魏隋唐刻石。是古钞、枫山、三条本所见《史记》文本或为后出抄本。

（3）平等七人俱进

《考证》[4]：《汉书》"七人"作"十人"。

按：古文字"七"写作"十"形，是《汉书》文本为后出。①

（4）顾大王用之

《考证》[9]引王念孙曰："顾"当依《汉书》作"愿"。

按："愿"与"顾"本是不同的两个字。"願"，从頁原声，本义为大头，从"頁"表示与头有关。欲愿义的"願"，秦汉时期常借《说文》训颠顶义的"顠"，或借《说文》训大头义的"顤"来表示。"愿"从心原声，本义为老实、谨慎。明清时期通俗文献中偶见以"愿"为"顾"的例子。今"顾"简化作"愿"，属同音替代。汉简及历代刻石隶变为■（北魏介休等造像）、■（东魏马都爱造像）、■（隋桥绍墓志）、■（隋胜福寺塔铭）、■（唐苗善物墓志）等形体结构，有可能与"顾"字混用。

（5）然大王恣侮人

《考证》[5]引张文虎曰：中统、游本及凌本引一本"恣"作"资"。愚按：《汉书》亦作"资"。颜师古曰：资谓天性也。

按：恣，放纵、放肆。本篇本节下出"乃出黄金四万斤与陈平，恣所为，不问其出入"，亦使用听任、任凭之"恣"字。恣，见于《说文・心部》小篆，并东汉及以降历代石刻。资，则见于战国楚简，秦汉简牍，大量记录。与诸本相较，《考证》所见文本，或为《史记》后出抄本。②

十五 《五宗世家第二十九》

（1）私作楼车镞矢战守备

《考证》[2]引王念孙曰：镞，当作"鍭"。《尔雅》说矢云"金镞剪羽谓之鍭"。矢必有镞，无用更言镞。"镞""鍭"字形相近而误。

按：鍭，除了见于《说文・金部》小篆，出土记录仅见于唐代石刻，例如■（唐怀古诗刻）。镞，见于西汉居延简，镞矢，矢名，金属箭头，剪齐箭羽的箭。是《考证》所见文本，或系有唐前后《史记》抄本。

十六 《三王世家第三十》

（1）西溱月氏

《考证》[10]引王念孙曰：溱，当作"溱"，故《正义》训为至。愚按：古钞、枫山本作"溱"。

按：溱，见于《说文・水部》及北周、唐代石刻，水名。溱，记录时代与溱相当。

---

① 见上出《赵世家第十三》之"有城市邑十七……财王所以赐吏民"条及脚注。

② 资、恣皆从次得声，资，后世可通用"恣"。《考证》所援引注家以"天性"即"天资"为解，未得本意。

（2）厥有愆不臧

《考证》[10]：《汉书》"愆"作"怨"。

按：厥有愆不臧，即其负罪不善者。怨、愆皆见于金文，《说文·心部》及东汉石刻愆，从心衍声。《说文》或体隶古作寋，从心，寒省声，所存籀文又从言侃声。唐代《干禄字书》以愆为俗体："愆愆，并上俗下正。"至于愆字，北魏石刻多记录作俗体，隋唐沿用。是《考证》所据文本，或即《史记》在南北朝隋唐之际抄本。

（3）保国艾民

《考证》[11]：《汉书》"艾"作"乂"。颜师古：乂，治也。

按：艾，从乂得声，刈，亦从乂得声；二字声符相同，而汉代可读作质、哙两边。① 艾，见于秦汉简；乂，则现存秦汉简尚未见记录。

（4）三代之时，迫要使从中国俗服，不大及以政教，以意御之而已

《考证》[1]：古钞、枫山、三条本"意"作"德"。

按：《说文·彳部》分析小篆为从彳惪声，惪兼表义。隶变楷化作"德"。"惪"，《说文·心部》："惪，外得於人，内得於己也。从直从心。多则切。悳，古文。"从直从心，直兼表音，"德"的古字。甲骨文金文或从彳从直，直兼表音，会行路登高正直规范之意。

"意"作"德"者，上下文从字顺，而"意"必"惪"形之相近而混误：惪，历代石刻字形如🔲（北魏薛伯徽墓志）、🔲（北周辅兰德造像）、🔲（唐董虔运墓）等。然则，《考证》所见文本作"意"而实为"惪"者，或为《史记》后出抄本。

十七 《伯夷列传第一》

（1）盗跖日杀不辜，肝人之肉，暴戾恣睢，聚党数千人，横行天下，竟以寿终，是何德哉

《考证》[7]：愚按："肝"疑当作"脍"。

按：《庄子·盗跖》："盗跖乃方休卒大山之阳，脍人肝而餔之。"本传殆意引此语。脍炙字，见录于《说文·肉部》，出土文献见于北魏及唐代石刻。《考证》所疑作"脍"，未必有当于《史记》早期抄本。

十八 《管晏列传第二》

（1）责包茅不入贡于周室

《考证》[4]：枫山、三条本"包"作"菁"。

按：包茅，古代祭祀时用以滤酒的菁茅。因以裹束菁茅置于饮食器中，故以包茅之名为称。《尚书·禹贡》："包匦菁茅。"《左传·僖公四年》："尔贡包茅不入，王祭不供，无以缩酒。"杜预注："包，裹束也；茅，菁茅也；束茅而灌之酒，为缩酒。"盖"包茅""菁茅"，皆源于此类结构。

十九 《老子韩非列传第三》

（1）名耳，字聃

《考证》[3]：《吕氏春秋·不二·重言》两篇"聃"作"耽"。

按：耽、眈异体字，现存历史汉字除了见于《说文·耳部》篆文（"耳大垂也，从耳冘声"），出土文字记录见于东汉魏晋南北朝隋唐之际石刻。聃、聸异体，《说文·耳部》记录篆文及或体（耳曼也，从耳冉声）；《玉篇·耳部》："聃，他甘切。《說文》云：耳曼也。老子名曰老聃。又奴甘切。聸，《說文》聃同。""軸，他甘切。俗聃字。"《名义·耳部》："聃，奴甘反。耳曼也。聸，同上。"另外，现存出土文字见于隋唐之际石刻。聃字从冉得声，冉冉，空间下垂貌。《考证》所据文本，或为《史记》较为后出抄本。

---

① 《说文·艸部》："艾，冰臺也。从艸乂声。"大徐本读音为五盖切。如果作为释义方式来观察，《说文》注释体例，实属罕见。"冰臺"解释，方式为拟音，传统训诂学属于所谓声训。冰，读若凝，凝字结构为从仌疑声。"艾"一读若乂，一读如"臺"（臺字从吉得声）。冰臺即可作为植物"艾"别名，《尔雅·释草》："艾，冰臺。"

（2）大抵率寓言也

《考证》[4]：三条本"寓"作"偶"。张文虎曰：依《索隐》，则所据本《史记》文"寓"作"偶"。今单本亦作"寓"，盖后人改之。

按：寓，见于金文战国楚简秦汉简；偶，见《说文·人部》篆文："桐人也，从人禺声。"偶然见于武威汉简，其余见于北魏隋唐刻石。寓、偶声符同，且字义相通。《考证》所引以为今本作"寓"者，盖后人改字，推测之词，不足信。

（3）则以为粥权

《考证》[11]引《韩非子》"粥权"作"卖重"。中井积德曰：鬻权，谓使人持轻重之权也。《韩子》作"卖重"，义长。

按：粥，《说文·鬲部》："鬻，键也。从鬲米声。武悲切。臣铉等曰：今俗粥（鬻）作粥，音之六切。"宋代徐铉所谓"粥"本是"鬻"的俗字，其实该字形记录见于汉印及威武汉简。鬻，《集韵》之六切，即同"粥"字；《广韵》余六切，义为卖。卖，同样多见于西汉简。①

（4）泛滥博文，则多而久之

《考证》[15]：枫山、三条本"久"作"文"。《韩子》"泛滥博文"作"米盐博辩"，"久"作"交"。愚

按：久之，《韩子》作"交之"。交，杂也。《索隐》、枫山、三条本作"文"。文，浮辞也。二者皆通。

按：文、交、久三字草书易混用。交，简牍石刻分别作 ![交字] ![交字]（睡虎地秦简）、![交字]（里耶秦简）、![交字] ![交字]（马王堆汉墓简）、![交字] ![交字] ![交字]（西汉居新简）、![交字]（西汉威武简）、![交字]（东汉尹宙碑）、![交字]（智永草书千文）。久，见南北朝石刻作 ![久字]（南朝梁旧馆坛碑）、![久字]（北魏侯刚墓志）等。

（5）辞言无所击排

《考证》[9]：各本"辞"讹"悟"。今从三条本。

按："悟言"成词，晤谈，对谈。悟，通"晤"。其中"悟"字见于《说文·心部》篆文，楼兰纸写文书，北魏隋唐刻石；"晤"字所出时代与之相当。然则，各本作"悟"者，其所见《史记》抄本，或系后出。

（6）乃后申其辩知焉

《考证》[10]：《韩子》"乃"作"然""申"作"骋"。

按：骋，《说文·马部》篆文分析："直驰也，从马甹声。"出土文字见于北魏隋唐石刻。是《考证》所见《韩子》文本，或系后出版本。

余论

统计分析《史记》部分写本时代各层各家注本之间所形成"异文"类型，略如上述。在宋代之前的各种文本基本依靠辗转传抄作为传承样式，与宋代及宋代以降传播的主渠道为刻本的"定本"大相径庭。后世古文献学推断此前传抄本年代属性，基本没有什么现成线索。面对这样的文本传播形态，通过具有明确写定年代的一次性出土文献记录，对照"异文"形成的大致年代，就属于无可代替的考察条件。单位汉字书写变化的年代学考察，往往构成汉字发展史学科体系研究基础。

需要特别指出的是，调查统计过程中，这样的做法其局限性也是显而易见的。首先是秦汉简等众多出土文本，尚属不断挖掘、不断整理发表公布过程中，相关数字化工作，也就只能呈现为开放性结构，即文字使用统计情况，将长期处于一个不断变化的动态过程。某些"异文"现在没有发现，不等于不存在或以后不出现。面对不断涌现的出土文字，作者所见不够不广，即使业已整理发表公布的资

---

① 《玉篇·鬲部》："鬻，羊六切。鬻，卖也。又音祝。《说文》又音糜。""粥，之育切。糜也。《集韵》"鬻粥鬻，之六切。糜也。或作鬻。亦书作粥鬻。""鬻粥鬻鬻粥，余六切。《说文》：鬻也。或作粥鬻鬻粥。又姓。"

料，也存在许多认识"盲区"。因此，现在所见到的某个时代的文字记录，还只是举例性质，提供出这方面的联系线索，仅供古文献学、文字年代学相关学者研究参考而已。其次，文字反映社会生活历史变迁，具有滞后性质。由此，上述统计分析只是提出大体时间分期取值范围，文中不能不采取或然性判断。

正如文字学兼书艺家朱葆华教授在《中国文字发展史·秦汉文字卷》中为"草书"发生所作义界："班固、许慎等皆言'汉兴有草书'，认为草书是汉代产生的。一般的理解是汉代建国之初就产生楷书了。从现有的出土文献来看，汉初的出土文献中尚未发现草书。例如马王堆汉墓出土的简帛书、张家山汉墓和银雀山汉墓出土的简牍文字皆是隶书，西汉中期以后出土的简牍文字中才看到草书的踪迹。但这并不能证明汉初没有草书，也不能证明汉初就有草书了，因为我们现在所看到的出土资料毕竟是有限的。"①

Different Text and Time

Zang Kehe

(Center for the Study and Application of Chinese Characters,

East China Normal University，Shanghai 200062，China)

Abstract：Relying on various unearthed document databases such as Shang and Zhou inscriptions，we will investigate the types of different texts，marking methods，and the age of relevant texts in the *Historical Records*. Through the one-time unearthed document records with a clear date，the approximate age of the formation of more than one hundred and dozens of "different texts" was compared.

Key words：inscription in gold and stone；bamboo script and silk script；*Historical Records*；years

---

① 朱葆华：《中国文字发展史·秦汉文字卷》，华东师范大学出版社，2015年，第99页。

《集韵》俗字考源*

邓福禄　黄永杰

【摘　要】《集韵》中有大量具体意义不明的俗字,本文选择其中 19 个俗字做了考释,为阅读研究《集韵》和当今大型辞书编纂提供参考。

【关键词】集韵;俗字;疑难义训

【作者简介】邓福禄,苏州大学文学院教授,博士生导师,研究方向为文字训诂学。黄永杰,武汉大学文学院博士研究生,研究方向为汉字学。(江苏 苏州 215000;湖北 武汉 430000)

《集韵》是《广韵》的增修本,收字 53525 个,几乎是《广韵》的两倍。顾广圻说:"盖自宋以前群书之字,略见于此矣。"①这些字形中有大量俗体字,其形体和字义来源不明。当今的《汉语大字典》等大型辞书又以此为文献依据,设立字头和义项,没有做进一步的研究,加之其后无例证,致使它们仍旧为疑难俗字和疑难义项。本文选取其中部分俗字进行考源,敷衍成文,以就教于方家。

【坻】　(456)②

(二) zhì《集韵》丈尒切,上纸澄。

山坡。《集韵·纸韵》:"秦人谓阪曰坻。"

按:《集韵·纸韵》丈尒切:"秦人谓阪曰坻。"(651)此"坻"乃"坻"字形误,而"坻"又为"阺"之换旁俗字。《说文·自部》:"阺,秦谓陵阪曰阺。从自,氐声。"徐铉音丁礼切(307)。段注:"大自曰陵,坡曰阪,秦人方言皆曰阺也。《汉书》杨雄《解嘲》曰:'响若坁隤。'应劭云:'天水有大坂,名曰陇坻,其山堆旁箸嶊落作声,闻数百里,故曰坻隤。'按,仲远(应劭)误也。依《说文》,则巴蜀名山岸胁之旁箸欲落墒者曰氏,氏嶊,闻数百里。秦谓陵阪曰阺。其字则'氏'与'阺'不同,其语言则秦与巴蜀不同。且'氏'主谓石,故嶊声闻远。'阺'主谓土,陵阪皆土阜也。'氏'(支部)或讹作'坻',韦昭音'若是理'之'是'(支部),不误。'阺'字或作'坻',音丁兮、丁礼二反。《(文选·宋玉)高唐赋》:'临大阺之稸水。'是其正字也。自仲远合而一之,古音十六、十五部之别亦涽矣。"(1276)段说要点有三:第一,"坡曰阪,秦人方言皆曰阺也";第二,"阺"或换旁作"坻"(自、土义近换用);第三,因为"氏""氏"形近混同,故本为脂部的"阺"字或误读为支部字。段说是也。《集韵》"秦人谓阪曰坻"之"坻"与"坻(阺)"形近义同。盖"阺"换旁作"坻",又误作"坻",遂音随形转读"丈尒切",与《说文》训"箸也"之"坻"字同形。

【嗦】　(731)

kǎng《集韵》口朗切,上荡溪。

咳嗽声。《集韵·荡韵》:"嗦,咳声也。"

按:《集韵·荡韵》:"嗦,嗦咳,声也。"(869)《大字典》盖以为训释语中"嗦"字复指字头"嗦"而删之,遂将"嗦咳,声也"省写为"咳声也",此说非是。"嗦咳"为双音节词。失译人名附后汉录《分别功德论》卷一:"父语:'不可。海深没汝。'故欲得人,父即放之,没于海底,惶怖嚯嚘。"(T25,p0030,c22－23)《可洪音义》卷二〇《分别功德论》第一卷音义:"嚯嚘,冝作'嗺眼',上丘亮反,下力向反。小儿啼也。

---

* 基金项目:本文为国家社科基金重大项目"中古近代汉字字源及其数据库建设"(项目号:21&ZD296)的阶段性成果。

① 顾广圻:《思适斋集》卷七《补刊〈集韵〉序》,《续修四库全书》集部 1491 册,上海古籍出版社,2002 年。

② "(456)"指《汉语大字典》第二版第 456 页,后仿此。

又上苦朗反,下苦爱反。谓謦欬水抢人骇怖之声也,正作慷欬也。上又郭氏作巨两反,非也。”(176a12)又同书卷二五《一切经音义》第十八卷:“嚾慨,上苦朗反,下苦爱反。正作嗛欬也。论意谓水溺抢急惊怖謦欬声也。又宜作羗哏,上丘向反,下力向反。小儿啼也。上又郭氏音强,非也。应和尚未详。”(385a6)“慷欬”即“嗛欬”,则“嗛”为“慷”之换旁俗字。

进而言之,“慷”又为“忼”之易声俗字。《说文·心部》:“忼,慨也。从心,亢声。”徐铉曰:“今俗别作慷,非是。苦浪切,口朗切。”(217)又:“慨,忼慨,壮士不得志也。从心,既声。”徐铉音古溉切(217)。张舜徽《约注》:“‘忼慨’二字,双声连语,谓内心有不平之情也。心不平谓之忼慨,犹土不平谓之坎坷耳。坎坷亦双声连语。忼慨、坎坷,实语声之变。”(2557)此说可从。

【豁】(760)

yì《集韵》乙冀切,去至影。

痛声。《集韵·至韵》:“豁,痛声。”

按:《集韵·至韵》乙冀切:“豁,痛声。”(986)《大字典》据此训“豁”为“痛声”,但无用例。“豁”即“懿”之变,“懿”又为“噫”之假借字。《说文·口部》:“噫,饱食息也。从口,意声。”(25)又引申为“叹息之声”。《集韵·止韵》:“噫,叹声。”《论语·先进》:“颜渊死,子曰:‘噫!天丧予!天丧予!’”何晏注:“包曰:‘噫,痛伤之声。’”“噫”或假借“懿”字为之。《毛诗·大雅·瞻卬》:“懿厥哲妇,为枭为鸱。”郑玄笺:“懿,有所痛伤之声也。”孔颖达正义:“懿与噫,字虽异,音义同。《金縢》云:‘噫!公命我勿敢言。’与此同也。噫者,心有不平而为声,故云有所痛伤之声。痛伤褒姒乱国政也。”(577)“豁”与“噫”“懿”音义皆合。《龙龛·壹部》“懿”或作“豁”(541),“豁”即“懿”字涉“噫”之变。故“豁”亦训“痛声”。

【嵴】(819)

jǐ《集韵》资昔切,入昔精。

山脊。《集韵·昔韵》:“嵴,山脊。”

按:“嵴”训“山脊”,乃“脊”之增旁俗字。《宋书》卷八四《孔觊传》:“众叛都尽,门生载以小船,窜于嵴山村。”(2161)此其例证。又《龙龛·山部》:“峪,俗,音积,正作脊,背脊。”(79/02)《字汇补·山部》:“峪,嵴字之譌。”(56)此即“嵴(峪)”为“脊”的俗字之书证。

【殍】(1493)

zǎi《集韵》子亥切,上海精。

灭。《集韵·海韵》:“殍,灭也。”

按,《集韵·海韵》子亥切:“殍,灭也。”(735)此即《大字典》所本。“殍”当是“宰”之增旁俗字。《汉书·宣帝纪》:“其令太官损膳省宰。”颜师古注:“宰为屠杀也。”“杀”与“灭”义近。《庄子·大宗师》:“杀生者不死,生生者不生。”成玄英疏:“杀,灭也。”《文选·张华〈女史箴〉》:“道罔隆而不杀。”李周翰注:“杀,灭也。”皆其例。故“殍”“宰”同义。

【殌】(1484)

(二) lā《集韵》落合切,入合来。

朽折。《集韵·合韵》:“殌,朽折也。”

按:“殌”为“拉”之换旁俗字。《说文·手部》:“拉,摧也。从手立声。”徐铉音卢合切(252)。《汉书·邹阳传》:“范雎拉胁折齿于魏,卒为应侯。”颜师古注:“拉,摧也。”“殌”“拉”音义同。“拉”因与伤残有关,故换旁作“殌”。

【殜】(1491)

(一) wò《集韵》乌括切,入末影。

臭气。《集韵·末韵》:“殜,臭气。”

（二）wǎn《集韵》委远切，上阮影。

人死貌。《集韵·阮韵》："豌，人死兒。"

按：先看义项（二）。"豌"为"宛"之增旁俗字。《诗·唐风·山有枢》："宛其死矣，他人是愉。"毛传："宛，死貌。"《释文》："宛，于阮反，本亦作'苑'。""宛"字意在描写死兒，故增旁作"豌"。又据《释文》，"苑"为"宛"之异文，"苑"为枯病。《淮南子·俶真训》："是故形伤于寒暑燥湿之虐者，形苑而神壮。"高诱注："苑，枯病也。"又《本经训》："百节莫苑。"高诱注："苑，病也。苑读南阳之宛也。"结合"宛""苑"二字意义，"宛"字词义为"枯死兒"。

再看义项（一）。"豌"训臭气，通作"郁"。《广雅·释器》："郁，臭也。"《礼记·内则》："鸟皫色而沙鸣，郁。"郑玄注："郁，腐臭也。"是"豌""郁"二字义同。又《史记·扁鹊仓公列传》："寒湿气宛笃不发。"裴骃集解："宛，音郁。"《礼记·内则》："兔为宛脾。"郑玄注："宛，或作郁。"《周礼·考工记·函人》："欲其惌也。"郑玄注引郑司农云："惌读为'宛彼北林'之宛。"孙诒让正义："今《毛诗》'宛'作'郁'。"是"宛""郁"二字通。"豌"盖亦"宛"之增旁俗字。

【殂】（1494）

zuì《集韵》摧内切，去队从。

残败。《集韵·队韵》："殂，残败。"

按，《集韵·队韵》摧内切："殂，残败。"（1099）此即《大字典》所本。"殂"乃是"摧"之换旁俗字。《说文·手部》："摧，一曰折也。"（252）《集韵·队韵》摧内切："摧，减也。"（1099）赵振铎《校本》改"减"为"灭"，是也。"折""灭"与"残败"义近。《慧琳音义》卷四〇《千手千眼观世音菩萨无碍大悲心陀罗尼经》音义："摧折：上徂限反。《考声》云：'断也，损也，败也。'"（191b）又张衡《西京赋》："梗林为之靡拉，朴丛为之摧残。"薛综注："靡拉、摧残，言揩突之，皆擗碎毁拆也。"（73）"摧残"连用，"摧"亦"残"也。盖"摧"受"残"的影响而换旁作"殂"。

【殨】（1495）

wèi《集韵》乌废切，去废影。

〔残殨〕死物。《集韵·废韵》："殨，残殨，死物。"

按：《集韵·废韵》乌癈切："殨，残殨，死物。"此即《大字典》所本。"殨"即"秽"之换旁俗字。《后汉书·种暠传》："又奏请敕四府条举近臣父兄及知亲为刺史、二千石尤残秽不胜任者，免遣案罪。"隋王通《中说·王道》："汉之统天下也，其除残秽，与民更始，而兴其视听乎？"《资治通鉴·晋安帝义熙六年》："宣恺悌之风，涤残秽之政。""残殨"即"残秽"，"秽"盖受"残"字影响而换旁作"殨"。

【攺】（1553）

（一）jié《集韵》子结切，入屑精。

治。《集韵·屑韵》："攺，治也。"

（二）fú 事之节。《字汇·攴部》："攺，事之节也。"一说"卪"的讹字。《正字通·攴部》："攺，卪字之讹，旧注音训与卪相近，加攴无义。《篇海》又音伏，义同。并非。"

按：（一）《集韵·屑韵》子结切（与卪同一小韵）："攺，治也。或作攺。"（1446）此即"𢼸"字形变。《说文·又部》："𢼸（攺），治也。从又从卪。卪，事之节也。"徐铉音房六切。段注："手持节以治之。""𢼸"字隶变作"攺"，或隶变作"攺"。字又隶定作"攺"。《类篇·又部》："攺，《说文》：治也。"《字汇·又部》："攺，同攺。"字又异写作"攺"。《龙龛手镜·又部》："攺，子结反，理攺。"（349）《集韵》音子结切、《龙龛手镜》音子结反，当误以"𢼸"字从卪得声，其实非是。《篇海》又音伏，是也。《正字通》谓其非，亦误。

（二）《字汇·攴部》："攺，子列切，音节。治也。〇又房六切，音伏，义同。又事之节也。"此即《大字典》所本。"攺"音子列切、又音房六切，显然将错误读音和正确读音混为一条，未辨明其源流关系。义训"事之节也"即抄自《说文》注语"卪，事之节也"，实非"𢼸（攺）"字义训。

【敤】（1576）

kè《集韵》克盍切，入盍溪。

敲打。《集韵·盍韵》："敤，敲也。"

按：《集韵·盍韵》克盍切："敤，敲也。"（1598）此即《大字典》所本。字或从手作"搕"。《玉篇·手部》："搕，口合切。打也。"（127）《字汇·手部》："搕，克合切，堪入声。打也，击也。"（181）"打""击"义同。"敤""搕"皆"磕"之换旁俗字。《说文·石部》："磕，石声。从石，盍声。"徐铉又音苦盍切。段注："今俗用为磕破，磕睡字，读苦盍切。"（787）又《约注》云："湖湘间称叩首曰磕头，亦曰磕响头，谓首下触地有声也。"（2303）又引申为敲击义。《玄应音义》卷一七《俱舍论》第二卷音义："相磕，苦盍反。《说文》：'磕，石声也。'今江南凡言打物破碎为磕破，亦大声也。"（231）今《大正藏》对应经文为："二手相榼，则应相着。"（《阿毗达磨俱舍释论》卷二；T29，p0171，b22－23）校勘记："榼"，宋、元、明、宫本作"搕"。

【攁】（2094）

yǎng《集韵》以两切，上养以。

发动。《集韵·养韵》："攁，发动也。"

按：《集韵·养韵》以两切："攁，发动也。"（855）《大字典》据此径训"攁"为"发动"，其具体含义不明。《慧琳音义》卷五三《长阿含十报经》上卷音义："四蛘，羊掌反。经从养作蛘，俗字也。《字书》云：'疮肉中虫行也。'或从手作'攁'，发动也。《说文》：'搔蛘也，从虫，羊声。'有作痒者，不成字也。"（497a）此盖《集韵》所本。"攁"又为"蛘（蛘）"涉"搔"之换旁俗字。

又考《说文·虫部》："蛘，搔蛘也。从虫，羊声。"《段注》改"搔"为"骚"，云："骚，各本作'搔'，今正。'疥'字下曰：'骚也'。今亦作'搔'。搔，刮也。非其意。唐人所引作'瘙'。'瘙'见《号韵》，乃俗字，许所无。依义当作'骚'。骚，骚扰也。毛云'动'也。骚痒者，扰动于肌肤间也。"（1164）是"骚（搔）"本有"动"义。又《释名·释疾病》云："痒，扬也。其气在皮中，欲得发扬，使人搔发之而扬出也。"（291）结合《释名》与《段注》，"攁（蛘/蛘）"训为"发动"，"发动"即"蛘气发作"之义。

【抵】（2015）

（二）dì《集韵》丁计切，去霁端。

擿。《集韵·霁韵》："抵，擿也。"

按：《集韵·霁韵》丁计切："抵，擿也。"（1038）"擿"为投掷义，后作"掷"。《说文·手部》："擿，投也。"（254）段注："今字作掷。凡古书用投掷字皆作'擿'。许书无'掷'。"（1044）《庄子·胠箧》："擿玉毁珠，小盗不起。"《史记·刺客列传》："荆轲废，乃引其匕首以擿秦王，不中，中桐柱。"司马贞索隐："擿与掷同，古字耳。"《资治通鉴·汉献帝建安十三年》："或谓（刘）备：'赵云已北走。'备以手戟擿之曰：'子龙不弃我走也。'"胡三省注："擿读与掷同。"此皆为段说之证。

"抵"训"擿"，为"抵"之易声俗字，"抵（抵）"又为"掷"之假借字。《集韵·荠韵》："抵，《说文》：'挤也。'或作抵。"（716）"氐""底"（从氐得声）音同，故"抵"或易声作"抵"。宋跋本《切韵·荠韵》都礼反："抵，掷。"《玉篇·手部》："抵，多礼切，掷也。"（119）朱骏声《说文通训定声·解部》："抵，叚借为擿。"《后汉书·曹皇后纪》："魏受禅，遣使求玺绶，后怒不与。如此数辈，后乃呼使者入，亲数让之，以玺抵轩下。"李贤注："抵，掷也。"《文选·张衡〈东京赋〉》："藏金于山，抵璧于谷。"吕延济注："藏、抵皆轻弃不用。"《南史·韦叡传》："粲怒，以杯抵地。"《新唐书·黄巢传》："贼见穷民，抵金帛与之。"此皆"抵"假借为"掷"之证。"抵""抵"同字，故"抵"亦可训"擿"。

【搕】（2029）

（三）hé《集韵》何葛切，入曷匣。

瓮。《集韵·曷韵》："搕，瓮也。"

137

按：《集韵·曷韵》何葛切："揭，壅也。"(1418)赵振铎《校本》改"揭"为"堨"，其《校勘记》云："陈校从'土'。按：明州本、钱钞'揭'字正作'堨'。段校、陆校、庞校、钱氏父子校同。后阿葛切亦作'堨'。"(904)此言是也。"土""扌"手书形近易混。(《龙龛·手部》："揎，俗，音准，正作埻。"即其例。)故"堨"写作"揭"。《广韵·曷韵》乌葛切："堨，拥堨。"《水经注·涑水》："故公私共堨水径，防其淫滥。"《晋书·食货志》："修守战之具，堨汝水，造新陂。"此"堨"亦拥堨义。

"堨"本作"遏"。《说文·辵部》："遏，微止也。"徐铉音乌割切。引申为壅塞。《三国志·魏志·郑浑传》："兴陂遏，开稻田。"《水经注·鲍丘水》："以嘉平二年，立遏于水。……遏高一丈，东西长三十丈，南北广七十余步。"戴震校："遏，即堨。"《字汇补·辵部》："遏，与堨通。"

字或作"阏"。《说文·门部》："阏，遮攤也。从门，於声。"徐铉音乌割切。段注："古书'壅遏'字多作'攤阏'，如许所说则同义异字也。"(1024)"揭"音何葛切，盖依其声旁"曷"读之(《广韵》"曷"音胡葛切)。

【迡】 (4080)

rǒng《集韵》乳勇切，上肿日。

行。《集韵·肿韵》："迡，行也。"

按：《集韵·肿韵》乳勇切："迡，行也。或作踊。"(634)此即《大字典》所本。《字汇·辵部》："**迡**，而陇切，音冗(俗宂字)，行貌。"(487)《正字通·辵部》："**迡**，俗尤字。《旧注》行貌。与尤义近。改而陇切，音宂，非。"(1148)此言是也。"迡""**迡**""**迡**"皆一字异写，实皆"尤"之增旁字之变。《说文·冂部》："尤，淫淫，行皃。从人出门。"(105)钱坫《说文斠诠》曰："《子虚赋》：'纚乎淫淫。'郭璞注：'群行皃。'淫即尤字。"(585)徐灏《说文解字注笺》曰："从人出冂，远行意也。"(432)张舜徽《约注》云："'尤'为本字，'淫'为同音假借字。许君以借字释本字，与'髟'下云'长发，森森也'，例同。以'淫'释'尤'，犹以'森'释'髟'，均用声训，取其通俗易晓耳。他书引《说文》者，多作'尤尤'，则由引用时因文立训，改用本字；似非许书传写之讹。诸家议改，疑未是。尤篆所从之冂，乃指家门，与'央'篆所从之冂同意。今语恒称远行为'出门'，即从人出冂义。"(1301)此言得之。"尤"涉行义而增"辶(辵)"旁又变异作"迡"。因宂、尤形近易混，故"迡"又随"宂"读而音"而陇切"(《说文·宀部》："宂，椷也。从宀，人在屋下，无田事。"徐铉音而陇切)。

【頠】 (4655)

huì《集韵》呼内切，去队晓。

大头。《玉篇·页部》："頠，大首也。"

按：《玉篇·页部》："頠，呼块切。大首也。"《校释》："《集韵·队韵》义同。頠之言恢大也。《说文》：'䯤，大头也。读若魁。'魁亦大也。……頠与䯤同，音有轻重耳。"(747)此说盖是，但未明确二字之正俗关系。《正字通·页部》："頠，俗字。"但未指明是何字之俗。今考"頠"乃"䯤"之后起增旁俗字。《说文·页部》："䯤，大头也。从页，骨声。读若魁。"《约注》云："䯤从骨声，本在见纽；读若魁，则入溪纽；见溪近转，其例至广，不足怪也。凡言魁首、渠魁，本皆作'䯤'，由大头义引申为首领耳。人之头大者，躯干多雄伟，故言魁梧、魁岸，亦当以'䯤'为本字。"(2162)"大首"即"大头"。"頠""䯤"二字义同。《说文》"读若魁"者，《礼记·檀弓》"不为魁"，郑注'魁，犹首也，天文北斗魁为首。'则"魁"为"䯤"之假借字。P.2015《切韵·灰韵》苦瓌反："頠，大头。"(3348)关长龙《校勘记》云："字头《玉篇·页部》同，《广韵》《集韵》皆作'䯤'形，于形声构字理据看，当以底五所作为正。""底五"即P.2015《切韵》，意谓"頠"为"䯤"之正字，此说非也。其实正好相反，"䯤"乃"頠"之正字。

【頯】 (4656)

(二)tāo《集韵》他刀切，平豪透。

盥洗。《集韵·豪韵》："頯，盥也。"

　　按："頮"训盥，形义不谐，当是"洮"之俗字。《说文·水部》："洮，水。出陇西临洮，东北入河。从水，兆声。"徐铉音土刀切。段注："洮为地名、水名极多。又为洮頮，又为洮汰、洮米，皆用此字。"(910)《尚书·顾命》："甲子，王乃洮頮水。"伪孔传："今疾病，故但洮盥頮面。"(583)孔颖达疏："今以病疾之故，不能沐浴，故但洮頮而已。《礼》洗手谓之'盥'，洗面谓之'靧'。《内则》云，子事父母'面垢，燂潘请靧'。'頮'是洗面，知'洮'为盥手。"(584)"洮"受其后的"頮"字影响而类化换旁作"頮"。

　　【頨】（4659）

　　（二）biàn《集韵》卑见切，去霰帮。

　　〔頨頨〕狡。《集韵·霰韵》："頨，頨頨，狡也。"

　　按：《集韵·霰韵》倪甸切："頨，頨頨，狡也。"(1171)此即《大字典》所本。又《霰韵》卑见切："頨，頨頨，狡也。从翩省。"(1173)"頨頨"盖"頨妍"之误。"頨妍"又当为"頨妍"之变。小徐本《说文·页部》："頨，頨妍也。从页，翩省声。读若翩。""妍"受"頨"字影响类化而换旁作"頨"。《广韵·仙韵》："頨，鶣妍，美头。"因"頨"读若翩，故"頨妍"又变作"鶣妍"。《集韵》"頨頨"训狡，"狡"当作"姣好"理解。《诗·山有扶苏》"不见子充"，郑玄笺："狡童有貌而无实。"孔颖达疏："狡童，谓狡好之童。"此"狡"即"姣"之假借字。《说文·女部》："姣，好也。"与"狡"音同义合。

　　【頓】（4659）

　　（一）chē《集韵》昌遮切，平麻昌。

　　牙床骨。《集韵·麻韵》："頓，牙车。通作车。"

　　按：《集韵·麻韵》昌遮切："頓，牙车。通作车。"(433)据此，"頓"训牙车，乃"车"之增旁俗字。《说文·车部》："车，舆轮之总名。"段注："许君之说字，谓之舆轮之总名，言轮而轴见矣。浑言之则舆轮之总名。析言之则惟舆偁车。以人所居也。故《考工记》曰：'舆人为车。'"(1250)引申之，牙所居曰车。《左传·僖公五年》："谚所谓'辅车相依，唇亡齿寒'者，其虞虢之谓也。"杜预注："辅，颊辅；车，牙车。"孔颖达疏："牙车，牙下骨之名。"(1795)因为"牙车"位于头部，故"车"增页旁作"頓"。

　　"頓"字早见于佛经音义。《玄应音义》卷一七《出曜论》第十四卷音义："颔车，又作顧，同，胡感反。颐下也。《释名》：'颔，含也，口含物之车也，或曰辅车。其骨强，所以辅持口也。或曰牙车，牙所载也。或言颊车，亦所载颊也。凡系于车者，皆取在下载上物也。俗名頔车，音公盍反。吴会曰颔頡，頡，苦姑反。论文或作頓。"(237b)《可洪音义》卷二五《一切经音义》第十七卷音义："作頓，尺耶反。见《藏》作车。"(383a1)此盖《集韵》所本。

　　以上诸例俗字，皆无例证，只有在探求到它们的正字后，意义才会更加明确。

Source Research of Demotic Characters in *Jiyun*

Deng Fulu　Huang Yongjie

(School of Chinese Language and Literature, Suzhou University, Suzhou 215000, China;

School of Chinese Language and Literature, Wuhan University, Wuhan 430000, China)

Abstract: A large number of demotic characters whose concrete meanings are unclear are collected in *Jiyun*. This thesis analyses nineteen demotic characters in *Jiyun*, provides a reference for studying *Jiyun* and compiling large dictionaries.

Key words: *Jiyun*; demotic characters; ambiguous interpretation

莆仙戏清代手抄剧本方言俗字俗词例释

宋佳丽

【摘　要】宋元南戏"活化石"莆仙戏作为我国最古老的剧种之一,具有极高的研究价值。在传世的清代古戏文抄本中保留了珍贵的语言线索,戏文中方言用字极具地方特色,与其他闽方言的戏文用字大不相同,是观察莆仙方言口语演变的历史窗口。通过对十七个剧目清代古抄本的校对、梳理,选取"俫、喏、目、迈、不但"五个常用字词详加考释,以补方言史、戏剧史材料。

【关键词】莆仙戏;古抄本;方言;俗字俗词

【作者简介】宋佳丽,女,华东师范大学中国语言文学系语言学及应用语言学博士研究生,研究方向为汉语方言学。(上海 200241)

莆仙戏原名兴化戏,是一种用莆仙方言演唱的地方性民间戏曲剧种,流传于福建沿海中部地区,以莆田、仙游两县为主。莆仙戏因其在传统剧目、音乐曲牌、行当角色、乐器等方面都与南戏有着密切关系,故素有宋元南戏"活化石""南戏遗响"的美称。①

莆仙戏原存传统剧目五千多个,古抄本八千余册,早在南宋时期,诗人刘克庄(1187—1269)便在其诗作中记录了当时莆田戏曲的演出情况。后经流传重抄,除去散佚仍有一千多复抄本。在现存的剧本抄本中,年代最早的是清道光年间,也有一部分属同治、咸丰、光绪抄本,尤以宣统年间最多。②

今莆田市图书馆藏有一批清代流传下来的莆仙戏复抄本,收录于《莆阳掌故丛书》和《味外轩全集》中③,尚未引起学界充分的重视。该系列古剧本共有十七个剧目④,分别是《冯道》(道光三年⑤)、《王琰》(道光二十九年岁在己酉王春上浣书)、《胭脂铺》(道光间万全班演出本)、《春江》(依据同治三年抄本重校)、《吊丧》(咸丰抄本)、《瑞兰走雨》(据清光绪末年捷元班演出抄本重校)及《百花亭》《仙姑探病》《杀狗记》《土地送子》《朱弁回朝》《郑贞兰告状》《李昌国》《白国栋》《芦林会》《兰季子》《张果老》(缺)。

这批稀有古剧本资料不但对于戏剧史、民间文学等领域的研究有着重要参考价值,对于闽语史、俗字史的研究更是十分宝贵。戏文记录了大量的莆仙方言口语,反映了莆仙方言语音的早期面貌,且保存了许多因讹变而产生的疑难俗字,这些方言字词在莆仙戏文中十分常见,用法和写法跟其他闽方言的戏文用字却有所不同。本文拟选取"俫、喏、目、迈、不但"五个方言字词为例,详加考释,以见一斑。

---

① 刘念兹:《南戏新证》,文化艺术出版社,2014年,第91页。

② 郑尚宪:《莆仙戏史论》,中国戏剧出版社,2006年,第127页。

③ 该丛书为近人陈长城所抄录整理的线装手抄本,竖格毛纸,书口印有"莆阳掌故丛书""味外轩全集"等牌记,现藏于莆田市图书馆。

④ 复抄本共有九本,其中《王琰》《冯道》两个剧目单独成册,《吊丧》一册封面虽标有"张果老 吊丧 土地送子"字样,实际只有《吊丧》与部分《土地送子》的内容。其余剧目两两合为一册,分别是:《瑞兰走雨 杀狗记》《百花亭 胭脂铺》《春江 仙姑探病》《李昌国 白国栋》《芦林会 兰季子》《朱弁回朝 郑贞兰告状》。

⑤ 按,复抄本时间年份据戏文封面或内页所记标出,部分册子未标明年份。

一 佲

佲，梅膺祚《字汇》卷二："奴何切，音那。"(99)[①]张自烈《正字通》卷一："那之俗字"(86)。在莆仙戏戏文中，"佲"字常用作第一人称代词，且有与"那"混用的情况。请看例子：

(1) a.《吊丧》："(久)佲官吓，事久来啤。"(1)[②]

　《吊丧》："(心)佲娘吓，汝今是卜男粧去见伊吓，或是卜女粧去见伊。"(5)

　《吊丧》："(久)人心吓，佲兄抬鸡乞你看。"(49)

　b.《吊丧》："(心)卜持那娘，自呌人心姐一聲。"(25)

　《吊丧》："(久)瓦官呌瓦特特来**吻**瓦妹汝，今有什么话落那兄腹，吓兄惜汝届死。"(15)

(1a)中"佲娘""佲兄"与(1b)的"那娘""那兄"常常交替使用，意义并无分别，可见"佲""那"互用可以成立。那么，ab两组例句中的"佲"，是否该解释为第一人称单数"我"呢？通过检阅其他戏文，在散落的部分注解中我们找到答案，请看注解释例：

《杀狗记》："迎春吓，妈既凿，佲罔齐轉去(廿二)。"原文注廿二："佲罔齐轉去，咱俩全回头"。(85)《杀狗记》："佲只心利(七十五)有自主張。"原文注七十五："佲只心利，咱这心里"。(86)《胭脂铺》："佲(十八)是知己主顧，非比别人嗨。"原文注十八："佲，咱"。(57)《瑞兰走雨》："咳，瓦仔吓，佲(廿二)母于马军缭乱，抛弃家乡。"原文注廿二："佲，咱"。(19)《仙姑探病》："喏，仙姑也来啰，唠，原来佲姑(十七)，佲姑請坐。"原文注十七："佲姑，咱家姑母"。(30)可见从古抄本的注释视角来看，在莆仙戏文中"佲"多作第一人称复数，是最常见的用法。

刘福铸[③]表示"佲"相当于北方话第一人称复数"咱"，是莆仙方言中写作"那"的人称代词之俗字。戴黎刚[④]持不同意见，他认为"佲"是用于表敬称的第一人称"我"，并非复数人称代词"那"的俗字，他列出几条证据：其一，莆仙方言中表第一人称复数的"那"na?8，与"佲"na2声调不同。其次，二者意义不同，"那"表示咱们，"佲"在戏文中意思为"我"，例如"佲官""佲娘""佲姐"。再次，"佲"只能作定语，表示所有格，而"那"只能用作主语。

关于"佲"是否表第一人称单数的争议，需结合早期莆仙戏文的实例与语境来看，例如：

(2) a.《吊丧》："(久)四个戈，一个尾，百家姓乞瓦猜**比**，佲怀自，哪是什乜吓，人心瓦妹，是驴。"(17)

　b.《冯道》："(言)佲当时共二娘当天立誓，後引母子相见，今旦怀**旷**等待何时，**旷**自，共伊**旷**通，员外安人听瓦**旷**来吓。"(134)

　《瑞兰走雨》："(生)是吓，那总也祆晓的，自吓，方才店妈交一枝鑰乞佲，闭门入去，**佚**呌做乜。"(39)

　c.《仙姑探病》："(生旦)佲二人濃情美意。"(58)

　《百花亭》："(弁)且慢，佲二人係是全僚之友，當尽一夜之欢，暢飲也何妨。"(5)

　《胭脂铺》："(香)秀才醒，佲齐去再呌。"(69)

例(2a)，这是事久在猜人心出的谜语时说的话，因为已经猜错了几次，事久自己打趣到"我不识字"，此处的"佲"作主语，单指说话人事久。这种情况相当于现代口语中用第一人称复数"咱"表第一

---

① 为便于复核及节省脚注篇幅，文中引用文献均以括号注明所在页码。

② 本文所引莆仙戏古抄本例句格式如下：《剧目》(角色)XXXX(页码)。因各复抄本原文无页码，笔者自行编码，以便查证。

③ 刘福铸：《莆仙戏古剧本俗字研究——以古本〈目连救母〉〈吊丧〉为例》，《莆田学院学报》2005年第4期，第94页。

④ 戴黎刚：《莆仙方言与莆仙戏音韵研究》《地方戏曲音韵研究》，商务印书馆，2006年，第443—444页。

人称单数自称的亲密用法,与"俺"字本义表示复数并不冲突。后再举其他戏文用例为证,(2b)《冯道》中张言直说的是自己与彩燕二娘的约定,《瑞兰走雨》中蒋世隆说的是店家将房间钥匙交给他。(2c)"俺"多出现在主语位置后接"二人""齐",表第一人称复数"咱,咱们",复数义更加清晰。故此,第一人称复数"俺"字,实际可作主语和定语,且在语义上能做第一人称单数解。

上文提及,在莆仙戏戏文中表示人称代词时,"俺""那"常常混用。此外,作为记音字,二者在戏文中还可表示"今天、现在"意,如:

(3) a.《吊丧》:"(旦)男粧一時也不便,今俺女粧去见伊。"(5)

《冯道》:"(言)好好二祖今都好,今俺共伊均分,只事正会团圆,冯员外世玉孙二祖相合啰。"(164)

b.《冯道》:"(余)阿姑,孙今那只处。"(73)

《瑞兰走雨》:"(生)娘吓,今那什麽酒大好(十九)。"(25)

c.《冯道》:"(言)今那俺比依靠何人,四眼厶親泪淋淋。"(165)

《冯道》:"(吕)俺今那有小娘仔也好。"(164)

例(3a)中的"今俺"与(3b)中的"今那"语义相同,都表现"今天"或"现在"意,因为从今莆仙方言的语音来看,"今俺"kin5 na2、"今那"kin5 naʔ8、"今旦"kin1(t-)nua5 读音相似,"俺""那"与"今旦"一词中声母类化后的"旦"字音相近。且在民间常有"读半边"的习惯,即遇到不常用或陌生的字时,会自然而然采用该字组成部分的读音,"俺""那"混读也合情理。值得注意的是,例(3c)中表"现在"意的"今那"与作人称代词的"俺"连用共现,从上下文来看,前一例的"俺"指张言直夫妇,后一例的"俺"指吕善俦夫妇,"俺"作主语表第一人称复数义。

在莆仙戏戏文中,此类因为字形相似而产生混用的还有"女"和"汝",请看例句:

(4)《吊丧》:"(心)人是女貌男粧咧。"(4)

《吊丧》:"(心)噯,人是汝貌男粧,汝结哄治隻去。"(4)

此外,"俺""那"还可连用组成"俺那"表"这样"意(本字为"那生")。

(5)《冯道》:"(言)俺那是赤子不若人比乞伊吁不尽话骨来消共。"(105)

《冯道》:"(言)大功顶家事,俺那一处(廿一)就明白吓。"(165)

《冯道》:"(言)一祖多埔孙穷住,一祖小娘孙穷住,如今俺那吓。"(165)

关于"俺""那"作人称代词的用法,在闽南戏文中遍寻不见,很是特别。闽南语中第一人称的用字主要有"阮"(又作"𪜶")、"我"。[①] 闽南语中"那"可以作假设连词,表如果、若是等义[②],也可以"作副词,表只,只是,或者用作疑问代词,哪,怎么"[③]。"俺"在吴语中可作第二人称代词,意为你;你的;你们。在中原官话、兰银官话中,"俺"表第三人称意为他;他们;人家。上述皆与莆仙方言无关,"俺""那"可视为莆仙戏文中一类特色方言用字。

综上所述,"俺"在莆仙戏戏文中表第一人称复数,主要用作定语,也可充当主语。"那"用作第一人称复数,主要充当主语,偶尔作定语。"俺"应当视为"那"之俗字,是莆仙方言中较为特殊的一类人称代词。"今旦"与"今俺""今那"音近,也常被传抄者用以表示"今天"或"现在"。"俺""那"连用也可借表"怎样"或"这样"意。另,古抄本中第一人称复数中还出现一例写作"哪"字,《胭脂铺》:"(生)今哪娘汝親嘴允学生就好。"(56)可见戏文剧本在传抄过程中书写的随意性。

---

① 林伦伦:《潮汕方言与潮剧的形成》,《语言文字应用》2000 年第 4 期,第 76 页。

② 曹小云:《〈荔镜记〉中所见明代闽南方言词例释》,《皖西学院学报》2004 年第 1 期,第 105 页。

③ 王建设:《明弦之音——明刊闽南方言戏文中的语言研究》,中国社会科学出版社,2012 年,第 62、113 页。

二 唗

莆仙戏戏文中表"说话、言语"之意时会涉及"说、讲、旷、吢、哄、响、唗"等字形,其中"说、讲、哄、响"为常见用字,"旷、吢、唗"为方言俗字。在今莆仙方言口语中"广""共"与"讲"声韵相同,为 koŋ,"旷、吢、哄"是"讲"的近音字,且都带"口"字旁以表"说话"意。"响"hyoŋ3 表"说、道"意,在莆仙戏中可单说,也可与"旷"连用组成"旷响",用法与"说、讲"同。

唗,《现代汉语规范字典》不录。《字汇补》卷二:"唗,东念切,音店。《辍耕录》院本题目有《唗师娘》。"(89)《元曲选·萧淑兰》:"唗,店平声。念;念叨。"(68)《元曲选》:"我挂口儿并不曾唗题"。在莆仙戏文中常见"唗"字,例句如下:

(6)《吊丧》:"(旦)嗟,三年全出舍,全坐全行,女貌男粧,伊实怀知情,今见伊面有乜话通唗。"(5)

《杀狗记》:"(旦)奴那会晓耕织,那会瞒的侎听么唗非是丈夫气概𧿨奴那会的牝雞难司晨,仕厄替你救翠。"(83)

按:此处"唗"具有"说"的意思。在部分戏文的注解中,可窥"唗"字含义。例如:《杀狗记》:"先唗(四十七)听瓦教你吓。"原文注四十七:"唗,说"。《杀狗记》:"汝俗打迟春,骂迟春,又唗话仔(四十四)。"原文注四十四"唗话仔,冷语"。《胭脂铺》:"秀才汝务烂唗(卅四),胭脂仕样会佐媒人。"原文卅四注"烂唗,胡说"。《仙姑探病》:"狗骨,烂唗(十二)一边,瓦卜只処候一醒。"原文注十二"烂唗,胡说"。《冯道》:"賤婢𧿨屘做屘行,嘴做嘴唗(六)。"原文注六:"屘行,脚行;嘴唗,口说;意即言行不一。"

我们认为,莆仙戏剧本中常见字"唗"可能是在受到金元戏文用字影响后产生的。金董解元《西厢记诸宫调》:"莫凭把人乾斯唗。"元王实甫《苏小卿》:"受了些老母严女伴们唗。"元张国宾《合汗衫》第四折:"可怜我每日家四年你千万遭,唗题有十数遍。"元无名氏《争报恩》第三折:"是谁人将我这小名儿唗题着唤我。"元赵显宏《一枝花·行乐》:"本性谦谦,到处干风欠,人将名姓唗。"元杨果《赏花时》:"呢唗,心儿怨,时急难寻轻便,天也似闲愁无处展。"元王和卿《文如锦》:"谁人不道,何人不唗。"元乔吉《戏题》:"唗唗,念念心常玷;厌厌,渐渐病越添。""唗"字在金元戏曲作品中已有出现,那么"唗"作为"说"的意思是在金元之前保留下来的。而莆仙戏剧本可能借用了金元戏曲作品中的"唗"字。

在闽南的《荔镜记》戏文中也零星出现过"唗"字,请看例句:

(7)《荔镜记》:"(旦)陈三,我唗花,你唗值去?"(48)

《荔镜记》:"(丑)林大官,你颠狂唗话。"(13)

《荔镜记》:"(丑)许跳翁个,见恁诸娘人,伊莽跳恁身上来。(占)李婆莫如唗……"(7)

《荔镜记》:"(净)哑公你老了,通替哑公你做种也好。(外)畜生,莫如唗!"(35)

这些"唗"字多带有"乱说、胡说八道"之意。吴守礼根据《潮语十五音》对"柑"部"地"纽上去声所收"呾"字注"凡口发言则曰呾",认为"唗"从"店","呾""担"同音,疑"担、店"曾经混用。①《泉州明清戏曲与方言》中,亦将"唗"视为"呾"的借音字。② 但《汇音妙悟》里没有"呾""唗"等字,《潮语十五音》《潮正两音字集》也未收"唗"字。③ 闽南戏文中的"唗"字出处未明。

---

① 在闽南方言戏文里:泉州话专用"说",漳州话多用"讲",偶用"呾",潮州话多用"呾"。详见吴守礼:《闽台方言研究集(2)》,台北南天书局,2008 年,第 84 页。

② 泉州地方戏曲研究社编:《泉州明清戏曲与方言——〈泉州传统戏曲丛书〉编校札记》,中国戏剧出版社,2001 年,第 200 页。

③ 闽南戏文中"唗"(店)字也可借表"居住、停留"意,如《荔镜记》第二十九出:"娘仔卜入来便入来,唗只前后惊人乜事?"《荔枝记·士女答歌》:"我店许双门前表下,看简仔打狮球……"

刘福铸[1]指出莆仙戏文中的"喏"常用于贬义的"滥喏"(乱说),今音 tia5,本字可能为"订",我们认为有待商榷。考虑到莆仙戏戏文中未注音值,我们只能根据用字情况来推测"喏"字读音,请看下文例句提供的线索:

(8)《杀狗记》:"(白)瓦大人来哄伊喏仔(四十六),先喏(四十七)听瓦教你吓。"(61)

《杀狗记》:"(生)人响喏仔人,三日一轉喏(四十八)。"(61)

这组例句中,"喏"并不表"说话"意,而被借作他用。"喏仔""喏仔人"指小孩,本字为"细囝""细囝人","一轉喏",本字为"蜀转变"。在今天的莆仙方言口语中,"细囝"音为"te5(k-)iŋ3","转变"音为"tue3(p-)eŋ5"。"喏"可代"细"字,可见两字在戏文中音同或音近,同样,"喏"与"变"二字在戏文中也是音同或音近,又,据现代莆仙方言中"店"字音"te5","喏"的具体音值虽然无法确定,但应当是洪音字,本字不应是细音"订"字。

莆仙戏文中频频出现的"喏"字受金元戏文用字影响,传抄中逐渐固化并保留在莆仙方言中,形成戏文中具有特色的方言用字,表示"说",常有贬义用法。至于闽南戏文中表言说义的"喏"字当是与"咀"字具有类似功能的用字,或也属金元戏文影响的遗留产物,无需看成"咀"的假借字。

三 自

《广碑别字·九画·省字》引《元芮城永乐宫圣旨碑记》:"自,为着之异体。"(158)在莆仙戏戏文中,"自"当为"着"字。"自"字用法多样,先看常见意义:

(9)《吊丧》:"(久)人心吓,瓦今作先罷起。汝今自嫁乞瓦。"(24)

《吊丧》:"(心)凭人心意,卜持那娘,自叫人心姐一聲。"(25)

《吊丧》:"(久)叫汝一定自去吊丧,伊身死九泉之下亦甘心。"(33)

(10)《吊丧》:"(生)只诗仕通题只壁上,今旦分明是愚大看见自排緊,卜是别人看见自,外观不雅。"(7)

(11)《吊丧》:"(旦)痛自义兄泪淋漓,千日恩爱,一旦休矣。"(38)

《吊丧》:"(旦)痛自兄汝,一身为奴丧幽冥。"(39)

(12)《吊丧》:"(久)瓦今卜要什生叫门吓,自,瓦喰来后白哮。"(32)

《吊丧》:"(久)今卜仕哪,自自,瓦自有道理,去再跪,瓦去再跪河。"(26)

(13)《吊丧》:"(旦)切勿含冤,歸怨自奴,喺,梁兄吓,非是奴忘恩爱⻠,只是误佳期,自惹祸灾。"(40)

(14)《冯道》:"(桃)伊横横怀肯,狗母汝定破病隻,瓦火自,去屑见安人。"(23)

例(9)是戏文中"自"最常见的用法,表示"应该,必须",相当于"得"。宋代兴化诗人亦常用"着"字表"应该"义,刘克庄《贺新郎·送唐伯玉还朝》:"庆历诸贤方得路,便不容他老子!须着放、延州城里。"[2]王迈《贺新郎·呈刘后村》:"宰相时来着做,且舞莱衣侍奉。却不信、大才难用。"例(10)用在动词后,表示已经达到目的或有了结果,相当于"了"。《因话录》:"鸡猪鱼蒜,逢着就吃;生老病死,时至则行。"例(11)用在谓语之后,表示动作正在进行或状态的持续,唐白居易《恻恻吟》:"道着姓名人不识。"例(12)表示"是;对",用于答语,表示同意,《儿女英雄传》:"着! 着! 着! 就是这么着。"例(13)充当助词,用在某些动词后,使变成介词,类似"于"。例(14)中的"自"为"着火"意。

① 刘福铸:《莆仙戏古剧本俗字研究——以古本〈目连救母〉〈吊丧〉为例》,第92页。

② 本文所引诗文例句均摘自荀恩东、饶高琦、肖晓悦、臧娇娇:《大数据背景下 BCC 语料库的研制》,《语料库语言学》2016 年第1期。

自，刘祯①作"自"，刘福铸②指出是"着"的简写，意为"应该，必须，对；动词后表示结果"。曾宪通③、白晓斌④指出，在潮州戏文中所见"自"字，为"着"草书楷化而形成的简笔字。"自"本字为"着"是确实可信的。关于闽语戏文中"着"的意义讨论诸多⑤，不过检索古抄本，笔者发现莆仙戏文中"自"字词义丰富，还有前人未及概括的其他用法，请看戏文原文：

（15）《吊丧》："（生）**贡**妹吓，大自愚大面上，冈叫人心起来。"（25）

《吊丧》："（久）今大自事久，杭州奉待祝九官汝三年，今共瓦官面前，求一个人情，冈叫事久起来听吓。"（23）

《吊丧》："（旦）哈，兄吓，今大自奴面上，冈叫事久起来吓。"（25）

《冯道》："（余）该做乜**伏**冗市市都怀大自（十一）兄弟勿做老爸。"（114）

例（15）的几个例子中，"自"的意思与各常用义都不符，结合戏文上下，"大自"当视为"看在"或"为了"义。这一用法在《荔镜记》与《潮州歌册》等闽南方言材料中皆未见。我们认为此处的"自"当为"省"之异体。《尔雅》："省，察也。"《礼记·乐记》："省其文采。"注："审也。"《说文解字》："省，视也。"《宋元以来俗字谱》引《三国志平话》等："自，省之异体。"（83）又可写作"**眚**"，《碑别字新编·九画·省字》引《魏于景墓志》。（158）还可写作"自"，见《广碑别字·九画·省字》引《魏王绍墓志》。（158）即，"自"作为"着"和"省"的异体字，恰好同形。后因戏文常将二字并用，"看"意逐渐成为了"着"的新义项。

"自"除自身所具备的丰富含义外，也常用作记音字借表其他意义。

（16）《冯道》："（杜）银钱哄自外（十三）付伊挑去吓。"（5）

《郑贞兰告状》："（祖）家中有自外人。"（41）

《冯道》："（言）汝看，许一个丫头彩燕，伊仕逃者，自瓦远对厝姤治隻。"（87）

《冯道》："（彩）目滓（一）泪潜潜自怨乜生命坠入坎，似月被云蔽，自久等的清风开碧波。"（43）

《杀狗记》："（生）食酒转来**比**后门兜，自一跋袂爬起（五十七）。"（74）

《杀狗记》："（旦）食大卜人（五十八）自跋**言**爬起，什乜通哄吓。"（74）

《胭脂铺》："（旦）侬今无自何，脱落绣花鞋。"（67）

例（16）中"自外""自瓦"为方言词"多少（若何）"的记音写法，"自久"为"多久（若久）"的记音写法，"自跋"为方言词"摔跤（跌跋）"的记音写法，"无自何"为方言词"无可奈何"的记音写法。

综上，在莆仙戏戏文中的"自"字为"着"之俗写，除常见义外，在"大自"中还有"看在"或"为了"意，不见于其他类型的戏文中，是莆仙方言中较为特殊的用法。此外，"自"还可用于记音，借表"多少""多久""摔跤""无可奈何"等义。

四 迈

"迈"在剧本中多次出现，其义分为两种：一为"探问、看望"之义，另一义为"准备"之义。下面先看古戏文中"迈"的"探问、看望"义用例：

（17）《吊丧》："（生）事久，汝去共祝九官旷响，瓦来相迈。"（3）

《吊丧》："（久）瓦官今旦特特来迈汝官，劳烦瓦妹替禀一甲。"（4）

---

① 刘祯：《中国民间目连文化》，巴蜀书社，1997年，第161页。

② 刘福铸：《莆仙戏古剧本俗字研究——以古本〈目连救母〉〈吊丧〉为例》，第93页。

③ 曾宪通：《明本潮州戏文所见潮州方言述略》，《方言》1991年第1期，第12页。

④ 白晓斌：《〈潮州歌册〉字形研究——以〈绿牡丹分册〉等为例》，硕士学位论文，河北大学，2013年，第41页。

⑤ "着"原带附着义，后来发展出穿着、遭受、命中、猜中等词义，也语法化为多重的语法词，如使役动词、施事标记、结构助词、义务性情态词、瞬成动相标记。

《吊丧》:"(心)汝且企,瓦替汝去禀,禀倻娘,越州梁官人仔来相迈,汝今卜去见伊或怀然。"(4)

(18)《吊丧》:"(旦)呢,外面有人做声,人心,汝去迈看。"(32)

《吊丧》:"(久)嘤嘤,瓦去**𠴱**,下落,免瓦下落術,瓦今自去厝去迈办。"(38)

(19)《吊丧》:"(久)祝九官吓,事久厨下無人,瓦今煩人心去迈厨下河。"(41)

《吊丧》:"(久)瓦去迈馬。"(12)

《吊丧》:"(生)迈馬好吓。"(12)

例(17)中,三小句的"迈"字都为"探望,看望"义;例(18),"迈"与动词连用,表示"看看";例(19)"迈"后接名词,表示"看着,看一看"。可见,古戏文中的"迈"词义之间有细微差异,但都包含了"看;探;察"这一中心义。

"迈"字又可作"准备"义解,如:

(20)《冯道》:"(言)瓦共汝**旷**,汝辈迈下手,瓦走去逃吓。"(138)

《冯道》:"(言)吓,燕障,仔吓,汝二人迈接駕。"(169)

《瑞兰走雨》:"(生)妈吓,無蛮,迈(廿五)司壼。"(26)

"迈"的本字当为"矖"。《集韵·卦韵》:"矖,莫懈切,音賣。邪视也。"《正字通》卷七:"矖字之讹,旧注音卖,邪视。"音义皆合。"矖"字又作"睸""瞔""覭",多是更换意符。"卖"是"买"的反向引申分化字,"買""賣"可通用自先秦文献便有迹可循。《睡虎地秦墓竹简·秦律十八种·厩苑律》:"其乘服公马牛亡马者而死县,县诊而杂買其肉,即入其筋、革、角,及(索)入其贾(价)钱。"其中的"杂買"应为"杂賣",意为"全部卖出"。[1]《周礼·贾师》:"凡国之賣儥,各帅其属,而嗣掌其月。"此处的"賣"字,据《经籍纂诂》:"故书賣为買"(732)。

至于"迈"与"矖",音近借用十分自然,《字汇》:"邁,莫懈切,音賣。远行也。"《正字通》"莫怪切,音卖。行也。"戏文抄写者或许对于方言本字的正确与否并不了解,在遇到本字不明的用字时会自然地采用音义相近者替代。

"矖"也可用在某些动词后,表示试一试,如"看矖",相当于"看看"。今莆仙方言口语中,"矖"较少单用,多后接成分构成词组,如:"矖重"(掂起估计重量)、"矖脉"(把脉)、"矖墓"(扫墓)。

马建华[2]认为"迈"字的"准备""备办"义,为"劢"字的借音字;"探问""看望"义,为"勔"字的借音字。劢,《说文解字》:"勉力也。"《正韵》:"莫懈切,音迈。"并无看、察义,音理相通,但意义不合。勔,《正韵》:"美辨切,音缅。"《尔雅·释诂》:"劢勔,勉也。"情况同上,语义不合。

戏文中,"迈"还可以写作"**叼**""**唻**",如《胭脂铺》:"(云白)倻娘自在,待瑞雲去**叼**(五),是吓怀是吓。"(63)《冯道》:"(道白)今**去**主忌**𠴱角**瓦今去**唻**,此妇一眠,春桃总未闲轉来,密密闲入暗房裡去见彩燕吓。"(42)从"迈"字的不同写法可见,"**叼**"为借音写法,"**唻**"为借形写法,"矖"为"迈"之本字更为合理。另,《潮州歌册·绿牡丹分册》"外边人烟以静睡,鲍老**迈**步心头青"(334)中将"迈"俗写为"**迈**",这应当是在传抄中将"万"进一步改写为"歹",造成的形近讹写。

五　不但

在莆仙戏戏文中,"不但"有一种特殊用法,不作连词表递进义,而是放在语气词的后面,要说的话前面,没有具体实意,类似发语词。请看例子:

---

① 康国章:《"买卖"语义场中几个文字的音义问题》,《殷都学刊》2018年第2期,第88页。

② 马建华:《莆仙戏与宋元南戏、明清传奇》,中国戏剧出版社,2004年,第65—66页。

（21）《吊丧》："（久）噯吓，不但，瓦只过许头嗜，伊哄弯一转，灰壁白白就是。"（3）

《吊丧》："（久）噯吓，不但，人心伊是小娘人，乞伊娘吓押许处跪，人心卜池伊娘呌人心姐一声，何旦绣花鞋赤一双乞伊，了伊正肯罷起，断断無只待。"（26）

《瑞兰走雨》："（妈）觅，是好，透早一间二间啰，瓦吓公腰骨扫共蝦枯都一样听，不但伊二人下马商量，瓦来嗜官人仔就哉，官人仔，许一位娘吓，共官人仔是什么亲情（四一）。"（35）

《胭脂铺》："（丑）唉呀，不但吓，月英假至诚，野漢藏身边，乞瓦一看见，诈（八三）去目金金（八四），自目，瓦今只**处**等，取讨苟头钱（八五）吓。"（46）

除了"不但"外，莆仙戏剧本中还单独出现"但"字的这类特殊用法。在早期的南戏《张协状元》《宦门子弟错立身》中曾出现了三次"但"字的这一用法，莆仙戏中继承了这一发语词。

（22）《张协状元校释·第八出》："（生）但自家不务农桑，不忻砍伐。"（38）

《张协状元校释·第八出》："（生）但小客肩担五十秤，背负五十斤。"（39）

《历代戏曲目录丛刊·宦门子弟错立身·第五出》："（生）但老夫身居女直，掌判西京。"（111）

莆仙戏传统剧目中例子较多，以下试举数例：

（23）《莆仙戏传统剧目丛书·卷三·目连》："（监）但吾监齐使者是。"（463）

《莆仙戏传统剧目丛书·卷三·目连》："（公）但吾传家土地是。"（466）

《莆仙戏传统剧目丛书·卷一·王祥》："（将）但吾供吉大王部下佐将军是。今奉大王有命，落山打劫民财。"（407）

《莆仙戏传统剧目丛书·卷四·张君瑞》："（生）但孙飞虎，前日在河中丁文雅部下，因世乱兵变，住白龙山落草。"（134）

"不但"与"但"略有不同，"不但"多附于语气词的后面，引出后文所要说的话，与上下文连接较为松散。"但"字后则一般紧接人称代词或指称类名词，有自报家门的意味。这类用法不见于其他类型的戏文中，较为罕见。据此，马建华[①]认为"但"是一个脚色自报家门的发语词，出处不明。

"自报家门"于唐宋萌芽，于明清基本形成。从最早的"致语""入话"，到元杂剧的"开呵"，再到"副末开场"，形式丰富。单就元杂剧来说，使用到的表演程式提示词就包括"下断""诗云""咒云""念云""带云"等。[②] 莆仙戏文中的"但""不但"可视为自报家门的提示词，除了基本的自我介绍功能外，还可以辅助情节叙事，用以衔接前后两句唱词，使前后两句唱词实现自然衔接与过渡，从而推动情节的发展。

"但"应是"诞"之俗写。《经传释词》卷六有载："诞，发语词也。"（134）《书·大诰》曰："殷小腆，诞敢纪其叙。"又《多方》曰："须暇之子孙，诞作民主。"《诗·皇矣》曰："诞先登于岸。"《助字辨略》卷三中也将"诞"视为发语词，且释义紧邻"但"。（155）在《广韵》中，"诞"徒旱切，"但"徒案切，音同。"诞"，可俗写作"旦"，《古本小说集成》清抄本《荧窗清玩》第四卷："具说今日乃江奶奶寿旦，乞太太枉驾赏光赏光。"（671）又俗写作"**誔**"，《古本小说集成》清抄本《荧窗清玩》第四卷："比至八月中浣，正值李先生**誔**辰。"（680）还可俗字为"**誔**""**誔**""**諟**"等字形。[③] "诞"，亦可俗写作"但"字。古籍中有例证，《淮南子·说山》："媒但者非学谩也，但成而生不信。"朱骏声《说文通训定声》："但，假借为诞。"《新唐书·仪卫志》："一品卤簿（有）……诞马六"，程大昌《演繁露》谓："外官仪从，有散马前行，名坐马，亦曰引马，即但马。"此处，"但马"为仪从中特设不驾乘之马，以备不虞者，此当以"但"为正字。"但"引申为"徒"为"空"，"徒马"即"空马"，"诞"盖为借字。[④] 我们由此揣测，在莆仙戏演出过程中，可能是运用了

---

① 马建华：《莆仙戏与宋元南戏、明清传奇》，第104页。

② 康保成：《元杂剧的"宾白"与"表白"》，《学术研究》2002年第11期，第106页。

③ 曾良、陈敏编著：《明清小说俗字典》，广陵书社，2018年，第121页。

④ 郑权中：《通借字萃编》，天津古籍出版社，2008年，第479页。

"诞"字的发语词用法,传抄戏文剧本时,以形体更为简单的"但"字入书,由此衍生出了"但"字的新用法。至于与"不"连用的来源还有待进一步考察。

结语

莆仙戏源于唐代,成于宋代,而盛于明清,历史悠久。莆仙戏的古戏文抄本资料丰富,有效地弥补了莆仙方言研究缺少文献书证的不足,成为研究莆仙方言的重要材料。今莆田市图书馆藏有一批清代流传下来的莆仙戏复抄本,保存了许多疑难俗字,在这些抄本中使用情况较为复杂,给此类文献的整理和深入研究造成了一定的困难。

选取"俰、咭、自、迈、不但"五个常用字词加以考释,厘清了字形混用的原因,解决了前人的争论;同时也为疑难字词考订本字,追根溯源;此外,莆仙戏文中的俗字用词,也有出现在闽南戏文中,但用法不同,可提供补证;因此,莆仙戏文的俗字研究,不仅可以从语言入手解决戏剧史的问题,更有助于我们对莆仙方言本体的研究,准确辨认这些书写形式有益于明清戏曲文献的校对和整理。

附记:本文蒙导师郑伟教授审阅指正,谨致谢忱! 文中谬误概由本人负责。

【参考文献】

[1] 白晓斌.《潮州歌册》字形研究——以《绿牡丹分册》等为例[D].保定:河北大学,2013.

[2] 北京图书馆.稀见旧版曲艺曲本丛刊·潮州歌册[M].北京:北京图书馆出版社,2002.

[3] 曹小云.《荔镜记》中所见明代闽南方言词例释[J].皖西学院学报,2004(1).

[4] 曾良、陈敏编著.明清小说俗字典[M].扬州:广陵书社,2018.

[5] 曾宪通.明本潮州戏文所见潮州方言述略[J].方言,1991(1).

[6] 陈纪联.南人说南戏[M].北京:中国戏剧出版社,2008.

[7] 陈骏驹.莆仙戏史略[M].福州:福建人民出版社,1996.

[8] 戴黎刚.莆仙方言与莆仙戏音韵研究[C]//地方戏曲音韵研究,北京:商务印书馆,2006.

[9] 《古本小说集成》编委会辑.古本小说集成[M].上海:上海古籍出版社,1994.

[10] 古杭才人撰.宦门子弟错立身[M].北京:古本戏曲丛刊编刊委员会,1953—1954.

[11] 黄文狄.莆仙戏传统科介[M].福州:福建人民出版社,1962.

[12] 九山书会撰,胡雪冈校.张协状元校释[M].上海:上海社会科学院出版社,2006.

[13] 康保成.元杂剧的"宾白"与"表白"[J].学术研究,2002(11).

[14] 康国章."买卖"语义场中几个文字的音义问题[J].殷都学刊,2018(2).

[15] 林伦伦.潮汕方言与潮剧的形成[J].语言文字应用,2000(4).

[16] 刘复、李家瑞编.宋元以来俗字谱[Z].北京:文字改革出版社,1957.

[17] 刘淇、章锡琛.助字辨略[M].上海:开明书店,1940.

[18] 刘祯.中国民间目连文化[M].成都:巴蜀书社,1997.

[19] 刘福铸.莆仙戏古剧本俗字研究——以古本《目连救母》《吊丧》为例[J].莆田学院学报,2005(4).

[20] 刘念兹.南戏新证[M].北京:文化艺术出版社,2014.

[21] 马建华.莆仙戏与宋元南戏、明清传奇[M].北京:中国戏剧出版社,2004.

[22] 梅膺祚.字汇[M].台北:世界书局,2018.

[23] 莆田市政协、福建省艺术研究院编.莆仙戏传统剧目丛书·第一卷[M].北京:中国戏剧出版社,2008.

[24] 莆田市政协、福建省艺术研究院编.莆仙戏传统剧目丛书·第三卷[M].北京:中国戏剧出版社,2008.

[25] 莆田市政协、福建省艺术研究院编.莆仙戏传统剧目丛书·第四卷[M].北京:中国戏剧出版社,2013.

［26］ 秦公编.碑别字新编[M].北京：文物出版社,1985.

［27］ 秦公、刘大新.广碑别字[M].北京：国际文化出版公司,1995.

［28］ 泉州地方戏曲研究社编.泉州明清戏曲与方言——《泉州传统戏曲丛书》编校札记[M].北京：中国戏剧出版社,
2001.

［29］ 阮元.经籍纂诂[M].成都：成都古籍书店,1982.

［30］ 王建设.明弦之音——明刊闽南方言戏文中的语言研究[M].北京：中国社会科学出版社,2012.

［31］ 王引之.经传释词[M].长沙：岳麓书社,1985.

［32］ 吴平、回达强编.历代戏曲目录丛刊·第一册[M].扬州：广陵书社,2009.

［33］ 吴任臣.字汇补[M].清康熙五年汇贤斋刻本.

［34］ 吴守礼.闽台方言研究集(2)[M].台北：南天书局,2008.

［35］ 荀恩东、饶高琦、肖晓悦、臧娇娇.大数据背景下BCC语料库的研制[J].语料库语言学,2016(1).

［36］ 杨美煊.杨美煊莆仙戏文史论集[M].北京：文化艺术出版社,2021.

［37］ 俞为民.南戏通论[M].杭州：浙江人民出版社,2008.

［38］ 臧晋叔.元曲选[M].上海：中华书局,1958.

［39］ 张自烈.正字通[M].北京：国际文化出版公司,1996.

［40］ 郑权中.通借字萃编[M].天津：天津古籍出版社,2008.

［41］ 郑尚宪.莆仙戏史论[M].北京：中国戏剧出版社,2006.

［42］ 周雪香.莆仙文化论述[M].北京：中国社会科学出版社,2008.

Exemplify Research on Difficult Folk Forms in the Ancient Manuscripts of Puxian Opera in the Qing Dynasty

Song Jiali

(Department of Chinese Language and literature, East China Normal University,

Shanghai 200241, China)

Abstract：As one of the oldest plays in China, Puxian Opera, a living fossil of Southern Opera, has extremely high research value. Precious language clues have been preserved in the ancient manuscripts in the Qing Dynasty. The dialect characters used in the opera texts are highly local and different from those in other Min dialects. They serve as a historical window for observing the evolution of spoken language in Puxian dialect. Through proofreading and sorting out the ancient manuscripts of 17 plays in the Qing Dynasty, we have further examined five words such as "㑚、咶、侼、迈、不但".

Key words：Puxian Opera; ancient manuscripts; dialect; folk forms

唐代字样学通俗术语考[*]

张孟晋

【摘　要】唐代正字运动中形成的字样学文献,对待文字的态度是既要以《说文》为本纠正讹俗字,又要尊重社会用字的现实,总体态度是倾向通俗的。在此背景下形成的有关字形的种种术语,既反映了当年正字运动的现实,又可从中看出其对后代文字学的影响。

【关键词】字样学;正字运动;偏旁;颜氏字样;正名要录

【作者简介】张孟晋,东北师范大学国际汉学院讲师,硕士生导师,吉林大学文学院博士。研究方向为中国古文字、国际中文教育。(吉林 长春 130117)

唐代初年,面对魏晋以来社会上汉字使用混乱的局面,唐太宗策划了自上而下的正字运动,目的是纠正随意书写、使用文字的不良风气,统一文字,以利进一步的文化建设。

唐王朝科举取士,与文字相关的主要有三科:《说文》《字林》与石经:

> 书者试《说文》《字林》凡十帖,口试无常限,皆通者为第。
>
> ——杜佑《通典·选举三》

> 今制国子监置书学博士,立《说文》、石经、《字林》之学。
>
> ——张参《五经文字·序例》

因此,唐代的读书人对于《说文》的字形、字理说解及其部首、术语都是非常熟悉的。但是,如果想用《说文》里的字形和用法对社会上多年的约定俗成的字形和用法进行一概的纠正,显然是不现实的。

对此,南北朝时的颜之推有很中肯的见解:

> 吾昔初看《说文》,蚩薄世字,从正则惧人不识,随俗则意嫌其非,略是不得下笔也。所见渐广,更知通变,救前之执,将欲半焉。若文章著述,犹择微相影响者行之,官曹文书,世间尺牍,幸不违俗也。^①

自颜师古《颜氏字样》以下的正字著作都贯彻了颜之推的这一思想。一方面,它们依据《说文》的字形和字理说解纠正社会上混乱的讹俗文字;另一方面,对于那些广为使用、传承已久的通俗字体采取了宽容、承认的态度。

《颜氏字样》成书后不久即出现了由郎知年所著的《正名要录》^②,在这部书中,作者将主要见于《说文》的字形列于正行,将社会通行字形列于脚注,在尾部的题记中说:

> 右正行者虽是正体,稍惊俗,脚注随时消息用。

所谓"惊俗",就是违背了社会上约定俗成的字体,使人们难以识读、接受。

此外,张参在《五经文字》的说解中曰:"传写久讹,不敢便改。"^③唐玄度在《九经字样》的说解中曰:

＊ 本文得到:2020 年度国际中文教育研究课题一般项目资助(20YH10C),"'云思维'视域下'溯源型'汉字教学模式研究"、2021 年度《国际中文教育中文水平等级标准》教学资源建设项目(YHJC21YB-023)、"基于强交际性理念的国际中文汉字'任务型'教材编写研究",以及吉林省教育科学"十三五"规划课题"'双一流'建设背景下的汉语国际教育本科汉字课程体系建设研究"(ZD19004)的支持。

① 颜之推撰,王利器集解:《颜氏家训集解·书证》,上海古籍出版社,1982 年,第 462 页。

② 见于敦煌文献斯 388。

③ 见张参《五经文字·水部》"湆、湇"字下。

"相承已久，不可改正。"①都体现了这一思想。

基于上述原因，在唐代字样学著述中，出现了许多新的术语，这些术语有的是指称通俗字体中的偏旁部件的，有的是用来分析字的结构的。本文将对一些重要的术语进行考察和讨论。

（1）尖口

《正名要录》"弘、晉"二字下注曰："从尖口。"

通俗文字中经常把字中所从之"口"写作三角形的"△"，书写时简化则作"厶"。例如《九经字样·口部》"員"字隶省体作"貟"；《五经文字·革部》"鞘"字作"鞘"；又《糸部》"絹"字作"繶"；又《口部》"圓"字作"圎"，《颜氏字样》亦收有"圎"字，注曰："通用"。从二"口"、三"口"者可以类推，《五经文字·斗部》"斝"字注文说俗字有作"斝"者，应纠正。《九经字样·日部》有依《说文》隶定体"曑"，为星名，下收"隶省"体作"曑"。注文曰："今经典相承通作参。"

《干禄字书·平》收"单"为"單"俗体。唐代有以从尖口之"单"为姓氏"單"之专字者。《改併四声篇海·厶部》引《俗字背篇》曰："单，姓也。俗用字。"唐高彦休《唐阙史》卷上有"單进士辨字"条：

> 进士單长鸣者，随计求试于春官，日袖状诉吏云："某姓'單'，会为笔引榜者易为'单'。诚姓氏之僻，而援毫吏得以侮易之，实贻宗光之羞也。"主司初不谕，久之方云："方口、尖口亦何畏耶？"长鸣厉声曰："不然。梯航所通，声化所暨，文学之柄，属在明公。公傥以尖口方口得以互书，则台州吴儿乃吕州矣儿也。"主文者不能对。

由于字形的逆向类化，本从"厶"的字俗书或从"口"，如"弘"字隋腾王子杨厉墓志作"弘"，隋范安贵墓志作"弘"。《正名要录》纠正这类俗体，其"尖口"一词已涵盖正字中之"厶"符。

（2）散火

《正名要录》"然"字下注曰："从散火，左不须火。"

处于字形下部的"火"旁，篆文作"灬"，战国时隶书作"灬"②，汉初隶书为追求整体字形的匀称，将其尽量扁化，作"灬"形③，再变则作"灬"形④，已类似于四点。"散火"一称，十分形象。今俗称"四点底"。

（3）安点

《颜氏字样》"焉"字出二体作"焉、焉"形，注："二同，安点。"

上一字形原写作"焉"，后又将所从之四点"灬"涂改为一横，注曰："二同，安点。"证明作者认为二字形从"安点"者为正字。

自魏晋以降，通俗文字中或将字下部所从之四点简为一横，唐人将这种以一横代四点之部件称为"安点"。《战国策·魏策四》："故君不如安行求质于秦。"鲍彪注："安犹徐也。"《汉书·蒯通传》："女安行。"颜师古注："安，徐也。""安点"之意为写点时不即抬笔，横向徐缓运笔。后世简体字四点简为一横画，实肇源于此。

不过，当年的人们似乎并不主张字下部之四点皆简为一横画。《颜氏字样》中"鳥""焉""馬"等字从"安点"，"然""無""鳥""燕"等字从四点；《正名要录》"鳥"字下注曰："一画。""馬、魚"二字下注曰："四点。"

（4）傍作

《颜氏字样》"枉、誑、証"三字下注："准《说文》《字林》，上三字并从㞷，㞷音皇。又相承共作王。其

---

① 见唐玄度《九经字样·艹部》"羊"字下。
② 睡虎地秦简"赤"字所从。
③ 北大藏汉简《苍颉篇》第49简"赤"字所从。
④ 《史晨前碑》"黑"字所从。

言傍作者,上正,下相承。"

"傍"为动词,傍附之义,"傍作"意为傍附构字。"傍"一般是指在字形的左侧或右侧傍附,"其言傍作者"意思是"那两个以言旁傍附构成的字"。

又可说成"A 傍作 B",意思是 A 旁傍附 B 字构字如:

《九经字样·阝部》"郎邪"二字下注:

> 今经典相承郎字玉傍作良、邪字或作耶者讹。

同样的意思又可说成"从 A 傍 B",如:

《五经文字·水部》"凖"字下注:"从水傍隼。"

又有"傍……安"的说法,"安"有放置义,"傍……安"意为依傍某字放置,如:

《颜氏字样》"醼"字下注:

> 饮也。古燕饮字无傍酉安者,相承作此宴字。

现在我们使用的术语"偏旁",即来自唐人的"偏傍"。

《五经文字·心部》收有"愍"字作"愍",是因避太宗讳而致,注曰:

> 伤也。缘庙讳,偏傍准式省从氏。

"偏傍"指"愍"字所从之"民"。

又《糸部》"緤"字作"緤",注曰:"緤本文从廿(世),缘庙讳偏傍,今经典并准式例变。"

"偏傍"指"緤"字所从之"世"。

此二例"偏傍"都用为名词,但从早期的材料看,"偏傍"应派生自上述动词"傍",是个状中结构,意为"偏侧傍附",应读作 piān bàng,整体用为名词,就是"偏侧傍附成分"。

用如名词者初唐人亦写作"偏傍",写作"偏旁"大约始于颜元孙。颜元孙《干禄字书序》:"偏旁同者,不复广出。"张参作《五经文字》,将字形左边部分称为"左旁"、右边部分称为"右旁",如:

《土部》"封"字下注:"左旁上从籀文屮下从土,不从圭。"

《子部》"疑"下注:"右旁从子下止,作辵者讹。"

从书中频繁地将上下结构字形分为上、下部分(详后文)看,可以认为"左旁""右旁"的提法始于张参。

《辞源》有"偏傍"条:"组成汉字形体的两方。左叫偏,右叫傍。今泛称合体字的一边曰偏傍。唐皇甫湜《皇甫持正集》四《答李生第二书》:'书字未识偏傍,高谈稷契。'"[1]《汉语大词典》"偏旁"条意见相同。[2]

看来,所谓"左叫偏,右叫傍"只是一种无根据的错误说法。

(5) A 下安 B

《周易释文》[3]系辞上传第七"繋"字下注:

> 徐胡诣反,本系也。又[音]係,係,续也。字从毄,若直作毄下安糸者,音口奚反,非也。

"安"义同于"傍……安"之"安",放置也。

又可作"从 A 下 B",集中见于《五经文字》如:

《酉部》:"尊,从酋下寸。"

《艹部》:"苟,从草下句。"

《示部》:"祟,从出下示。"

《鸟部》:"凤,从凡下鸟。"

---

① 《辞源(修订本)》,商务印书馆,1980 年,第 237 页。

② 罗竹风主编:《汉语大词典》第一册,上海古籍出版社,1986 年,第 1567 页。

③ 见敦煌文献斯 5735(底一)、伯 2617(底二)。

《力部》："劣，从少下力。"

《山部》："冈，从罒（网）下山。"

《口部》："君，从尹下口。"

除了分析以左右、上下结构为主的字形的术语以外，还有一些特殊的术语。

（6）合

上下二符夹一符曰"合"，如：

《颜氏字样》"害"字下注：

字合丯，丯音戒，石经隶书已从土。

"合"本为"答"字初文，古文字作"合"形，会上"口"征问、下"口"对答之意。引申指上口朝下，下口朝上之有盖器皿，后世写作"盒"。有盖之器上下相合，中可容物，是析字术语"合"的意义来源。

（7）就

一个或两个字符凑近另一字符曰"就"，如：

《五经文字·耳部》"聶"字下注：

女涉反，两耳就一耳。

（8）重

重叠，谓二字符重叠于一处。如：

《五经文字·川部》"州"字下注：

从重巛（川）。

正字据石经作"州"，作者认为是由二"川"字重叠构成的。

总括言之，唐代字样学著作重对讹俗字形的纠正而轻字理的说解。其文字分析的术语倾向于通俗。值得注意的是，其部首不设"辵部"设"辶部"，不设"网部"设"罒部"，不设"邑部"设"阝部"，不设"人部"设"亻部"。不辨形、声关系，一些字的归部也作了调整，如"倉"字归"食部"，曰"从食省"；"龟"字归"黾部"，"是"字归"曰部"等。明代梅膺祚《字汇》对部首的改革历来被视为字书史上里程碑式的事件，现在看来，改革部首的思想早在唐代字样学著作中就已经开始孕育了。

【参考文献】

［1］ 颜师古.颜氏字样.敦煌文献斯 388.

［2］ 郎知年.正名要录.敦煌文献斯 388.

［3］ 周易释文.敦煌文献斯 5735（底一），伯 2617（底二）.

［4］ 颜真卿书，施安昌编.颜真卿书干禄字书［M］.北京：紫禁城出版社，1990.

［5］ 张参.五经文字（丛书集成初编）［M］.影印本，北京：中华书局，1985.

［6］ 唐玄度.新加九经字样（丛书集成初编）［M］.影印本，北京：中华书局，1985.

Tang Dynasty Orthography Popular Terminology Study

Zhang Mengjin

（Overseas Education School，Northeast Normal University，Changchun 130117，China）

Abstract： The Orthography literatures which was formed in the Orthography campaign in the Tang Dynasty，take the attitude on Chinese characters which not only correct the erroneous and vulgar characters' shape based on *Shuowen*，but also follow the social character using reality，the general attitude totally towards to social popularity. The various terms of Chinese character shapes formed in this situation，reflect the reality of the Orthography campaign in those years，at the same time show its influence on the Chinese character for future generations.

Key words：Chinese character Orthography；Orthography campaign；Chinese character component；*Yanshi Ziyang*；*Zhengming Yaolu*

《四分律行事钞批》引《说文》考

张　欣

【摘　要】汉译佛经注疏,在浩如烟海的佛经语料之中,属于独特的知识挖掘标注类型。勘正佛经注疏中的讹误,对深化佛典注疏的研究工作有积极意义。该文以唐代汉译佛经注疏《四分律行事钞批》引《说文》的内容为考察对象,利用出土文献和传世文献,考证梳理了《四分律行事钞批》中的11处讹误,讨论了其异文形成的可能原因。

【关键词】唐代;四分律行事钞批;说文;汉译佛经注疏

【作者简介】张欣,华东师范大学中国文字研究与应用中心博士研究生,研究方向为文字训诂。(上海 200062)

一　引言

《说文解字》①在唐代就可能存在不同版本,而五代入宋之际由徐铉校订的《说文》仅占其一,这就存在着当时的书籍引不同版本《说文》的情况。将书籍引《说文》内容和大、小徐本做比较,有利于勘测《说文》版本和流传情况。

《四分律行事钞批》②凡二十八卷,现可见于《卍续藏经》第67—68册,据本经第四卷载,注者为江东杭州华严寺沙门大觉。我们将《四分律行事钞批》中言明引用许书的语例,与现今大徐本进行了调查对比(参见表1),从占比分布来看,我们初步推测两点:第一,大徐本所载多数当可信可从,但仍然有部分条目有可商榷之处;第二,如前辈学者钱大昕所言:"唐人引《说文》不皆尽信"③。

表1　《四分律行事钞批》引《说文》引用分布及占比情况一览表

统 计 项	分 布 关 系				总　　计
	完全相同	相通相关	完全不同	今本不存	
引用次数	25	17	9	2	53
占　　比	47.17%	32.08%	16.98%	3.77%	100%

注:为便于统计分析,对数字仅保留小数点后2位,全文同。

二　考证举隅

经过调查,我们发现大觉在批注该书的过程中,引《说文》共计53次。有鉴于此,我们从其中相通相关、完全不同和今本不存的条目中,选取11处用例加以考证,并尝试讨论其异文形成的原因。

---

① 该版本为汉代许慎撰写,由宋代徐铉校定,中华书局1963年影印清陈昌治刻本。为使行文简洁,后文引用时简作《说文》,且在正文部分标明部类,引文后以括号标明页码,不再标注编撰者、书名等信息。

② 为使行文简洁,后文简称作《钞批》。

③ 钱大昕:《十驾斋养新录》,上海书店,1983年,第66页。

1. 訿

　　毁訿等者，《说文》云：訿者，呵也。（卷一，R67，P241a）①

　　訿，苛也。从口，此声。（《说文·口部》，P33）

毁訿，意诋毁中伤、诽谤，亦作毁訾、毁疵。② 訿，唐《开成石经·尔雅》：“訿已”作訾，敦煌抄本 S.1824（4-1）《受十戒文》：“呵骂三宝，毁訿二亲”作訿，敦博 56（52-10）《佛为首迦长者说业报差别经》：“九折见丑陋者，毁訾轻贱”作訾。

按，大觉注疏所引“呵”与传世宋刻本《说文》“苛”异文。苛，唐代《史待宾墓志》：“时闻干理，政不烦苛。”作苛；呵，唐代《白敏中墓志》：“有不合理，即欲呵叱。”作呵，敦煌抄本 S.328《伍子胥变文》：“一时舞道（蹈）呵呵，咸言君王有感。”作呵③，二字在该时代均有使用语例。考唐代抄本《名义·口部》④：“訿，子尔反。呵也，口毁訿也。”（296 页）及《宋本玉篇·口部》：“訿，祖尔切。口毁也。”（99 页）子、祖古音同属精母，二书所载字例同音，据之，则《钞批》非引自《说文》，或出自《玉篇》，传世刻本《妙法莲华经玄赞·法师品》卷八：“訿，音兹此反……《玉篇》：口毁曰訿呵也。”（T34，P808c）是其证。又考同类佛典音义《玄应音义》诸卷，如《中华大藏经》本卷二（C056，P831c）、卷六（C056，P912b）、卷一四（C056，P1027a）、卷二三（C057，P100c）、卷二四（C057，P119a）诸“毁訿”条皆引《说文》云“訿，呵也”；同时，卷二二（C057，P76c），及《大正新修大藏经》本卷四八（T54，P625a）“呵訿”条，引《说文》云“訿，诃也”，呵、诃为换用表意构件的异体字，无别；再考唐开元年间《慧苑音义》，《赵城金藏》本卷一（A091，P339b）、《高丽大藏经》本卷一（K32，P349c）：“毁訿。訿，资尔反。《说文》曰：訿，呵也。”及至稍晚，唐元和年间《慧琳音义》，亦存此字例。考《大正新修大藏经》本卷五“訿毁”条，引《说文》云“訿，呵也”（T54，P338b），及卷二一（T54，P440b）、卷二五（T54，P464b）、卷二七（T54，P488c）、卷四七（T54，P623a）、卷五九（T54，P701a）、卷七〇（T54，P766c）“毁訿”条，引《说文》亦云“訿，呵也”。

由此观之，同类的佛经音义皆误引《说文》作“訿，呵也”，其或出自《玉篇》。此例概因呵、苛同属歌部，声符又同为可，注疏用字“呵”与《说文》用字“苛”二者实际相通。

2. 拟

　　然则事类相投，更难量拟者，应师云：拟者，向也。《说文》云：拟，由度也。（卷一，R67，P256b）

　　拟，度也。从手，疑声。（《说文·手部》，P254）

拟，隋代《郑令妃墓志》作擬，《张伏敬墓志》作擬，《段模墓志》作擬，唐代《尉迟敬德墓志》作擬，《张君妻田墓志》作擬，《多宝佛塔铭》作擬，敦煌抄本 S.548V《太子成道经》作擬。隋唐五代“拟”义指比拟、类似，比如《段模墓志》：“心拟贞筠。”或为打算、准备，比如《尉迟敬德墓志》：“乃潜筹兵众，阴为部勒，结构茅草，拟仪行阵。”从出土用字实例来看，该时代“拟”字习见。

按，此例佛经注疏与宋刻本《说文》相比，衍一“由”字，盖因“犹”与“由”一声之转相通。“犹”常见义为“如同，好比”，比如北魏《皇甫驎墓志》：“意气萧条，犹若凡素。”唐抄本 S.76《食疗本草》：“犹如火

---

　　① 本文语料来自中华电子佛典协会提供的电子佛典数据库（Chinese Buddhist Electronic Text Association，简称 CBETA）：https://www.cbeta.org/，并以之为索引，以相应的纸质本核对。

　　② 訿、訾、疵，S.388《正名要录》：“訿訾，右字形虽别。古而典者居上，今而要者居下。”唐代字样学家即指出二者上下形体虽异，但是音义相同。具体说来，前者沿用已久，在唐及之前的社会文献中通行使用，有出处可循；后者在唐初的社会文献中通行使用。而訾、疵，为替换表义构件所致的异体字，比如唐《马攸墓志》“葬于河南府巩县孝义乡北訾村东原”作訾，唐《扈小冲墓志》“志远情疏，不遗疵贱”作疵。

　　③ 本文石刻拓本等字形材料来自京都大学人文科学研究所所藏石刻拓本资料：http://kanji.zinbun.kyoto-u.ac.jp/db-machine/imgsrv/takuhon/?tdsourcetag=s_pcqq_aiomsg。或华东师范大学中国文字研究与应用中心研制中国文字智能检索网络数据库：https://wjwx.ecnu.edu.cn/wenzidb/Home/Index.aspx。

　　④ 〔日〕释空海：《篆隶万象名义》，台联国风出版社，1975 年，第 753 页。为使文章简洁，前后文中此书简作《名义》，且仅以括号于正文中标明页码，不再注明其他信息，前后文同。

燎。”而犹、由可互通，犹通由者，如西魏《韦隆妻梁氏墓志》："皆犹胜君母仪之教也。"唐抄本 P.4660‑35《陇西李教授赞》："花台飞锡，再会无犹。"由通犹者，如北魏《杨仲宣墓志》："如金之镜，由冰之清。"唐抄本 S.328《伍子胥变文》："由如四鸟分飞。"传世文献如《孟子·公孙丑上》："人役而耻为役，由弓人而耻为弓，矢人而耻为矢也。" 实则，"犹"作为一个训诂术语，在先秦文献中就已出现，如传世文本《礼记·礼器》："礼也者，犹体也。"《公羊传·隐元年》："会犹最也。"其常用义是"如同"，若两词非义同，而只是义近、义通时，就借"犹"来表达，其释义时的特点便是《段注》所言"义隔而通之"①。又如本佛经注疏卷三引《说文》云"恻，由痛也"（R67,P34a），较之今本《说文·心部》"恻，痛也"（221 页），大觉同样衍一"由"字，盖因"由"与"犹"一声之转，可互通，故此二例或为注者因声求义所致。

3. 處

故《说文》云：處者，安也。谓安處也。（卷二，R67,P302a）

大徐本无"處"字，大觉所引非出自《说文》。处、處常用为异体，比如传世宋刻本《修大方广佛华严法界观》卷一"后见珠中所现异像，青處黄处，珠体无二，妍丑亦然"（D38,P5a），二者即为异体。唐代抄本《名义·几部》："处，化（充）与反。處字也，止也。"（860 页）确是。实际自秦汉及六朝以降，书写殆全用"處"，比如《睡虎地秦简·法律答问》第 125 简："刑者处隐官。"作□，《张家山汉简·奏谳书》101 号简："见處曰守枏。"作□，《银雀山汉简》壹号第 432 简："處隩之教一。"作□，《秦代印风》："杨高處。"作□，西晋《成晃碑额》："晋故處士。"作□，北魏《元显俊志盖》："魏故處士。"作□；至于唐，则處、处不分，如唐《创建清真寺碑》作□，《敕赐大崇国寺坛主隆安选公扬澄慧国师传戒碑阴》作□。

按，大觉注疏中训"處"作"安也"，恐出于魏晋注疏。考《说文·几部》："处，止也。……處，处或从虍声。"（299 页）许书视"處"为"处"之或体。又考传世文献《淮南子·修务》："王事靡盬，不遑启處。"高诱注："處，安也。"谓安身、安居。《礼记·檀弓下》："何以處我。"郑玄注："處，犹安也。"谓对待。《汉书·张安世传》："上少时所尝游處也。"颜师古注曰："處，安也。"《左传·文公十一年》："自安于夫钟。"杜预注："安，处也。"指安居、安身。验之以出土文献，如晋代石刻《洛神十三行》："咏□牛独處。"作□，义为居住、位居，与大觉后文"谓安處也"之"處"同义，及至唐《崔法师墓志》："處于众侣，卓尔不群。"敦煌抄本 P.4660‑19《翟和尚赞》："迁加僧统，位處当阳。""處"亦可训为安居、安身，以上诸例亦与唐代《李净觉塔铭》："兹塔如踊，惟灵永安。"所用"安"同义。据出土实物用例及汉魏传世注疏，"安/處"在"安居、安身"义上可同义互训，大觉以"处"为"處"，或缘于此。

4. 纲

细行之仪轨是网……《说文》云：持网大绳曰纲也。（卷四，R67,P430b）

纲，维纮绳也。从糸，冈声。（《说文·糸部》，P275）

"纲"，隋代《任轨墓志》作□，《赵朗墓志》作□，《尉富娘墓志》作□，唐代《倪彬墓志》作□，《樊廉墓志》作□，《薛淑墓志》作□，《王府君墓志》作□，敦煌抄本 P.4660‑25《凝公赞》作□，P.4660‑19《翟和尚赞》作□，P.3718‑15《阎胜全赞》作□，P.4660‑23《宋律伯赞》作□，可以看出，隋唐之际，该"纲"字习见。《说文·糸部》："维，车盖维也。从糸，隹声。"（275 页）又："纮，冠卷也。从糸，厷声。"（274 页）大徐本言维乃系车盖的绳索、纮为帽冠的系带，维纮同义连用指绳索，且持系同义，在这两个义项上大徐本与注疏义通。又纲、维、纮三字皆以糸为形符，三者当义近相关。然"纲"是否与"网之大绳"有关？

按，考王筠《说文句读》："维纮，绳也者，谓网之底纲也……纮，绕项下，其形圆，网之下口亦正圆，故目之为纮也。纲，匝于网口，故曰维纮绳。网纮也者，谓网之上纲也。"②纲、维、纮做绳索持系所成形

---

① 详见段玉裁注：《说文解字注》（第 2 版），上海古籍出版社，1988 年，第 382 页。
② 详见王筠集：《说文句读》第 4 册，中国书店，1983 年，第 131 页。

状皆似圆,三者可相训,但此处物情不相合。注疏云"持网大绳曰纲",指的是上纲,与《说文》义相近,无误,但如王筠所言,纮是下纲。皆是纲,分上下耳。另如《左传·僖公二年》:"实纪纲之朴。"孔颖达疏:"纲是维之大绳",再考出土用字实例,如唐《萧思一墓志》:"提纲振领,纠谬绳愆。"确有此义。要之,《钞批》所释或受到了前辈注家之影响。

5. 讁/謫

宰相讁罚况余轻犯等者……《说文》云:罪之小者,曰讁也。(卷四,R67,P433b)

大徐本无"讁"字,佛经注疏所释或为"謫"。清华简六《郑文公问太伯(乙)》11号简:"内謫于中。"作🈂。至于隋唐五代的墓志之中,开始出现"讁/謫"混用的现象。比如唐《苑玄亮墓志》:"以忠见謫。"作🈂。唐《刘阿延墓志》:"吾负神明謫汝。"作🈂。《宋庄墓志》"謫窜江湖。"作🈂。唐《阳济墓志》"讁彼遐荒。"作🈂。《浯溪记》"讁佐于道。"作🈂。另据学者考证,高昌国到唐前期的吐鲁番出土文书中,"謫"亦经常异写为"讁"。①

按,《玄应音义》卷一一:"謫罚……《说文》:謫,罚也。"(T54,P373a)"讁/謫"为异体,佛典所释字头实为"謫"。考《说文·言部》:"謫,罚也。从言,啻声。"(56页)又《刀部》:"罚,罪之小者。"(92页)此与引文后"《说文》云:罪之小者,曰讁也"相合。故"讁"之"罪之小者"注非出自《说文》,乃因"讁/謫"异体,"謫"训作"罚",而"罚"义为"罪之小者",大觉此义为"罚"义递训而来。

补说:适、謫皆见于宋本《说文》,现有秦汉简帛书数据库暂未见"讁"字使用记录。适,具备适、謫二读,秦汉简多用"适"字:马王堆汉墓(壹简111_3\354)"以绳适臣之。"作🈂。北大藏西汉简贰《老子》192"无瑕适善。"作🈂。是《史记》时代,不用"讁"字,謫、适皆从啻声,一"适"字可以记录适、謫,语音分化两边。

6. 赇

一者,不合系闭枷禁。二者,不关王赦也。或自货赇得脱者,《说文》云:枉法受财曰赇,又云:以财枉法相谢也。欲明犯重罪被禁牢狱,多将钱宝僧与众主大德,求脱也。(卷四,R67,P446a)

赇,以财物枉法相谢也。从贝,求声。一曰戴质也。(《说文·贝部》,P130)

此例"枉法受财"与传世本《说文》"以财物枉法相谢也"异文。

按,据《四分律钞批卷》第四本卷首载,此书为江东杭州华严寺沙门大觉所撰。大觉俗姓朱,佛号法钦,大觉为皇帝所赐谥号。见《宋高僧传》卷九记载:"年二十有八,倜装赴京师,路由丹徒。因遇鹤林素禅师,默识玄鉴,知有异操,乃谓之曰:观子神府温粹,几乎生知,若能出家,必会如来知见。钦闻悟识本心,素乃躬为剃发。……德宗贞元五年,遣使赍玺书宣劳,并庆赐丰厚……八年壬申十二月示疾,说法而长逝。报龄七十九,法腊五十,德宗赐谥曰大觉。"(T50,p764c)

据以上可知,德宗贞元八年,即公元792年,是年大觉79岁,则其生于公元713年,为先天二年或开元元年。大觉28岁才剃度出家事佛,该年为公元741年,即大觉真正在佛坛活跃的时间至多为开元末至贞元八年。又唐代武玄之所撰《韵诠》一书,该书逸文现可散见于《慧琳音义》和《希麟音义》等典籍,据尉迟治平的研究,《韵诠》成书时间在唐代开元、天宝年间②。而此时,28岁的大觉才刚刚出家,故在时间上存在大觉误引武氏著作的可能。又验之以《慧琳音义》卷一三:"臧赇……下音求,《韵诠》云:枉法受财曰赇。《说文》:以财枉法相谢也,从贝,求声也。"(T54,P386)则今本《说文》当无误,《钞批》所引有误,当自《韵诠》。

又考《急就篇》卷四:"受赇枉法忿怒仇。"颜师古注:"赇,以财求事",又验之以出土文献,如张家山

① 王启涛:《渠破水讁考》,《艺术百家》2010年第4期,第198—200页。另徐时仪所撰文中也曾论及"謫"之异体问题,参见徐时仪:《玄应〈众经音义〉引〈方言〉考》,《方言》2005年第1期。

② 尉迟治平:《〈韵诠〉五十韵头考——〈韵诠〉研究之二》,《语言研究》1994年第2期,第112页。

汉简《二年律令·盗律》060："受赇以枉法，及行赇者，皆坐其臧（赃）为盗。"此与大觉注疏后文所云"欲明犯重罪被禁牢狱，多将钱宝僧与众主大德，求脱也。"相合，另景霄《四分律行事钞简正记》卷七："赇者，《说文》云：以财求理。谓将一切贿货，嘱托求理等。"（R68，P402b）亦可为证。自两汉的司法实践起，便将利用财货势力进行违法乱纪、妨碍司法公正的犯罪活动称之为"赇""赇赂"。① 据汉代律法，以财物枉法相谢、枉法受财、以财求理，此三者都属于明令禁止的枉法行为，即"赇"，故三者义通相近。然《钞批》非直引自许书，《四分律行事钞简正记》所引亦非为许书，二者或受到了同类佛典与前人注疏之影响。

7. 忌

　　忌狭者，《说文》云：忌者，讳也。又恶也（乌故反），见毛诗。（卷四，R67，P449a）

　　忌，憎恶也。从心，己声。（《说文·心部》，P221）

忌，北魏《元延明志》："民恶其上，忌毒惟甚。"作**忌**。指憎恨厌恶，义同宋刻本《说文》。唐代《朱崇庆墓志》："近臣忌贾谊之贤，志希勿用。"作**忌**。指妒忌、猜忌。《净业塔铭》："高宗忌辰，方阶落彩，帔缁七日。"作**忌**。指君王去世之日。又敦煌抄本 S.5448《浑子盈赞》："啼猿神妙，不亏庆忌之功。"作**忌**。S.76《食疗本草》作**忌**。

按，中华书局 1963 年影印清陈昌治刻本无"忌"字，但虞山毛氏汲古阁本存，此例为"忌/諆"同源通用所致，见《说文·言部》："讳，諆也。"（52 页）以及唐抄本《玉篇·言部》引《说文》云："讳，忌也。"（282 页）大觉释"忌"作"讳"，恐缘于《说文》"讳，諆也"递训，故有此释。另《钞批》作"恶"者，校之今本《说文》，脱一"憎"字，佛经注疏宜据改之。

8. 慑

　　惶慑者，《说文》云：齿叶反，心服曰慑。（卷六，R67，P568b）

　　慑，失气也。从心，聂声，一曰服也。（《说文·心部》，P223）

慑，北魏《尔朱绍志》："雷电无以慑其怀。"作**慑**。指威慑、使畏惧而屈服。唐代《韦埧墓志》："持心执法，奸吏鼠慑。"作**慑**。义为恐惧。

按，此例《钞批》云"慑"为"心服"，今本《说文》云"失气……一曰服"，大觉所引内容与宋刻本"一曰"内容相类似。传世刻本《玄应音义》卷九："慑伏，古文慹，或作讋慑，二形同，占涉反。"（T54，P614b）引《字林》曰"慑，服也"。考《慧琳音义》卷四六，亦言明引自于《字林》，则《钞批》当直引于《字林》，非为《说文》。②

9. 绀

　　不用绀者，古感反，青赤色也。《释名》云：绀者，含也。谓青而含赤色也。《说文》云：帛染青而微有赤色也。若赤白黄不纯大色者，立明。（卷一二，R67，P960a）

　　绀，帛深青扬赤色。从糸，甘声。（《说文·糸部》，P274）

绀，指天青色或深青透红色。唐《张轸墓志二》："持衣绀宇，内求三藏。"作**绀**。抄本 P.3556-2《泛福高赞》："然顶亏绀螺瑞髻，旋文乃备而黑蜂。"作**甘**。

按，此例与大徐本《说文》相比，存在两处异文："深青/染青"及"微有赤色/扬赤色"。

"深青/染青"者，"青"同"青"，考唐抄本《玉篇·糸部》："绀，古感反。《论语》：君子不以绀緅饰。《说文》：白深青而扬赤色也。"（606 页）《名义·糸部》："绀，古咸反。白青扬赤。"（1364 页）"扬"与"杨"异体混用，二抄本无别。《玉篇》残卷所引《说文》之内容，较之徐本，"白/帛"形成异文，然"帛"从"白"声，二者亦无本质区别。又考《宋本玉篇》卷二七："绀，深青也。"（490 页）另传世文献《汉书·王莽传

---

① 董平均：《两汉时期的"赇赂"犯罪与防范措施》，《学术论坛》2004 年第 5 期，第 141—145 页。
② 邱贤曾撰文论及"慑"与"慑"通假，"慑"与"迭"通假，我们考查了三者与"惧"之关系，暂未发现其有"心服"相关的用例。

下》:"时莽绀袀服,带玺韨。"颜师古注:"绀,深青扬赤色也。"及《文选·鹦鹉赋》:"绀趾丹嘴,绿衣翠矜。"李善注引《说文》曰:"绀,深青而扬赤也。"染、深字形相近,书写中本就易讹误,今佛经注疏宜从大徐本作"深青"。

"微有赤色/扬赤色"者,考《法华经玄赞摄释》卷四:"疏绀青赤色者。"按,《说文》:"帛染青而傷赤色。"(R53,P249b)《法华经玄赞要集》卷三五:"经言绀者,《说文》:绀者,白染青而傷赤色。"(R54,P920a)《观弥勒上生兜率天经赞》卷二:"绀者,《说文》云:帛深青而陽赤色。"(T38,P289b)"陽""傷"当为"扬"之讹写,又《玄应音义》卷一四:"绀色,古憾反,《说文》:帛染青而扬赤色也。"(C056,P1033b)综合考虑以上各家说解,今本《说文》当无误,宜从许书"深青扬赤色",汉译佛经注疏宜据改。

10. 命

命者,召也,亦云告也,亦云作也。谓此谦恭之法,俗礼中命之作章篇也。《说文》云:口令曰命。故命字口边作令也。(卷一三,R68,P18b)

命,使也。从口,从令。(《说文·口部》,P32)

命,唐《智悟墓志》:"上迫父命,强为婚媾。"作☒。敦煌抄本 P.2991B-1《张灵俊赞》:"遂命门人上首,殁后须念师情。"作☒。义为命令、派遣。

按,"命"与"令",二者具有同义关系,该引例中大觉所引,与大徐本所载内容可同义互训。"命"从口从令,是一个会意字,甲骨文作☒(《合集》14127 正),实与"令"是同一个字。金文作☒(《集成》4215)、☒(《敬事天王钟集成》01·00078),简帛中作☒(《上博一·淄衣》19)加"口",强调命令、驱遣、差使之义。考唐抄本《名义·口部》:"命,靡竟反。教令也,道也,信也,计也,告也,呼也,召也。"(291 页)及《人部》:"令,力贞反,使也。"(819 页)与注疏前文"命者,召也,亦云告也"相合。则"令""命"虽有区别,然在"命令、传令、下令"义上同,"使、令"可互训[1],又"令""命"同义,则"使、令、命"三者在"命令"义上同义无误,故《钞批》所引"口令曰命"与今本《说文》内容义可两通。

11. 篅

言筸者,应师云:应作篅,视专反。《说文》云:判竹为之,以盛穀也。《苍颉篇》作㔶,侍缘反,员仓也。经文作筸,音單,是竹器名,非此义也。一曰小筐,亦筲也。(卷一四,R68,P103b)

篅,以判竹圜,以盛谷也。从竹,端声。(《说文·竹部》,P97)

篅,敦煌本 P.4660-9《辞弁赞》:"积谷防饥,储贮数篅。"作☒。指存放谷物的容器。传世宋刻本《贤愚经》卷七:"当下诸国计现民口,复令算数仓篅现谷,知定斛斗,十二年中人得几许。"(T04,P402b)篅即为竹制的用以盛放谷物粮食的容器,此器乡间尚存。

按,此例佛典浑言,许书析言。今本《说文》言明是圆形器物,然《钞批》所引"判竹为之,以盛穀也",并未指明方圆,初步来看佛典浑言,许书析言。考唐抄本《名义·竹部》:"篅笔也,圆竹器也。"(753 页)则指明了圆形。同时,传世刻本《慧琳音义》中有 13 处在训释有关于"篅"的条目时都指明了圆形,比如卷一四"与篅"(T54,P390b)、卷四四"如篅"(T54,P599a)、卷四三"食篅"(T54,P592a)皆引《说文》曰"判竹圆,以盛谷者",二者实际没有本质区别,唯今本《说文》更详细而已。

余论

古人引书,增删原文,擭意自改,多与原书不尽相合。许慎所作《说文》自流传开以后,取得了极高的赞誉,后世许多注者为了增强自己注释的说服力,博引许书。然而,在引用论证的过程中或因为依据版本的问题,或因为注者自身误记,又没有仔细校对是否确实出于《说文》等原因,就造成了误引其

---

① 《段注》亦云:"使,令也。大徐令作伶,误。令者,发号也。"(376 页)

他字书典籍的情况，从《四分律行事钞批》引用《说文》的情况来看，其误引频出，恐源于此。由此观之，现今流传的由徐铉校订的《说文解字》，虽存在个别字例的讹、误问题，但其在绝大程度上是可信的，亦可佐证"唐人引《说文》不皆可信"之观点。

　　附记：本文蒙导师臧克和教授审阅指正，谨致谢忱！

【参考文献】

［1］　董平均.两汉时期的"赇赂"犯罪与防范措施[J].学术论坛,2004(5).

［2］　黄侃述,黄焯编.文字声韵训诂笔记[M].上海：上海古籍出版社,1983.

［3］　黄征.敦煌俗字典[M].上海：上海教育出版社,2005.

［4］　邱贤.高步瀛"《诗》郑笺无'慅,惧'"说补证——兼论李善注《文选》的释词特点[J].中国语言文学研究,2018(1).

［5］　钱大昕.十驾斋养新录[M].上海：上海书店,1983.

［6］　童强.从注疏之学看唐代学术思想的发展[J].江海学刊,2002(4).

［7］　徐时仪.玄应《众经音义》引《方言》考[J].方言,2005(1).

［8］　尉迟治平.《韵诠》五十韵头考——《韵诠》研究之二[J].语言研究,1994(2).

［9］　许慎撰,徐铉校定.说文解字[M].北京：中华书局,1963.

［10］　臧克和.注解的"标注"——《史记》历代注本文字标注及相关问题[J].华东师范大学学报（哲学社会科学版）,2021(5).

Textual Research of *Si-fen-lv-xing-shi-chao-pi*（四分律行事钞批）Quoted *Shuowen*（说文）

Zhang Xin

(Center for Study and Application of Chinese Characters, East China Normal University,

Shanghai 200062，China)

Abstract：Buddhist texts are voluminous，with the corresponding Buddhist notes，unique content，as one new thing in the interpretation system — important branch of China's traditional system of notes. It is of positive significance to deepen the research work of the Buddhist note. This paper takes the contents of notes and commentaries of buddhist scripture from the Tang（唐）Dynasty — *Si-fen-lv-xing-shi-chao-pi*（四分律行事钞批）quote *Shuowen*（说文）as the object of investigation，make use of excavated and handed down documents，and examines the 11 errors in the *Si-fen-lv-xing-shi-chao-pi*（四分律行事钞批），while discuss the possible causes of misinter pretation and misquoted.

Key words：the Tang（唐）Dynasty；*Si-fen-lv-xing-shi-chao-pi*（四分律行事钞批）；*Shuowen*（说文）；notes and commentaries of buddhist scripture

《皇极声音文字通》文字排列探究*

吴建伟　谷秀梅

【摘　要】作为一部明代的吴语韵书,《皇极声音文字通》完全袭用北宋邵雍的《声音唱和图》的框架,但二者在文字排列上却有一些不和谐、不一致之处,前贤对此多有诟病。本文指出这些不和谐、不一致之处反映出了明代吴语实际的语音状况,恰恰是《皇极声音文字通》的价值所在。

【关键词】皇极声音文字通;声音唱和图;吴方言;阴阳数理

【作者简介】吴建伟,东华大学国际文化交流学院副教授,研究方向为文字学与历史音韵学;谷秀梅,女,北京市十一学校语文教师。(上海 200051;北京 100039)

　　《皇极声音文字通》(以下简称《文字通》)是明代的一部吴语韵书,作者赵谦。赵谦(1351—1395),浙江余姚人,原名古则,后更名谦,字㧑谦。赵谦接受宋代理学家邵雍的理学思想,并在音韵学方面接受他的音有定位、音有定数的观念,以此指导韵图的创作。另外,赵谦深懂易理,著《周易图说》十二卷,《易学提纲》四卷;尤精六书,作《六书本义》十二卷,《六书指南》六卷;研究音韵的著作除《文字通》之外,还有《童蒙习句》《考古文集》等。赵氏在短短四十五年的生涯中竟能写出如此丰富的作品,实在让人钦佩不已。

　　关于《文字通》的卷数,各书所载分歧较大,主要有十二卷说、三十卷说、三十二卷说和一百卷说 4 种说法。《文字通》现存三个版本,即北京大学图书馆藏明钞本、中山大学图书馆藏清钞本和续修四库全书收录本,从体例和内容上来看这三个版本应该出自同一个底本,均为三十二卷。但北京大学钞本仅存 14 卷(卷一至卷八、卷十三至卷十八);中山大学钞本存 28 卷(卷三至卷三十);续修四库全书收录本 30 卷,它是在中山大学钞本的基础上根据北京大学钞本补全了卷一、卷二,所以,它是《文字通》目前所能见到的最完整的版本。但卷三十一、卷三十二亡佚,三个版本均无。丁治民指出:“现存《永乐大典》共采录《声音文字通》三百余条,为该书实为 100 卷提供了充分的证据。”[1]我们认为,由《文字通》的现存版本和收字数目来看,原书三十二卷比较可信,一百卷之说未免太夸张,亡佚的卷数应当没有那么多。

　　《文字通》在体例上完全袭用北宋邵雍的《皇极经世·声音唱和图》的框架,宋人蔡季通曾根据邵雍每篇的小图制作了“正声正音总图”(下文简称“总图”)。受此启发,我们模仿蔡氏的做法也为《文字通》做一个音图和声图,并分别与三十六字母和十六摄作比较:

音图

		开 水	发 火	收 土	闭 石	三十六字母
音 一	清	古	甲	九	癸	见
	浊	□	□	近	揆	群
	清	坤	巧	丘	弃	溪
	浊	□	□	乾	虬	群

---

　　* 基金项目:本文为国家社科重大招标项目“明清民国珍稀时音韵书韵图整理集成与研究”(批准号:19ZDA308)之子课题“明清民国珍稀吴湘徽时音韵书韵图集成与研究”的阶段性成果。

　　① 丁治民:《赵谦〈声音文字通〉卷数及性质考辨》,《浙江大学学报(人文社会科学版)》,2008 年第 1 期,第 167—172 页。

续 表

		开 水	发 火	收 土	闭 石	三十六字母
音 二	清 浊 清 浊	黑 黄 五 吾	花 华 瓦 牙	香 雄 仰 月	血 贤 □ 尧	晓 匣 疑 疑
音 三	清 浊 清 浊	安 □ 母 目	亚 爻 马 兒	乙 王 美 眉	一 实 米 民	影 喻 明 明
音 四	清 浊 清 浊	夫 父 吻 文	法 凡 晚 万	□ □ □ □	飞 吠 尾 未	非敷 奉 微 微
音 五	清 浊 清 浊	卜 步 普 旁	百 白 扑 排	丙 备 品 平	必 鼻 匹 瓶	帮 并 滂 并
音 六	清 浊 清 浊	东 兑 土 同	丹 大 天 覃	帝 弟 贪 田	■ ■ ■ ■	端 定 透 定
音 七	清 浊 清 浊	乃 内 老 鹿	你 南 冷 荦	女 年 吕 离	■ ■ ■ ■	泥 泥 来 来
音 八	清 浊 清 浊	走 自 草 曹	哉 在 采 才	足 匠 七 全	■ ■ ■ ■	精 从 清 从
音 九	清 浊 清 浊	思 寺 □ □	三 □ □ □	星 象 □ □	■ ■ ■ ■	心 邪
音 十	清 浊 清 浊	■ ■ ■ ■	山 士 □ □	手 石 耳 二	■ ■ ■ ■	审 禅 日 日
音 十 一	清 浊 清 浊	■ ■ ■ ■	庄 乍 叉 崇	辰 □ 赤 辰	■ ■ ■ ■	照 床 穿 床

续　表

		开 水	发 火	收 土	闭 石	三十六字母
音 十 二	清浊 清浊	■ ■ ■ ■	卓 宅 拆 茶	中 直 丑 呈	■ ■ ■ ■	知 澄 彻 澄

声图

		平 日	上 月	去 星	入 辰	十六摄
声 一	辟 翕 辟 翕	多 禾 开 回	可 火 宰 每	个 化 爱 退	舌 八 ○ ○	果 果假 蟹
声 二	辟 翕 辟 翕	良 光 丁 兄	两 广 井 永	向 况 亘 莹	○ ○ ○ ○	宕 曾梗
声 三	辟 翕 辟 翕	千 元 臣 君	典 犬 引 允	旦 半 艮 巽	○ ○ ○ ○	山 臻
声 四	辟 翕 辟 翕	刀 毛 牛 ○	早 宝 斗 ○	孝 报 奏 ○	岳 霍 六 玉	效 流
声 五	辟 翕 辟 翕	妻 衰 ○ 龟	子 ○ ○ 水	四 帅 ○ 贵	日 骨 德 北	止蟹 止蟹
声 六	辟 翕 辟 翕	宫 龙 鱼 乌	孔 甬 鼠 虎	众 用 去 兔	○ ○ ○ ○	通 遇
声 七	辟 翕 辟 翕	心 ○ 男 ○	审 ○ 坎 ○	禁 ○ 欠 ○	○ 十 ○ 妾	深 咸
声 八	辟 翕 辟 翕	● ● ● ●	● ● ● ●	● ● ● ●	● ● ● ●	

		平 日	上 月	去 星	入 辰	十六摄
声 九	辟 翕 辟 翕	● ● ● ●	● ● ● ●	● ● ● ●	● ● ● ●	
声 十	辟 翕 辟 翕	● ● ● ●	● ● ● ●	● ● ● ●	● ● ● ●	

(注：以上两图中，"□"表示有音无字，"■"表示无音无字，"○"表示有声无字，"●"表示无声无字)

　　如前所述，《文字通》中实际上并没有这样的音图、声图，是我们把《文字通》各卷内声与音的排列概括起来模仿蔡季通的"总图"制作出来的，但与"总图"有2处不同：其一，"总图"中音四开三为"武"，但《文字通》中为"吻"，故我们改"武"为"吻"；"总图"音十一收土中的"震"我们改为"辰"，因为《文字通》只在第一卷中为"震"，其余各卷均为"辰"。由此我们认为第一卷中的"震"当是传抄错误，正字应是"辰"，故改动如此。

　　关于"总图"中这些声类和韵类如何搭配成音节，谷秀梅在《〈皇极声音文字通〉简述》一文中有详细解释："《文字通》完全袭用邵雍《声音唱和图》的框架。《声音唱和图》中声指韵类，音指声类。他把声分为十类，把音分为十二类，同属一声的又分为辟翕和平上去入，同属一音的又分为清浊和开发收闭，用天的四象日月星辰来配合平上去入四声的差异，用地的四象水火土石来应合开发收闭发音的不同。十二音图每一音之内分为四位，每一位又分开发收闭，所以照理应有192音，但音六、七、八、九没有'闭'音，音十、十一、十二没有'开、闭'两音，所以实得152音。十声图每一声之内有四位，每一位又有平上去入，所以应有160声，声八、九、十内全是无声无音位，所以只剩112声。邵氏认为192音与160声辗转相拼，足可以包括自然界所有的声音。其中有音无字的用'□'足之，有声无字的用'○'足之，无声无音的用'●'或'■'足之，这是邵雍音有定位定数思想的表现。"[1]

　　邵雍、祝泌、蔡季通等理学家都秉持"音有定位、音有定数"的阴阳数理思想，"总图"即是他们这一思想的表现。从《文字通》的编纂目的、编纂体例来看，赵谦肯定是赞同并秉持北宋理学家们的阴阳数理思想的。阴阳数理思想听起来玄之又玄，用了什么"日月星辰""水火土石""辟翕"之类的术语，其实只不过是借助这些术语来搭配音节罢了。

　　严格一点来说，"192音与160声辗转相拼，足可以包括自然界所有的声音"这话并不精确，应当是152音与112声辗转相拼。那么，152音与112声辗转相拼足可以包括自然界所有的声音吗？答案是肯定的。对此谷秀梅文中没有详细讲，在这里我们运用数学计算的方法作一个补充：

　　天声唱地音：112×152＝17024(个)

　　地音和天声：152×112＝17024(个)

　　声音唱和：17024×17024＝289816576(个)

　　这样，从理论上来说，声音唱和的总数大约就是2.9亿个，确实足可以包括自然界所有的声音了。不过，这只是从理论上计算出来的，现实生活中大概没有人听到过所有的这些声音。

---

① 谷秀梅：《〈皇极声音文字通〉简述》，《山东师大学报(人文社会科学版)》2001年第1期，第68—69页。

如上文所述,赵谦作《文字通》直接承袭邵雍《声音唱和图》的框架,并基本上依据邵图的音类和声类排列代表字。但《文字通》现存的版本体例不完善,在代表字的排列上似乎有许多"混乱"现象,与《声音唱和图》有不和谐、不一致之处,历来受到多数《文字通》研究者的诟病。具体说来,这些不和谐、不一致表现在以下几个方面:

其一,邵雍《声音唱和图》把音分为十二类,每音分四位,同属一音的又分为"开发收闭"。李荣先生认为:"开发收闭大略相当于一二三四等。"[1]李新魁先生也持相同的观点。但在《文字通》中,"开发收闭"则有不同的含义。《文字通》前三卷的列字,基本上依照邵氏音图,几乎每一音的每一位都列有代表字,有的还列有多个字。所以前三卷收字很多,约占全书收字的57%,而前三卷之后大多数是只在每一音的"开"音位和"收"音位列代表字。比如卷二和卷十四中的一些列字:

卷二

声类 \ 音类		可	两	典	早	子	孔	审
开	坤	可	忼	侃	巧	考	哄	犬
发	巧	○	强	检	皎	岂	恐	项
收	丘	○	响	遭	巧	启	孔	○
闭	弃	○	○	犬	巧	启	恐	饮

卷十四

声类 \ 音类		每	永	允	○	水	虎	○
开	坤	魁锴	亏	楷	恳	混	苦	○
发	巧	○	○	○	○	○	○	○
收	丘	恺	顷	○	赾	峹	钦	○
闭	弃	跬	○	○	○	○	○	○

从《文字通》的实际收字情况我们可以看出,前三卷虽然大多数四位上均收字,但是等次混乱,比如,"皎"是四等字,却排在了"发"位;另外,还有很多重出的现象,如"巧、启、恐"等。可见,《文字通》中的"开发收闭"并不严格地对应一二三四等,但大体上仍然是"开""发"位上排列一二等字(即洪音字),"收""闭"位上排列三四等字(即细音字)。当然,这并不绝对,存在不少例外现象,比如"皎"。特别是前三卷之后,列于"开"音位的字多数是二等字,列于"收"音位的多数是三四等字。所以,我们只能说《文字通》大体上是只按洪细的不同分列代表字,而不是像《声音唱和图》那样按一二三四等排列。

其二,《声音唱和图》的音类都是清浊相配,在清浊的安排上体现了实际语音的变化。我们知道,《声音唱和图》反映的是北宋时期的汴洛语音,其时全浊声母清化,平声送气,仄声不送气,邵雍便把"近揆"安排在"古甲九癸"下,把"乾虬"安排在"坤巧丘弃"下。又如疑、明、微、泥、来母不应当有清音,邵雍仍然在清音位下列代表字,也是反映了实际的语音状况,即次浊音上声与非上声有区别。但在

---

① 李荣:《切韵音系》,科学出版社,1956 年,第 173 页。

《文字通》中,清浊的安排显示出它与邵图的不和谐,即《文字通》的两类全浊声母和两类次浊声母没有区别。特别是在前三卷之后的各卷中,往往只在一类全浊或次浊音下列字,另一类下无字或让位于其他的声母。如群、崇母只在第一类浊音下有字,並母和定母都是在第二类全浊音下收並母字或定母字,而並母第一类收奉母字,定母第一类收澄母字。

其三,在音十一"乍"下"□"位列有大量的见系字,其中见母字 61 个,溪母字 9 个,晓母字 11 个。赵元任先生在《现代吴语的研究》中说:"在余姚(知、照、精三母)遇到齐撮不能作[tzi]音而读成[j],与见母齐撮并……"①耿振生先生说:"古牙喉音在现代吴方言中以介音洪细为条件分化成舌面前音和舌根音两套,19 世纪以前的韵书都没有反映出这种分化。这不能证明 19 世纪以前本方言还没有出现这种分化,而可能是作者们依据音位学的原理(古人没有音位学的理论和这个名称,但是实行着这种原则)把两类辅音处理为一套声母了。"②《文字通》中"乍"下"□"位所列的见系字里大多是三等字,如"锦已器契遣菊急泣却"等,这就恰恰反映了吴方言在 19 世纪以前已经出现了这种分化。所以,我们推测,赵谦已经体会到在自己的方言(余姚方言)里,精(照)系和见系字在齐撮呼前发音部位和发音方法已经极为近似,所以将见系字列在照系下,但二者并没有合并,所以,赵氏并没有将书母、生母字直接列于心母下排列,而是将见系字放在"乍"下的有音无字位。

以上《文字通》与《声音唱和图》存在的这些不和谐、不一致是可以解释的。赵谦之所以没有机械地完全按《声音唱和图》的顺序来排列文字,是因为他发现自己方言中很多字的实际发音与《声音唱和图》中的发音不同,按《声音唱和图》的顺序来排列就不能展现语音实际,因此必须打乱原来的排列顺序,这也实属"不得已而为之"。可以说,《文字通》与《声音唱和图》反映了两个不同的音系:一个是明代的余姚音系,一个是宋代的汴洛音系。以往人们普遍诟病的这些不和谐、不一致如实地向我们展现了明代余姚方言的实际语音状况。《文字通》能够突破邵氏音图的束缚记录下当时的真实语音,恰恰体现出了它的价值,堪称明代吴语的"活化石"。

【参考文献】

[1]　赵谦.皇极声音文字通[M].续修四库全书·二五四·经部·小学类.上海:上海古籍出版社,2002.
[2]　赵元任.现代吴语的研究[M].北京:商务印书馆,2017.
[3]　周祖谟.问学集[M].北京:中华书局,1981.
[4]　李荣.切韵音系[M].北京:科学出版社,1956.
[5]　耿振生.明清等韵学通论[M].北京:语文出版社,1992.

A Further Interpretation About the Arrangements of the Chinese Characters in *Huang Ji Sheng Yin Wen Zi Tong*

Wu Jianwei　Gu Xiumei

(International Cultural Exchange School, Donghua University, Shanghai, 200051, China;

Beijing National Day School, 100039, China)

Abstract: As a rhyme book about Wu dialect in the Ming Dynasty, *Huang Ji Sheng Yin Wen Zi Tong*, which was written by Zhao Qian, followed the frame of *Sheng Yin Chang He Tu* entirely.

---

① 赵元任:《现代吴语的研究》,商务印书馆,2017 年,第 31 页。
② 耿振生:《明清等韵学通论》,语文出版社,1992 年,第 156 页。

But we can find that the arrangements of the Chinese characters aren't consistent with the arrangements in *Sheng Yin Chang He Tu*, which seems disharmonious. Many exports on *Huang Ji Sheng Yin Wen Zi Tong* criticize this disharmony. It is pointed out in the article that this disharmony reflects the actual speech sounds of Wu dialect in the Ming Dynasty. This disharmony is very valuable.

Key words: *Huang Ji Sheng Yin Wen Zi Tong*; *Sheng Yin Chang He Tu*; Wu dialect; Yinyang and Shuli

文字讹误与文献校读

——以"眕""眕蠿"为例

黄程伟

【摘　要】"眕"常讹写作"胗""眕""眕""肝""眕""䀐""䀏""胖""眕""胲"等形体,进而又与"盼""眕""眣"三字纠缠不清。文献多见"眕蠿"一词,但由于字形讹变及同音借字的情况,"眕蠿"在文献中呈现出"眕蠿""眕蠿""盼蠿""眕飨""眕飨""盼响""眕向""翕响"等繁杂形态。文章梳理"眕"字讹误源流,理清与"眕""盼""眣"三字的字际关系,校正文献中的相关讹误。

【关键词】眕;字形讹误;眕蠿;文献校读

【作者简介】黄程伟,华东师范大学中国文字研究与应用中心博士研究生,研究方向为文字训诂、出土碑志整理与研究。(上海 200241)

一　引言

《孟子·滕文公上》:"为民父母,使民盼盼然,将终岁勤动,不得以养其父母。又称贷而益之,使老稚转乎沟壑,恶在其为民父母也?"东汉赵岐注:"盼盼,勤苦不休息之貌。"①后人多承袭赵注,如朱熹《孟子集注》:"盼,五礼反,从目从兮。或音普苋反者,非……盼,恨视也。"②今人著作,如杨伯峻《孟子译注》:"盼盼然——赵岐注云:'勤苦不休息之貌。'盼音系(xì)。"③方勇译注《孟子》:"盼盼(xì):勤苦不休息的样子。"④金良年《孟子译注》:"盼盼(xī系):赵注云'勤苦不休息之貌'。又朱熹《集注》云'恨视也'。"⑤

《说文·目部》:"盼,恨视也。从目,兮声。"细细品味,"恨视"之"盼"与"勤苦不休息之貌",意思总显隔阂。阮元校刻《十三经注疏·孟子注疏》亦作"盼盼"。但校勘记曰:"《音义》'丁作眕'。按,盼字见《说文》,云'恨视貌'。但赵注以'勤苦不休息'为训,赵作'眕'不作'盼'也。"⑥又,段玉裁《说文解字注》:"《孟子》引《龙子》曰:'为民父母,使民盼盼然,将终岁勤动,不得以养其父母。又称贷而益之。'赵云:'盼盼,勤苦不休息之貌。'按,丁公著本'盼盼'作'眕眕'。据赵注则'眕'近是。作'盼'者,讹字也。"⑦

阮元校勘记、段玉裁认为"使民盼盼然"之"盼"为"眕"之讹字,甚是。阮元校勘记又言:"《说文》'眕蠿,布也','䇷,振也'。眕、䇷古通用。眕眕犹屑屑。《方言》'屑屑,不安也'。"如此则经、注文意相协。以"盼"为"眕"字之讹,或略显突兀,令人疑惑。其实,"眕"讹作"盼",并非一次性讹误,中间有过渡性形体"䀐""眕"等作为桥梁。⑧ 此外,我们调查发现,"眕"非但讹变作"䀐""眕",还可讹写作"胗""眕""肝""眕""䀏""胖""眕""胲"等形体。"眕"之讹误字形"䀏",又与"眕""盼""眣"之俗讹字形"眕"同形,使

---

① 孟子等著,赵岐注,蒋鹏翔、沈楠编:《孟子赵注》,广西师范大学出版社影印景宋蜀刻本,2018年,第159页。

② 朱熹:《四书章句集注》中册,浙江大学出版社影印清吴氏刊本,2012年,第275页。

③ 杨伯峻:《孟子译注》,中华书局,1960年(2018年重印),第111页。

④ 方勇译注:《孟子》(第2版),中华书局,2015年(2017年重印),第92页。

⑤ 金良年:《孟子译注》,上海古籍出版社,2016年,第107页。

⑥ 阮元校刻:《十三经注疏》,中华书局,1980年,第2704页中栏。

⑦ 许慎撰,段玉裁注:《说文解字注》,上海古籍出版社,1988年(2019年重印),第134页上栏。

⑧ "过渡性形体"概念参看臧克和:《联系的重建——过渡性形体功能》,《中国文字研究》第十三辑,大象出版社,2010年,第95—100页;臧克和:《汉字过渡性形体价值》,《古汉语研究》2013年第3期,第78—84页。

得"肸"与"眕""盼""昐"三字纠缠不清。因此当梳理"肸"字讹误源流,理清与"盼""眕""昐"三字的字际关系。

二 "肸"字讹误源流及与"盼""眕""昐"字际关系梳理

大徐本《说文·十部》:"肸,响布也,从十从旁。"小徐本《说文·十部》:"肸,响布也,从十旁声。"段玉裁校改作"肸,肸蠁,布也,从十旁声。"并注:"李善注《上林赋》《甘泉赋》皆引'肸蠁,布也',今据正。""肸",篆文作"𦧳",隶书字形如北大汉简《仓颉篇》简 26 之"肸"①,《妄稽》简 40 之"肸"②,马王堆汉墓帛书《五十二病方》列 318 之"肸"③。

《说文·兮部》:"兮,语所稽也。从丂,八像气越亏也。""兮",篆文作"兮",隶变有两种写法:一种写法是将下部笔画略微拉直,如东汉《淮源庙碑》之"亐"④,东汉《三老刻石》之"亐",东汉《鲜于璜碑》之"兮",北魏《元昭墓志》之"兮",北魏《元悫墓志》之"兮",北魏《元固墓志》之"兮"。"兮"的此种写法,与"肸"之右侧构件"旁"形体相近极易讹混,故"肸"可讹写作"肹"。如唐《王韦及妻狄氏墓志》之"肸"作"肹"⑤。"兮"字隶书形体另有一种写法,基本继承了篆文的形体⑥,如东汉《成阳灵台碑》之"兮",东汉《三山公碑》之"兮",东汉《景君碑》之"兮"。"肸"字既可讹写作"肹",受类推作用的影响,则"肸"又可讹变作"肦"。如北周《华岳庙碑》之"肸"正作"肦"。

"肸"讹变作"肦",韵书、字书多有记载,如《新校互注宋本广韵·质韵》:"肸,肸蠁,俗作肦,羲乙切。"⑦宋本《玉篇·十部》:"肸,许乞切,向布也。今为肦。"⑧《字汇·肉部》:"肸,黑乙切。从十从旁。肦,同上,俗字。"⑨《正字通·肉部》:"肦,同肸。《玉篇》作肦,从肸为正。"⑩《字鉴·质韵》:"肸,黑乙切。《说文》'响布也,从十从旁'。又佛肸,人名。旁音迄。俗作肦。"⑪

"肸"又讹作"肝"。如《五经文字·十部》:"肸肝,许乙反,上《说文》,下经典相承隶省。"⑫进而"肸"又讹写作"肦"。如阮元校刻《十三经注疏·论语注疏·阳货》:"佛肸召,子欲往。"⑬阮元校勘记曰:"佛肸召。唐石经同,皇本'佛肸'作'艴肦',后同。案:《汉书·古今人表》作'萉肦','佛''萉''艴'三字皆以音近通借。《五经文字》云:'肸肝,上《说文》下经典相承隶省。'"

隶楷文字阶段,"月"旁"目"旁形近易混⑭,如东魏《戎爱洛造像记》之"睹"作"睹";隋《杨真墓志》之"眧"作"眧";唐《程知节墓志》之"睽"作"睽"等。故"肦"之"月"旁可讹作"目",整字即讹作"眕",如唐《苻氏母张曜墓志》之"肸"作"眕",唐《段頔及妻兰氏墓志》之"肸"作"眕"。在此基础上,"肸"之左侧构件又可进一步讹作"日",如唐《许坚及妻李氏墓志》之"肸"作"昐"⑮,伪燕《裴令臣墓志》之"肸"作"昐"。⑯

---

① 北京大学出土文献研究所:《北京大学藏西汉竹书》(壹),上海古籍出版社,2015 年,第 6、21、46 页。
② 北京大学出土文献研究所:《北京大学藏西汉竹书》(肆),第 10、29 页。
③ 裘锡圭主编:《长沙马王堆汉墓简帛集成》第二册,中华书局,2014 年,第 84 页。
④ 文章所引之碑志字形,皆源自毛远明《汉魏六朝碑刻异体字典》,以及臧克和《汉魏六朝隋唐五代字形表》。
⑤ 中华石刻数据库(唐代墓志铭数据库)(http://inscription.ancientbooks.cn),ID: ZHB050000003M0001899。
⑥ 文字构件"丂""丁"不别,如东汉《史晨后碑》之"考",北魏《寇臻墓志》之"考",隋《张摩子墓志》之"考"。详参何山:《汉至隋石刻文字演变通例研究》,韩国《东亚文献研究》第 19 辑,2017 年,第 147 页;梁春胜:《楷书部件演变研究》,线装书局,2012 年,第 309 页。
⑦ 余迺永校注:《新校互注宋本广韵(定稿本)》,上海人民出版社,2008 年,第 473、477 页。
⑧ 陈彭年、丘雍等:《宋本玉篇》,中国书店影印张氏泽存堂本,1983 年,第 525 页。
⑨ 梅膺祚、吴任臣:《字汇 字汇补》,上海辞书出版社,1991 年,第 379 页上栏。
⑩ 张自烈著,廖文英编、董琨整理:《正字通》,中国工人出版社,1996 年,第 873 页上栏。
⑪ 李文仲编:《字鉴》,汲古阁影元钞本,卷五,页八十九。
⑫ 张参:《五经文字》,《丛书集成初编》第 1064 册,商务印书馆,1936 年,第 37 页下栏。
⑬ 阮元校刻:《十三经注疏》,第 2527 页上栏。
⑭ 梁春胜:《楷书部件演变研究》,第 363 页。
⑮ 毛汉光:《唐代墓志铭汇编附考》第 11 册,台湾商务印书馆,1991 年,第 53 页。
⑯ 毛阳光:《洛阳流散唐代墓志汇编续集》上册,国家图书馆出版社,2018 年,第 403 页。

"胁"又讹写作"胿""胮"。如《汇音宝鉴·入声》："胿，振也。胮，同上字。"

"胁"又讹写作"胖"。如《重订直音篇·肉部》："胁，黑乙切。胁，响布也。胖，同上。胮，亦同上。又，佛胮大貌，佛胮，人名。佛音弼。"①

以"肟""眄"为桥梁，又可沟通"胁"及其俗讹字形与"盼""眄""眅"的关系：

《说文·目部》："眄，恨视也。从目，分声。""胁"之俗讹字形"眄"即与之同形。《说文·目部》："眅，目偏合也。从目丏声。一曰衺视也。""眅"篆文作"眅"，隶变后可省写作"盯"。《五经文字·目部》："眅盯：莫见反，上《说文》，下经典相承隶省。"②字例如北大汉简《仓颉篇》简 7 之"眅"③，北魏《元弼墓志》之"盯"，唐《尹尊师碑》之"盯"。其右侧构件"丏"旁常加两点④，如东魏《廉富等造义井颂》之"眅"作"眅"，唐《王君妻成公氏墓志》之"眅"作"肟"⑤。"眄""肟"等形体即与"胁"之俗讹字形"肟""眄"同形。

"眄""盼""眅"三字形近互讹，前修时贤多有论及，如宋王观国、清俞樾、清段玉裁⑥，以及今人曾良、徐时仪、黄征、熊良治、梁春胜、陈才、乔二虎等诸位先生都曾有过精彩论述⑦。曾良、徐时仪、陈才等先生进一步指出了字形"眄"在"盼""眄""眅"三字讹混过程中的桥梁作用，甚是。陈才先生还考虑到了"盼""眄""眅"三字讹混的时代问题，认为"'眄'在隋唐时期，是作为'眅(引者按，原文误作盼)'的俗字的；而宋代，则又可以作'盼'的俗字了"，"在宋代以后，作为'盼'的俗字的'眄'，在典籍传抄过程中，却被误认作'眄'的俗字，从而导致眄、盼互讹；而前代作为'眅'的俗字的'眄'，在这个时期也同样被误认作'眄'的俗字，从而导致眄、眅互讹"。关注到字形讹误的时代性问题，值得肯定。但认为宋代以后"眄"作为"盼"的俗字而被误认为"眄"，有失偏颇。因为唐开成石经《论语》引《诗》"美目盼兮"之"盼"即已作"眄"。⑧ 所以，准确来说，"眄"在唐代就已是"盼"的俗字，进而导致"盼""眄""眅"三字相讹混，并与"胁"字及其俗讹字形产生纠葛。

"胁"及其俗讹字形与"盼""眄""眅"的字际关系复杂，可图示其大致关系如下：

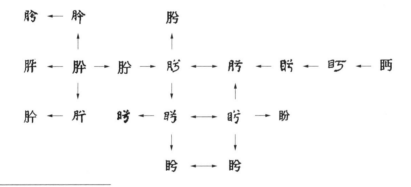

---

① 章黼撰，吴道长重订：《重订直音篇》，《续修四库全书》第 231 册，上海古籍出版社，2002 年，第 73 页上栏。

② 张参：《五经文字》，《丛书集成初编》第 1064 册，第 17 页上栏。

③ 北京大学出土文献研究所：《北京大学藏西汉竹书》(壹)，第 3、15、41 页。

④ "眅"之字形演变，亦可参见曾良：《俗字及古籍文字通例研究》，百花洲文艺出版社，2006 年，第 146、231 页；徐时仪《〈一切经音义〉俗字考》，《中国文字研究》第十二辑，大象出版社，2009 年，第 113 页。

⑤ 唐《王君妻成公氏墓志》："夫人丽仪，质重精神，顾眅生光，风流挺俗。""中华石刻数据库"误释作"盼"。详见中华石刻数据库（唐代墓志铭数据库）（http://inscription.ancientbooks.cn）。ID：ZHB050000003M0013025。

⑥ 王观国：《学林》，中华书局，1988 年，第 328 页；俞樾：《春在堂全书·茶香室四钞》(第六册)，凤凰出版社，2010 年，第 823—824 页；段玉裁《说文解字注》，第 130 页下栏。

⑦ 曾良：《"盼望""疆场"俗变探讨》，《中国语文》2008 年第 2 期；黄征：《敦煌俗字典》(第 2 版)，上海教育出版社，2019 年，第 858 页；熊良智：《从〈词源〉"眄""盼"音义释读说起》，《辞书研究》2005 年第 3 期，第 195—196 页；梁春胜：《楷书部件演变研究》，第 376 页；陈才：《朱熹〈诗集传〉校勘札记二则》，《诗经研究丛刊》第十七辑，学苑出版社，2009 年，第 383 页；陈才：《眄、盼、眅互讹琐谈》，《中国文字研究》第十八辑，上海书店出版社，2013 年，第 217 页；乔二虎：《上图藏明清尺牍文字研究》，博士学位论文，华东师范大学，2022 年，第 183、199 页。

⑧ 详参：《景刊唐开成石经》，中华书局，1997 年，第 2604 页；日本京都大学人文科学研究所所藏石刻拓本资料 H1002。

三　文字讹误与碑志校读

文献多见"肸蠁"一词,段玉裁谓之"语甚古"①,王引之谓"凡动而四布者皆谓之肸蠁矣"②,即指声响或气味的布散、弥漫。文献用例如:

(1)《汉书·司马相如传》:"延曼太原,离靡广衍,应风披靡,吐芳扬烈,郁郁菲菲,众香发越,肸蠁布写,晻薆呶莾。"③

(2)《文选·左太冲〈吴都赋〉》:"扐白蒂,衔朱蕤。郁兮菈茂,晔兮菲菲。光色炫晃,芬馥肸蠁。"④

王先谦谓"凡言肸蠁者,盖声入则此虫知之,其应最捷,故以喻灵感通微之义"⑤,文献用例如:

(3)《隋书·音乐志》:"我其陟止,载致其虔。百灵竦听,万国咸仰。人神咫尺,玄应肸蠁。"⑥

"肸"字讹变作"肹"。"肸蠁"即作"肹蠁"。如上举《汉书·司马相如传》之"肸蠁",《史记·司马相如传》所引同⑦,而中华书局影印涵芬楼藏宋本《文选》,郑州大学出版社校订标点本《新校订六家注文选》皆作"肹蠁"⑧;上举上海古籍出版社标点本《文选·左太冲〈吴都赋〉》之"肸蠁",中华书局影印涵芬楼藏宋本《六臣注文选》,以及郑州大学出版社校订标点本《新校订六家注文选》皆作"肹蠁"⑨。文献用例又如:

(4)《文选·左太冲〈蜀都赋〉》:"天帝运期而会昌,景福肹蠁而兴作。"⑩

(5)《北齐书·王昕传附王晞》:"且天道不恒,亏盈迭至,神几变化,肹蠁斯集。"⑪

碑志文献亦有用例,如:

(6)唐乾封二年《许国墓志》:"颍川波鋈,箕峤腾晖,肹蠁英俊,交柯庶几。"⑫

(7)唐开成二年《郑居中墓志》:"仙坛灵境,无不斋醮。窈冥之间,肹蠁如答。"⑬

然而,碑志文献有录为"盼蠁"者,如:

(8)唐载初元年《徐澄墓志》:"赫弈昌基,穹崇永固,地灵盼蠁,云姿布护。"⑭

(9)唐圣历二年《司空俭墓志》:"悠哉族茂,邈矣宗荣,盼蠁遗烈,闲气余英。"⑮

"盼"乃"恨视"之意,则"盼蠁"不辞。核之拓本,《徐澄墓志》《司空俭墓志》之"盼",拓本分别作"盼""盼"。如上所述,"盼""盼"即"肹"之俗讹。字例又如武周长寿三年《施君妻唐氏墓志》:"大阐风猷,精穷象纬,地灵肹蠁,天姿沉粹。"⑯其"肹"作"盼";唐元和十二年《李岗及妻王氏墓志》:"夫人

① 许慎撰,段玉裁注:《说文解字注》,第89页上栏。
② 王引之撰,虞思征、马涛、徐炜君校点:《经义述闻·春秋名字解诂》,上海古籍出版社,2018年,第1348页。
③ 班固撰,颜师古注:《汉书》,中华书局,1964年,第2553页。
④ 萧统编,李善注:《文选》,上海古籍出版社,1986年(2007年重印),第209页。
⑤ 班固撰,颜师古注,王先谦补注:《汉书补注》,中华书局,2008年,第4113页。
⑥ 魏征、令狐德棻等:《隋书》,中华书局,1973年,第315页。
⑦ 司马迁撰,裴骃集解,司马贞索隐,张守节正义:《史记》,中华书局,2014年,第3664页。
⑧ 萧统编,李善等注:《六臣注文选》,中华书局,1987年,第159页;萧统编,李善注,俞绍初等点校:《新校订六家注文选》,郑州大学出版社,2013年,第490页。
⑨ 萧统编,李善等注:《六臣注文选》,第104页;萧统编,李善等注,俞绍初等点校:《新校订六家注文选》,第273页。
⑩ 萧统编,李善等注:《文选》,中华书局,1987年,第98页。
⑪ 李百药:《北齐书》,中华书局,1972年,第420页。
⑫ 周绍良总主编:《全唐文新编》总第20册,吉林文史出版社,2000年,第14214页。拓本作"肹"。
⑬ 陈朝云:《河南散存散见及新获汉唐碑志整理研究》,科学出版社,2019年,第418页。拓本作"肹"。
⑭ 毛汉光:《唐代墓志铭汇编附考》第11册,第315—317页。
⑮ 周绍良、赵超主编:《唐代墓志汇编续集》,上海古籍出版社,2001年,第366页。
⑯ 周绍良主编,赵超副主编:《唐代墓志汇编》,上海古籍出版社,1992年,第835页。

兆域，疑于密迩，幽感眇蠁，庶乎莅此。"①其"眇"作"**眇**"。"眇"又为"肤"字讹变。故《徐澄墓志》《司空俭墓志》之"眇蠁"，皆当校改为"肤蠁"。

碑志文献又有录为"盼蠁"者，如：

（10）唐大中八年《郑贺妻穆楚墓志》："缠足食而衣充兮，告乎已矣。命矣夫！想平生之淑德兮，终盼蠁而兴悲。"②

（11）唐会昌三年《仇仙期及妻玄氏墓志》："嗟嗟府君，何岁殁代。禀然英风，盼蠁如在。"③

《说文·目部》："盼，白黑分也。从目，分声。"段玉裁注："《玄应书》引如此。《诗》曰：'美目盼兮。'见《卫风》。毛曰：'盼，白黑分也。'韩《诗》云：'黑色也。'马融曰：'动目皃。'按，许从毛。此形声包会意，从毛则以目分会意也。"④则"盼蠁"亦不辞。核之拓本，《郑贺妻穆楚墓志》《仇仙期及妻玄氏墓志》之"盼"字，拓本分别作"**眇**""**眇**"，亦即"眇"之俗讹字。"盼蠁"之"盼"，乃是"眇"字误释。"眇"又为"肤"字讹变。故上举两例之"盼蠁"皆当校改为"肤蠁"。

碑志文献又有录为"眇响""盼响"者，如：

（12）唐永徽二年《杨基墓志》："河惊竹箭，岳秀莲花，山川眇响，人物英华。"⑤

（13）唐总章元年《符氏母张曜墓志》："鸿门荐玉斗之筹，瘗辙黜金蛇之贵。眇响继踵，纷纶典蕃。"⑥

（14）武周证圣元年《黄懿墓志》："洪源带地，层构开天。英灵盼响，龟组蝉联。"⑦

（15）唐咸亨三年《冯承素墓志》："两河之间，二冯之胤。英灵盼响，风华昭晋。"⑧

"眇响""盼响"皆不辞。核之拓本，《杨基墓志》《符氏母张曜墓志》之"眇响"，拓本分别作"**眇蠁**""**眇蠁**"；《黄懿墓志》《冯承素墓志》之"盼响"，拓本分别作"**眇蠁**""**肤蠁**"。如上所述，"眇""眇""眇""肤"皆为"眇"之俗讹。"眇"为"肤"字讹变。上举各例之"眇响""盼响"皆当校改为"肤响"。

"肤响"同"肤蠁"。"响"为"蠁"之同音借字。《广雅·释虫》："国貉，虫蠁。"郝懿行义疏："蠁，犹响也，言知声响也；亦犹向也，言知所向也。"《广雅·释虫》："土蛹，蠁虫也。"王念孙疏证："蠁之言响也，知声之名也。"传世文献异文也可证明，如上举上海古籍出版社标点本《文选·左太冲〈吴都赋〉》之"肤蠁"，中华书局影印涵芬楼藏宋本《六臣注文选》，以及郑州大学出版社校订标点本《新校订六家注文选》皆作"肤蠁"⑨，而上海古籍出版社影印《唐钞文选集注汇存》即作"肤响"⑩。

"肤响"又作"翕响"，皆同"肤蠁"，前人亦有论述，如清吴玉搢《别雅》卷三："肤响、翕响，肤蠁也。《文选》左思《蜀都赋》'景福肤蠁而兴作'，注'如虫群起而多'。《说文》：'肤响，布也。'扬雄《甘泉赋》'肤响丰融'，司马相如《上林赋》'肤响布泻'，注'盛作也'。《汉书》作'肤蠁'。嵇康《琴赋》'纷纶翕响'，盖借'翕'作'肤'也。大抵肤蠁是弥满布散之义。《说文》'蠁，知声虫也'，又兼取其群飞薨薨之势，故亦通用响。"⑪

---

① 周绍良主编，赵超副主编：《唐代墓志汇编》，第 2017 页。

② 毛阳光、余扶危主编：《洛阳流散唐代墓志汇编》下册，国家图书馆出版社，2013 年，第 609 页。

③ 中国文物研究所等编：《新中国出土墓志·河南（叁）》，文物出版社，2008 年，第 305、228 页。拓本作"**眇**"。

④ 许慎撰，段玉裁注：《说文解字注》，第 130 页下栏。

⑤ 周绍良总主编：《全唐文新编》总第 20 册，第 13891 页；周绍良主编，赵超副主编：《唐代墓志汇编》，第 152 页。

⑥ 吴钢主编：《全唐文补遗（第 6 辑）》，三秦出版社，1999 年，第 307 页。作"眇响"，注释"当为肤蠁"，是。

⑦ 中国文物研究所等编：《新中国出土墓志·河南（叁）》，第 43 页。

⑧ 王连龙：《新见隋唐墓志集释》，辽海出版社，2013 年（2017 年重印），第 97 页。此处之"盼响"当校改为"肤蠁"，乔二虎先生已有论述。参乔二虎：《上图藏明清尺牍文字研究》，博士学位论文，华东师范大学，2022 年，第 183 页。

⑨ 萧统、李善等注：《六臣注文选》，第 104 页；萧统编，李善等注，俞绍初等点校：《新校订六家注文选》，第 273 页。

⑩ "肤"原书作"**肤**"。详见周勋初：《唐钞文选集注汇存》第 1 册，上海古籍出版社，2000 年，第 137 页。

⑪ 吴玉搢：《别雅》，四库全书影印本，卷三，页四十八。见"大学数字图书馆国际合作计划"，https://cadal.edu.cn/cx/reader/reader/book/reader.shtml? channel＝4＆code＝ad02cbeba8ab3dbed9b8040df4040cb6＆epage＝-1＆ipinside＝0＆netuser＝0＆spage＝1＆ssno＝06050610＆userid＝1360094＆bookType＝2。

"朌蠻"又作"朌飨",如上举中华书局影印涵芬楼藏宋本《六臣注文选·左太冲〈蜀都赋〉》之"朌蠻",郑州大学出版社校订标点本《新校订六家注文选》同①,上海古籍出版社影印《唐钞文选集注汇存》亦同②,而上海古籍出版社标点本《文选》作"朌飨"。王筠《说文句读·十部》:"蠻,布也。从十肖声。"王注:"朌也者,蠻也。蠻也者,布也。《上林赋》曰'朌蠻布泻',彼以朌蠻形容其布泻。此以布泻训释其朌蠻,故不引长卿全句也。设如司马彪注'朌,过也',则羊舌朌何以字叔向。向者响之省形,存声字。蜩者蠻之或字。《晋语》作叔向,则声借字也。李善本《蜀都赋》作朌飨,亦借字。"又如《集韵·质韵》:"朌,黑乙切,《说文》'响布也,从十从肖'。徐铉曰:'肖,振肖也。'"③清方成珪《集韵考正·质韵》:"《说文》'飨布也'。飨,《类篇》同,《玉篇》作'向',二徐本作'响',并误。今据《广韵》及《文选》《上林》《甘泉》二赋注改'蠻',上无'朌'字,亦读连篆文之一证。"④

至此,我们可以得出结论,"朌蠻"之"蠻"字可写作"响""飨""向"等同音借字。掌握此种规律,可帮助我们进一步解决文献中的疑难问题。如:

　　(16)武周天授三年《阿史那感德墓志》:"英灵朌响,有单于之异人;物产瓌奇,有祁连之俊宝。康庄四会,玉塞峙其南;土宇三分,金河更其北。"⑤

其中"朌响",赵振华先生释作"朌响"。⑥ 齐藤茂雄先生改释作"盼向",并注:"赵振华2009年论文写为'朌响';《全唐文补遗》写作'盼响',我修改为'盼向',意指与眼睛产生共鸣之意。"⑦

核之拓本,此两字作"**盼向**"。同上所述,"**盼**"即"朌"之俗讹。"朌"又为"朌"字讹变。"**向**"即"向(嚮)"字,为"蠻"之同音借字。"**盼向**"当释为"朌向",意同"朌蠻"。《全唐文补遗》释作"盼响",误;赵振华先生释作"朌响",不准确;齐藤茂雄先生改释作"盼向",亦误。"意指与眼睛产生共鸣"之说则是望文生义。

志文"英灵朌向,有单于之异人;物产瓌奇,有祁连之俊宝",前后对仗。则"英灵朌向"与"物产瓌奇"句法结构相同。"物产瓌奇"指物产珍奇。"英灵朌向"意谓人的英华灵秀之气显扬。碑志文献用例如上举《冯承素墓志》:"英灵朌响,风华昭晋。"《黄懿墓志》:"英灵朌响,龟组蝉联。"

四　余论

梳理"朌"字讹变源流,明白了单个汉字的来龙去脉,理清了与"盼""盼""昒"的字际关系,这是汉字发展史研究、汉字职用史研究的重要内容,可以帮助校正碑志文献中的疑难问题。而且,清楚了"朌"讹变作"**盼**",进而讹写作"**盼**""**盼**"的顺序,又可以进一步佐证阮元、段玉裁所谓今本《孟子》"使民盼盼然"之"盼"为"朌"字讹误的观点。今人研究《孟子》的著作,应当采纳这一正确意见。

此外,我们将问题推进一步:《孟子·滕文公上》"使民朌朌然"之"朌",到底是什么年代讹作"盼"的呢?上举马王堆汉墓帛书之"**朌**",北大汉简之"**盼**""**盼**"等字未发生讹变。但一般认为马王堆汉

　　① 萧统编,李善等注,俞绍初等点校:《新校订六家注文选》,第246页。
　　② 周勋初:《唐钞文选集注汇存》第1册,第73页。
　　③ 丁度等编:《集韵》,上海古籍出版社,1985年,第669页。
　　④ 方成珪:《集韵考正》,《丛书集成续编》第74册,新文丰出版公司,1989年,第690页。
　　⑤ 吴钢主编:《全唐文补遗(第8辑)》,三秦出版社,2005年,第302页;拓本又见张乃翥:《龙门区系石刻文萃》,国家图书馆出版社,2011年,第84页。
　　⑥ 赵振华:《唐阿史那感德墓志考释》,《史林》2004年第5期,第82页;赵振华:《洛阳古代铭刻文献研究》,三秦出版社,2009年,第473页。
　　⑦ 〔日〕齐藤茂雄撰,朱振宏译:《突厥〈阿史那感德墓志〉译注考》,《唐史论丛》第三十五辑,三秦出版社,2022年,第115页;日文稿原文作:「盼嚮」趙2009は「朌響」,『補遺』は「盼響」とするが,改める。目をかけて共鳴する意と取った.详参:《突厥「阿史那感德墓誌」訳注考:唐羈縻支配下における突厥集団の性格》,《内陸アジア言語の研究》第26号,2011年,第9—10页。

墓帛书抄写于西汉文帝初年及以前，北大汉简抄写于西汉武帝后期，时代均早于赵岐生活的东汉末年。诚如阮元校勘记所言"赵作胅不作眄"。所以，讹误的时间上限应该定在东汉末年以后。南宋朱熹《孟子集注》"眄，五礼反，从目从兮。或音普苋反者，非"。说明朱熹能看到的本子已经讹作"眄"，甚至有人将其误认作"盼（普苋反）"字了。则讹误的时间下限最迟在南宋朱熹的时代。至此，我们可以得出结论：《孟子·滕文公上》"使民胅胅然"之"胅"讹作"眄"的时间，必然在东汉末年至南宋之间。又，阮元校勘记所谓"丁作胅"，段玉裁所谓"丁公著本"，即指唐丁公著所撰《孟子手音》。唐丁公著的《孟子手音》不误，说明唐代的本子保存了文献原貌，或者说唐代仍有部分本子保存了文献原貌。再考虑到出土唐代墓志中"胅蠻"之"胅"大量讹作"睗""眄"的事实。我们猜测，讹误时间大约就在隋唐五代时期。这也与"胅"及其讹误字形与"眄""盼""眄"三字纠缠不清的时间相吻合。期待新材料的发现来进一步推动这一问题的研究。

The Evolvement and Confusion of Chinese Character and Collation of Ancient Classics — Taking Xi (胅) and Xixiang (胅蠻) as Examples

Huang Chengwei

(Center for the Study and Application of Chinese Characters, East China Normal University,

Shanghai 200241, China)

Abstract：The Chinese character Xi(胅) often evolved into shapes such as "胅""眄""胅""肝""胅""胅""睗""胖""胅""胯", result in they are confused with "Pan(盼)", "Xi(眄)" and "Mian(眄)". Xixiang(胅蠻) is very common in ancient texts，but because of the evolvement and confusion of Chinese character，it presents a complex state. Comb out the evolution of Chinese character "xi(胅)", distinguish it from the characters "Pan(盼)", "Xi(眄)" and "Mian(眄)", collate relevant errors in ancient documents.

Key words：Xi(眄)；the evolvement and confusion of character；Xixiang(胅蠻)；collation of ancient classics

上古汉语中的"终竟"义动词[*]

武振玉　裘晓晨

【摘　要】学界对古汉语完成体问题的研究多集中于中古汉语时期,本文将上古汉语中相关动词总结为 19 个"终竟"义动词,并分为"休止"和"结束"义两类,其中"按/案、艾、辍、弭/弥、寝、阕、迄/讫、舍、咸、息、休、偃、止"13 词只有"休止"义项,而"罢、毕、竟、已、卒、终"6 词同时还有"结束"义项。在上古汉语阶段,该类动词始终以表示"休止"义为主;表示"结束、完结"义的动词从词目数量到出现频次均有限。本文对上古汉语"终竟"义动词的调查研究,可以填补上古汉语完成体动词研究的空白,并与已有研究成果进行历时比较,厘清此类动词的发展脉络,丰富汉语史研究。

【关键词】上古汉语;终竟;休止;结束

【作者简介】武振玉,女,吉林大学文学院教授,博士生导师,吉林大学古籍研究所历史文献学博士。研究方向为古文字学、汉语史。裘晓晨,女,吉林大学文学院博士研究生,研究方向为汉语言文字学。(吉林 长春 130012)

汉语完成体问题一直是学界研究的焦点,古汉语阶段的相关研究多集中于中古汉语,在此之前相关动词的应用情况如何,尚无全面研究。[①] 有鉴于此,本文对上古汉语[②]时期中的相关动词进行了穷尽性调查,将之总归为"终竟"义动词,包括表示"休止"义和"结束"义两类,前者侧重表达时间的停止或终止,后者强调事件的结束。李宗江将"完成"类动词分为三类:尽类(尽、穷、竭、罄、殚、净、光),已类(已、毕、竟、终、卒、结、罢、休),了类(了、既、讫、完)。并认为:尽类动词侧重形容[＋数量]性的名词,已类动词侧重表达[＋时间]性的事件动词或名词,了类动词兼有尽类和已类两类动词的特征。[③]本文在对上古汉语相关动词进行了穷尽性调查的基础上,将"尽"类(侧重表达数量"穷尽"的一类)暂时排除在外,同时对"已"类和"了"类(按:上古汉语尚不见该词)相关各词进行了词义和用法分析,最终将之分为"休止"和"结束"两类,前者侧重表达时间的停止或终止(大体相当于李文的"已"类),后者侧重强调事件的结束,相关各词常处于句群中间,具有承上启下的作用,是后代"完成"义动词的前身。

一　表示"休止"义的动词

此类动词共有"按/案、艾、罢、毕、辍、竟、弭/弥、寝、迄/讫、阕、舍、咸、息、休、偃、已、卒、终、止"19 个。从形式上看,主要有下述五种出现语境。

（一）名词性成分＋V 休止。如:

　　(1) 夜如何其? 夜未央,……夜如何其? 夜未<u>艾</u>,庭燎晰晰。(诗经·小雅·庭燎)

---

　* 基金项目:本文为国家社会科学基金重大项目"出土两汉器物铭文整理与研究"(项目编号:16ZDA201)子课题"出土两汉器物铭文语言研究"的阶段性成果。

　① 王烁:《与完结动词具有相关性的四类语义场词的历时演变》,硕士学位论文,清华大学,2015 年,第 8—15 页。目前仅在王烁的硕士论文中可见对先秦时期完成动词"毕、既、已、竟、讫"的讨论。

　② 本文综合前贤的观点,将殷商至西汉定为上古汉语时期,此期调查的语料有:《今文尚书》《诗经》《易经》《逸周书》《老子》《论语》《孟子》《墨子》《庄子》《左传》《国语》《战国策》《荀子》《韩非子》《仪礼》《周礼》《晏子春秋》《吕氏春秋》《公羊传》《谷梁传》《淮南子》《史记》《盐铁论》。

　③ 李宗江:《"完成"类动词的语义差别及其演变方向》,《语言学论丛》第三十辑,商务印书馆,2004 年,第 147—149 页。

（2）岁已寒矣，而役不罢，惙惙矣如之何。（晏子春秋・外篇）

（3）雨毕而除道，水涸而成梁，草木节解而备藏。（国语・周语中）

（4）且夫俭节仁义之人立于朝，则荒肆之乐辍矣。（史记・李斯列传）

（5）及见怪，岁竟，此两家常折券弃责。（史记・高祖本纪）

（6）若敬行其礼，道之以文辞，以靖诸侯，兵可以弭。（左传・襄公二十五年）

（7）公卒爵，主人升受爵以下而乐阕。（仪礼・燕礼）

（8）源泉混混，不舍昼夜，盈科而后进，放乎四海。（孟子・离娄下）

（9）子驷为不可，诛之，今又效之，是乱无时息也。（史记・郑世家）

（10）天下诸侯交争，相灭亡，并为六国，兵革不休。（盐铁论・褒贤）

（11）夫兵不可偃也，譬之若水火然。（吕氏春秋・孟秋纪・荡兵）

（12）天地之道，恒久而不已也。（易经・恒卦・象传）

（13）上天弗恤，夏命其卒。（吕氏春秋・慎大览・慎大）

（14）神四十五日而一徙；以三应五，故八徙而岁终。（淮南子・天文训）

（15）主妇哭，妇人皆哭。主妇升堂，哭者皆止。（仪礼・既夕礼）

（二）动词性成分＋V休止。如：

（1）善建者不拔，善抱者不脱，子孙以祭祀不辍。（老子54章）

（2）读之讫，曰：王其自图。（史记・吴王濞列传）

（3）今吾闻子颓歌舞不息，乐祸也。（国语・周语上）

（4）天下无道，攻击不休，相守数年不已。（韩非子・喻老）

（5）风雨如晦，鸡鸣不已。既见君子，云胡不喜？（诗经・郑风・风雨）

（6）父兮母兮！畜我不卒。（诗经・邶风・日月）

（7）齐人甚好毂击，相犯以为乐，禁之不止。（晏子春秋・内篇杂下）

（三）充当谓语中心词。如：

（1）景公为巨冠长衣以听朝，疾视矜立，日晏不罢。（晏子春秋・谏下）

（2）予曷敢不于前宁人攸受休毕？（尚书・大诰）

（3）靖郭君曰："善。"乃辍，不城薛。（韩非子・说林下）

（4）太史公曰：余述历黄帝以来至太初而讫，百三十篇。（史记・太史公自序）

（5）虽然，墨子真天下之好也，将求之不得也，虽枯槁不舍也。（庄子・杂篇・天下）

（6）专心一志，思索孰察，加日县久，积善而不息，则通于神明，参于天地矣。（荀子・性恶）

（7）故敬时爱日，非老不休，非疾不息，非死不舍。（吕氏春秋・士容论・上农）

（8）舜伐有苗，启攻有扈。自五帝而弗能偃也，又况衰世乎！（淮南子・兵略训）

（9）齐宣王问曰：人皆谓我毁明堂。毁诸？已乎？（孟子・梁惠王下）

（10）凡事亦然，始乎谅，常卒乎鄙。（庄子・内篇・人间世）

（11）汉家常以正月上辛祠太一甘泉，以昏时夜祠，到明而终。（史记・乐书）

（12）而我嗷嗷然随而哭之，自以为不通乎命，故止也。（庄子・外篇・至乐）

（四）V休止＋动词性成分。如：

（1）魏王曰："善。"乃案其行。（战国策・魏策三）

（2）公卿愀然，寂若无人。于是遂罢议止词。（盐铁论・取下）

（3）王曰："甚然。"乃辍行。（吕氏春秋・审应览・应言）

（4）如贾三倍，君子是识。妇无公事，休其蚕织。（诗经・大雅・瞻卬）

（5）阻深闇昧得耀乎光明，以偃甲兵于此，而息诛伐于彼。（史记・司马相如列传）

(6) 久无事，则聘焉。若有故，则卒聘，束帛加书将命。(仪礼·聘礼)

(7) 老聃曰：丘！止柩就道右，止哭以听变。(礼记·曾子问)

(8) 吾欲已子张之谏，若何？对曰：用之寔难，已之易矣。(国语·楚语上)

(五) V休止＋名词性成分。如：

(1) 案兵无动，以观夫暴国之相卒也。(荀子·王制)

(2) 晏子出，公令趣罢守槐之役，拔置县之木，废伤槐之法。(晏子春秋·内篇谏下)

(3) 以一蹪之难，辍足不行，惑也。(淮南子·修务训)

(4) 于是楚王乃弭节裴回，翱翔容与，览乎阴林。(史记·司马相如列传)

(5) 见侮不辱，救民之斗，禁攻寝兵，救世之战。(庄子·杂篇·天下)

(6) 天既讫我殷命，假人元龟，无敢知吉，非先王不相我后人。(史记·殷本纪)

(7) 蜂虿螫人，放死不能息其毒也。(盐铁论·申韩)

(8) 譬之犹执热之有濯也，将休其手焉。(墨子·尚贤中)

(9) 既而偃兵，搢笏而朝，天下之民莫不愿为之臣。(盐铁论·繇役)

(10) 公曰："善哉！是可若何？"唯礼可以已之。(左传·昭公二十六年)

(11) 一之日觱发，二之日栗烈；无衣无褐，何以卒岁？(诗经·豳风·七月)

(12) 天既遐终大邦殷之命。(尚书·召诰)

(13) 王速出令，反其旄倪，止其重器。(孟子·梁惠王下)

上述19个此类词，出现于第一种形式中的有15个，出现于第五种形式中的有13个，出现于第三种形式中的有12个，出现于第四种形式中的有8个，出现于第二种形式中的有7个。其中，"辍、息、休、已、止、卒"6词可以出现在上述五种组合形式中，组合能力最强；其次是"罢"可以出现在四种组合形式中，"偃、讫、终"可以出现在三种组合形式中，"案、毕、弭、舍"可以出现在两种组合形式中，而"艾、竟、寝、阕、咸"只出现于一种组合形式中。从各种形式的用例数量看，依次为单独作谓语(377例)、"名词性成分＋V终止"(145例)、"动词性成分＋V终止"(134例)、"V终止＋名词性成分"(123例)、"V终止＋动词性成分"(48例)。可以看出该类动词的组合形式具有明显的倾向性。各词的出现频次依次为：已236例、止226例、终123例、休69例、辍52例、息44例、罢40例、偃32例、卒26例、按/案20例、弭/弥15例、舍9例、寝7例、阕7例、讫/迄4例、毕3例、艾2例、竟2例、咸1例。可以看出用例数量方面差别还是很大的，其中"已""止""终"为核心词，"辍""休""息""罢"为次核心词，其他各词用例则比较有限，其中"卒"明显集中于《仪礼》，"按""弭"主要与"兵"组合，用法比较固定。

二　表示"结束"义的动词

该类有"罢、毕、竟、已、卒、终"6词，从形式上看，主要有下述五种出现语境：

(一) 名词性成分＋V结束：

(1) 反归取之，及反，市罢，遂不得履。(韩非子·外储说左上)

(2) 事毕，乃右肉袒于庙门之东。(仪礼·觐礼)

(3) 今义渠之事已，寡人乃得以身受命。(战国策·秦策三)

(4) 语卒而单于大怒，立斩主客见者，而留郭吉不归。(史记·匈奴列传)

(5) 曲终而招子贡子路，二人俱对。(庄子·杂篇·渔父)

(二) 动词性成分＋V结束：

(1) 战既罢，龚王欲复战而谋，使召司马子反。(吕氏春秋·慎大览)

（2）及馈之毕，愿以小人之腹为君子之心，属厌而已。（左传・昭公二十八年）

（3）饭已，尽怀其余肉持去，衣尽污。（史记・滑稽列传）

（4）少者奉槃，长者奉水，请沃盥，盥卒，授巾。（礼记・内则）

（5）歌终，顾而流涕，张躬而舞。（晏子春秋・内篇谏下）

（三）充当谓语中心词：

（1）既罢，相如乃使人重赐文君侍者通殷勤。（史记・司马相如列传）

（2）天子祈来年于天宗，大祷祭于公社，毕，飨先祖。（淮南子・时则训）

（3）縢屦，元冠茈武，踊而不哭，而不拜，已，乃涕洟而去。（晏子春秋・内篇谏下）

（4）修五礼、五玉、三帛、二生、一死贽，如五器，卒乃复。（尚书・尧典）

（5）未终，师旷抚止之，曰：此亡国之声，不可遂也。（韩非子・十过）

（四）V 结束＋动词性成分：

（1）后太子罢质，果不得见。（战国策・魏策二）

（2）献毕，未彻，乃馂。（仪礼・士虞礼）

（3）乃沃尸，盥于槃上，卒盥，坐奠簟，取巾，兴，振之三，以授尸。（仪礼・少牢馈食礼）

（五）V 结束＋名词性成分：

（1）于是将旱城，臧武仲请俟毕农事，礼也。（左传・襄公十三年）

（2）酒阑，吕公因目固留高祖。高祖竟酒，后。（史记・高祖本纪）

（3）卒事，秦伯谓其大夫曰：为礼而不终，耻也。（国语・晋语四）

上述五种出现语境用例数量依次为"名词性成分＋V 结束"（143 例）、"V 结束＋动词性成分"（139 例）、"充当谓语中心词"（99 例）、"动词性成分＋V 结束"（34 例）、"V 结束＋名词性成分"（10 例），可以看出组合形式差距较大。各词的出现频次依次为：卒 177 例、毕 120 例、终 80 例、罢 29 例、已 23 例、竟 1 例，同样差距明显，其中最明显的是"卒"主要出现于"V 结束＋动词性成分"中，"毕""终"主要出现于"名词性成分＋V 结束"中，其他各词则不明显。

从文献分布看，"毕"的文献分布最广（见于 14 部文献中），"卒""终"都是见于 11 部文献中，"罢""已"都是见于 6 部文献中，只有"竟"仅见于《史记》中；从单个词看，"罢"主要见于《史记》（22 例），"毕"主要见于《史记》（38 例），"已"主要见于《史记》（12 例），"卒"主要见于《仪礼》（144 例），"终"主要见于《周礼》（49 例）。出现频次高的前三词中，"卒"明显集中于《仪礼》且集中出现于"V 结束＋动词性成分"组合中，"终"集中于《周礼》且主要出现于"名词性成分＋V 结束"组合中，只有"毕"不但文献分布广且构成的组合形式多，故"毕"应是此类动词的核心词。

结 论

上古汉语中共有 19 个表示"终竟"义的动词，该义场的核心词为"已、止、卒、终、毕"，次核心词为"罢、辍、休、息"。从文献分布看，出现频次多的各词文献分布亦广。从词义角度看，该类动词均为引申用法，且具体引申方式比较多样。从后代的发展情况看，一是出现频次较多的"毕""已"到中古汉语仍是核心词，二是出现频次很低的"竟、讫"到中古汉语成为核心词。从词义的沿袭情况看，上古汉语中表示"结束"义的 6 词中有"罢、毕、竟、已"4 词到中古汉语发展为"完成"动词，而表示"休止"义的 13 词中只有"讫"发展为"完成"动词。

（一）语义表达角度

"休止"义侧重表示时间的停止或终止，时间进程表述相对简单。"结束"义则侧重表达事件的完结，此类动词常出现于两事件之间，起一定的承接作用，这种句法位置和承接作用使得该类动词到中古以后发展为完成动词,具有了表示完成的体貌属性。两种用法都有的6词中,除了"卒"的后一种用法(结束义)明显居多外,其余四词("竟"只有1例不计入)都是以前一种用法为主,其中"毕""已"的前一种用法比后一种用法多很多(相差悬殊),而"罢""终"二词虽然也以前一种用法为主,但是两者的比例相差没有那么明显(不到一倍)。

(二) 文献分布与核心词

"休止"义类和"结束"义类相加,上古汉语中表示"终竟"义的19词,总出现频次依次为:已259、止226、卒203、终203、毕123、罢69、休69、辍52、息44、偃32、按/案20、弭/弥15、舍9、寝7、阕7、讫/迄4、艾2、竟3、咸1。从文献分布看,"已"见于21部文献中,"终"见于19部文献中,"止"见于18部文献中,"毕""卒"见于15部文献中,"辍""休"见于13部文献中,"罢""息"见于10部文献中。可以看出,该义场的核心词为"已、止、卒、终、毕",次核心词为"罢、辍、休、息"。

(三) 词义方面

该类动词的"休止"或"结束"义均属于引申用法,如:按,《说文・手部》:"按,下也。"本义指用手向下压,引申"抑制、止住"义,再引申出"休止"义。艾,本义为植物名(艾蒿),引申指灰白色,再因比喻而指年长、年老(的人),再引申而有"尽、止"义。罢,《说文》:"罷,遣有辠也。"据此或认为其本义为"罢免"(如《汉语大字典》2924页);或认为本义为疲(张舜徽《说文解字约注》谓:"能(熊属)在网下为罢态……故罢字当以疲困为本义")。[①]《汉字源流字典》(1054页)谓:"本义当为以网捉熊,借为疲;就被捉的结果说表示:完了、完毕;引申指停止。"毕,《说文》:"畢,田网也。"字本义是指用以捕野禽的长柄网,引申为用毕网猎取、擒获,再引申为结束、终止义。[②] 辍,《说文・车部》:"辍,车小缺复合者。"本义为车队行列间断又连接起来,引申指中途停止,再引申而有废止、舍弃、撤除等义。竟,《说文・音部》:"竟,乐曲尽为竟。"段注:"曲之所止也。引伸之凡事之所止。"弭,《说文》:"弭,弓无缘可以解辔纷者"。本义是指角弓,即末端用骨做装饰的弓,引申指弓的末端,再引申出"止息""消除"等义。(一种看法是由"末端"引申出"尽"义,再引申出"止息、休止"义;一种看法认为是由于角弓有解除纷乱以及弓能消除战争的用途,由此引申出"止息"义。)弥,当是由"满"义引申出"尽"义,再引申出"休止、止息"义。寝,本义是寝室,引申出"寝卧、休息"义,再引申出"止息、休止"义。讫,《说文・言部》:"讫,止也。从言气聲。"本义当为言语终止,引申指一般的"休止、终止"义。迄,《说文新附》:"迄,至也。"由此引申出"终止"义。[③] 阕,《说文》:"阕,事已闭门也。"本义指祭事已毕而闭门,引申指一般的"休止、终了"义,特指乐曲完结。舍,本义为房屋,引申出动词"止宿"义,再引申出休止、废止、赦免等一系列相关义。咸,本义为杀[④],由此引申出"终了、终止"义,再引申出"结束、完成"义。息,《说文》:"息,喘也。"本义为呼吸,由此引申出"停止、休止"义,再引申而有"灭绝、消除"等义。休,本义为人在树下休息,由此引申出"止息、休止"义。偃,《说文》:"偃,僵也。"本义指向后仰倒,特指仰卧,进而引申出"止息、休止"义。已,该字的字本义说法纷繁,但是词本义为"停止、休止"义无疑。卒,甲骨文卒字是在"衣"形上加交叉线,表示衣服缝制完毕,用以表示终卒意。[⑤] 由"终了、休止"进一步引申出"结束""尽""死亡"等义。终,《说文》:"终,絿丝也。"甲骨文字形象一束丝两头末端结扎之形,会纺丝结束之义,由

---

① 李学勤:《字源》(第一版),天津古籍出版社,2012年,第685页。

② 王烁:《与完结动词具有相关性的四类语义场词的历时演变》,硕士学位论文,清华大学,2015年,第8页。引《说文》"敠,尽也。"段注:"事畢之字当作此,畢行而敠废矣。"认为"敠"是"畢"的异体字,所以后来"畢"代替"敠"表完结、完成义。但也是由捕捉住之义引申而来的。

③ 于省吾:《甲骨文字诂林》,中华书局,1996年,第3374页。于省吾说:"甲骨文之'三'即今气字,俗作乞。……气字之用法有三:一为气求之气,二为迄至之迄,三为终止之汽。……气字孳乳'迄'或'汽',二字典籍每互为别。《尔雅・释诂》:'迄,至也。'又:'汽,止也。'甲骨文中已有用例,如明义士《阴虚卜辞》2322片及2324片:'隹我气有不若'(即惟我终有不顺)。"

④ 于省吾:《甲骨文字诂林》,中华书局,1996年,第2415页。引吴其昌云:"咸为一戉一砧相连之形……故咸之本义为杀。"

⑤ 裘锡圭:《释殷墟卜辞中的"卒"和"褅"》,《中原文物》1990年第3期。

此引申出"终了、休止"义。止，本义为足，引申出（动词）"至"义，由此引申出"（行路的）停止"义，再引申指（一般的）"停止、休止"义。上述各词的词义引申过程大致可归为如下几种情况：（1）由具体到一般的引申（竟、讫、阒、卒、终）；（2）由某种动作引申而来（罢、毕、咸、休、偃、息）；（3）由名词到动词（寝、舍、止）；（4）由"尽"义到"止"义（弭、弥）。

（四）历时发展

从后代的发展情况看，梅祖麟（1981）最早将表示"终了、完毕"义的"毕、竟、讫、已"诸词称作"完成动词"。[①] 此后学界对"完成"动词展开了很多研究，但研究的重点主要集中于中古汉语阶段。[②] 如钟兆华谓："魏晋前后，完成动词主要有：毕、竟、了、讫、已。"[③]王烁讨论了"既、已、毕、竟、讫、了、完"7个表完成义动词的历时兴替，得出先秦时期"毕"为主导词，语义场其他成员有"既、已、讫、竟"。两汉时期"已"为主导词，语义场其他成员有"毕、讫、竟"。魏晋南北朝时期，表完成义动词"讫、毕、竟"在本土文献和汉译佛经中用例均多。"已"主要是在汉译佛经中用例多，但"讫"在用例上占略微优势，占据主导地位。唐五代宋"了"为主导词，元明清时期"罢—完"为主导词的结论。[④] 房旭得出：东汉时期，中土文献中占主导地位的是"已"，其次是"毕"；魏晋南北朝时期，"讫"占主导地位，其次是"毕、已"。这与汉译佛经形成了鲜明对比，说明在佛经翻译中，完成貌句式的表达主要靠"已"来完成。隋唐时期的情况也是如此。[⑤] 将上古汉语中的各词与针对中古文献的研究结论相比，可以看出：一是中古汉语新出现了"了""完"；二是上古汉语中出现频次很低的"竟""讫"，中古汉语成为核心词；三是上古汉语出现频次较多的"毕""已"到中古汉语仍然是核心词。

从词义沿袭情况看，上古汉语中表示"结束、完结"义的6词中有"罢、毕、竟、已"4词到中古汉语阶段发展为"完成"动词，而表示"休止"义的13词中只有"讫"1词发展为"完成"动词。由此可见，"结束""完结"义是向"完成"义发展的重要环节，只是上古汉语阶段，"终竟"义动词始终以表示"休止"义为主，表示"结束""完结"义从词目数量到出现频次均有限。

The Zhongjing（终竟）Meaning Verb in Ancient Chinese

Wu Zhenyu　Qiu Xiaochen

(School of Literature, Jilin University, Changchun 130012, China)

Abstract: Most of the scholars' research on the problem of the completion of ancient Chinese focuses on the Middle Chinese period. This paper summarizes the relevant verbs in Upper Chinese into 19 verbs with the meaning of "end", and divides them into two categories: "rest" and "end", of which the 13 words "按/案，艾，辍，弭/弥，寝，阒，迄/讫，舍，咸，息，休，偃，止" have the only meaning of "rest", while the 6 words "罢，毕，竟，已，卒，终" also have the meaning of "end". In the Old Chinese stage, this type of verb always mainly meant "rest". Verbs that mean "end, finish" have a limited number of words and frequency of occurrence. This paper can fill the gap in the study

① 梅祖麟：《现代汉语完成貌句式和词尾的来源》，《语言研究》1981年第1期。

② 张庆冰：《〈祖堂集〉完成体动词辨析》，博士学位论文，山东大学，2011年，第12页。谓：纵观汉语完成体的研究现状，研究的重心始终围绕着以体标记为核心的语法体，相对而言，在完成体动词尚未语法化为体标记以前，隶属于情状体的汉语完成体表达方式却很少被关注。（第14页）对于"毕""讫""竟""已"等表"完成"义的动词而言，现阶段的研究主要集中在六朝时期。

③ 钟兆华：《近代汉语完成态动词的历史沿革》，《语言研究》1995年第1期，第81页。

④ 王烁：《与完结动词具有相关性的四类语义场词的历时演变》，硕士学位论文，清华大学，2015年，第60—61页。

⑤ 房旭：《中古译经完成动词研究》，硕士学位论文，北京外国语大学，2017年，第98页。

of verbs in ancient Chinese to complete the verbs, and comparing them with the existed results of the research, to clarify the development context of such verbs and enrich the research on Chinese history.

Key words：Ancient Chinese；Zhongjing（终竟）；Xiuzhi（休止）；Jieshu（结束）

基于文学史料学视角的现当代异体字词典考古研究*

——以《子夜》不同版本的异体字异形词为例

李　鑫　王东海

【摘　要】文章以《子夜》123组异体字和51组因异体字形成异形词的形体演变为研究对象，立足文学史料学视角，从字用与语言文字规范、权威字词典间的互动关系切入，构建字用字形、规范字形和权威字形三位一体的研究模式。通过对《子夜》异体字和异形词的形体演变进行实证研究，发现《子夜》绝大部分字用字形与同时期的规范字形、权威字形一致，得出字用贯彻落实语言文字规范的同时与之形成互补关系。希望本研究能为现当代异体字和异形词的实证研究及后续整理规范工作提供资料和参考。

【关键词】《子夜》；异体字；异形词；形体演变

【作者简介】李鑫，女，河北师范大学文学院博士研究生，主要研究方向为词汇学、词典学。王东海，河北师范大学文学院博士生导师、兼职教授，鲁东大学国际教育学院教授，国家语委汉语辞书中心研究员，博士，主要研究方向为词汇学、词典学、术语学。（河北 石家庄 050024；山东 烟台 264025）

一　研究背景

虽然"异体字"自汉字产生之日就已存在，但目前辞书编纂者和汉字学者们对异体字概念的认识分歧仍较大。我们认同裘锡圭先生的看法，即"异体字是彼此音义相同而外形不同的字"[①]，将字词典和国家出台的字词表中确立的正字视为正体字，字词典括列的字形和字词表中不推荐使用的字形视为异体字，繁体字也视作异体字。异形词作为一类意义相同、读音相同但写法不同的词，形成因素多种多样，其中，因异体字的存在而形成的异形词占主流。本文就以异体字和因异体字形成的异形词的形体演变为研究对象。

（一）语言文字规范中的规范字形

我们将语言文字规范中收录的规范字形界定为"规范字形"。语言文字规范可以从行政层面、全社会字用的层面对异体字和异形词的历时演变情况展开研究。具有法律和行政效力的规范性文件，如《第一批异体字整理表》《第一批异形词整理表》《通用规范汉字表》等，是目前区分已被淘汰的异体字形和规范的正体字形的重要标准。《第一批异体字整理表》是中华人民共和国成立后发布的第一个关于汉字规范的文件，对精简汉字字数和规范汉字字形，遏制汉字的乱用滥用现象作出了重要的贡献，也是对民国时期规范用字情况的总结。《第一批异形词整理表》在推动词汇的规范化和标准化进程中起着重要的作用，是异形词的国家规范。史料学视角的异体字研究必须结合历史上出台的语言文字规范，但2013年公布实施的《通用规范汉字表》与本文的文学史料非同一时期，所以暂不将其纳入研究范围。民国时期虽制定了一些语言文字规范，但没有得到推广，主要是以规范字词典的权威字形为标准。

（二）基于词典考古方法的权威字形

辞书是字词属性存储的容器和载体，代表着对字词属性的权威认识。字形、词形属性就是字词典

---

　　* 基金项目：本文为国家社会科学基金项目"百年汉语语文词典谱系的词典考古研究"（19BYY015）和河北省教育厅在读研究生创新能力培养资助项目"文学史料学视角的现当代异体字形体演变研究"（CXZZBS2023094）的阶段性成果。

　　① 裘锡圭：《文字学概要（修订本）》，商务印书馆，2013年，第198页。

要描写的核心属性之一,我们将字词典收录的规范字形界定为"权威字形"。词典考古可以从专家权威视角展开对异体字和异形词形体的历时演变研究,有其特殊的意义。词典考古学采用比较词典学的研究方法,通过研究词典间的内容、历史和亲缘等方面的关系来揭示词典间的关联性,它的研究有词汇史和词典史两个视角。①

鉴于我国汉字的特殊属性,我们界定词典考古包含字典考古,其研究思路是一致的。本文侧重来源相同材料的不同字词典之间的对比,探究不同字词典对同一批材料的处理方式,可以加深加全对汉字属性的全面了解。它是异体字属性编码和处理方式的不同,既可以看出词典编纂方法的借鉴继承和创新,又可以反观异体字权威字形的演变发展,对异体字的属性形成更加全面、细致的互补性认识。鉴于都是语言文字权威编纂的字词典,所以多字词典、多版本对同一批异体字、异形词处理描写方式的不同,可以带来更多启发。

(三)基于文学、新闻史料学视角的字用字形

以文学史料学为主视角,辅以新闻史料学的内容,我们将《子夜》和《申报》中的用字字形界定为"字用字形"。陈思广正致力于抗战大后方文学史料数据库的建设研究,选取《子夜》修改比较集中的人文社1954年4月版、1960年4月版与开明1933年1月的初版本进行了详细的梳理,得出《子夜》后两个版本的修改共有1543处。② 此研究尝试以论文的形式呈现现当代文学的版本校勘整理成果,这一尝试本身是中国现当代文学文献的版本整理和研究的必由路径。③ 文献文本比较法是研究语言变化的新视角,文献文本的不同版本用字、用词及句法所形成的文本异文,记录了语言变化的某种线索,成为我们了解语言文化历时演变的宝贵文献,《子夜》不同版本的用字形体演变研究属于基于小说的文献文本比较范畴。④ 我们从《子夜》的1543处修改中,选取174处关于字形的修改,分为123处异体字的修改和51处因异体字而形成的异形词的修改。

另外,现代文学史料学研究要求研究者除了具备历史与历史要籍的知识外,还要善于从各类文献中发掘文学史料。中国近现代报刊中蕴含着大量以文学作品和文学评论为主体的文学史料,是中国近现代文学研究的主要史料来源之一。《申报》是近现代中国发行时间最长、内容和信息涵盖丰富、社会影响力最大的报纸,素有中国近现代史的"百科全书"之称,为近现代综合性的主要报刊。《申报》作为《子夜》不同版本同时期较权威的报刊语料,可为现当代异体字和异形词的形体演变研究提供佐证。《子夜》和《申报》中的字用字形对异体字和异形词在实际语境中的使用具有实证价值,为我们从文学史料学视角探究异体字和异形词的形体演变提供了独特优势和创新视角。

现代文学史料学与词典考古学有实证方法上的一致性,可把两者结合起来,将文学史料与字词典语料相结合,即把《子夜》不同版本的语言文字材料分别与同时期的字词典相对应,探究《子夜》不同版本修订的规范情况和不同字词典对同一批语言文字材料的处理情况。本文选取《子夜》三个版本前后具有代表性的字词典进行对比研究,这些字词典包括:《新字典》,《辞源》(1939年版),《国语辞典》,《新华字典》(1954年版),《新华字典》(1962年版),《新华字典》(1971年版),《汉语大词典》,《现代汉语词典》(试印本)等。

(四)规范字形、权威字形和字用字形三位一体的研究模式

付祥喜提出现代文学史料学具有超学科性,其研究方法也具有多学科性。⑤ 本文立足文学史料学视角,运用词典考古的方法,将词典材料扩展到文学史料、规范语料和新闻史料,以现当代异体字和异

① 王东海、赵咪咪、王丽英:《中华文化境外传播实态及编辑工作新思路——从词典考古视角进行解析》,《中国编辑》2018年第6期。
② 陈思广:《〈子夜〉的版本流变与修改述论(一)》,《现代中文学刊》2020年第1期。
③ 段美乔:《建构独立的现当代文学版本文献学》,《中国社会科学报》2021年12月27日,第4版。
④ 张美兰:《文献文本比较法:研究语言变化的新视角》,《中国社会科学报》2022年6月14日,第3版。
⑤ 付祥喜:《中国现代文学史料学发展历程与学科属性》,《中山大学学报(社会科学版)》2020年第4期。

形词的形体演变为研究对象,形成字用字形、规范字形和权威字形三位一体的研究模式,对《子夜》不同版本的异体字进行实证研究。文章以《子夜》各版本异体字和异形词的形体演变为载体,分别将其与同时期的字词典和标杆性质的规范进行对比研究,辅以《申报》进行佐证,探究文学史料中的字用与字词典、规范、新闻史料间的互动关系,力求为现当代异体字和异形词的规范工作提供资料和参考。

二　《子夜》各版本异体字的字形演变

我们将《子夜》三个版本异体字分别与同时期的字典、《第一批异体字整理表》和《申报》进行对比研究,得出《子夜》各版本异体字的字形演变特点和三种字形间的互动关系。

(一)《子夜》各版本异体字的特点

通过《子夜》各版本异体字的整理,我们发现异体字的字形演变不仅存在于不同版本中,同一版本内也有异体字并用的情况。该类异体字有 22 组,如表 1 所示。

表 1　《子夜》各版本异体字并用表

1933 年初版本	1954 年版	1960 年第三版
朵 朶	朶	朵
佈 布	佈	布
占 佔	佔	占
黏 粘	黏	粘
礮 炮	砲	炮
伙 夥	夥	伙
託 托	託	托
弔 吊	弔	吊
床 牀	牀	床
凶 兇	兇	凶
炉 妒	妒	炉
咽 嚥	嚥	咽
摒 拼	拚	拚
鎗 槍	鎗	枪 槍
籐 籘	同 1933 年初版本	藤
囉 啰	同 1933 年初版本	罗
鬪 鬭	同 1933 年初版本	斗
綫 缐	同 1933 年初版本	綫 线
卷 捲	同 1933 年初版本	同 1933 年初版本

续 表

1933 年初版本	1954 年版	1960 年第三版
支枝	同 1933 年初版本	同 1933 年初版本
歎	嘆叹	同 1954 年版
啣	銜衔	銜衔

首先,从《子夜》异体字使用的数量上看,主要是多到一的字形演变,也存在多到多、一到多等形式的变动,多样的字形变化反映了《子夜》不同版本的修改与完善,也见证了异体字的字形演变历程。其次,《子夜》的异体字形体演变多表现为"简、繁—繁—简"的变化形式,如"朵、朶—朶—朵""布、佈—佈—布""占、佔—佔—占""床、牀—牀—床""凶、兇—兇—凶"等。《子夜》1954 年版的用字几乎都为繁体字形,汉字简化方案颁布实施后,1960 年第三版的用字就以简化字为主。《子夜》不同版本的异体字既反映了当时的语言文字使用实际,也见证了汉字简化、规范化的发展演变。

(二)《子夜》各版本异体字和同时期字典的对比

我们将《子夜》各版本的异体字分别和同时期的《新字典》《新华字典》(1954 年版、1962 年版、1971 年版)及《康熙字典》《汉语大字典》《繁简字对照字典》等进行对比研究,探讨《子夜》字用字形与权威字形的互动关系。

1.字用字形与权威字形一致

经对比得出,我们选取的《子夜》各版本中的字用字形与同时期字典中的权威字形绝大部分相一致。该类异体字共有 76 组,具体如下:

灣—彎—弯　唸—念—念　壻—壻—婿　洒—灑—洒　喫—喫—吃　薰—薫—熏　壳—殻—壳
回—囘—回　尸—屍—尸　湧—湧—涌　游—遊—游　紮—紥—扎　觔—觔—斤　貲—貲—资
鉅—鉅—巨　卽—即—即　旣—旣—既　厘—釐—厘　鈎—鉤—钩　撚—撚—拈　台—臺—台
轟—闃—哄　菓—菓—果　澹—澹—淡　瞭—瞭—了　踴—踴—踊　稜—稜—棱　簷—簷—檐
羣—羣—群　脅—脅—胁　脣—脣—唇　捨—捨—舍　乾—乾—干　誇—誇—夸　閒—閒—闲
沖—衝—冲　讚—讚—赞　摺—摺—折　絃—弦—弦　升—昇—升　甯—寧—宁　闢—闢—辟
姪—姪—侄　躁—躁—踩　嬾—懶—懒　櫈—凳—凳　鑑—鑑—鉴　凄—凄—凄　荳—豆—豆
譟—噪—噪　搥—搥—捶　檯—檯—台　齣—齣—出　綵—綵—彩　譁—譁—哗　溼—溼—湿
綑—綑—捆　繙—繙—翻　樑—梁—梁　踪—蹤—踪　才—纔—才　著—着—着　朵、朶—
朶—朵　佈、布—佈—布　占、佔—佔—占　黏、粘—黏—粘　礮、炮—砲—炮　伙、夥—夥—伙
託、托—託—托　弔、吊—弔—吊　床、牀—牀—床　凶、兇—兇—凶　妒、妬—妬—妒　咽、嚥—
嚥—咽　摒、拼—拼—拼　支、枝—支—枝—支、枝

字用字形与权威字形一致的异体字占比较高,约占《子夜》版本有变化异体字总数的 62%,可见《子夜》各版本绝大部分字形的修改与同时期的字典是同步的。二者的一致具体表现为:《子夜》1933 年初版本异体字并用时,《新字典》也单列两个异体字字头;《子夜》1954 年版改用其中一个字形时,《新华字典》1954 年版也以该字形为正体字,另一字形括列为异体字;《子夜》1960 年第三版再改用另一字形时,《新华字典》1962 年版也修订另一字形为正体字,使用的前一字形括列为异体字。如《子夜》1933 年初版本的"几朵碧绿的火花""那朶枯萎了的玫瑰花",到《子夜》1954 年版的"几朶碧绿的火花""那朶枯萎了的玫瑰花",再到 1960 年版的"几朵碧绿的火花""那朵枯萎了的玫瑰花"。《子夜》经历了"朵、朶—朶—朵"的字形演变,《新华字典》1954 年版收录为"朶(朵)",《新华字典》1962 年版收录为"朵

（朵）"。可见，《子夜》和字典在字形的选取上基本是同步的，且都是与时俱进、不断发展完善的。

2. 字用字形为非权威字形

《子夜》的用字也选取了同时期字典中括列的或未收录的异体字，即字用字形为非权威字形，该类异体字有 47 组。

（1）字用字形为同时期字典括列的异体字

《子夜》的 1954 年版和 1960 年第三版中，共有 24 组同时期字典中括列的异体字。

1）《子夜》1954 年版字用字形为同时期字典括列的异体字

挐—挐—拿　豔—豔—艳　隄—隄—堤　夠—够—够　捏—捏—捏　浅—浅—泄　螽—螽—蜂　弄—衖—衖　湾—弯—弯　他—牠—它　歧—岐—歧　沉—沈—沈　囉—啰—囉、啰—罗　欺—嘆、叹—嘆、叹　唧—衔、衔—衔、衔　鬪、鬪—鬪、鬪—斗　藤、籘—藤、籘—藤

这 17 组字形变化中，《子夜》1954 年版用字均为《新华字典》1954 年版括列的异体字。如《子夜》1954 年版中"挐一块印花小丝巾"的"挐"，在《新华字典》1954 年版收录为"拿（挐）"。《子夜》1954 年版用字也有繁简并用的情况，如"囉、啰""衔、衔""嘆、叹"等，因为字用贯彻执行语言文字规范的过程是循序渐进、逐渐完善的。

2）《子夜》1960 年第三版字用字形为同时期字典括列的异体字

線、綫—綫、线—綫、线　卷、捲—卷、捲—卷、捲　唧—衔、衔—衔、衔　鎗、槍—鎗、枪、槍　愿—願—願　撅—撅—噘　沉—沈—沈

以上 7 组字形变化中，前 4 组为繁简字并用的情况。值得注意的是"噘"字，"撅（①噘）① 翘起：～嘴，～着尾巴，小辫～着"[1]。《子夜》中"杜学诗噘起了嘴"的"噘"符合"撅"的第一个义项，所以"噘"为异体字。但今天的规范用字为"噘嘴"，可见此处"噘"字的使用具有一定的超前性。

（2）字用字形为同时期字典未收录的异体字

《子夜》字用字形为同时期字典未收录字形的有 23 组，约占《子夜》版本有变化异体字总数的 13%。根据王宁先生提出的异体字异构和异写理论，得出异构形成的异体字有 22 组，异写形成的异体字只有 1 组。我们在异构字定义的基础上，将异构字分为部分异构字和完全异构字。部分异构字指字组的某一个构件上存在差异，可分为构件有无的不同和构件选取的不同，构件有无的不同又可分为构件的增加和构件的删减。完全异构字是指字组的构件完全不同，两个汉字字形之间找不到异体来源的直接原因。异写字主要是书写属性方面的不同，不涉及汉字造字理据的差异。

表 2　《子夜》字用字形分类表

异　构　字					异写字
部　分　异　构　字				完全异构字	
构件有无		构件选取			
构件增加	构件删减				
到—倒—倒	擋—當—当 覆—覆—复 构—勾—勾 準—隼—隼 湾—弯—弯	覺—覺—觉　險—臉—脸 他—她—她　她—他—她 弩—努—努　持—恃—恃 囉、啰—囉、啰—罗 於—旗—旗		纜—总—总　检—拣—拣 響—响—响　著—着—着 斗—陡—陡　地—的—的 茧—丝—丝　付—副—副	净—净—净

---

① 中国社会科学院语言研究所编修：《新华字典》，商务印书馆，1962 年，第 160 页。

总体来看,这22组异构字的字形演变属于陈思广提出的精确化修改,在字形方面无直接的关联性,是对之前版本错字、讹字的修正,为使语言表达更加准确和优美。原文中"范博文的险上立刻变了颜色"到"范博文的脸上立刻变了颜色","险"和"脸"字是构件"阝"和"月"选取不同形成的异构字。"那到不错"到"那倒不错","到"字增加构件"亻"形成"倒"。"是律师秋準的朋友"到"是律师秋隼的朋友","準"字删减掉"氵"即为"隼"。文中"这纔是奇怪"到"这总是奇怪","纔"是"才"的繁体字,本义是雀头色的帛,"纔"与"总"在字形上无直接关系,但从语境义看,修改为"总"字是符合规范的。异写字"净—凈—淨","净"中古简化作"淨","争"字宋代以来简化作"争",是从中古晋代草书楷化的,近代的氵(水)旁常简化作冫(冰)旁。①《新华字典》1954年版为凈(淨),1962年版为净(淨、凈)。该组字形变化的用字都为非权威字形,使用的是由"爭"到"争"的类推简化异写字形。

(三)《子夜》各版本异体字和《第一批异体字整理表》的对比

《子夜》1954年版和1960年第三版的字用字形分别与《第一批异体字整理表》的规范字形进行对比,得出58组具有相关性的异体字。

1. 字用字形与规范字形一致

《子夜》字用字形与《第一批异体字整理表》规范字形一致的有49组,如下:

羣—羣—群　屑—屑—唇　撤—撤—啜　蠭—蠭—蜂　間—間—闲　升—昇—升　弄—衖—衖
譁—譁—嘩　夠—够—够　轟—鬨—哄　菓—菓—果　澹—澹—淡　踪—蹤—踪　紮—紮—扎
炮—砲—炮　舢—舢—斤　貲—貲—资　鉅—鉅—巨　隄—隄—堤　厘—釐—厘　鉤—鉤—鈎
撚—撚—拈　薰—薰—熏　尸—屍—尸　湧—湧—涌　他—牠—它　稜—稜—棱　簷—簷—檐
捏—揑—捏　洩—洩—泄　綑—綑—捆　繙—繙—翻　挐—挐—拿　游—遊—游　壻—壻—婿
喫—喫—吃　線、綫—線、綫—线　朵、朶—朵、朶—朵　藤、籐—藤、籐—藤　鎗、槍—鎗—枪、槍
佈、布—佈—布　占、佔—佔—占　黏、粘—黏—粘　託、托—託—托　弔—吊—弔—吊　床、牀—
牀—床　凶、兇—兇—凶　妒、妬—妬—妒　咽、嚥—嚥—咽

这49组字形演变均表现为:《子夜》1954年版使用的是《第一批异体字整理表》中不推荐使用的字形,《子夜》1960年第三版使用的是《第一批异体字整理表》中的规范字形。如《子夜》1933年初版本的"你这古老社会的僵屍",到《子夜》1954年版修改为"你这古老社会的僵屍",《子夜》1960年第三版为"你这古老社会的僵尸",《第一批异体字整理表》中为"尸(屍)"。可见,《子夜》在《第一批异体字整理表》颁布实施后紧跟语言文字规范,绝大多数用字字形是符合规范的。

2. 字用字形与规范字形不一致

《子夜》的字用字形与《第一批异体字整理表》的规范字形不一致的有9组,具体如下。

表3　《子夜》字用字形与规范字形不一致字表

字 用 字 形	规 范 字 形
唸—念—念	念(唸)
斾—旗—旗	旗(斾)
樑—梁—梁	梁(樑)
歎—嘆—叹—嘆—叹	嘆(歎)

---

① 高景成:《常用字字源字典》,语文出版社,2008年,第121页。

续　表

字　用　字　形	规　范　字　形
絃—弦—弦	弦（絃）
甯—寧—宁	寧（宁 寗）
譟—噪—噪	噪（譟）
溼—溼—湿	濕（溼）
豔—豓—艳	艶（豓 豔）

《子夜》字用字形与规范字形的不一致分为两种情况：一是《子夜》1954 年版的字用字形为《第一批异体字整理表》中的规范字形，如"念""旗""梁""弦""宁""噪"，该部分字用字形是先于规范使用的；二是《子夜》1960 年第三版的字用字形为《第一批异体字整理表》规范字形的简化字，如"叹""宁""湿""艳"分别是"嘆""寧""濕""艶"的简化字形。这 9 组异体字虽与同时期的《第一批异体字整理表》规范不一致，但从历时发展的眼光看，其字形都被后来汉字的整理规范确立为规范字形。

（四）《子夜》各版本异体字和《申报》的对比

通过《子夜》各版本异体字与同时期字典、《第一批异体字整理表》的对比，我们发现《子夜》的字用字形与权威字形、规范字形有着较大的差异，为佐证《子夜》字用字形的合理性，将具有差异的异体字再与《申报》进行对比，探究该部分异体字在同时期新闻语料库中的使用情况。

1.《子夜》与《申报》的字用字形一致

《子夜》选取的同时期字典和《第一批异体字整理表》未收录的字用字形，其字用情况和《申报》一致。如"覆—覆—复"，在《子夜》中有"答覆""覆辙""反覆"等词[1]的使用，在《申报》中有"答覆""答復""答复"，且使用频率依次降低。"復"在《简化字总表》中规定为繁体字，"复"是"復"的本字，故使用"复"字更合理。再如"付—副—副"，"一付"和"一副"这两个词每年均有使用，"一付"在 20 世纪 20 年代初使用最频繁，"一副"在 30 年代中期使用最频繁，"一副"的使用频率更高且后来一直频繁使用，其使用频率的变化与《子夜》字形演变是一致的。

2.《子夜》与《申报》的字用字形不一致

《子夜》使用的同时期字典和《第一批异体字整理表》均未收录的字用字形，也不在《申报》中使用。如"斺"字，在《申报》中未检索到。另外"線、线—綫、线—綫、线"，《新华字典》1954 年版为"線（綫）"，《第一批异体字整理表》为"綫（線）"，《新华字典》1971 年版为"线（綫）"，《常用字字源字典》中为"线（綫、線）"，即同时期字典和规范中均未收录"线"字。《申报》也未检索到"线"字，但有"線""綫"两字并用的情况，可见同时期新闻语料和文学作品中两字都是并用的状态，字用字形具有一定程度上的一致性。

总体来说，《子夜》和《申报》的字用字形是相对一致的，从历时角度看异体字的形体演变也是比较统一的。字用虽与同时期的字典、规范存在差异，但随着语言文字规范的发展，字用字形与权威字形、规范字形有统一的趋势。而且，字用字形在贯彻落实语言文字规范的同时，也对字典的编纂和语言文字规范的制定起着一定的引导作用。

---

① 为方便统计，我们在《申报》中以词为检索单位。

三 《子夜》各版本由异体字形成异形词的字形演变

我们从《子夜》各版本中选取51组因异体字而形成的异形词，将其与同时期的词典、《第一批异形词整理表》和《申报》进行对比研究，探究《子夜》异形词的字形演变。

(一)《子夜》各版本异形词和同时期词典的对比

根据异形词在词典中的收录情况，可分为一词形收录另一词形未收录、两个词形均未收录和两个词形均收录三种类型，再根据其异形词的不同特点展开分析。

1. 一词形收录另一词形未收录

《子夜》的词形在词典中仅收录某个词形而不收录另一词形的有16组，具体如下：

腥红—猩红—猩红　姆指—拇指—拇指　嘈嘟—咕嘟—咕嘟　毛茸茸—毛茸茸—毛茸茸　癞哈蟆—癞蝦蟆—癞虾蟆　顽古—顽固—顽固　手溜弹—手榴弹—手榴弹　金鋼钻—金鋼钻—金刚钻　一磆碌—一磆碌—一骨碌　争吵—争吵—争吵　连擋—连擋—连襠　娟介—狷介—狷介　撇气—憋气—憋气　丁令—叮令—叮令　刮刮(而谈)—誇誇—夸夸　腼腆—覥腆—腼腆

这16组异形词在同时期的词典中均表现为第一个词形未收录，后使用的词形被收录。如原文中"她撅起腥红的小嘴唇"到"她撅起猩红的小嘴唇"，"腥红"一词在同时期的词典中未收录，而收录了"猩红"；"发车饭钱处的争吵"到"发车饭钱处的争吵"，"争吵"一词未收录，而收录了"争吵"。

2. 两个词形均收录

《子夜》中两个词形均被同时期词典收录的异形词共有33组，根据语义上的相互关系，可分为全等异形词、包孕异形词和交叉异形词三类。

(1) 全等异形词

全等异形词指的是两个词语的义项完全等同，即不同词形的所有义项都相同或重合。该类异形词在《子夜》中有28组，占异形词总数的55%，具体如下：

策划—策画—策画　混帐—混账—混账　树陰—树蔭—树蔭　筹划—筹画—筹画　筹劃—筹畫—筹画　恍惚—恍惚—恍惚　指手劃脚—指手畫脚—指手画脚　保镳—保镖—保镖　一叠声—一叠声—一迭声　傢具—傢具—家具　浑蛋—混蛋—混蛋　毛骨聳然—毛骨悚然—毛骨悚然　计画—计画—计划　忿忿—愤愤—愤愤　忿忿—憤憤—憤憤　仿佛—彷佛—仿佛　洶然—洶然—汹然　澈底—徹底—徹底　侷促—侷促—局促　局促—侷促—局促　豫先—预先—预先　烦燥—烦躁—烦躁　焦燥—焦躁—焦躁　连络—联络—联络　屈伏—屈服—屈服　发恨—发狠—发狠　刺戟—刺激—刺激　那末—那麽—那么

不同词典对异形词的处理方式是不同的，一般把用得广泛的规范词形作为主条，注释后加"也作某""亦作某""也写作某"，把用得少或不够规范的词形作为副条，不注解，只注"同某(主条)""犹某(主条)""见某"，作参见条。如《汉语大词典》中"策画"亦作"策划"、"混帐"亦作"混账"，《现代汉语词典》中"家具"也写作"傢具"，《辞源》中"浑蛋"同"混蛋"，《汉语大词典》和《国语辞典》中"连络"犹"联络"等。在这28组异形词中，词典基本上都是以《子夜》修改后的词形为主条，即《子夜》修改后的词形为权威词形。

(2) 包孕异形词

包孕异形词指的是在义项上存在包孕关系，即当某个义项讲时，两个异形词语可通用，为某个义项上的异形词，其中一个词形还含有其他义项。包孕异形词在《子夜》中有4组，即：利害—厉害—厉害、倒底—到底—到底、刺戟—刺激—刺激、濛濛—濛濛—蒙蒙。这4组异形词都是某个或某几个义项相同，两个词形存在包孕关系，且《子夜》修改后的词形都是词典中收录的权威词形。如《子夜》1933

年初版本"比这更大更利害的鬼"改为 1954 年版"比这更大更厉害的鬼"，《子夜》1933 年初版本"内乱的炮火愈利害"改为 1954 年版"内乱的砲火愈厉害"，"利害"的整个词义都包孕在"厉害"一词中。

（3）交叉异形词

交叉异形词是指语义上具有交叉的一组异形词，两个词形之间除了共同义项外，各自还有其他的义项。交叉异形词在《子夜》中仅有 1 组，即"师父—师傅—师傅"。《国语辞典》中【师父】：① 即师傅（1）。② 僧尼之敬称。③ 称有技艺者，如木匠师父、厨师父。【师傅】：① 师之通称，如"羁贯成童，不就师傅，父之罪也"，见《谷梁传》。② 即师父（2）（3）。《现代汉语词典》的师父①同"师傅"。两个词形在"师之通称"义项上完全相同，但又各有其他的义项，所以两个词形为交叉异形词。

3. 两个词形均未收录

《子夜》有 2 组异形词的词形在词典中均未收录，即"涨大—涨大—胀大"和"屠维嶽—屠维嶽—屠维岳"。其中"屠维岳"是《子夜》中的人名，也属于异体字形成的异形词的演变。

《子夜》各版本的异形词与同时期的词典对比，得出《子夜》使用的异形词以两个词形均被词典收录为主，且类别上主要为全等异形词。《子夜》1954 年版的异形词基本上都是词典收录的权威词形，只有个别异形词还保留了 1933 年初版本的词形，到 1960 年第三版则全部为词典中的权威词形。总体来看，《子夜》各版本异形词的修改是不断向同时期的词典靠拢的，其差异性不断缩小，到 1960 年第三版就几乎相统一了。

（二）《子夜》各版本异形词和《第一批异形词整理表》的对比

《子夜》三个版本的 51 组异形词与《第一批异形词整理表》进行对比，得出有 9 组异形词与《第一批异形词整理表》相关。《子夜》修改后的词形为《第一批异形词整理表》规范词形的有 5 组，即"怳惚—恍惚—恍惚""指手劃脚—指手畫脚—指手画脚""保镳—保镖—保镖""计画—计画—计划""忿忿—愤愤—愤愤"。除第一组的第一个词形外，其他组的第一个词形都是《第一批异形词整理表》中的不推荐使用词形。

有 2 组异形词虽未直接出现在《第一批异形词整理表》中，但可根据类推原则判断其使用是否规范。这 2 组分别为：

A. 豫先—预先—预先

《现代汉语词典》"豫"有三个字头，第二个字头同"预"，《第一批异形词整理表》有预备（豫备），基于类推原则"豫先"的规范词形为"预先"。

B. 连络—联络—联络

《汉语大词典》和《国语辞典》中"连络"犹"联络"，《第一批异形词整理表》中有联结（连结）、联袂（连袂）和联翩（连翩），基于类推原则"联络"是"连络"的规范词形。

另外，有 2 组修改后的词形与《第一批异形词整理表》的规范词形不一致，即：筹划—筹画—筹画、澈底—彻底—彻底。《第一批异形词整理表》中为筹划（筹画）、彻底（澈底），《子夜》改用了《第一批异形词整理表》不推荐使用的词形。

从异形词的规范角度看，《子夜》的修改绝大部分是符合规范的，只有"筹画"和"澈底"这两组异形词的修改不符合规范。

（三）《子夜》各版本异形词和《申报》的对比

《申报》作为《子夜》同时期重要的新闻语料库，将其字用进行对比研究，可以更清楚地看出不同语体字用的区别，同时与词典、《第一批异形词整理表》的收录情况进行互证，从字用角度看异形词的字形演变。

1.《子夜》与《申报》异形词的形体一致

我们把同时期词典两个词形均收录的异形词在《申报》中一一测查，得出绝大部分异形词与《申报》的字用情况一致,且修改前的词形在《申报》中的使用频率要低于修改后的词形。同时期词典未收录的异体词在《申报》中也有使用,该类异形词有 11 组。即:

腥红—猩红—猩红　姆指—拇指—拇指　喟嘟—咕嘟—咕嘟　毛茸茸—毛葺葺—毛葺葺　癞哈蟆—癞蝦蟆—癞虾蟆　顽古—顽固—顽固　手溜弹—手榴弹—手榴弹　金鋼钻—金鋼钻—金刚钻　一碛碌—一碛碌—一骨碌　争呹—争吵—争吵　连擋—连擋—连襠

以上 11 组异形词均为第一个词形词典未收录,但在《申报》中有使用,且"腥红""手溜弹""连擋"的使用频次要高于修改后的"猩红""手榴弹""连襠"。最后一组异形词中的"连襠"仅在《汉语大词典》中有收录,在《申报》中也只出现过一次。另外,"涨大—涨大—胀大"中的"涨大""胀大"在词典中均未收录,而在《申报》中"胀大"的使用频率更高,所以《子夜》的此处修改是有据可依的。可见,尽管字用字形与权威字形不统一,文学作品和新闻语料的字用字形也具有一致性。

2.《子夜》与《申报》异形词的形体不一致

《子夜》中的"娟介""撇气""叮令""刮刮而谈""誇誇而谈""夸夸而谈"在词典和《申报》中均未收录,而《子夜》修改前 1933 年初版本的"丁令"是有收录和使用的。"刮刮"在《汉语大词典》的释义为"象声词",词典中收录了"誇誇其谈""夸夸其谈",没有收录《子夜》原文中的词形。另以"策划—策画—策画"为例,《汉语大词典》中"策画"亦作"策划",是以"策画"为主词条释义的,但在后来的词典中两词均未收录,直到《现代汉语词典》收录了"策划",且"策划"在《申报》的使用频率远远高于"策画"。《申报》中两词形使用频率的高低虽与《子夜》的词形修改不一致,但符合后续规范词形的修改。

四　文学史料学中字用与字词典、语言文字规范的互动关系

我们运用词典考古和文学史料学的研究方法,将《子夜》中的 174 组字形变化分别与同时期的字词典及《第一批异体字整理表》《第一批异形词整理表》进行对比研究,辅以《申报》语料库加以佐证,探究《子夜》字用是否规范的同时,进而探讨字用字形的实证、权威字形的考古和规范字形的梳理之间的互动关系。

(一)字用对语言文字规范的贯彻

通过对比分析,得出字用以贯彻落实语言文字规范为主。《子夜》绝大部分的字用字形与权威字形、规范字形一致,仅有少数字、词典未收录的情况,且随着不同版本的修改,其修改的字形、词形也符合同时期的规范,其贯彻规范的过程是与时俱进、不断完善的。如《子夜》1933 年初版本的"厂里人的一夥流氓""两位伙计独自儿干一下"到 1954 年版的"厂里人的一夥流氓""两位夥计独自儿干一下",再到 1960 年第三版的"厂里人的一伙流氓""两位伙计独自儿干一下"。此处为"伙、夥—夥—伙"的字形演变,《新字典》同时收录了"伙""夥"两个字形,《新华字典》的 1954 年版只收录了"夥"字,1962 年版收录为"伙(夥)",《子夜》的字用字形与权威字形是同步的。更突出的表现是简化字的修改,受汉字简化运动的影响,《子夜》1960 年第三版几乎没有繁体字的存在,都采用了规范的简化字形。

(二)字用与语言文字规范的互补

"语言是发展的,规范是动态的,标准是相对的,没有一成不变的语文规范"[1],字用并不是完全贯彻执行规范和标准,而是在某种程度上与语言文字规范形成互补关系。语言文字规范的制定一定以字用为重要的考量,字用也以语言文字规范为主要的衡量标准。但无论是字词典还是语言文字规范都做不到对全部汉字进行统一的规范,它们贯彻执行语言文字规范的同时保留了自己的特色,字用与语言文字规范有所差异,某种程度上是对语言文字规范的完善,与语言文字规范形成良性的互补关

---

① 李建国:《规范型语文辞书的理论思考》,《中国语文》1999 年第 1 期,第 76 页。

系,共同推进字词典编纂的规范性和语言文字规范的进一步制订。字词典未收录但《子夜》和《申报》都使用的异形词,如"腥红""手溜弹""连搀""姆指""顽古""争呿""喈嘟"等,该部分异形词可考虑纳入异体字、异形词规范整理表的范围,基于字词典查全率的完善也应收录其中。

（三）字用为规范后续相关整理提供依据和佐证

字用不仅可以贯彻执行语言文字规范,还可以为规范后续相关整理提供依据和佐证。如"湾—弯—弯",《子夜》的前版本就采用了简化字形,而后期的字典中才以简化字为正体字头,《新华字典》1954年版收录为"彎(弯)",《新华字典》1962年版修订为"弯(彎)",《子夜》1933年初版本使用的是"灣"的简化字,1954年版用的是异体字,1960年第三版使用的规范字。可见其字用具有超前性,可为规范后续相关整理提供依据和佐证。另外,通过《子夜》和《申报》字用字形的对比,发现字用字形在文学史料和新闻史料中是不完全一致的。如《子夜》使用的"娟介""撇气""叮令""刮刮而谈"等词形未在《申报》中出现过。文学史料和新闻史料中字用字形的差异性,为后续的规范工作提供了丰富的研究视角,可多角度多方位地提供字用信息的支撑。

结语

我们以《子夜》各版本异体字和异形词的形体演变为主要研究对象,从字用与权威字词典和语言文字规范的互动关系切入,分别与同时期的字词典、语言文字规范和《申报》进行比较研究,得出《子夜》绝大部分的字用字形与同时期的规范字形和权威字形相一致,但也存在不规范的现象,如"徹底""筹画""策画"等词形的使用。同时,立足于文学史料学和词典考古学的视角,将汉字、字词典、语言文字规范、史料四者相结合,实证性地探究了该部分汉字的字形演变,得出字用与语言文字规范之间的贯彻、互补,为规范后续相关整理提供依据和佐证关系。

通过本文的研究,我们建议异体字和异形词的规范整理工作在基于字词典和已有语言文字规范之上,应多关注现当代文学史料、新闻史料,充分发挥史料学中的字用字形对权威字形、规范字形的实证价值,全方位多角度地开展实证性研究和探索。

附记：本文蒙四川大学文学与新闻学院陈思广教授提供语料,谨致谢忱!

【参考文献】

[1]　陈思广.《子夜》的版本流变与修改述论(一)[J].现代中文学刊,2020(1).

[2]　陈思广.《子夜》的版本流变与修改述论(二)[J].现代中文学刊,2020(2).

[3]　陈思广.《子夜》的版本流变与修改述论(三)[J].现代中文学刊,2020(3).

[4]　陈思广.《子夜》的版本流变与修改述论(四)[J].现代中文学刊,2020(4).

[5]　陈思广.《子夜》的版本流变与修改述论(五)[J].现代中文学刊,2020(5).

[6]　陈思广.《子夜》的版本流变与修改述论(六)[J].现代中文学刊,2021(1).

[7]　陈思广.《子夜》的版本流变与修改述论(七)[J].现代中文学刊,2021(2).

[8]　陈思广.《子夜》的版本流变与修改述论(八)[J].现代中文学刊,2021(5).

[9]　陈思广.《子夜》的版本流变与修改述论(九)[J].现代中文学刊,2022(4).

[10]　段美乔.建构独立的现当代文学版本文献学[N].中国社会科学报,2021年12月27日.

[11]　王东海、章宜华.汉语词典研究与词典考古方法[N].中国社会科学报,2018年1月9日.

[12]　裘锡圭.文字学概要(修订本)[M].北京:商务印书馆,2013.

[13]　王宁.汉字构形学导论[M].北京:商务印书馆,2015.

［14］ 苏宝荣.词汇学与辞书学研究［M］.北京：商务印书馆,2008.

［15］ 吴秀明.中国当代文学史料问题研究［M］.中国社会科学出版社,2016.

［16］ 刘增杰.中国现代文学史料学［M］.上海：中西书局,2012.

［17］ 王东海、赵咪咪、王丽英.中华文化境外传播实态及编辑工作新思路——从词典考古视角进行解析［J］.中国编辑,2018(6).

［18］ 李家琦.现代汉语词典的词典考古研究——以双音节兼类动词为封闭域［D］.烟台：鲁东大学,2020.

［19］ 付祥喜.中国现代文学史料学发展历程与学科属性［J］.中山大学学报(社会科学版),2020(4).

［20］ 宗慧坚.字典编撰中的异体字整理和研究［N］.中国社会科学报,2022 年 5 月 11 日.

［21］ 高更生.再谈异体词整理［J］.语文建设,1993(6).

［22］ 应雨田.异体词语规范研究述评［J］.语言文字应用,1998(2).

［23］ 苏宝荣.关于异形词整理和规范的理论思考［J］.辞书研究,2002(4).

［24］ 王迎春.《现代汉语词典》异形词的处理方式［J］.现代语文,2022(4).

［25］ 周明强.谈异形词的形成与规范［J］.浙江教育学院学报,2008(4).

Lexicographic Archaeology Research on the Evolution of Modern and Contemporary Variant Characters from the Perspective of Literary Historical Materials — Based on *Midnight*

Li Xin   Wang Donghai

(School of Literature, Hebei Normal University, Hebei Shijiazhuang 050024, China; School of International Education, Ludong University, Shandong Yantai 264025, China)

Abstract: Based on the perspective of literary historiography, this paper constructs a research model of the trinity of character shape, standardized glyph and authoritative glyph from the perspective of literary historiography and Lexicographic Archaeology, starting from the interaction relationship between character use, language and script norms and authoritative word dictionaries. Through empirical research, it is found that most of the glyphs used in *Midnight* are consistent with the standard glyphs and authoritative glyphs of the same period, and it is concluded that the glyphs are complemented by the implementation of the language and writing norms. It is hoped that this study can provide information and reference for the empirical research and subsequent standardization of modern and contemporary variant characters and heteromorphic words.

Key words: *Midnight*; variant characters; heteromorphic words; physical evolution

部编版小学语文教材字种综合数据调查统计分析[*]

徐志学　袁祎嘉　刘　刊

【摘　要】本文主要调查统计部编版小学语文教材字种的字频、笔画和复现字等方面综合数据,从学生学习的角度分析汉字认知习得干扰因素,探讨编制完整的、符合认知规律的小学各年级汉字认知习得测查表,提供汉字认知习得标准化工具。

【关键词】小学语文教材;字频;笔画;复现字

【作者简介】徐志学,三峡大学文学与传媒学院副教授,文学博士,研究方向为汉语文字学及其应用。袁祎嘉、刘刊,女,三峡大学文学与传媒学院学生。(湖北 宜昌 443002)

部编版小学语文教材字量共 222 152 字[①],一至六年级教材字量逐年级增长。其中,一年级 12 588 字,二年级 25 498 字,三年级 33 565 字,四年级 46 018 字,五年级 49 357 字,六年级 55 126 字。教材字种总量共 3 640 字,其中常用字 3 179 字[②]。一至六年级字种总量逐年级上升,分别为:1 192、1 910、2 199、2 510、2 525、2 666。六年级没有《识字表》,一至五年级《识字表》字数分别是:700、900、500、500、400,共 3 000 字;有 27 字重复,分别是:胡、攻、城、宽、传、如、柳、借:一、二年级均有;创、推、尊、召、设、材、改、替、段:二、三年级均有;兰、兵、杀、帝、启、按、供:二、四年级均有;眠:三、四年级均有;韵:三、五年级均有;憾:四年级上下册均有。除去重复字,一至五年级《识字表》实际字数是 2 973 字。一至六年级《写字表》字数分别是:300、500、500、500、400、300,共 2 500 字,有 31 字重复,分别是:公、面、车、今、片、她、起、向:一、二年级均有;总、传、忽、理、通:二、三年级均有;兵、趁、帝、段:二、四年级均有;菜:二、六年级均有;匆:三、五年级均有;蚁:三、六年级均有;荣:四、五年级均有;射、弹、爆:四、六年级均有;溜:五、六年级均有;玻、璃、恰、盏、瞪、蒜:六年级上下册均有。除去重复字,一至六年级《写字表》实际字数是 2 469 字。《识字表》《写字表》不应该有重复字出现,如此多的重复字,说明教材《识字表》《写字表》字种编排缺乏系统性,需要进一步完善。

字频和笔画是字种的两个主要特征。字频是字种的使用特征,随语篇内容而运动变化;笔画是字种的自身特征,依附字种而影响汉字认知习得。本文以字频为主要调查对象,兼及笔画数据,调查统计分析小学语文教材字种的综合数据。

一　字种综合数据表调查统计分析

小学语文教材字种共 3 640 字,平均字频 52.7 次,平均笔画 9.9 画。依据字种在教材中作识写要

* 基金项目:国家社科基金后期资助项目"常用字构成分类认知"成果之一,项目编号 20FYYB022。湖北省教育厅人文社会科学重点研究项目"中小学教材语言使用规范研究"成果之一。三峡大学 2022 年教学改革研究项目"《中国古代语言学名著选读》教学内容及方法的改革与研究"成果之一。

① 本次调查依据的小学初中语文教材版次信息:一年级上、下册 2016 年 7 月、11 月第 1 版,2022 年 7 月、12 月第 7 次印刷;二年级上、下册 2017 年 7 月、12 月第 1 版,2022 年 7 月、12 月第 6 次印刷;三年级上、下册 2018 年 6 月、12 月第 1 版,2022 年 7 月、12 月第 5 次印刷;四年级上、下册 2019 年 6 月、12 月第 1 版,2022 年 7 月、12 月第 4 次印刷;五年级上、下册 2019 年 6 月、12 月第 1 版,2020 年 7 月第 2 次、2022 年 12 月第 4 次印刷;六年级上、下册 2019 年 6 月、12 月第 1 版,2022 年 7 月第 4 次、2022 年 12 月第 3 次印刷。

② 本文的常用字是《现代汉语常用字表》和《通用规范汉字表》一级字表合并后的 3 603 字。

求的具体情况以及是否常用字等综合数据信息,我们将教材字种分为四个类别:

A类:作识写要求的常用字和非常用字;B类:仅作识字要求的常用字和非常用字;C类:仅作写字要求的常用字;D类:不作识写要求的常用字和非常用字。(见表1)

表1　小学语文教材字种综合数据表

	A类		B类		C类	D类	
	常用字	非常用字	常用字	非常用字	常用字	常用字	非常用字
字种数量	2 438	8	447	80	21	273	373
平均字频	76.1	3.9	7.9	4.1	24.1	3	2.4
平均笔画	9.3	10.6	10.6	12.1	9.8	10.8	12.1

表1数据显示:小学语文教材字种作识写要求的常用字共2 438字,平均字频76.1次,平均笔画9.3画。可以看出,作识写要求的常用字平均字频高于教材所有字种的平均值,利于识记;平均笔画少于教材所有字种的平均值,写字压力较小。这表明作识写要求的2 438个常用字从平均字频和平均笔画数据来看,符合汉字认知习得规律。有8个非常用字也作识写要求:珑蚱眺诣艄彷皎藓,平均字频3.9次,平均笔画10.6画。这些字频次太低,笔画较多,既不利于识记,也不便于书写,于汉字认知习得规律不合,且是非常用字,不应作识写要求,建议调整《识字表》《写字表》。

仅作识字要求的常用字共447字,平均字频7.9次,平均笔画10.6画。这些常用字平均字频偏低,平均笔画偏多,仅作识字要求,不作写字要求,相对符合汉字认知习得规律。另有80个非常用字也仅作识字要求,平均字频4.1次,平均笔画12.1画。与仅作识字要求的常用字相比,非常用字的字频更低,笔画更多,不利于识记和书写,不作识字要求应该更有利于汉字认知习得。建议或调整语篇内容,增加这些字的频次,或调整《识字表》。

仅作写字要求的常用字21字:迁拌查序检哦睁纪接謦训恢毒据趣却敏秩臂述栅,平均字频24.1次,平均笔画9.8画。从字频和笔画数据来看,这21个常用字作识写要求也是符合汉字认知习得规律的。但先识后写是基本规律,不要求识字却要求会写,不符合汉字认知习得规律,建议妥善调整《识字表》《写字表》。

不作识写要求的有273个常用字和373个非常用字,它们的平均字频最低,平均笔画最多,宜乎不作识写要求。

二　字频和笔画综合数据调查统计分析

小学语文教材字种最高频次6 994次,最低频次1次。考虑到单频次字种的特殊性,我们将小学语文教材字种分为单频次和非单频次两个大类分别进行考察。

(一)小学语文教材单频次字种调查统计分析

小学语文教材单频次字种共530字,平均笔画11.5画。我们分别绘制了字种表(见表2)和数据表(见表3),用来直观展示字种具体内容和数据信息。

表 2　小学语文教材单频次字种表

A类	常用字	杉栋鸳鸯崇谦帅址劫钝殃殷栓剖掐颁膨臀歹仓权匣疗怡凯恃疤荐贾耘俺殊袱馅彭腕策雇酬榨碟
	非常用字	诣艄
B类	常用字	掰圾囱询泞饲垃咨巷蚣羚蜈赚箕吏旭屿畅贸础档豚屠犁粪税缆鹉鲨鹦颠瞭巅卉矢芋妄仲杠芥芹甫账宛卒贤昧钞衍炫垢荤昵埂恕颂症倔媒赌棠椒揽絮屡硫鹏樟懈憾糠藕肋劣杈坞译歧侨狱栈玷俘胚卿偿翎惫馈雳窘嗜谨嫉寝楷痰酵擒膘瘾爵霹
	非常用字	徉徜龚丞虬冽烬掣窈猕兖睑聒雯犊揿蓟漪箸踉獐嫣踌龇篝襄躇
C类	常用字	秩譬
D类	常用字	诀躬馒鞠糯芯酉屎勘窖盟辕镰吮灼帖贮贰袁婪隋菲愕硝犀椭榄蒿睦溶蔑墟稽橄憨篙噩蠕戈芍殴兹悍畔琅笤萨裕琳皓楣楞漩撮鞍潦卓碉滤瞒醇鳍丸孕迂吕朽旬伐乔汝夷芭岖佑佣韧帜狞券绎陋钧昭姜饵虐闺恬秕荔阀宪俄涩捐喧谅娱捅馁娟鄂冕崎敛烹掺渲皖逾赐唾蛮暂酥辐魁腥蜀锣硼鲍骡磅撬穆翰壕簿壤鬓矗
	非常用字	纶呗炙砺铠葚崽揠螂螳霭鹳耒邯杞诧沱柚竽茱洨奚郸焐谙荚貂戟蒌滁锃滟塾廖潋滹髦褡熨嘣樾憩篾斛衢犭汲坍驷臾笃抡胥茹洄胤哐觅倌舫捋敖挲唧猝蛎蛟堙琵琶蛱谧赳遁湍莩趔薹嘈颚翱鲲鞘镢鳅糨曛霾邸陂羌怂枇杷驿虻娅恻哽倏罡莎钲笄烨硎恿枭掬绾铰铿喑蛰腆阕腭腼窠鸽绫龈暝厮蔻觑撺獭熹簪鳜醺鬻曳庑伽呃怅钊迤岷迥泗拊杼盂俨咤阂诮炽栀娑骋鸪柏胭娴钹眩钵浥屐渚逶涸偃菽婢琮唏惆舜鹁焜晷缈鹄渭窦雍痱裹搐蜇鲈晳銮榭锼殡翡嘘褛缥锲憧憬镏噎踞稷徵獠褴蕲臻瞟霓薏噬遽臺髁擢馥蹙懵麈籁黧礴

表 3　小学语文教材单频次字种数据表

	A类		B类		C类	D类	
	常用字	非常用字	常用字	非常用字	常用字	常用字	非常用字
字种数量	41	2	103	27	2	133	222
平均笔画	9.8	10.5	10.7	12.1	15	11.3	12.2

表 2、表 3 数据显示：单频次字种平均笔画 11.5 画，远高于教材字种平均值。作识写要求的 41 个常用字，平均笔画 9.8 画，与教材字种平均值相当，但在整个教材中仅出现一次就作识写要求，显然不合汉字认知习得规律。其余单频次字种的平均笔画均偏多，不利于书写。这些字种不是某一年级的单频次字，而是在整个小学教材语篇里只出现一次，学生在六年时间里仅见过一次，作识字要求或写字要求都是不合适的。建议或调整语篇内容，增加频次；或调整《识字表》和《写字表》。

（二）小学语文教材非单频次字种调查统计分析

小学语文教材非单频次字种共 3 110 字，平均字频 61.5 次，平均笔画 9.7 画。为了更详尽地观察小学语文教材字种的类别特征，根据各频次涵盖的字种数量，我们将非单频次字种近似均分为四个小类：2—5 频次、6—15 频次、16—50 频次、51—6 994 频次，每个小类分别绘制了字种表和数据表，用来直观展示字种具体内容和数据信息。

1. 小学语文教材 2—5 频次字种数据分析

2—5 频次字种共 877 字，平均字频 3.2 次，平均笔画 10.7 画。（见表 4、表 5）

表4　小学语文教材2—5频次字种表

A类	常用字	宰萍币艾纽购茄骆拭谊浴婶秽溉销辫括逸谚靴睹撒橙噪懦轧纠剂刹泣浊衷竞浙萎械硕溃慨颊溺筌遣潇蔼慷撺曝汛臣抑妒诈征赴剔兼畔匪琐庸惶搅殖颓暇锤筹磁僻憎嘿擂芝拦挠蚊票践韵酷锻乏亥芙庐屁炒驼挪秧渗维惰蓉蔗勾亦库阻佳佩贩诱狭络贷垫栖袭婴踩瞄缚孵醋屹戎妨岗奈庞岳怯侍泻贺绘洛脉租晋屑耽液措率崭菌谎俱堪凿焚键窥隧熄蕊嘱衡骡藉弗协亩咙版彼绊侄某眷祷渺搔肆熏寨欠纯坝郑饼捶搓勿召抄诊启贫贪审拙饺茸秤轿畜桨符培控偎愤脾滥趟履蹄刑汹伶贡拆俐陵耻胶掷盗湃惠输辞跪澎瞎燥蹭斥均扳抡斩肿哑砖倘宾绣凄峻恭职悉赖谱碳镶罕呐拟拐咆徊昼毡宴哮域徘缀绷吴斧炼咧剥壶厨裙割棍笋僵邓丑纤闯吾违详陌鸥奖娇荆海茵桐骏毙莹晌俱寇康晰番腹煦煤慎摩瀑襟霸允辽犯汇讶旷社卵矣昂盲乖胀废屉骄标圃匙掠淌捷啃嗅搏褐誓嘶慧良彻杖沸怖码枕沮盐框砸崩铛混躯谐揭锐媚葬誉蒜媳摄舅裸杭呻弦绞禽
	非常用字	仞皎薜珑眺
B类	常用字	拗碑驯呛驳坟泄苗厕帚炬唠售啡菠窑储椰猩赋厦煎熔懊蹬簸躁乙肌孝砚窃诚唧冤眶萌睬循缤频蛾猿锚膜蔚鲫澜遵蕴鳄囚兆冈秉侈弥拯韭浏侮俊峨辱涉浦涣舶鼎骚酣撇魄髓刃讳岔顷咎晦遂揩嫁誊煞鉴酿馒撩擅礁黯乒乓咏绢跷邀乞巩吠茉柿厢棘韩寅携徽吁扰彤呕押钥逆咳捣淤粱镀歉嗽毅薯嚣吉廷伊沦氛昔肤芹荧炙咸淮裆授焕趾矫患猾锈蓄嘲磕澈癌枉胯筐愧痴缴扛泳皆谣丹予污牡坊纲垒垮峭速谅墓缭螃薇巡恳祸焉滔豫驻沫祈俏倚哺莱蚌绰彬聋渊锡鳞喻沥汁邦驱判孟禹绚莉梧戚渠宗侦珊渣蕉肝甸崛奢揍溢锥俭鸵蔓
	非常用字	绦逞蜿眸绮瞌耶垠矜倭旄跄湛飕旖镌熠擞镯颧毽吖蔷晖弩钗碣瞑奪栩黏炖鹏迸珊
C类	常用字	栅迁拌窜述
D类	常用字	挎悯卯戍轩叛寅棱粟嬉霄尬瓮县烘笆耿婉菱尴缨镊檀犬芜拣飒涡谬廓鄙肇槛敷嘹踱靡诡肺恒锨仆卡奴凸凹妃歼肖祀纬咋拄庚陨荞咪奕郭畦匾铭黍搀奠瑶摹瞻攒缎琢箍巳尿苞胁逝梗缰虱卑盏掸琉沧析聂悼琼碱秃舫锎嗦寡锹蚤砰钳萧筏藻畏撼鸿塑轨奄迢阎刨僧港糙贞伪搪擎耙敦赫栗蝎
	非常用字	瑶箸沓鸢饯敕鲦踮兀汴芜咿栎桉唰绺喙啾桐嗵嗬噌瞳噼嚏叱沌妩邺姗杵洱匍孰紊匐媪裔嗷楂骼霖瞥鸶囵囹唔挞恁喋乔扉飙磬槭札忐坳枋荸怦眈涔娓唪悻焖烽戛稞崒嵩魃湍螭愆霏荀蝼橹啧葆遨操璀璨攥孑缶隼鬓簦蟮穹喽斓汩帛淙漉潺歙枭皑曩郝弈锺浙嗖襄蹬蹲噢黝渑

表5　小学语文教材2—5频次字种数据表

	A类		B类		C类		D类	
	常用字	非常用字	常用字	非常用字	常用字	非常用字	常用字	非常用字
字种数量	362	5	227	35	5		124	119
平均字频	3.6	3.4	3	2.8	4.2		2.8	2.6
平均笔画	10.3	10.6	10.6	12.1	8.6		10.5	12

　　表4、表5数据显示：2—5频次字种平均字频较低,平均笔画偏多,作识写要求是不太符合汉字认知习得规律的,建议调整语篇内容,增加作识写要求常用字的频次。仅作写字要求的5个常用字,平均笔画较为适中,若增加频次,作识写要求是妥当的。而教材仅作写字要求,不要求识字,却要求会写,与先识后写的认知习得规律不合。

2. 小学语文教材6—15频次字种数据分析

6—15频次字种共794字,平均字频9.8次,平均笔画10.3画。(见表6、表7)

表6　小学语文教材6—15频次字种表

A类	常用字	仪册虹顽袍谜棋暮赠叨申穴评杜邮纺旺郊郁哀哨翁悦衔筋鹃漠腮填跨竭膛雯籍匀肠牧绍乳拽饶型拴臭唇监笛棕喧腔援督膝霉赢勺扒奉疙拧柄啸障辟瘩凛蔬斤宏亨迪胎哉逛喉罪澄撕亏伦妖欧苟锄嗓踢踪橡疆妆迈扣帐坦矿衫陡祝咽炭峡蚕递倦效绵聊稚寞鹤篷瓦仇岂私吭旱择盾砌疾绸惹搁跤舔瞅漾辩覆驰扩巢娶惑揪葵榆煌矮劈丘刊嫂筷厂幼页吐坪籽施眠骗鼋澡魔仗阶寿坠泛财钓诚忠洼削剑览凌耕徒羞烫宵损堤碌酱嘛慕播朦灌尸介饥亚夸炊凭残促染疯拱桩虑哲衰涯搂跌雅搞嫌蜡貌稿蕾拒估肢拘惨惩欺愈潜攀囊婚乃辛牢坛沾浇姨莺蚓菇辆梳蚯桶萤链煮蒸熬蘑亡尤份访岩艰饰矩哄胧耸祥梯铲毯喂焦箱辨蹈幻圣匠朴忧吻拢茎柜贯胃俗误胞浸晕途绽距掘绪焰辈缕隙翘溅惯魂缠摊黎亿吩杰勉拳谋缘嵌夹皂宜艳陪徐逗捞晓鸽综粘盒湾尊腐瓢厅议毕驾柏荣奏律脏盏牺挽脆笨颈博催幕献榕辣蝉翼讨斧末批弃投呈纵枚炕罚骂秒恍烛俯涧脊谓超宅返吨范拇侵倾氧绩帆闷岭屈尚项庭疼悔恶猪啼融穗付芒宋盯困炎苔限拂丧呵抹疲恋烤哼菊堵著揉疏蓬塌蔽额懒瞬又执扮录组府逢桅梨虚稍奥释筒叠雕瞪咐构恰慰榜舌苏苹典茶朗捡偏渴嘻藤鹰吆钉扯犹泊径责昆耐津拜涛窄舱章悬掏锁辉隔豪截艘凝赞嚷吟努抛否迫烁宣素配诺偶遗聪证延屏脂魏专禾吊戒枫哎冠润涂减淋滋暑锦毁蝇餐操檐劝委桦案捏健涨寄痕愣渡愉勤聚膊凳凡庆欣承妻爽旋凑缩燃颤巍巫获描痒尼甘尘秀吵降饱砍唐略摔掀斑替蒲零价寺抢抗吞免饮况供固货怜拾亭怨胳烦祭龄置慈罩薄簇厌迅夺灶芬幽歪振陷泰皱袖征遭夕叮附扭拨袭舍洁铅涌宿捧牌蜒瑞傻暴臂纹驶杯盈钢勃挡统笋值逐淘趁隆爆仅妇君衬诵绑恨资浆傲逼概增侯跃
	非常用字	蚱
B类	常用字	叼姥喘赔龟灾觅玫恼铸羡蟹蘸梭款锯嘀橱嚼坤捆敞励蚜馋鲤驮泽褂腻旦抵轴阁济绅乾碍瑟纫育辰抚茧舰袜凰瑰橘篱冀埃雏叭蚪喇蝌企陈厘廊属翩墩订娥御葱袄荫眯翔兜蜓蜗潭啰瓷啄脯浩昌哟悟酪黯营蔡筛帘役廉
	非常用字	咦惚珀琥嘟黛哞喃噜浒喵嫦鹭瑜
C类	常用字	训恢查毒敏序检
D类	常用字	榛哆勒诞讯惟仁荬闰衙
	非常用字	莓羿傣嗯粼颐锵郅猹咔唏邱笠噗杂娲奎腴妞嗨獴蝈漳喔桓鼹

表7　小学语文教材6—15频次字种数据表

	A类		B类		C类	D类	
	常用字	非常用字	常用字	非常用字	常用字	常用字	非常用字
字种数量	644	1	92	14	7	10	26
平均字频	10.1	12	8.6	7.7	10	9.2	8.4
平均笔画	10.1	11	10.9	12.3	8.7	9.1	12

表6、表7数据显示:6—15频次字种平均字频9.8次,平均笔画10.3画。就整个小学语文教材而言,这样的频次还是比较低的,且笔画偏多,作识写要求难度偏高,建议调整语篇内容,适当增加作识写要求常用字的频次。仅作写字要求的7个常用字和不作识写要求的10个常用字,平均笔画适中,适当增加频次后,作识写要求是恰当的。

3. 小学语文教材 16—50 频次字种数据分析

16—50 频次字种共 785 字,平均字频 28.9 次,平均笔画 9.5 画。(见表 8、表 9)

表 8　小学语文教材 16—50 频次字种表

类别	常用/非常用	字种
A类	常用字	导劳卧竿姿趴唤铃瓶狼晶撑篮创际局侧炉捕益缺啪稀悲塞触稼优赤耍栏剃副智震杂毫避伞革眨粥猬裹糖鞭鞭凤忆杀伍刘麦灿茂质牲浑挥浓绒梁添蛋傍漆耀丰兄齿倍莫阔嗡篇警丫沃皇歇蝙蝠弓氐扔羽舟迟省洒挣踩凶甲伏含狂扶败玲钩旅载基掩寂锋慌赏窟翠榴稳荒缸陶颇搜愁占串冻汽刮孤卷饿泉猜雁滩糊央朱吼茅泼浅枯竖致商棚敲稻繁瓣司政富剩姆巾匹印网闭壳攻邻姓拖绕胆哩预艇椅镜川区守托州穷状纱坑披肃封埋唤剧馆崖渔唯裤集遮醉负拥适梢丈曰逊寸甩汗泡拼萝惜握腊善摘踏磨危充压束材株验史呆漫默谈忌卜孔互防汪苗鸣昨选鸦盆淹隐蛇遥疑蜻霜爪市灵沟肩虾顿悠植堡编豌抖例较豹扬势贵栽隆蹄止针余补环庙柱研烂帝套恩插裂墨县驴测挨贼缓扫伟规坡狮脖程粮德撒扎艺务考设闲炸临怒茫晒调酸境持爹滨护贴牵假鹿糟血助映俩狠挤硬联福裳赛漏罢禁丢肥季胖勇迷欲掌锅霞巧练幸玻党烈晃族兽懂模芽谷忍盼尝眉骑斜笼晴湿燕擦尔异究态退养费曹筑傅灭希姐股品迹鬼冒借堆敬幅潮既险脱滑葫妙镇历户礼叹争折杏软参咱咬室逃莲扇胸腾旗激螺陆佛派按粉换核萄淡移葡撞摔义仔阴招楚碧厉永纷坚峰航普达芳索秘丁业列拔担乘狸偷蛛蜂蜘蝴仍制昏痛怀壮劲阿治采哗浮森蜜糕仿技抽骨称钻琴喷源察泪卫吓共垂童棉匆团产宇苍视若继躲击摸井迎炮浪搭棒醒瞧引旧庄杆改宙甚厚桑粗绒铺反肚沿柔保陈荡差雀雷题蘑冈丛归吸依桂横乌仰孙汤伴待闻哇举蚁粒甜葛洋珍猛登蒙碎内罐级牙刺裁腰颜图柴堂猎确嫩需斯示净娃挖捉格宽盛绳遇错熟兵绝银罗系阅短碰器宁纳克即肯舒滚池医床严抱闹刷盖搬颗滴膀壁郎塔农坏苦注挺扁荷雄雾溜抓鲁愿强休报叔遍仙铜暗箭升狐挑架桌诸躺蹦华京奔洗松哈独展消麻蛙层建顺科烧推靠求药凉哥料领鼻未易试威灰众初岛杨居鸭翅易喝湖修胜般竟秦广支另电曲肉决波抬救殿熊戴论枪瓜尖言弟轮赵蚂透盘巨恐显刀及汉羊交悄剪散扑约存须速斗则乱咕窝鼓伤虽密探紫楼
B类	常用字	呜董喳吱苇曼蟋蟀璧娜叽筝鲸弄复
	非常用字	粽陀嘎咚
C类	常用字	哦睁据趣纪
D类	常用字	洪玛简式功
	非常用字	嚓咯呱嗒琪蘭

表 9　小学语文教材 16—50 频次字种数据表

	A类		B类		C类	D类	
	常用字	非常用字	常用字	非常用字	常用字	常用字	非常用字
字种数量	750	0	15	4	5	5	6
平均字频	29	0	24.1	23.5	35.4	29.2	21.7
平均笔画	9.4	0	11.1	10.8	10.6	8	12

　　表 8、表 9 数据显示:16—50 频次字种平均字频 28.9 次,平均笔画 9.5 画。作识写要求的 750 字均是常用字,字频和笔画数据适中,符合汉字认知习得规律。仅作识字要求的常用字和非常用字,笔画均偏多,不作写字要求可减轻写字压力。仅作写字要求的 5 个常用字,不合先识后写的认知习得规律。不作识写要求的 5 个常用字,字频和笔画数据适中,较为适合作识写要求。小学教材有 3 179 个常用字种,《识字表》3 000 字,全选自常用字种是足够的。因教材《识字表》有重复字,实际字数是

2 973字,除去88个非常用字,共有2 885个常用字。因此,《识字表》实际可增选115个常用字。建议调整《识字表》和《写字表》,甄别并相对增加作识写要求的常用字。

4. 小学语文教材51—6 994频次字种数据分析

51—6 994频次字种共654字,平均字频241.5次,平均笔画7.8画。(见表10、表11)

表10　小学语文教材51—6 994频次字种表

A类	常用字	贝左冰伙寻妹朋性味段梦目玉怪念具婆谢备店破计令夏珠哭算忘宫脑端任冬右李帮校装认切代冷志齐食量取顾戏足柳漂翻划板拍弯烟息排寒夫习术兰害造提解丝容演官席猫街摆特射精皮观追桃温件突圈至词诉该钟断棵暖必袋猴塘失利终弹买爷够溪飘何挂舞英男低笔教期且管沉鲜应受午豆姑腿办号收合伸朗班留蓝关准卖景友耳南病梅鹊武岁运伯传帽藏缝闪纸请惊鼠度酒唱敢微影鞋露铁九村芦冲刚兔祖通由与化阵讲服尽随包句吹者龙与泥线始思热停鹅呀岸野象喊答碗急江信娘钱赶旁彩士今乎竹田宝类部角队乐拉房入表呼刻非渐久灯此张极菜朝围各油玩织并理墙整乡工告底员形记位奇倒离北体饭桥数歌鸡丽枝背送结洞敌写忙机周啦掉静双台顶香群感名尾转照球识穿响座游慢土场步脸本近窗嘴睛死紧原布累安沙狗法使平兴城朵故床深睡似指车节半主越欢秋首命难民衣诗屋巴完战拿百怕情新云加块坐其根先米细喜神林虫爬摇千毛谁宝音立早木虎晚总流公便鱼军实将哪万重您六师因奶金七黑更读干母连带脚落定王少自雪跳课觉黄女相爱古画春吗活往比松八让片所跟夜等变轻分作话叶处意吧绿美清果力远鸟许条口望才满但青东每物别马怎常石放笑被书间星河字做父问跑之当空打爸牛阳同行己外草里门五正再事火快西国啊无红种明亮海而于语知船住向进些四如气现亲二给眼孩色雨学太听儿吃园方动光两高十心点候飞对风日她身叫白前什以妈回手元发单成文三年然像自声月用从能山后想为样生边老走很开第树道见长面没会水还又可花中都只家多头儿把它更好你也起出么过得时下去看那说就天大这里到个们小人子他地着有来上在不是我了一的
B类	常用字	枣界世找直次已经真呢
C类	常用字	接却
D类	常用字	各

表11　小学语文教材51—6 994频次字种数据表

	A类		B类		C类	D类	
	常用字	非常用字	常用字	非常用字	常用字	常用字	非常用字
字种数量	641	0	10	0	2	1	0
平均字频	243.4	0	158.6	0	118.5	107	0
平均笔画	7.8	0	7.2	0	9	6	0

表10、表11数据显示:51—6 994频次字种平均字频241.5次,没有非常用字,表明高频次是常用字的内在要求。作识写要求的常用字641字,平均字频243.4次,平均笔画7.8画,字频高,笔画偏少,作识写要求符合汉字认知习得规律。仅作识字要求的10字,字频和笔画数据均适合作识写要求,建议调整《写字表》。仅作写字要求的2字,平均字频高,作识字要求有利于提升汉字认知习得效果,但教材仅作写字要求,未作识字要求却作写字要求,不合汉字认知习得规律,建议调整《识字表》。不作识写要求的常用字,字频和笔画数据其实较为适合作识写要求,建议调整《识字表》和《写字表》。

表1至表11的数据是依据小学一至六年级语文教材调查统计分析出来的,作整体参考是必要且

可信的,但要编制完整的、符合认知规律的小学各年级汉字认知习得测查表,还需依据各年级语篇内容分别详尽调查统计分析具体数据信息。

三 复现字调查统计分析

复现字是重复出现于高年级教材的低年级字种。复现字一定程度上可唤醒前面的识字记忆,反复认知,加深印象,利于汉字认知习得。小学语文教材有 860 字复现于各年级,平均字频 46 次,平均笔画 8.3 次。（见表 12、表 13）

表 12　小学语文教材复现字表

A 类	常用字	第一单元草原这我看到了那里的天比别处更可爱空气是么清鲜明朗总想高歌曲表示满心快在底下碧千而不四面都有小平地绿也群会儿上又来走哪像给无边白色大花些线条柔美就只用中国画样欲流轻入云种人惊叹叫服久立望坐低首奇丽诗连马和牛时候静动好回乐们问巴虎旗汽车百五十才目全再还行分要方向错怎以初听见点声音什东西除忽飞落鸟许远如带子河多起响然被迷出现男女老少穿着衣飘舞彩过主几外欢迎刻转头呼左右与前路热闹成片跟座古包匹很从乘知道谁手乎握住放家语言同你说意思结互进奶倒豆腐摆盘腿礼亲端肉干敬七岁举温姑娘戴尖唱赶紧亮感者露微笑饭后伙太阳偏啊汉情深何忍话香今年开得格盛城街旁土之间两雪眼仔细院半树星枝墙园最书北三角棵月光非夜能让断近斗室每春抬积窗透先参差扇红字照文展雨滋水滴印象糊觉实该解发法伸圆鼓果个句它担事所生题词宿德江舟烟日新野六二湖黑翻仙山跳珠乱船散黄沙鸣八林溪桥自收去藏遍诸冬将夏长秋令睡友交往品死早晨晚为送摇加万颗晶睛对醒朋独朝掌影孤理领累故鸡至田村合青场把麻待重军怕难等腾浪乌泥金拍暖寒喜颜狼壮士力担当命游战争勇决定王众队班拖追计他冲打宝玉沉口火学身胡脸注准始步躺体位通另顶壁石留居刚盖腰块磨喊坡传啦谷拔爬激支挺胸相号本共雄屈京席治工农师机关作数观台安门广排架南电灯挂招提列站奔床正午海波毛齐伯严告伟升此炮雷读公蓝装报纸隆潮够笼九股其周节背于记柳挖攻灭拿没借双幅孩呀耳朵吗活玩引信药急闪寻足暴己消惜及渐霜算因趴米沿但但轰毁洞保盼停极胆量冒苗疼堆棉呀油拉掉救敢刀息忘祖疆尺寸李竹做笔脑袋臂短鞋妈怪丢则教课桌张脖松肚净冰织皮剪蛇吓擦脚常兴嘴膀溜办户希蹲化桃球猜物造木季替运变器绕串料房宽规术弯狮贴并垂戏降姿官雾轮休池假坛盆请您识踩跑折苦她涌岸扫食板鱼饱吃菜谢抱吧刮邻病答湿阴母裹害熟忙椅瞧坏糟眉塘洗锅捧诉帮哭猫漂劲竿慢闭乡童瓜狗鸭甘软秀暑汁凉晴杨闷讲求求爸写业螺灰摘挑栽孔艳蜜蜂牵莺啼采期叶伴迹荡鹅尾粒肥善哇贵省喝搬反逃捉雀撒绳壳渴咬牌浮餐性哈悔碰钱拼舍莲泡糖叮涂闻姓遇岛淹搭鼠滩挣捡吵虫雁翅劳燕弟胖窝荷弓迟润操
B 类	常用字	次已经直真呢找复枣
	非常用字	咚
C 类	常用字	接睁

表 13　小学语文教材复现字数据表

	A 类		B 类		C 类	D 类	
	常用字	非常用字	常用字	非常用字	常用字	常用字	非常用字
字种数量	848	0	9	1	2	0	0
平均字频	46	0	47.2	7	19.5	0	0
平均笔画	8.3	0	7.4	8	11	0	0

表12、表13数据显示：复现于各年级的860字没有不作识写要求的,其中非常用字仅一字：咚,仅作识字要求。其实"咚"字仅8画,作写字要求,识写同步,应该有利于汉字认知习得。作识写要求的复现常用字共848字,平均字频46次,平均笔画8.3画,字频高,笔画适中,利于汉字认知习得。仅作识字要求的9个常用字,平均字频和平均笔画数据都适合作识写要求,教材不作写字要求缺乏合理依据,应该作识写要求,做到识写同步。仅作写字要求的2个常用字,平均字频相对较低,平均笔画偏多,不要求识字却要求写字,与先识后写认知规律不合,不作识写要求较妥。

【参考文献】

［1］　中华人民共和国教育部.义务教育语文课程标准(2011)［M］.北京：北京师范大学出版社,2012.

［2］　徐志学,杨志君,吕晨雨.部编版小学语文教材用字调查统计分析［C］//中国文字研究(第三十四辑),上海：华东师范大学出版社,2021.

Investigation and Statistical Analysis of Comprehensive Data of Chinese Character Used in Chinese Textbooks for Primary School Compiled by The Ministry of Education

Xu Zhixue　Yuan Yijia　Liu Kan

(College of Literature and Media, China Three Gorges University, Yichang 443002, China)

Abstract：This paper mainly investigates the comprehensive data on frequency and stroke of Chinese character and reappeared Chinese character in Chinese textbooks for primary school compiled by The Ministry of Education, analyzes the interference factors of Chinese character cognitive acquisition from the perspective of students' learning, discusses the compilation of a complete and cognitive law in line with the cognitive law of Chinese character cognitive acquisition checklist for each grade, and provides standardized tools for Chinese character cognitive acquisition.

Key words：Chinese textbooks for primary school; frequency; stroke; reappeared Chinese character

国内八思巴字研究文献综述*

——基于中国知网(CNKI)的计量可视化分析

彻·萨如拉　斯·劳格劳

【摘　要】本文基于中国知网检索八思巴字研究相关文献,从发文年份、基金与机构、资源来源和关键词等层面系统分析国内八思巴字研究领域的热点以及未来的趋向。结果显示,八思巴字文献的刊布、解读、考释和八思巴字文献语言是一直以来的八思巴字研究热点,而基于八思巴字多种语言文献的综合性研究则成为新的研究趋势。

【关键词】八思巴字研究;中国知网;计量可视化分析

【作者简介】彻·萨如拉,女,内蒙古大学蒙古学学院教授,博士,研究方向为北方少数民族古文字与文献。斯·劳格劳,内蒙古大学蒙古学学院教授,博士,研究方向为中国少数民族语言文字信息处理。(内蒙古 呼和浩特 010021)

八思巴字是元代忽必烈时期由"国师"八思巴创制的蒙古新字,它作为元朝"译写一切文字"的国字,通行于全国,主要用于颁布皇帝圣旨、朝臣诏书、宣敕文书、书籍和官印外,还用于汉文典籍以及佛教文献翻译和梵文藏文转写,留存的文献资料有蒙古语、汉语、藏语、梵语、朝鲜语、回鹘语等好几种语言资料。迄今发现的八思巴字碑刻、牌符、印章、钱币、图书(残页)、石壁墨书、题记、碑额等文献是研究元代语言、文化、历史、政治、经济等多领域的珍贵材料,是中华民族传统文化中的重要组成部分。有关资料显示,八思巴字研究始于19世纪30年代,最先德国人贾柏莲(H. c. von der Gabelentz)发表了《一个古代蒙古碑文的研究》为题目的文章,拉开了八思巴字研究帷幕。国内学者对八思巴字的研究起始于20世纪50年代。国内最早的八思巴文献是1958年蔡美彪发表的《永嘉发现元代蒙文印考释》一文。后经诸多的国内外学者将八思巴字研究不断推向深入,其研究成果涉及文献学、语言学、考古学等诸多领域。

一　数据来源与研究方法

中国知网(CNKI)是国内权威的知识资源库,也是最有前瞻性的学术平台之一。因此本研究以中国知网(CNKI)所收录的文献作为数据源,以"关键词"为检索项,设定检索词为"八思巴字"或者"八思巴文",匹配模式为"精确",剔除外文和无关文献,共检索622条文献信息(检索时间:2022年9月1日)。之后借助文献计量学方法和计量可视化分析工具,从文献的时间分布、基金资助和机构分布、资源分布和关键词分布等维度进行计量统计分析。

二　相关研究概述

(一) 文献年份趋势分析

八思巴字研究相关文献数量的多少在一定程度上反映了学术界对这一领域研究的关注热度和研

---

* 基金项目:本文为国家社科基金重大项目"基于八思巴字文献资料的蒙、汉、藏语接触研究"(编号 20&ZD303)的阶段性成果。

究深度。从中国知网上查询到的有关八思巴字文献年代分布情况来看（见图1），半个多世纪以来，国内学者对八思巴字的研究热情普遍不高，呈现出忽冷忽热的态势。国内学者对八思巴字的研究始于20世纪50年代，而60年代和70年代的相关研究成果极少，后来在80年代起呈现稳步推进态势，但公开发表的论文数量非常有限。八思巴字的研究一直是一门冷门绝学。进入21世纪以后，国内学者一度关注八思巴字的研究，公开发表的论文和著作数量也明显增多。单从中国知网上查询到的相关论文数量来看，2003年有42篇、2006年有25篇、2011年有30篇、2018年有27篇。这与进入21世纪以后人们发现和挖掘八思巴字文化价值有直接关系。然而，近年来学术界对八思巴字的研究再度呈现降温态势。对此，学术界和相关部门应做出有效回应，需加强这一冷门绝学的可持续研究。

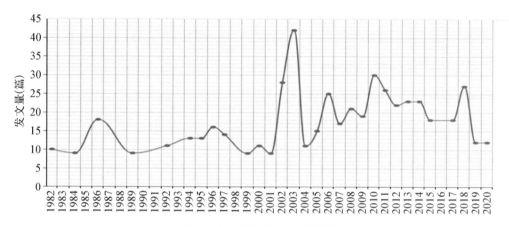

图1　八思巴字研究文献年度趋势

（二）基金与机构分布分析

基金分布和机构分布在一定程度上反映某一个研究领域的前沿和热点，也能够反映国家以及地方相关部门对该领域研究的重视程度。从基金分布来看，中国知网上查询到的622篇八思巴字研究文献中，各种基金项目发文共38篇，其中国家社会科学基金项目发文共31篇，占总发文量的4.9％，其他基金项目发文8篇，占总发文量的1.3％。2010年以后，八思巴字研究领域国家社科基金项目资助论文有所增加：2010年有2篇、2011年有3篇、2013年有3篇、2014年有3篇、2015年有2篇、2016年有1篇、2017年有4篇、2018年有3篇、2019年有1篇、2020年有5篇、2021年有1篇、2022年有2篇。其他基金项目资助发文中，涉及八思巴字的相关研究，在中国博士后科学基金项目论文有2篇、日本学术振兴会资助项目论文有2篇、中央高校基金科研业务费专项资金项目论文有1篇、教育部新世纪优秀人才支持计划项目论文有1篇、教育部人文社会科学研究项目论文有1篇。总体来看，获基金资助的文献较少，该领域研究应争取国家和各地方各级部门的基金资助，不断拓展八思巴字研究领域，进而丰富其研究成果。

从机构分布来看，"八思巴字"研究机构主要集中在北京、呼和浩特、济南、西安、南京等地。发文6篇以上的机构共有9家。其中发文最多的是中国社会科学院，总发文50篇，其次内蒙古大学42篇、内蒙古师范大学23篇、济南大学12篇、鲁东大学8篇、北京大学8篇、山西大学7篇、中央民族大学6篇、南京大学6篇。可见，在八思巴字研究领域里中国社会科学院、内蒙古大学和内蒙古师范大学、济南大学等机构处于核心地位，而其他研究机构以及高校发文较少，应充分调动其他研究机构以及高校的相关研究，通过搭建资源要素共享平台，全面开展八思巴字相关领域的研究。

（三）资源来源情况分析

中国知网检索到的622篇文献分布于各类期刊、会议、学位论文等。其中期刊论文最多，共425篇，占总资源的68.3％。发文10篇以上的期刊共有9种，具体发文情况如表1所示。其中《民族语文》发文量最多,为51篇。其次是《文物》发文29篇。核心期刊因其论文质量较高,在一定程度上代表该领域的研究水平。在检索到的622篇文献中,来源于核心期刊的论文共有155篇,占比24.92%。其中《民族语文》《古汉语研究》《考古》《西藏研究》等期刊发文量相对较高。总体来看,八思巴字研究文献期刊来源主要集中于语言类、文物类和考古类期刊,但核心期刊占比较低,研究质量有待提高。

表1　期刊发文量情况

序号	期　刊　名	发文量(篇)
1	民族语文	51
2	文物	29
3	内蒙古金融研究	25
4	考古	13
5	内蒙古大学学报(哲学社会科学)	12
6	中国社会科学报	11
7	蒙古学信息	11
8	内蒙古社会科学(汉文版)	10
9	内蒙古大学	10

（四）关键词分析

关键词是一篇学术论文思想和观点的高度概括,出现频次高的关键词,在一定程度上可以有效反映该领域研究热点。通过对622篇文献进行关键词分析发现,出现频次在4以上的关键词有13个,如图2所示。

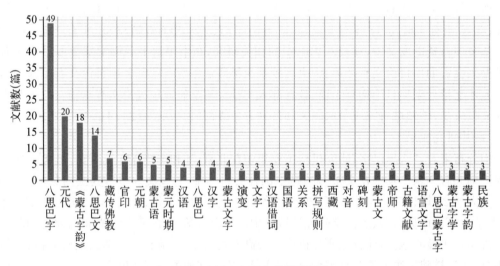

图2　八思巴字研究关键词频次

我们将所检索的文献导入 VOSviewer 软件进行关键词共现分析,生成关键词共现图谱(图3)。图中将各个关键词连接起来形成不同的聚类。图谱中的圆圈越大表示围绕该关键词的研究越多,圆圈之间的连线表示研究领域之间的关系。从图3看，八思巴字研究节点最大出现频次最高的关键词是"八思巴字"和"八思巴文"，围绕以上两个关键词产生的一系列高频关键词还有元代、蒙古字韵、八思巴蒙古文、八思巴汉文、圣旨碑、回鹘式蒙古文、元音字母、八思巴文字等。通过图2和图3展示结果，结合文献研读，将知网中的八思巴字研究文献主题可以分为八思巴字文献的刊布、解读、考释、八思巴字文献的语言研究、蒙古字韵研究等。

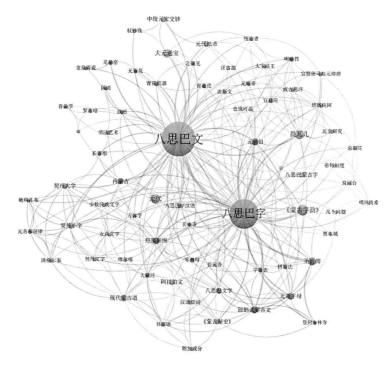

图3　八思巴字研究关键词共现图谱

三　八思巴字研究主题分析

（一）八思巴字文献的刊布、解读、考释

根据研究对象可把八思巴字文献的刊布、解读、考释类文献分为八思巴字蒙古文文献的刊布与考释、八思巴字汉文文献的刊布与考释两大类。

（1）八思巴字蒙古文文献的刊布、解读、考释。八思巴字蒙古文文献研究方面，照那斯图作出的贡献是举世瞩目的。他一生致力于八思巴字研究，收集、整理、刊布、考释八思巴字文献的同时，对八思巴字语音体系、字母、正词法等诸多方面做了深入的研究，成果丰硕，在这里不一一举例。他的代表作为《八思巴字和蒙古语文献Ⅰ·研究文集》和《八思巴字和蒙古语文献Ⅱ·文献汇集》。其中《研究文集》辑刊了八思巴字本身性质、特点、结构体系方面的研究论文5篇，综述八思巴文、八思巴文资料及其研究概况的论文3篇，介绍、刊布八思巴字新文献的论文5篇，通过八思巴字文献研究一些专门问题的论文4篇，八思巴字文献校勘论文1篇，共18篇论文，这些论文大部分已被知网收录。此外，国内还有诸多学者关注八思巴字蒙古文文献，对其进行了刊布、解读和考释。如蔡美彪[1]对平谷元兴隆寺圣旨碑进行转写、翻译并做详细的考释。齐木德道尔吉[2]刊布了西南大学博物馆藏元代八思巴文长牌及圆牌的同时，对所载八思巴文做了全面细致的语文学解读，重点对元代语词aldaqu提出了新的解释，进而对元代刑罚专有名词"按答奚"的音义发表了新的看法，最后对西南大学八思巴文铜质长牌和圆牌谈了自己的认识。敖特根[3]对敦煌莫高窟北区出土八思巴蒙古文《萨迦格言》残片进行了释读、翻译与注解。

(2)八思巴汉文文献的刊布、解读、考释。八思巴字汉文文献主要有碑文、碑额、玉册、印章、楹联、钱币、权、年款等。八思巴字汉文文献的收集、刊布早在20世纪上半期开始,具有代表性的有龙果夫的《八思巴字和古官话》(1930),蔡美彪的《八思巴字与元代汉语》(1959)。知网收录的文献中也有些八思巴字汉文文献的刊布、解读与考释相关的论文。如照那斯图[4]刊布河南省新安县新发现的仙人洞题名碑、中书礼部禁约榜、行中书省禁约榜三份八思巴字碑刻资料,对其进行解读,并对之前出土的八思巴字禁约榜进行分析、比对和总结。宋洪民[5]对齐圣广祐王庙碑八思巴文进行解读的同时,根据内容找到该石碑的汉文内容,用历史文献记载对其进行考证。总体而言,八思巴字研究文献中有关八思巴字文献的刊布、转写、解读和考释的文献比较多,但是八思巴字蒙古文文献的这类研究比八思巴汉文文献的同类研究相对多一些,这与八思巴字蒙古文文献与汉文文献的研究史有直接的关系。

(二)八思巴字文献语言研究

学者们从语言学的角度对八思巴文献做了大量的研究工作。基于知网收录的文献,可以把八思巴字文献语言研究分为八思巴蒙古文文献语言研究、八思巴汉文文献语言研究两大类。

(1)八思巴蒙古文文献语言研究。八思巴蒙古文文献语言研究文献中包括八思巴字母、语音、语法、正词法、词汇、信息处理等多方面的研究。照那斯图[6]基于八思巴字蒙古文文献,整理出了八思巴蒙古文语音系统并指出八思巴字文献的蒙古语有 e 和 é 的区别,后者属 e 和 i 的变体,圆唇元音 o 和 ö,u 和 ü 在一些词中可自由交替、这一时期长元音已形成,小舌清塞音在音节末不送气等观点,他对八思巴字蒙古语文献的字母、词汇、正词法等诸多方面作出了杰出的贡献,在此不一一举例。武·呼格吉勒图[7]对八思巴蒙古文文献的连写形式进行研究,指出八思巴字蒙古文文献一般以音节为单位分开书写,有书面蒙古语的两个音节连写的形式,是反映中世纪蒙古语的复合元音和长元音的一种有规则的书写方式。萨如拉在其硕士学位论文《八思巴字蒙古文文献语法形态研究》(2000)中对八思巴字蒙古语文献的语法进行了系统的研究,对其名词与动词的语法形态进行详细描述的同时与其他中世纪蒙古语语言现象进行对比考证。该论文是对八思巴字蒙古文文献的语言研究,尤其是对八思巴字蒙古文文献的语法形态的一项系统的研究。正月在其硕士学位论文《八思巴字蒙古语文献词汇研究》(2017)中系统地研究了八思巴字蒙古文文献中所呈现的八思巴词汇及组成部分和演变特点,把八思巴蒙古文文献的词汇分为固有词、外来词、复合词三部分。将其中的固有词又分为名词、形容词、动词及介词;外来词分为汉语、藏语、梵语;复合词分为复合名词、复合形容词、复合动词。陈建东在其硕士学位论文《基于 Unicode 的八思巴文信息处理的研究》(2008)中基于《八思巴蒙古文文献汇编》设计并实现了基于 Unicode 的八思巴文 TrueType 字库,同时设计并实现基于 Windows 下的 IMM/IME 结构的八思巴文输入法。他根据《八思巴蒙古文文献汇编》建立八思巴字蒙古文文献语料库,并对八思巴字蒙古文文献语料库进行相关统计,给出统计结果。总之,八思巴字蒙古文文献的语言研究涉及字母、语音、语法、正词法、词汇、信息处理等多方面,对八思巴字蒙古文文献语言研究具有重要的参考价值,但是八思巴字蒙古文文献语言研究中仍存在一些需要深入探讨的甚至尚未解决的问题,学者们应继续推敲并深入研究八思巴蒙古文文献语言。

(2)八思巴汉文文献语言研究。八思巴字汉文文献语言研究可以分为围绕《蒙古字韵》等韵书的音韵学研究和基于其他汉文资料的音韵综合研究两大类。

《蒙古字韵》用八思巴字标音,是元代的一部重要汉语韵书。[8]它反映了当时汉语语音最全面最系统的面貌,所以成为研究由八思巴字母拼写汉语的最为重要的文献资料,因此《蒙古字韵》研究一直以来是八思巴字研究的热点问题之一。从搜索文献看,《蒙古字韵》的研究包括成书年代的考证、《蒙古字韵》的校勘、《蒙古字韵》的音韵等多方面的研究。其中最为突出的是《蒙古字韵》的音韵学研究。

杨耐思[9]在《蒙古字韵》的基础上对八思巴字译写的汉语韵母以及译写方法等问题展开研究。忌浮[10]）根据《新刊韵略》对照那斯图、杨耐思出版《蒙古字韵校本》(1987)和日本花登正宏《〈蒙古字韵校本·校勘记〉校补》进行校勘，加补了《蒙古字韵》单字若干。陈海鑫[11]在前人研究的基础上对《蒙古字韵》的入声表现以及性质进行详细的研究，提出自己独特的见解。

　　《蒙古字韵》研究方面有杰出贡献的学者是宋洪民。他对《蒙古字韵》进行系统的研究共发表了专题论文20余篇，并于2017年出版了《八思巴字资料与蒙古字韵》。宋洪民在此著作中对现存八思巴字汉语实际应用文献资料进行了全面整理，对其进行按韵重新编排，归纳出了其语音系统，并与《蒙古字韵》作了全面比较，从其高度一致性得出《蒙古字韵》代表元代官方的译音标准。此外，该书中作者系统探讨了八思巴字拼写规则，并运用这些规则来分析《蒙古字韵》中的八思巴字拼写。此著作将《蒙古字韵》研究以及八思巴字汉文文献的研究推向了一个新的高度，为八思巴字研究做出了巨大贡献。

　　八思巴字汉文文献的音韵学研究除了《蒙古字韵》研究以外，还有一些以碑刻、官印为研究资料的音韵学综合研究的文献。1959年罗常培与蔡美彪出版《八思巴字与元代汉语》，之后国内学界开始关注八思巴字汉语语音的综合性研究。在八思巴字汉文文献音韵研究方面，杨耐思和宋洪民作出的贡献是有目共睹的。如杨耐思在《八思巴字汉语声类考》一文中在《古今韵会举要》《蒙古字韵》等八思巴字文献的基础上对八思巴字汉语声母进行系统的研究。又在《汉语影、幺、鱼、喻的八思巴字译音》一文中，对汉语"影、幺、鱼、喻"的八思巴字译音进行研究，对八思巴汉语的"影、幺、鱼、喻"四个声类来源、演变以及性质提出了自己的观点。宋洪民在八思巴字汉文文献音韵研究方面做了很多研究，成绩斐然。他发表了《从黑水城文献八思巴字习字材料看蒙、汉声母的清、浊错位对应》《八思巴字拼写系统中的"影、疑、喻"三母》等有关八思巴字汉文文献音韵研究的论文，并出版了《八思巴字资料与蒙古字韵》这一巨作。他的研究超越了前人对《蒙古字韵》的音韵研究，实现了八思巴字汉文文献的综合性音韵学研究。

　　综上所述，八思巴字研究包括八思巴字文献的刊布、考释和对八思巴字文献语言研究。八思巴字蒙古文文献的语言研究涉及到字母、语音、正词法、词汇、语法、信息处理等诸多方面，取得可喜的成绩。但是八思巴字蒙古文文献的研究中仍有诸多问题和不足。比如，由于相关文献整理不全面，基础研究文献又有限，导致其词汇整理不够全面，语法现象的解读不够翔实、信息化程度不完善、正词法整理不够系统等诸多问题尚待解决。八思巴字汉文文献的语言研究则主要是对音韵学的研究为主。其中，学者们对《蒙古字韵》关注过多，过度重视《蒙古字韵》音系的个案研究，导致不同韵书间的交叉、综合研究等方面的精力投入不足，得出的结论也出现一些偏差。研究《蒙古字韵》的学者里，把它跟《中原音韵》《古今韵会举要》《七音韵》等进行比较研究的只有杨耐思、忌浮。后来宋洪民挑起了重担，在整理八思巴字汉文文献的基础上，从音韵学的角度对其进行系统的研究，把八思巴字汉文文献的音韵学研究推向了新的高度。

四　总结与展望

　　众所周知，八思巴字文献除了蒙古文文献和汉文文献，也有藏梵文以及其他语言的文献。不管是刊布、考证类研究文献还是语言学研究的文献，主要关注的是八思巴字蒙古文文献和八思巴字汉文文献，而很少关注藏文等其他语言的八思巴字资料。从知网收录的相关文献看，有关八思巴字藏文文献的研究成果有以下几篇：陈庆英在论文《塔尔寺楹联上的八思巴字》(1986)中，发布塔尔寺楹联上的八思巴文资料的同时对其进行研究，归纳了八思巴字藏文的书写特点。陈金钟在《元以来中央政权颁授西藏地方首领印章举要》(1988)中刊布了13方八思巴字印章，其中元代的6方全部收入《西藏档案荟萃》中。照那斯图在《一种从八思巴字脱胎而来的文字》(2003)等论文中均从文字学角度探讨了此种文字。乌力吉白乙拉博士专门研究八思巴字藏语资料,撰写博士论文,2009 年出版了专著《八思巴文变形体研究》。其中涉及寺庙楹联 28 件、印文 18 件。他在这些资料和前人研究的基础上进行了文字学考释,整理出《八思巴文变体字母表》,并对资料词汇进行整理,予以语义阐释。总之,八思巴字藏文资料的研究较八思巴字蒙汉文文献资料相对薄弱很多,学界应该对此给予高度关注,开展深入而翔实的研究,有利于丰富和完善八思巴字文献的系统全面研究。

八思巴字文献语言学研究,基于单语种语言文献的研究颇多,基于八思巴字各种语言文献的综合性研究寥寥无几。八思巴字文献中有诸多语言接触现象,这些语言接触现象需要基于多种语言资料进行综合性研究。目前,学界虽然对八思巴字文献的语言接触现象也有所关注,但是比起单语言文献的语言研究,这种综合性的研究很薄弱。在汉语八思巴字文献资料的语言接触研究方面,宋洪民的《八思巴字汉语文献资料和蒙古字韵》在一些相关的内容上融进了蒙汉语接触和八思巴字蒙古文正字法方面的因素。祖生利在《元代蒙古语同北方汉语语言接触的文献学考察》(2005)论文中讨论了元代汉语和北方阿尔泰语系语言接触下形成的变化。党宝海的《十六方元朝驿站官印集释》(2013)可以说是一篇专门探讨八思巴字文献资料中蒙汉语接触的文章。论文认为汉文印文中的"蘸"和"站"是表示驿站的蒙古语词"jam"的音写。文章还探讨了站印的制作机构、印章所属驿站的地理位置等问题。在蒙古学界,内蒙古大学正月较早关注八思巴字蒙古语文献资料中的蒙、汉、藏语接触现象,撰写了几篇论文,也在此基础上主持国家社科基金重大项目《基于八思巴字文献的蒙、汉、藏文接触研究》。

综上所述,国内八思巴字研究从 20 世纪 80 年代开始到现在,从刚开始的文献搜集、刊布的单一研究发展成刊布、解读、考释、语言、历史、文化等多元化研究。其中八思巴字文献收集、转写、刊布、考证和八思巴字语言研究是八思巴字研究的热点。从搜索到的文献看,虽然八思巴字研究成果诸多,但有关研究还是远远不足的。首先,需要对出土的所有八思巴字文献进行全面完整的收集、整理与汇编工作。迄今为止,八思巴字文献的汇编都是限于单语种文献的收集汇编,没有包括全部文献的汇编,更没有完备的目录或者检索系统。八思巴字文献种类多,涉及语言多,应该搜集全部现存的文献,做系统的、完备的目录和汇编。其次,目前大量的研究论文,主要局限于具体的八思巴字文献的解读、考释以及语言学的研究,没有更详细的考证,这导致文献的文化信息没被充分地挖掘。再次,八思巴字文献综合研究进行得更为不足,对文献的运用不够充分。目前的研究主要集中于八思巴字蒙文文献和汉文文献,而且大多是基于单语种文献的研究,基于多语种文献的研究少之又少。因此学术界首先要做的是汇编所有现存的八思巴字文献,整理总目录作出检索系统的同时继续发现、刊布、考释八思巴字文献,不断扩充文献量。其次,从不同的视角对文献进行研究,充分挖掘八思巴字文献所承载的文化信息。再次,细化单语种八思巴字文献研究的同时更应该注重八思巴字文献的综合性研究,从而丰富八思巴字文献的研究成果。

【参考文献】

[1] 蔡美彪.平谷元兴隆寺圣旨碑译释[J].考古学报,2006(3):333 - 350＋425 - 426.

[2] 齐木德道尔吉.西南大学历史博物馆藏元代蒙古语八思巴文牌符释读及其他[J].中央民族大学学报(哲学社会科学版),2008(6):62 - 70.

[3] 敖特根.莫高窟北区出土八思巴蒙古文《萨迦格言》残片研究[J].中国藏学,2007(4):58 - 65.

[4] 照那斯图,胡鸿雁.新发现三份八思巴字碑刻资料[J].民族语文,2009(6):34 - 39.

[5] 宋洪民.八思巴字碑刻齐圣广祐王庙碑碑文考释[J].中国文字研究,2020(1):240 - 241.

[6] 照那斯图.八思巴字蒙古语文献的语音系统[J].民族语文,2007(2):44 - 51.

[7] 武·呼格吉勒图.关于八思巴字蒙古语文献中的连写形式[J].西北民族研究,1999(1):22 - 30.

［8］　宋洪民.八思巴字资料与蒙古字韵［M］.北京：商务印书馆,2017.

［9］　杨耐思.八思巴字汉语声类考［C］.中国民族古文字研究（第二辑）,1993：278-286.

［10］　忌浮.《蒙古字韵》补缺［J］.内蒙古大学学报（哲学社会科学版）,1996(1)：28-30.

［11］　陈海鑫.《蒙古字韵》入声的性质问题［J］.南阳师范学院学报,2008(10)：28-35.

A Review of the 'Phags-pa Script Study in China — Quantitative Visualization Analysis Based on CNKI

C. Sarula　S. Loglo

(College of Mongolian Studies, Inner Mongolia University, Hohhot 010021, China)

Abstract: Based on China National Knowledge Infrastructure (CNKI), this paper to search for relevant literature on the study of 'Phags-pa script. It systematically analyzes the hotspots and future trends in the field of 'Phags-pa research in China from the perspectives of publication year, funds and institutions, source of resources and keywords. The results show that the publication, interpretation, examination, and language of 'Phags-pa script have always been a hot research topic, and the comprehensive research based on 'Phags-pa literature in multiple languages has become a new research trend.

Key words: study of 'Phags-pa Script; CNKI; quantitative visualization analysis

延边大学藏本《训蒙字会》及其声调旁点研究*

张 辉

【摘　要】朝鲜朝(1392—1910)在中国古代汉语音韵标音原理的基础上,逐渐形成具有本土化特征的汉字声调标音理论和方法。其中,以应用旁点标记四声的方法最为引人注目,出现以符号标记四声的方法。崔世珍通过赴华"质正"汉语官话音韵编撰的《训蒙字会》,记录了大量的当时实际汉语官话声调,对汉语声调演变问题的研究无疑具有一定的域外语音资料的"对勘"价值。

【关键词】崔世珍;《训蒙字会》;旁点

【作者简介】张辉,延边大学朝汉文学院一流学科特聘教授,博士生导师,主要研究方向为汉语音韵学。(吉林 延吉 133002)

引言

朝鲜朝时期的汉字文献对汉语音韵史、汉字学史研究具有独特的语言文献价值。近年来对于《训蒙字会》的研究,日韩学界关注较多,中国学界对于该书的研究则相对较少,对已有国外研究成果的引介与检讨也并不充分。宫川康子(2018)对《训蒙字会》的研究进行了较为全面的考察,金南芝、严翼相(2017)则对《训蒙字会》的汉字音与重纽问题进行了讨论,李俊焕(2015)针对《训蒙字会》注释中汉字音的形态问题进行了分析,李俊焕(2013)则依据《训蒙字会》的训释内容对其中的汉字音进行了研究。此外,慎惠慈(2001)根据该书所载语音及标记对韩国汉字音与中国上古音关系进行了讨论。郑胜哲(2000)、辛容泰(1999)也曾对书中的汉字音问题有过研究。李敦柱(1979)依据《训蒙字会》对比分析朝鲜汉字音与中国语音的差异问题,朴炳彩(1972)则针对不同版本的《训蒙字会》声调进行了较为细致的考察与分析,李基文(1971)对《训蒙字会》中语音相关问题进行了分析,朴炳彩(1971)依据《训蒙字会》较早关注到朝鲜朝初期国语汉字音问题,张泰振(1961)也曾以《训蒙字会》三种书为中心,对十五世纪文献中发现的傍点标记体系的变异问题进行统计。

可以说,以上论著皆对此书有过专题考察,由此可见,该书对于朝鲜汉字音问题及汉字旁点标调问题的研究是具有一定价值的。中国学者对于旁点标调问题的研究,主要有如刘援朝(1993),金基石(1999、2004、2006),李得春(2006),刘泽民(2010),李无未、张辉(2014),岳辉(2008)等。此外,李炬、李贞爱(2000)认为此书对于研究朝・韩语言的发展具有价值。李无未(2004)认为日本学者历来对朝鲜汉字音的研究十分重视形成"朝鲜汉字音学"。郭刚(2009)认为,该书收词及释词极具特色。王平(2012)则总结出《训蒙字会》俗称的特点及价值。王平(2015)进一步指出,朝鲜朝时期的大批此类汉字字典,对中国历史语言学等多方面的研究极具参考价值。以上学者皆曾对崔世珍等编撰的朝汉对译音文献进行过相对深入的研究,为汉语近代音的研究补充了新的内容。

其中,最具代表性的是李得春先生(2006)指出,《训蒙字会》中的音是经历了漫长时期形成、发展而来的韩国汉字音,与《东国正韵》的校正音相对照,叫作传统音或通用音。通用音即指从公元前借入汉字开始,在漫长的使用过程中适应韩国语语音体系而形成的韩汉音。韩汉音体系确立于10世纪左

---

* 基金项目:国家社科基金项目"朝鲜半岛汉语等韵学文献整理与研究"(项目编号:21BYY208);国家哲学社会科学基金冷门绝学研究专项学术团队项目"东亚汉语音韵学史文献发掘与研究"(批准号:21VJXT014)。

右的高丽时期,是对此前时期音的继承和发展。韩汉音源于上古汉语,但其发展变化与中国音不相一致,保持着自己的独立性,与韩国语方言的地方性差异也毫不相干,固守着全国统一的体系。①

基于上述研究成果和研究观点,本文以延边大学珍藏本《训蒙字会》的声调"旁点"统计分析为中心,讨论这种旁点法对汉字进行声调的标记情况及价值。关于《训蒙字会》中"旁点"的说法,也有学者称之为"傍点",本文沿用李得春先生(2006)的观点仍使用"旁点"一说。

一　延边大学藏本《训蒙字会》之体例

延边大学珍藏本《训蒙字会》,书中第一部分是写于一九七九年十月的关于该书来源的说明:

"本书是以沈阳图书馆原来收藏的《训蒙字会》残本为依据,参照光文会版和辞书中的零星引文校对补充后重新缮写誊影印刷的。原书每页四行,每行四字。现改为每页两行,而在格外每个汉字旁边加注汉语拼音和汉语古音的摄、开合口、声调、韵部及声母,并将书中朝鲜语的语词和汉字读音编成索引后印附书后,以便使用。

本书的校订工作已经中断多年,今后还需大加修改,现有的稿子错漏很多,恳切同志们批评指正。"

该书第二部分是引文说明编撰的目的和体例问题:

"臣窃见世之教童幼学书之家,必先千字,次及类合,然后始读诸书矣。千字梁朝散骑常侍周兴嗣所撰也,摘取故事排比为文则善矣。其在童稚之习仅得学字而已,安能识查故事属文之义乎? 类合之书出自本国不知谁之手也,虽曰类合,诸字而虚多实少,无从通语事物形名之实矣。若使童稚学书知字,则宜先记识事物该组之字,以符见闻形名之实,然后始进于他书也。则其知故事又何假于千字之习乎? 孔子曰:'不学诗,无以言。'释之者曰,多识于鸟兽草木之名。今之教童稚者,虽习《千字》《类合》,以至读遍经史诸书,只解其字,不解其物,遂使字与物二,而鸟兽草木之名,不能融贯通会者多矣。盖由诵习文字而已,不务实见之致也。臣愚虑切及此,抄取全实之字编成上中两篇,又取半实半虚者续补下篇5。四字类聚,谐韵作书,总三千三百六十字,名之曰《训蒙字会》。要使世之为父兄者,首治此书,施教于家庭总丱之习。则其在蒙幼者亦可识于鸟兽草木之名,而终不至于字与物二之差矣。以臣薄识,敢为此举,固知难逃僭越之罪也。至于训诲小子,盖亦不无少补云尔。时嘉靖六年四月,日折冲将军行忠武卫副护军臣崔世珍谨题。"

第三部分是凡例。

"一凡物名诸字或一字或两字,指的为名者,一皆收之,其连缀虚字为呼者,如水扎子(되요)、马布郎(개가머리)(或作马布刺)之类不取也,然亦或有隐在注下者。

一物之名有数三字,而其俗称及别名亦有数三之异者,若收在一字之下,则恐其地狭注繁,故分收于数三字之下,虽似乎各物之名,而其实一物也,以其注简为便而然也。

一字有两三名者,今亦两三收之,如葵字(葵菜、葵花)、朝字(朝夕、朝廷)、行(德行、市行、行步)之类是也。

凡物名诸字,上中卷有所妨碍,未及收入者,又于下卷收之,其他虚字可学者虽多,今畏帙繁不敢尽收。

凡字音在本国传呼差误者,今多正之,以期他日众习之正。

医家病名药名诸字,或有义释多端,难于一呼之便,或有俗所不呼者,今并不收。

注内称俗者指汉人之谓也,人或有学汉语者可使兼通,故多收汉俗呼之名也。又恐注繁亦不

---

① 李得春主编:《中韩语言文字关系史研究(上)》,延边教育出版社,2006 年,第212页。

尽收。

　　凡一字有数释者，或不取常用之释，而先举别义为用者，以今所取在此不在彼也。

　　凡在边鄙下邑之人，必多不解谚文，故今乃并著谚文字母，使之先学谚文，次学字会，则庶可有晓诲之益矣。其不通文字者，亦皆学谚而知字，则虽无师授，亦将得为通文之人矣。

　　凡在外州郡刊布此书，每于一村一巷，各设学长聚诲幼穉，勤施惩劝，竢其成童升补乡校国学之列，则人皆乐学，小子有造矣。"

第四部分是对谚文字母的说明。

　　"俗所谓反切二十七字。

　　初声终声通用八字。

　　ㄱ其役ㄴ尼隐ㄷ池㈇ㄹ梨乙ㅁ眉音ㅂ非邑ㅅ时㈜ㅇ异凝。

　　㈇㈜两字只取本字释俚语为声。其、尼、池、梨、眉、非、时、异八音用于初声。役、隐、㈇、乙、音、音、邑、㈜、凝八音用于终声。

　　初声独用八字。ㅋ㈑，ㅌ治，ㅍ皮，ㅈ之，ㅊ齿，ㅿ而，ㅇ伊，ㅎ屎。㈑字亦取本字之释俚语为声。中声独用十一字，ㅏ阿，ㅑ也，ㅓ于，ㅕ余，ㅗ吾，ㅛ要，ㅜ牛，ㅠ由，ㅡ应（不用终声），ㅣ伊（只用中声），·思（不用初声）。初中声合用作字例，가갸거겨고교구규그기ㄱ。

　　以ㄱ其为初声，以ㅏ阿为中声，合ㄱㅏ为字，则가，此家字音也。又以ㄱ役为终声，合가ㄱ为字，则각。

　　此各字音也，余做此。初中终三声合用作字例。간肝，간㿻，갈刀，감㮸，갑甲，갓㿱，강江。

　　ㄱㅋ下各音为初声，ㅏ下各音为中声，作字如가。갸例作一百七十六字以，ㄴ下七音为终声，作字如肝。至江七字，唯ㅇ之初声与ㅇ字音俗呼相近，故俗用初声则皆用ㅇ音。若上字有ㅇ音终声，则下字必用ㅇ音为初声也。ㅇ字之音动鼻作声，ㅇ字之音发为喉中轻虚之声而已，故初虽稍异而大体相似也。汉音ㅇ音初声或归于尼音，或ㅇㅇ相混无别。

　　凡字音高低皆以字傍点之有无多少为准。平声无点，上声二点，去声入声皆一点。平声哀而安，上声厉而举，去声清而远，入声直而促，谚解亦同。"

延边大学《训蒙字会》的藏本在这一部分后还附有对这一部分谚文的解释。

第五部分是平上去入定位之图。

　　图中举了例字"国"。

　　平上去入，如人自平，地升上行，去远入之意。

第六部分是训蒙字会目录。

　　上卷是天文，地理，花品，草卉，树木，果实，禾谷，蔬菜，禽鸟，兽畜，鳞介，昆虫，身体，天伦，儒学，书式。

　　中卷是人类，宫宅，官衙，器皿，食馔，服饰，舟船，车舆，鞍具，军装，彩色，布帛，金宝，音乐，疾病，丧葬。

　　下卷是杂语。

二　《训蒙字会》中的声调"旁点"

（一）《训蒙字会》"旁点"问题的相关研究主要有：李炬与李贞爱（2000），刘援朝（1993），李钟九（1997），张辉与李无未（2016），刘晓南（2006），金基石（1999），朱星一（2000），刘泽民（2010），等等。对于"旁点"这一现象，张俊华(2010)、张玉来(1996、2005、2017)也在相关论述中提及。值得注意的是，张辉(2015)认为，这可能正是受到了崔氏入华"质正"汉语官话语音的间接影响结果，也是从"质正音"观察朝鲜汉语声调标音文献的肇始依据之一。但是，该书中的"旁点"及其语音究竟源自何处一直是个悬而未决的问题。

《训蒙字会》作者崔世珍(1473—1542)兼通汉朝双语这是公认的事实，并多次以质正官身份入华质正汉语音韵。朝鲜朝"质正官"属于临时任命的委任官，由朝鲜朝承文院选派，要求精通汉语，并赴华执行汉语质正任务。在赴华使团中专门负责汉语咨询、就正等工作的人员，皆可称为"质正官"，崔世珍即是其中最为重要的一位。李无未、张辉(2014)，张辉、李无未(2016)，张辉(2015、2017)，均有过说明与介绍。鱼叔权(朝鲜明宗朝学者，生卒年不详，号也足堂)评价说：

> "崔同知世珍精于华文，兼通吏文，屡赴燕质习，凡中朝制度物名糜不通晓。尝撰《四声通解》、《训蒙字会》以进，又奉教谚解《老乞大》、《朴通事》等书，至今学译者如指诸掌，不烦寻师。"
> (韩国古典综合数据库网络版)

据此可见，该书所载"旁点"与崔世珍的汉语"质习"活动应有密切关联，记载了当时汉语语音。这样一来，《训蒙字会》所记载的以旁点标记汉语语音声调的文献，对于汉语语音史研究就显得弥足珍贵。由此看来，崔世珍在记录语音时是根据中国实际发音"质正"记录的中国汉字音。需要说明的是，《训蒙字会》现今有多个版本流传，作者研究的版本是延边大学藏本。其中单列汉字后首先标记的是用谚文注音的汉字音，然后是这一汉字的谚文读音，然后是对这一汉字的解释。与其他版本不同的是，字书中除了用谚文给汉字注音外，还用旁点对声调进行了注音。所以我们可以结合谚文注音与旁点注音对十六世纪的汉语语音，特别是声调面貌进行拟测。

(二)《训蒙字会》中标记汉语语音的符号及其价值十分值得关注。我们认为，以谚文标记的汉字读音，目的应是学习标准汉字语音，原因可能与明朝对朝鲜的语言政策背景等因素有关。据《朝鲜王朝实录》太祖实录 11 卷，太祖 6 年 3 月 8 日辛酉条记载：

> 盖宠之也。咨文，一曰：奉圣旨：今后差使臣来时，要通汉人言语的来，不通汉人言语的不许来。一曰：礼部左侍郎张炳等钦奉圣旨："自古上至人君，次至分茅胙土之君。开国承家，必得正人君子，方乃国昌，首用小人，必乱邦也。即今朝鲜国王，因王氏数终，天将更运，人事造于下，天道应于上，而有三韩，国号朝鲜。"

从外部因素来看，这一事件对朝鲜朝官方造成一定压力，但影响程度不易推断。可以肯定的是，内因还是朝鲜朝语言实际社会生活需要。"旁点"运用于汉文经典的谚解文献中，专门标记中国语音，便于汉语声调学习。这在崔世珍《训蒙字会》的凡例中也有明确体现：

> "凡在边鄙下邑之人必多不解谚文，故今乃并著谚文字母，使之先学谚文，次学《字会》。则庶可有晓诲之益矣。其不通文字者，亦皆学谚而知字，则虽无师授亦将得为通文之人矣。"

《训蒙字会》中崔氏还建议：

> "在外州郡刊布此书，每于一村一巷各设学长，聚诲幼稚，勤施惩劝，埃其成童升补乡校国学之列，则人皆乐学，小子有造矣。"

事实证明他的看法是正确的，做法更为有效。需要指出的是，因为朝鲜朝早期的汉语语音学习效果较差，学习中国的语音理论音韵学，不能解决汉字精准标音的问题，迫于中国语言政策压力，以"旁点"标记学习中国文字语音。这也是朝鲜语发展史研究中值得关注的现象，用"旁点"标注汉语，如同给汉字加拼音一样的效果，目的是识读汉字。

可见，当时朝鲜语文字系统中的旁点，主要的功能就是为汉字的声调注音，朝鲜语本身是不存在声调的。此外，关于旁点消失问题，一般认为是指在汉语教科书中对汉字的标音中，随着中原音实际发生音变，而不再标注旁点。这一点可以通过朝鲜朝时期不同时代的教科书中的汉字注音的变化得到证明。

朝鲜朝官方对于"旁点"标记问题,也有明文规定与探讨,这说明朝鲜朝的语音标记并非随机的,而应是系统化的,这与《训民正音》如出一辙。据《韩国文集丛刊》(1986)中《弘斋全书卷百八十群书标记二〇御定[二]奎章全韵二卷(正祖)》记载:

> 予以我东韵书之汇以三韵。别编入声。有非韵本四声之义。乃分平上去入。比类谐音。增为四格。其编字次第。则做古韵书字母为次之法。以谚书反切。按序排定。而一字之诸韵互见者。同字而音义各殊者。华音东音之逐字异读者。标以傍识之。匡以圈加之。谚注以分析之。皆依华东正音之旧而尤致详焉。韵法自六经始。两汉诸儒莫不用韵。太玄,易林是也。至沈约。拘以四声。古韵失其传。而叶音之称。昉于吴棫韵补。朱子取之以释毛诗离骚。今略为钞附。至于通韵之辨。有若聚讼。而证之古乐府。杜韩诗最有可据。以次附于各韵之下。原韵一万九百六十四文。增韵二千一百二文。叶韵二百七十九文。总一万三千三百四十五文。自壬子至甲寅。屡易薰始成。与闻编役者。抄启文臣李书九等。检书官李德懋也。付铸字所镂印颁行。自是科试。许押入声增韵。

三　研究价值

本文主要介绍延边大学藏本《训蒙字会》的主要内容构成并总结已有研究成果,重点补充了部分国内论及较少的域外的相关研究文献。以往对十六世纪语音面貌的描写,学者们关注的都是传统的汉语语言学文献资料,延边大学藏本《训蒙字会》为分析对比以往研究补充了新的语音材料。

十六世纪的汉语语音声调的研究一直是近代音研究的热点问题,虽然"入派四声"已成为学界共识,但就具体时间的界定等问题仍有待材料证明。旁点标记声调的方法对汉字进行入声的标记,在《训蒙字会》中对十六世纪初期汉语入声和汉朝语言关系都具有一定的价值。此外,朝鲜朝语言文献对研究汉语史,以及中韩语言关系史有意义,朝鲜朝语言文献中,有许多语音标记材料,由于其背景与来源的复杂性,解读比较困难,也是学术界研究得不够充分的。关于《训蒙字会》汉语官话声调"旁点"中的平声、上声、去声、入声字的统计汇总和具体数字与图表分析等有关该字书研究的关键性的内容会另文续解。关于朝鲜语的旁点注音问题,虽然韩国和国内的朝鲜语专家早有相关结论刊出。但是依据《训蒙字会》国内的版本对四声标注进行统计并不多见。本文的研究切入点转向了汉语语音史研究的价值方向,重点突出"质正"制度对朝鲜汉语韵书及工具书的影响程度及关系上,在研究的理论方法上较之前研究略有不同。

【参考文献】

[1]　〔韩〕崔洪烈.训蒙字会"器皿"部的同训字研究[C].语文论集,2009(41).

[2]　〔日〕宫川康子.伊藤东涯的朝鲜研究和《训蒙字会》[J].韩国文化,2018(82).

[3]　〔韩〕金南芝,严翼相.《训蒙字会》汉字音的有重纽争议[C].中国语文学论集,2017(103).

[4]　〔韩〕金文基.作为词汇学习书籍的《训蒙字会》[J].韩文,2009(284).

[5]　〔韩〕金真奎.《训蒙字会》词汇的国语方面的考察为中心[J].韩国语文字研究,1999(12).

[6]　〔韩〕李敦柱.《训蒙字会汉字音研究》[D].光州:全南大学校国语国文学科,1979.

[7]　〔韩〕李敦柱.对在《训蒙字会》汉字音里发现的中国音的影响[J].国语文学,1979(20).

[8]　〔韩〕李基文.《训蒙字会研究》[M].首尔:首尔大学校出版部,1971.

[9]　〔韩〕李健相.出现在《训蒙字会》的异体字类型和特征[J].日本研究,1999(14).

[10]　〔韩〕李俊焕.从《训蒙字会》注释中的三国语汉字音的形态[J].国语学,2015(75).

[11]　〔韩〕李俊焕.《训蒙字会》训释的汉字音[C].ISSN 学术大会论文集,2013.

[12]　〔韩〕朴炳彩.《训蒙字会》的异本间异声调"玫"[J].国语国文学,1972：55－57.

[13]　〔韩〕朴炳彩.朝鲜朝初期国语汉字音《训蒙字会》的传承子音为中心[J].亚洲研究,1971(14).

[14]　〔韩〕朴金子.作为分类解释学习书的《训蒙字会》[J].国语学,1995(26).

[15]　〔韩〕慎惠慈.韩国汉字音中的中国上古音的特征[J].亚洲文化研究,2001(5).

[16]　〔韩〕申雅莎.《训蒙字会》《新增类合》『千字文』中反映的止摄字研究(1)[J].中国语文学籍,2009(58).

[17]　〔韩〕辛容泰.十五(六)世纪《韩国汉字音》和《日本汉字音》的比较研究[J].日本文化学报,1999(6).

[18]　〔韩〕张泰振.15 世纪在文献语中发现的傍点标记体系的变异和通过在《训蒙字会》三种书中得到的统计[J].国语国文化,1961(23).

[19]　〔韩〕郑胜哲.《训蒙字会》的汉字音[J].韩国文化,2000(25).

[20]　〔韩〕朝鲜国史编纂委员会.朝鲜王朝实录(网络版).首尔：国史编纂委员会,1981.
　　　网址：http://sillok.history.go.kr/main/main.do

[21]　〔韩〕韩国民族文化推进会.韩国文集丛刊(网络版).首尔：景仁文化社,1996.
　　　网址：http://db.itkc.or.kr

[22]　《民族语文》编辑组.民族语文论集[M].北京：中国社会科学出版社,1981.

[23]　郭刚.《训蒙字会》俗呼研究[D].厦门：厦门大学,2009.

[24]　金基石.朝鲜对音文献中的入声字及其归派[J].语文研究,1999(4).

[25]　金基石.朝鲜对音文献浅论[J].民族语文,1999(5).

[26]　金基石.韩国汉语教育史论纲[J].东疆学刊,2004(1).

[27]　金基石.崔世珍与韩国李朝时期的汉语文教育[J].汉语学习,2006(4).

[28]　李得春.中韩语言文字关系史研究上册[M].延吉：延边教育出版社,2006.

[29]　李炬,李贞爱.《训蒙字会》与汉字文化[J].中央民族大学学报(哲学社会科学版),2000(3).

[30]　李钟九.《翻译老乞大·朴通事》所反映的汉语声调调值[J].古汉语研究,1997(4).

[31]　李无未,张辉.朝鲜朝汉语官话质正制度考论——以《朝鲜王朝实录》为依据[J].古汉语研究,2014(1).

[32]　刘晓南.从《四声通解》译注《中原音韵》看早期官话入声[J].励耘学刊(语言卷),2006(2).

[33]　刘援朝.朝鲜古谚文傍点中所见的近代汉语声调——关于北京话历史声调的一个考察[J].解放军外语学院学报,1993(6).

[34]　刘泽民.朝鲜对音文献入声资料的重新解读[J].民族语文,2010(3).

[35]　王平.《训蒙字会》俗称研究[J].中国文字研究,2012(1).

[36]　延边大学朝文系朝鲜语教研室.《训蒙字会》[M].延边：延边大学,1979.

[37]　岳辉.朝鲜时代汉语官话教科书研究[D].长春：吉林大学,2008.

[38]　朱星一.从《翻译老乞大·朴通事》左侧音看近代汉语入声[J].古汉语研究,2000(2).

[39]　张俊华.《四声通解》所记俗音音系研究[D].苏州：苏州大学,2010.

[40]　张玉来.朝鲜时期所传习的明代汉语官话的语音性质[J].语言研究,2005(2).

[41]　张玉来.近代汉语官话入声消亡的条件问题[J].古汉语研究,1996(3).

[42]　张玉来.朝鲜谚文汉字正音对音体系的转写问题[J].民族语文,2017(1).

[43]　张辉,李无未.朝鲜朝汉语声调标记"质正"[J].古汉语研究,2016(1).

[44]　张辉.朝鲜朝汉语官话语音"质正"制度研究[M].厦门：厦门大学出版社,2015.

[45]　张辉.朝鲜朝汉语音韵"质正"辑略[J].语言研究,2017(3).

Yanbian University Collected Book *Xunmeng Character Association* and Its Tone Side Point Research

Zhang Hui

(Chaohan College, Yanbian University, Yanji 133002, China)

Abstract: The Korean Dynasty (1392—1910) gradually formed a localized Chinese character tone phonetic theory based on the principle of ancient Chinese phonological phonetic symbols. And methods. Among them, the method of using side points to mark four sounds is the most eye-catching, and the method of marking four sounds with symbols appears. Cui Shizhen recorded a large number of actual Chinese Mandarin tones at that time and studied the evolution of Chinese tones through the *Xunmeng Character Association* compiled by the quality of Chinese Mandarin phonology in China.

Key words: Cui Shizhen; *Xunmeng Character Association*; side point

观智院本《类聚名义抄》的"俗字"考辨及解读

马小川

【摘　要】观智院本《类聚名义抄》是日本的一种古辞书,其中存在大量独特的奇俗字形,未见于日本其他辞书或我国传统字典辞书中。通过对该书前后多个部首字的分析与考证,并与我国传统字韵书进行比较后,从四个方面总结、说明《名义抄》的俗字特征:正俗关系的揭示可补传统字书之不足;正俗关系的揭示异于传统字书;正俗关系揭示错误;正俗关系揭示有限而混误。

【关键词】日本古辞书;类聚名义抄;俗字;考证

【作者简介】马小川,女,扬州大学文学院(文化传承与创新研究院)讲师,博士。研究方向为文字学、辞书学。(江苏 扬州 225009)

引言

观智院本《类聚名义抄》①是日本中世的一种辞书,作者具体姓名不详,据日本学者考证为12—13世纪佛教真言宗僧侣编撰,因旧藏于日本京都东寺观智院,故称为观智院本。该书标出汉字及汉语词,主要以日语注音、释义,辅以少量汉文训注,性质为汉和对照字书。该书在日本语学史上具有重要的地位,其手抄本被定为日本国宝。日本学界对其做过大量系统的基础性研究,比如成书背景、过程、体例等方面,论述详尽;内容方面多集中于和音、和训等"和化",即日本化的部分,对汉文注的材料则挖掘较少。这也是我们今后研究的一个重点方向。

观智院本《名义抄》中存在大量奇俗字形,以"俗""俗字""俗某字"等方式揭示了众多文字的正俗关系,但许多文字的正俗揭示不见于日本其他字书或我国字、韵书等,而为《名义抄》所独有。而这部分内容,一方面,无疑有助于我们更全面地掌握汉字及其异体字的信息;另一方面,也需考虑《名义抄》为域外文献的实际情况,编抄者的文字正俗观念与我们现在的定义与理解并不完全相同,其中所述之文字正、俗也不可一概而信。需经过审慎考辨,认清性质后,才能较稳妥地为我们所用。

为加深对《名义抄》俗字内容的认识,解释其"俗字"的成因,笔者对《名义抄》一书前后多个部首字进行分析与考证,并和中国传统字典辞书进行比较,从四个方面总结、说明《名义抄》的俗字特征,它们分别是:正俗关系的揭示可补传统字书之不足;正俗关系的揭示异于传统字书;正俗关系揭示错误;正俗关系揭示有限而混误。通过对内容的深入辨别、考证,解读部分俗字疑难点,既能更科学有效地认识、利用该书,为文字学的研究提供新材料,还有助于进一步拓宽汉字学研究的视野和思路。

一　正俗关系的揭示可补传统字书之不足

我国传统字书往往相承引用,历史上又亡佚、缺失颇多,难免出现缺乏归纳、引用疏漏的情况,进而致使资料不全、文字信息不足。《名义抄》此前较少为我国学者使用,其中的部分内容可补苴传统字书之不足,甚至用以完善大型字典的编撰。下面加以举例探讨:

---

① 为精简行文,后文书名使用简称。在不涉及其他版本的情况下,一般直接称为《名义抄》。

（1）《名义抄·彳部》："術，俗粥字。"（64）

按：《篆隶万象名义·出部》："賣，麦懈反。術也，出物。""術"字吕浩《校释》作"術"，并出校："'術也'当作'粥也'。"①此说似可再商榷。"賣"即"卖"字，宋本《玉篇·出部》："賣，麦卦切。出物也，粥也。今作卖。"此处的"粥"同"鬻"字，《广韵·屋韵》余六切："鬻，卖也。亦作粥。"因"卖"无"術"义，《校释》谓"術"当作"粥"有一定道理，但"術"并非"粥"讹字，而应参考《名义抄·彳部》："術，俗粥字"，写作"術"，即"粥"的异体字。"術"与《万象名义》的"術"字形相近，作"粥"理解与"賣"义相符，则其形当直接定为"術"字，而非"術"字。《汉语大字典》"術"字有两个义项，一者同"術"，此当是形近讹字。二者引《四声篇海·行部》引《搜真玉镜》之材料："術，音育"，有音无义。而按照《名义抄》及《万象名义》的材料，"音育"之"術"当即"粥（鬻）"俗字，"粥"字《广韵·屋韵》余六切，而"育"字《集韵·屋韵》亦余六切，与《四声篇海》材料吻合。盖是"粥"草书作術、術、粥等，部件"弓"与"行"形近，从而形成俗字"術"形。《汉语大字典》可据此完善注解项。

（2）《名义抄·辵部》："遲，音黎，小息。"（74）

按：《篆隶万象名义·辵部》："遲，力奚反。徐也，迟也，小息也。"而宋本《玉篇》："遲，力奚切。徐也，迟也，小皃也。"《万象名义》和宋本《玉篇》除最后一个义项之外，其余全同，"息""皃"字又形近，"遲"训"小息也"或"小皃也"必当有一项误。胡吉宣《玉篇校释·辵部》谓此字："《书·禹贡》'厥土青黎'马注：'黎，小疏也。'是黎为小行皃也。"②则胡吉宣认同宋本《玉篇》"小皃也"之义。方国平《〈类聚名义抄〉俗字研究》谓："'小息也'是日本产生的新用法，还是'小皃也'之误，待考，但似乎传抄致误的可能性更大。"③则亦偏向宋本《玉篇》的"小皃"之训。

今按，当以《万象名义》《名义抄》"小息"为是，宋本《玉篇》"小皃"非。《说文·辵部》："遲，徐也。"段玉裁注："或假黎为之。《史记·卫霍传》'迟明'，迟，待也，一作黎。"又《广雅·释诂四》："遲，迟也。"王念孙疏证："遲者，《文选·舞赋》'黎收而拜'，李善注引《仓颉篇》云：'遲，徐也'。遲与黎通。凡言黎者，皆迟缓之意。《史记·高祖纪》：'沛公乃夜引兵还，黎明围宛城三匝。'《汉书》作'迟明'。迟、黎古同声字。"又《集韵·脂韵》："迟，《说文》'徐行也'。古作遲。"由此，古书中"遲""黎""迟"三字在"迟缓"一义上有同源关系。

而《尔雅·释诂下》："栖、迟、憩、休、苦、俶、鯡、呬，息也。"《慧琳音义》卷三《大般若波罗蜜多经》第三三二卷"迟钝"注引《考声》："迟，久也，息也。"《文选·张衡〈思玄赋〉》"淹栖迟以恣欲兮，曜灵忽其西藏。"李周翰注："淹、迟，游息也。""迟"本义《说文》训"徐行"，由缓慢行引申出表长久之"久也"，及表停歇之"息也"义。"遲"与"迟"本义既略同，古字又可通，则"遲"也有"息也"义是完全合理的。只是《万象名义》和《名义抄》都训"小息也"，当和"迟"之"息也"训有细微差别。而宋本《玉篇》所存"小皃也"义项无论是文献佐证还是内部理据，都难以成说，因此，基本可以判定其"小皃"为"小息"之讹。《汉语大字典》于"遲"字条引用宋本《玉篇》设立"小貌"的义项，误。实则当参考《万象名义》及《名义抄》，以"小息也"为是。

（3）《名义抄·玉部》："瑜，他钩反，石。鈺，或。""珝，俗。"（616）

按："瑜"字在传统字典辞书中，基本都是"美玉"义，《说文·玉部》："瑜，瑾瑜，美玉也。从玉、俞声。"《广韵·虞韵》羊朱切："瑜，玉名。"《万象名义·玉部》："瑜，翼珠也（反），玉美也。"声韵上为以母平声虞韵，与《名义抄》之音、义均不合。

《名义抄》所论之"瑜"当本是"鍮"字，一种黄铜矿石。《慧琳音义》卷三九《不空羂索经》第八卷"鍮

---

① 吕浩：《〈篆隶万象名义〉校释》，学林出版社，2007年，第457页。
② 胡吉宣：《玉篇校释》，上海古籍出版社，1989年，第2083页。
③ 方国平：《〈类聚名义抄〉俗字研究》，硕士学位论文，浙江财经学院，2009年，第33页。

石"注："上汤楼反,《考声》云:'鍮,石似金。'又云:'西域以为铜铁杂药合为之'。《古今正字》:'从金、偷省声。'"声韵上是透母平声侯,其异体即"鋀"字,《慧琳音义》卷五二《增一阿含经》第八卷"鍮婆"注:"又作鋀,同。他侯反。"《万象名义·金部》:"鍮,他侯反,石似金。鋀,同上"。与《名义抄》此处对"瑜"之形音义解说近同。

"瑜"与"鍮"之关系还见于佛经异文中,《大正藏》本《过去现在因果经》卷二:"尔时彼园,种种庄严,施列金鼓、银鼓、鍮石之鼓、铜铁等鼓,各有七枚。""鍮",圣本作"瑜"。以石、玉、金为义符之字大多指可开采之金石矿物,其异体字往往由义符互换而来,如《说文·瓦部》"瓶,瑳垢瓦石也"段玉裁注:"瑳,俗作磋。"《名义抄》认定"瑜"同"鍮"虽与传统字书不同,但佛经异文中已有用例,也有其构字理据,应当是可信的,可据此补足字典中此条义项之缺。

此外,《龙龛手镜·玉部》:"玝,俗,音偷。"言"玝"为俗字而未明其正字,根据《名义抄》,也可知其正字为"鋀",即"鍮"字。

(4)《名义抄·金部》:"鉰,俗枷字,苦荷反,又加音。"(1042)

按:"鉰"字《汉语大字典》载两义:① 器具,《五侯鲭字海·金部》"鉰,器也"。② 化学元素"镓"的旧译。实则此条注解并未完备。

《龙龛手镜·金部》:"鉰,音加。又古荷反。"有音无义。按《名义抄·金部》:"鉰,俗枷字。苦荷反,又加音。"其所存音与《龙龛》基本一致,而揭示其正字为"枷",其说是。《大正藏》第85册《大方广华严十恶品经》:"周匝铁墙、铁网弥覆,其地赤铁,上火彻下,下火彻上,铁鉰、铁钮、铁衔、铁鋑。"《卍续藏》第88册《心性罪福因缘集》卷之下:"如是恶人,打破其头,或复詈言:令食粪尿;或复詈云:以绳缚深,或云:利剑当杀其命;或云:利锥看锥其咽;或云:鉰鏁系缚手足。"其中的"鉰"字,明显均表示用以束缚的枷锁,文例中作"铁鉰""鉰鏁"等语,原"枷"字很可能受连用之字影响类化作"鉰",因此"鉰"为"枷"俗字合理。《汉语大字典》可据此完善注解项。

(5)《名义抄·弓部》:"弸,俗榷字,音镢。"(1080)

按:《汉语大字典》引《直音篇·弓部》:"弸,与掴同。弸,同上。""弸"即"掴"异体字。

《名义抄》所谓"弸,俗榷字",并不见于其他字典辞书;"音镢",也与"榷"实际读音不符,"榷"字可疑,应是"攫"的俗省讹字。此处是将"弸"等同为"飏"字,"飏"亦作"毆",为"攫"俗字。《慧琳音义》卷九《摩诃般若波罗蜜经》第八卷:"毆裂"注:"字宜作攫,同。"《龙龛手镜·爪部》:"飏、飏,二俗,居碧、居缚二反。正合作攫字。"《类聚名义抄·爪部》:"飏、毆、飏,三俗。攫字。吴音郭。"亦是本当作"攫"而省形讹为"攉",此处《弓部》之"榷"则为"攉"的进一步讹变。而"攫"与"掴"互为异体,《慧琳音义》卷五二《增一阿含经》第三六卷"自掴"注:"宜作攫。"

由此,"弸""掴""攫""飏""毆"诸字相通,均是打击、抓取义。"攫"与其他字声旁不同,"飏"与"毆"字形结构不同,"掴"则为"飏"换形旁字,而疑"弸"是"飏"的形近讹字。《汉语大字典》与《名义抄》之说均不误,但《汉语大字典》可据《名义抄》进一步完善:"弸"同样为"攫"俗字。

二 正俗关系的揭示异于传统字书

《名义抄》部分文字的正俗关系揭示有一定的合理性,但未见于我国传统字书,亦缺乏精准的文献用例予以佐证。我们可以在经过分析考证后,梳理文字关系逻辑,批判性地看待这部分内容,以备一说。也许会为我们将来研究疑难俗字、阅读古籍提供参考。

(6)《名义抄·日部》:"暛,俗早字。"(210)

按:"暛"字,我国字韵书中最早可见于《集韵·豪韵》苏遭切:"暛,日色。"《字汇》袭之,而《正字通·日部》却斥其误:"暛,俗字,旧注音搔,日色,误。"认为"暛"当是俗字,但未明正字。《名义抄》为我们认识此字提供了一条新线索。古代"蚤"作为"早"通假字比较普遍,《孟子·离娄下》:"蚤起,施从良人之所之,遍国中无与立谈者。"《史记·项羽本纪》:"旦日不可不蚤自来谢项王。"《仲尼弟子列传》:"回年二十九,发尽白,蚤死。"《汉书·东方朔传》:"朔独拔剑割肉,谓其同官曰:'伏日当蚤归,请受赐。'即怀肉去。"其中"蚤"皆需按"早"之音义作解。盖此用法较为固定,后人遂在"蚤"字上增添表义构件,形成"曒"字。

(7)《名义抄·肉部》:"胐,俗油字。"(232)

按:郑贤章《汉文佛典疑难俗字汇释与研究》①曾论及"胐"字,《法镜经》:"是以除断众劳之乐。不以肥胐,为是道行,行在圣道重任,我亦以自修。""胐",宋、元、明、宫本作"腴"。他认为"胐"为"腴"字之讹,因与其异体字"胂"形体近似,引《新集藏经音义随函录·俗别字谱》为证。郑说是,《名义抄·肉部》:"胂,音奥。腴,同。"可增添"胂"为"腴"异体的字形佐证材料。

同时《名义抄》又有:"胐,俗油字。"以"胐"为俗"油"字并不符合佛经异文用例实际情况。但从构字上来看,"胐"以"由"为声符,而从"肉"取义,以为油脂、膏脂义,有其合理性。而"油",《说文·水部》:"油,水。出武陵孱陵西,东南入江。从水,由声。"本为水名,借为油脂之油。"胐"在字形上,似乎更与油脂义相符,或许历史上曾有因此而改"油"为"胐"之实际情况,虽因缺乏书证,《名义抄》之说暂不能确证,但为我们认识"胐"字提供了一条新思路。

(8)《名义抄·火部》:"烷,俗浣字。"(449)

按:关于"烷"字,《集韵·桓韵》胡官切:"烷,火也。"《字汇》从之,而《正字通·火部》:"烷,俗字,旧注音丸,火也,误。"则斥其非。又《龙龛手镜·火部》:"烷,俗,音院。"

《集韵》《字汇》之"火也"语焉不详,《正字通》《龙龛》虽目之为"俗字",但未明正字。《名义抄》以为"浣"俗字,循"烷"与"浣"之联系,恐与"火浣"之名有关。典籍中有"火浣衣""火浣布"之名,《法苑珠林》卷三五:"魏文帝时,不信南方有火浣布……文帝既崩,至太子明帝时,西国有献火浣布袈裟,明帝初依父语不信,以火试之久烧不坏,始知有征言不虚也。"《洛阳伽蓝记》卷四:"斯调国出火浣布,以树皮为之,其树入火不燃。"图书寮本《类聚名义抄·巾部》:"火浣布,应云:《周书》西域厌(献)火浣布,污则烧之则洁。"典籍中,此物或以花,或以树皮,或以火浣兽之毛皮制成,沾上污垢水洗不净,置于火中烧之,则洁白如新,故名"火浣"。盖是以火清洗之布,而"火浣"成词连用,故俗字改水旁作"烷"。

三 正俗关系揭示错误

《类聚名义抄》本身由日本人私人编写,所依据的文献驳杂多样,加之一直手抄传承,使得该书从成立到传播,都在不断产生讹误。因而书中存在大量怪异生僻的字形,也有不少错讹严重、混误难明之处。正如《名义抄》自序所谓:"凡此书者,为愚痴者任意抄也,不可为证矣。"这提醒着我们应尽量全面把握此书背景情况,注意甄别内容的可靠性。书中某些文字关系的正俗论断其实是错误的,需要我们细致考证加以辨明,现举例如下:

(9)《名义抄·玉部》:"瓬,俗瓶字。"(612)

按:查我国字书中之"瓬"字,《字汇·玉部》:"瓬,同瓷。"《改并四声篇海·玉部》引《类篇》:"瓬,音瓷。"均以为"瓷"异体字,与《名义抄》不同。《慧琳音义》卷第七六《无明罗刹集》有"瓬瓫"词条,仅录"瓫"字音义,未说明"瓬"字,与此对应的《大正藏》本《无明罗刹集》原文:"三有瓬瓫坊腻嘶破,断诸善根。种种破器散坏在第,断常见发风吹蓬乱,无惭、无愧弊坏衣纳,遍丘墓中。"宋、元、明本作"坭瓮垢腻甈",宫本作"瓦礨垢腻斧",其异文作"坭"或"瓦"。"坭"与"瓬"字形近。"坭"在字书中均训为

① 郑贤章:《汉文佛典疑难俗字汇释与研究》,巴蜀书社,2016年,第228页。

"瓶"，《玉篇·瓦部》："甀，徒古切，瓶也。"《慧琳音义》卷第一六《得无垢女经》"符甀"注："徒古反，《博雅》'甀，瓶也'，《埤苍》'大甀也'。"卷第六〇"甀水"注："上徒赌反，《广雅》云'甀，瓶也。'《文字典说》云：'甀，大瓶也，从瓦、土声也。'"从《无明罗刹集》原文语义看，也与"瓮"无关，而当是"瓶"义，《慧琳音义》"瓾瓮"之"瓾"当为"甀"字之讹。

又《摩诃僧祇律》卷第二四："共相问讯言：我闻檀越请僧与药，审尔不？答言：尔！尊者欲须药耶？答言：须尔许甀苏，尔许甀油，尔许甀蜜，尔许甀蜜，尔许根药、叶药、华药、菓药。"校勘记作："甀"，宋、元、明、宫本作"瓶"。可见"甀"不仅可释义为"瓶"，在藏经中亦是"瓶"之异文。疑《名义抄》"瓾，俗瓶字"之由来，当为误认"瓾"为"甀"字，而根据其在佛经中的异文用例，将"瓾"与"瓶"字总结为正俗关系。

（10）《名义抄·土部》："堨，俗幄字，乌角反，ホトリ。"（657）

按：天文本《字镜钞·土部》："堨，幄同。ホトリ。乌角反。"盖本自《名义抄》，两书均以"堨"为"幄"俗字。"乌角反"确为"幄"字之音，如《可洪音义》卷三〇《贤圣集》第一九卷音义："帷幄，下乌角反。"然而和训ホトリ却非"幄"字之义，而应以浒、边、垂、畔、湄等字当之，表示边界、畔际。《名义抄》"堨"的形音义不相匹配。

邓福禄、韩小荆《字典考正》认为："堨"为"塈"俗字[1]，根据《佛说如来兴显经》卷一："又复有风，名曰长立，而吹成就七大宝山王，一曰阴涂利，二曰懿此山其利，三曰除害堨。"《可洪音义》卷四《如来兴显经》第一卷音义："害堨：奴兮反，山名也，郭氏音偓，非。"郭迻"堨"字音"幄"者，盖是望形生音。

而《名义抄》以为"堨，俗幄字"，恐是将郭氏俗音当成俗字处理，又为其增添"乌角反"音注。ホトリ应是误"堨"为"涯"字，而增加的"涯"字和训，《玉篇·水部》："涯，水际也。"正为ホトリ之意。"堨""涯"两字形近，比如《万象名义》："滨，补民反，涯也……屋也。""滨"无"屋"训，"屋也"其实即"厓也"之误。

（11）《名义抄·豆部》："毁，或趜字，土豆反。"（561）

按：《说文·殳部》："毁，繇击也。从殳，豆声。古文投如此。"段玉裁注："投，各本讹作役，今正。"《玉篇·殳部》："毁，徒透切。遥击也，古为投。"《一切经音义》第三卷《大般若波罗蜜多经》第三四六卷"投趣"音义："上徒侯反……《说文》作毁，古投字也。""毁"自《说文》始，各书均以为"投"古字，古字为形声，今字改为会意。

《名义抄》却以"毁"为"趜"或体字。"趜"的异体字一般是"跿"，《集韵·候韵》他候切："趜、跿，自投也。或从足。"《名义抄·足部》："跿，俗；趜、透，二正，他豆反。"而"毁"与"趜"字并无关系，《名义抄》所谓"毁，或趜字"，误。盖因混淆了"毁""跿"两字，而将本应归于"跿"字的释语"或趜字"抄在了"毁"字下。

（12）《名义抄·石部》："砶，或柏字，普百反。"（600）

按："砶"字，《改并四声篇海·石部》引《奚韵》："砶，音珀。"《字汇补·石部》："砶，与珀音义同。"以为"珀"之异体。"珀"，宋本《玉篇·玉部》普百切，《广韵·陌韵》普伯切，《名义抄》之"普百反"亦与上音同。从"石"、从"玉"义类相通，由其形成的一组形声字互为异体是合理的，如"硬"或为"瑛"字，"玛瑙"或作"码碯"。是以"砶"应是"珀"的异体字。而"石"与"木"的义类并不相通，《名义抄》"砶，或柏字"应误。

考《一切经音义》卷三一《大灌顶经》第三卷"拍长者"音义："上烹百反，《博雅》云：拍，击也。《说文》云：拍，拊也，从手，白声。拊音孚甫反，经别本作砶，非也。"可知在古写卷经文中，有以"砶"为"拍"之异文者。《名义抄》的"砶，或柏字"应本是"或拍字"，源于《玄应音义》，传抄讹作"柏"字。

---

① 邓福禄、韩小荆：《字典考正》，湖北人民出版社，2007 年，第 30 页。

四 正俗关系揭示有限而混误

观智院本《名义抄》的释义部分并不重视汉文注，而以"和训"即日语训读为主。因此相比其他纯汉文字书，其注文所能提供的信息相当有限。有时汉文音注和义注都比较随意且简略，没有做到全面而精当地解释一个汉字。比如《名义抄·肉部》："膝，舒灼反。力酌反，略治也，强取也。""膝"字在《广韵》、宋本《玉篇》中同释为"北角切，膝莘，乱杂"，是其本来音义，《名义抄》未予采用。其"力酌反。略治也，强取也"亦见于《一切经音义》《新撰字镜》，此时"膝"为"摤"字异体。"舒灼反"则为"瞶"字音，此时"膝"为"瞶"俗讹字。《名义抄》两音，实际记录的是两个俗字，却并未清楚揭示。下面再举几例以作说明：

(13)《名义抄·目部》："肚，俗肚字，音杜，目塞。"(187)

按："肚"字在传统字书中难考，仅可见于《四声篇海·目部》引《川篇》："肚，音杜。"但有音无义，《名义抄》与之音同，且点明为"肚"俗字。《字典考正》考"肚"为"肚"异写字①，因构件"目""月"形近混同。《大威德陀罗尼经》卷第二："六法当得熟眼，六法当得白羊眼，六法肚当有毛，六法当早老。""肚"，宋、元、明本作"肚"，为其切证。

但《名义抄》又同时记录"目塞"之义，"肚"为人之胃腹，显然不可能有"目塞"之义，此与《名义抄》所谓"俗肚字"并不对应。但如"敝""坡""杜""堵"等定母姥声之字，均含有堵塞、闭塞之意，且《名义抄》将"肚"归在了目部，"肚，目塞"似可成说。但检之数据库，传统字韵书中不收"肚"字，亦无训"目塞"义的其他字词。《名义抄》中"目塞"义的"肚"应是相当晚起的一个俗字。

由此可见，《名义抄》的"肚"字虽形、音、义解说俱备，实际却杂糅记录了两个同形字，形与义并不对应。

(14)《名义抄·糸部》："繾，俗擁字。"(723)

按：《名义抄·革部》："鞲，俗擁字，音邕。又俗勒字欤。"《集韵·鍾韵》於容切："鞲，鞲勒。"《一切经音义》卷五八《五分律》第二一卷"作勒"注："一豹反，靴勒也。律文作鞲，俗语也。书无此字。"所释经原文作："时毕陵伽婆蹉常一心行不觉蹴脚指破，佛见之告诸比丘：从今听诸比丘着富罗。诸比丘作鞲大深，诸居士讥呵言：此比丘所著富罗如我等鞲。以是白佛，佛言不应深作鞲，至踝上。有诸比丘作鞲如鞲。诸居士呵如上，以是白佛。佛言应开前。" ①"鞲"，圣本作"摤"；②"鞲"，宫本作"靴"，圣本作"摤"。根据《一切经音义》之注及经原文之意，"深作鞲"指加深靴子的筒，"鞲"当为"勒"俗讹字，其正字均当是"勒"。另有别本的"鞲"异文作"摤"，而与"擁"字形近。《一切经音义》卷六三《根本说一切有部百一羯磨》第八卷"不鞲前"注："邕拱反，遮擁也。"其经文原作："凡为皮履，不鞲前鞲后，不作长靴短靴。著者，得越法罪。"根据经意，"不鞲"即不遮掩、覆蔽，则此处"鞲"之本字当作"擁"。盖此处讨论的是皮履，"鞲前鞲后"结构与"长靴短靴"相类，因而改原本之"擁"，从"革"作"鞲"。以上，可能是《名义抄·革部》记"鞲，俗擁字，又俗勒字欤"所据。

《名义抄》"繾，俗擁字"的正俗关系则未见于其他字韵书。参考《字典考正》②，"繾"亦"鞲(鞾)"字，《根本说一切有部毘奈耶皮革事》卷二："时婆罗门居士等皆问：圣者，何故脚上如是疮耶？答曰：由其草鞋，遂令如此。时婆罗门等白言：圣者，何为不着繾头鞋耶？答曰：佛未许着。世尊集苾刍，告言：从今已后，听诸苾刍着繾头鞋。"希麟《续一切经音义》第九卷《根本说一切有部毘奈耶皮革事》下卷音义："鞾头，上乌红反，《广韵》云：吴人谓鞾勒曰鞾。案，即鞾靺等鞾也。律文作繾，非。"《集韵·东韵》："鞾，吴人谓鞾勒曰鞾。"又《鍾韵》於容切(与"邕"同一小韵)："鞲、鞾：鞲勒，或从邕。"则"鞾"是"鞾

---

① 邓福禄、韩小荆：《字典考正》，第 268 页。
② 邓福禄、韩小荆：《字典考正》，第 355 页。

（鞔）"的吴方言俗字，而"繦"又是"鞴"的更换形旁俗字。

"繦"与"鞴（鞔、鞲）"为异构字；而"鞔（鞴）"与"擁"只在特定的佛经语境中存在异文关系，《名义抄》"繦，俗擁字"应是同理。只有在理解"鞔"与"擁"存在异文关系，"繦"与"鞴"为异体关系的基础上，才能清楚解释《名义抄》所记录的"繦，俗擁字"。而无论《糸部》"繦，俗擁字"，还是《革部》"鞔，俗擁字"的正俗关系揭示，都是无法离开语境而单独成立的。

（15）《名义抄·糸部》："緺，俗那字。"（725）

按：《陀罗尼杂集》第十卷《日藏经中除罪见佛陀罗尼》："多掷他　毘时临婆毘时临婆　尉波陀脾也毘时临婆　緺婆颇罗　阿瓲那多咃多阿瓲那多咃多　复多拘致　毘时临婆　莎呵"。"緺"字出现于佛经咒语中，不表实义。佛经中常见作"那婆"或"娜婆"者，《可洪音义》第三卷《大方等大集经》第二二卷音义："緺婆，上奴何反，正作挪、邢二形也。或作娜，奴何反，《宝星》作娜婆。"此处大正藏本对应《大方等大集经》即作"那婆"。《龙龛手镜·糸部》："緺，音那。"盖因"緺"为咒语译音字，无实义，所以只注音便可。而《名义抄》"緺，俗那字"则是更为宽泛地使用俗字概念，将文献中出现的异文，也作为"俗字"理解。

而此处"緺"字之后《名义抄·糸部》又重出："緺，女䖳反，单绳未合。又俗那字。又平，緺，针也。""俗那字"的情况同上段所论；"单绳未合""针也"则与"纫"字义合，《说文·糸部》："纫，繟绳也。从糸，刃声。"《广韵·真韵》女邻切："纫，单绳也。"《方言》卷六："擘，楚谓之纫。"郭璞注："今亦以线贯针为纫。""緺""纫"形近，恐是抄写者误认"纫"同"緺"字，而将"纫"字的注文归在了"緺"字中。因此，《糸部》重出的"緺"字项，实际杂糅记录了两个同形字：作为"那"俗字的"緺"，及作为"纫"讹字的"緺"。

结语

本文通过具体字例的考辨分析，从四个方面总结、说明观智院本《类聚名义抄》的俗字特征。《名义抄》对文字正俗关系的揭示，既有正确见解，也有模糊不清甚至错误的信息。由此可见，我们在利用这些俗字信息进行相关研究的同时，也应充分了解内容所存在的局限性。而与《类聚名义抄》类似的一系列日本古辞书，对于我国传统语言文字学研究都有很大的参考价值，值得更深入的挖掘，但因其为域外学者所编纂，内容、体例有自身的特殊性，编撰、传抄的内容未必完全正确。我们在参阅这类书时，需要广泛联系其他相关字典辞书、经典传注等，一起参互对校，认清其性质，才能做到准确把握，有效利用，从而为文字学和辞书学的发展提供新成果。

【参考文献】

［1］　大正一切经刊行会.大正新修大藏经［M］.台北：新文丰出版公司,1983.

［2］　顾野王.玉篇［M］.续修四库全书（第 228 册）.上海：上海古籍出版社,2002.

［3］　玄应.一切经音义［M］.中华大藏经（第 57 册）.影印明永乐南藏本.北京：中华书局,1993.

［4］　陈彭年等.宋本玉篇［M］.北京：中国书店,1983.

［5］　陈彭年等.宋本广韵［M］.南京：江苏教育出版社,2008.

［6］　丁度等.集韵［M］.上海：上海古籍出版社,1985.

［7］　释行均.龙龛手镜［M］.影印高丽本.北京：中华书局,1985.

［8］　段玉裁.说文解字注［M］.上海：上海古籍出版社,2008.

［9］　释昌住.新撰字镜［M］.影印抄本.京都：临川书店,1967.

［10］　释空海.篆隶万象名义［M］.影印抄本.东京：东京大学学会出版社,1995.

［11］　正宗敦夫编纂校订.类聚名义抄［M］.影印抄本.东京：风间书房,1978.

［12］ 胡吉宣.玉篇校释［M］.上海：上海古籍出版社,1989.

［13］ 邓福禄、韩小荆.字典考正［M］.武汉：湖北人民出版社,2007.

［14］ 吕浩.《篆隶万象名义》校释［M］.上海：学林出版社,2007.

［15］ 郑贤章.汉文佛典疑难俗字汇释与研究［M］.成都：巴蜀书社,2016.

［16］ 方国平.《类聚名义抄》俗字研究［D］.杭州：浙江财经学院,2009.

Type Interpretations of Folk Characters in *Kanchi'inbon Ruiju Myogisho*

Ma Xiaochuan

(College of Liberal Arts, Yangzhou University, Jiangsu Yangzhou 225009, China)

Abstract: *Kanchi'inbon Ruiju Myogisho* (观智院本《类聚名义抄》) is a Chinese-Japanese dictionary written by the monk in Medieval Age of Japan, which collected a large amount of folk or variant Chinese characters that can't be seen in Chinese traditional classics and dictionaries. Through the analysis and research of several radicals over this book, and the comparison with traditional Chinese dictionaries, the interpretations of the Folk Characters contained in *Myogisho* can be summarized into four directions: revealing the relations of standard and folkloric characters, can supplement the deficiency of traditional dictionaries; is different from traditional dictionaries; is wrong; has limitations and ambiguities.

Key words: Japanese ancient dictionary; *Ruiju Myogisho*; Folk Characters; collate

［书评］

含英咀华　继往开来

——喜读《汉镜铭文汇释》

王子今*

对汉镜进行研究,前人已积累不少成果,近读鹏宇著《汉镜铭文汇释》①,整理某些想法时,可以深切体会到优秀学风的传承与发展,一如汉代镜铭所谓"统德序道""后人相承"(第448页),不觉内心欣喜,故稍作阐发。

一　汉镜的文化价值

"镜",是通过光影反射实现其功用的。

《释名》卷四《释首饰》:"镜,景也。言有光景也。"《说文·金部》:"镜,景也。从金,竟声。"段玉裁注:"景者,光也。金有光可照物谓之镜。此以叠韵为训也。镜亦曰鉴。双声字也。"又如《说文·日部》:"景,日光也。"然而段玉裁注说:"日字各本无。依《文选》张孟阳《七哀诗》注订。"又写道:"《火部》曰:'光者,明也。'《左传》曰:'光者远而自他有耀者也。'日月皆外光。而光所在处物皆有阴。光如镜故谓之景。""镜"于是与"光景"有密切关系。

而东周秦汉人们的对"光景"感觉,有时被赋予神秘意义。

汉武帝最后一次出巡,《汉书》卷六《武帝纪》记载:"后元元年春正月,行幸甘泉,郊泰畤,遂幸安定。""二月,诏曰:'朕郊见上帝,巡于北边,见群鹤留止,以不罗罔,靡所获献。荐于泰畤,光景并见。其赦天下。'""荐于泰畤,光景并见",似乎来自"上帝"的"灵命"暗示,体现了对汉武帝"见群鹤留止,以不罗罔,靡所获献"行为的真诚谅解和高度认可。而依照当时与生态意识相关的社会礼俗,在这个季节确实是不可以杀害禽鸟的。

《后汉书》卷八六《西南夷列传·邛都夷》:"青蛉县禺同山有碧鸡金马,光景时时出见。"李贤注:"《华阳国志》曰:'碧鸡光景,人多见之。'"《水经注》卷三七《淹水》:"(青蛉)县有禺同山,其山神有金马、碧鸡,光景儵忽,民多见之。""故左太冲《蜀都赋》曰:金马骋光而绝影,碧鸡儵忽而耀仪。"所谓"骋光""绝影""儵忽""耀仪",都是"光""影"感觉的表现。

"光景"与新生命同时出现,见于《后汉书》卷一〇下《皇后纪下·顺烈梁皇后》的记载:"顺烈梁皇后讳妠,大将军商之女,恭怀皇后弟之孙也。后生,有光景之祥。"这一有关"光景之祥"的故事,《北堂书钞》卷二三引文列于"灵命"题下。汉镜铭文常见"灵景",可以使人联想到"光景之祥"相关情节。

与梁妠故事相类同的史例,又有《晋书》卷一〇一《刘元海载记》:"其夜梦旦所见鱼变为人,左手把一物,大如半鸡子,光景非常,授呼延氏,曰:'此是日精,服之生贵子。'"《鹖冠子》卷下《学问》:"神征者,风采光景,所以序怪也。"所谓"神征",可以由"光景"显现。

神异"光景"的出现,如《晋书》卷二二《乐志上》所说:"神之来,光景昭。"而且"祇之来,遗光景",是

---

　*　作者系西北大学教授,主要研究方向为秦汉史、秦汉考古文物研究、出土文献研究。

　①　鹏宇:《汉镜铭文汇释》,云南人民出版社,2022年。下引该书正文时,为便于学者核对,在引文后括号内直接标注该书页码,不再单独出注,特此说明。

"神""祇"亲临的迹象。《艺文类聚》卷七四周庾信《象戏赋》曰:"若叩洪钟,如悬明镜","若方镜而无影,似空城而未居。""昭日月之光景,乘风云之性灵,取四方之正色,用五德之相生。"则说日月天光都是"光景"。以"镜"为象征者,可以"昭日月之光景,乘风云之性灵"。

《太平御览》卷三引刘向《洪范传》曰:"日者,照明之大表,光景之大纪,群阳之精,众贵之象也。""照明"又作"昭明"。日光,是"光景之大纪"。"月掩日,则蔽障日体,使光景有亏",就叫作"日蚀"。大家熟知,汉代铜镜有称"昭明镜"者,据鹏宇《汉镜铭文汇释》,完整的铭文辞例作:"A. 内清质以昭明,光辉象夫日月,心忽穆而愿忠,然雍塞而不霧。B. 内清质以昭明,光辉象夫日月,心忽穆而愿忠,然雍塞而不泄。"(第81页)汉代镜铭往往有"见日之光"字样。《汉镜铭文汇释》指出,"'日光'铭,……以'日光'为主要套语","是汉代流传范围最广,流行时间最长的镜铭类型之一。"据鹏宇分析,列入"《长安汉镜》一书统计"的汉长安地区发掘的1100余座汉墓中,"共出土铜镜300多面,日光镜竟占92面,占出土铜镜的四分之一强"①。而且该书所特指的"日光镜"限定范围,尚不包括"同书所列'日光草叶纹镜''日光四乳铭文镜'等"。"可见'日光'铭铜镜在汉代多见之程度。"鹏宇说,"目前考古出土、各博物馆馆藏及各书刊报道的'日光'铭镜已不下万件。"关于"见日之光"的"见"字,他介绍了李学勤先生的观点:以往一些学者读"见"为"现",训作"显现"。李学勤先生认为此处的"见"应是从甲骨金文简牍以来的"视"字。"视",《小尔雅》及《广雅》均云:"比也。"《礼记·王制》郑注亦云:"犹比也。""视日之光"意即"比日之光",刚好同"若月之明"对仗,都是形容镜面光洁明亮如同日月。②"见日之光",又有"如日之光""和日之光"异文(第55页、第68—69页),正可以作为"比日之光"说的补证。当然,注意到"镜"与"光景"神秘意识的关系,也许"如同日月"的比喻,其意义可能超越"形容镜面光洁明亮"。《汉镜铭文汇释》对"昭明镜""日光镜"的关注,应当有益于我们考察有关"光景"的文化象征意义。

二　汉镜的文学价值

汉镜不仅图案生动活泼,而且铭文内容往往富有风采。

汉镜铭文多言"巧工刻之成文章"(第452—453页)。读汉代镜铭,确实可以体会到其中"文章"的精彩。写录《诗·卫风·硕人》诗句的镜铭引起一些学者关注,鹏宇也有所论说,主要陈说了"李学勤师"的见解(第468—469页)。《诗经》的普及,自然是儒学地位抬升,经学成为教育主题的表现。但是同时也可以理解为诗学在社会扩张影响的证明。对于"'昭明'铭"的分析,鹏宇认为,此类铭文,"在结构上,带有鲜明的楚辞特点。与《离骚》相比,只是省去'兮'字。"(第81页)这一意见,也值得重视。

"'长相思',镜铭吉语,亦汉人习语。"《汉镜铭文汇释》说,这一"镜铭吉语"与汉乐府《杂曲歌辞》有名'长相思'者"有关。而"'长相思'铭镜存世极多"(第24页)。又如记述别离情思的文字,"'远行''行有日'铭在内容上,与'戚思悲'铭、'心悲'铭、'志悲'铭等,颇为相类","语言质朴,情感真挚,颇似汉乐府诗。如'行有日,返毋时'与《盘中诗》'出有日,还无期'相近,'愿君强饭多勉之'与《古诗十九首·行行重行行》'努力加餐饭'相近,'人两心,诚不足思'的逻辑与《白头吟》'闻君有两意,故来相决绝'、《有所思》'闻君有他心,拉杂摧烧之'相类。"将镜铭与同时代的习俗语进行比较,进行论证,是非常聪明的做法。值得一提的是,陈直考察《古诗十九首》中"生年不满百"以及《西门行》《吟叹曲》等涉及"仙人王子乔"诸诗作的年代,就曾经利用镜铭资料。③ 关于《步出夏门行》"过谒王父母,乃在太山

---

① 程林泉、韩国河:《长安汉镜》,陕西人民出版社,2002年,第89页。
② 李学勤:《日光镜铭新释》,《文博》2013年第1期。
③ 陈直:《汉诗作品之断代》,《文史考古论丛》,天津古籍出版社,1988年,第35—36页。

隅,离天四五里,道逢赤松俱"诗句,也引"上太山镜铭""盍氏仙人镜"为参照。分析《艳歌》诗,又引据"建安十年朱氏镜"。就曹操《秋胡行》的分析,亦引"汉华山神人镜铭""东汉人之习俗语",并指出:"曹操所作游仙各诗,无不与东汉后期古器物铭相合。"说曹植《飞龙篇》"寿同金石",指出《作佳镜铭》"寿如金石""与本诗寿同金石正相符合"。①

鹏宇又提示我们,"在传世文献七言诗流行之前,西汉晚期的铜镜上便已经开始大量使用七言韵文了。"镜铭"柰言之始自有纪","柰言之纪从镜起","柰言之纪从镜始","柰言之纪镜先始"等(第220—228页),都说明这些"巧工"们是了解"柰言之始"的意义,并且愿意公开表达因此产生的自豪的。

汉镜铭文还有极简洁者,如"卿富贵宜光",鹏宇读作"〔公〕卿,富贵,宜光"。又有"好哉此竟文",鹏宇读作"好哉,此竟(镜)文(纹)"(第499页)。如果不分断,读来也可以体会到很深的意味。而"宜官宜官""宜宜宜宜"等镜铭(第506页),也可以作为分析汉代民间语言学史的研究资料。

三　汉镜的史征价值

汉镜铭文亦有纪史证史的内容。

姑且不论"五帝天皇""黄帝除凶"(第12—18页)等传说时代历史记忆的保存,涉及东周史记录的镜铭,可见"景公之象兮,吴娃之兑(悦)"。李学勤先生认为"景公"即齐景公,所说故事见《晏子春秋》"景公欲诛羽人晏子以为法不宜杀"章。② 鹏宇列于"'景公'铭"题下。而以"大哉,孔子志也"文字起始的镜铭,《汉镜铭文汇释》归于"'孔子'铭"(第463—464页)。又有鹏宇称作"孔子及诸弟子榜题"者,可见:"圣人孔子。弟子颜渊。弟子子贡。"以及:"子贡。渔父。""曾子。曾子母。闵骞父。"另有所谓"'伍子胥'榜题",文字可见:"玉女二人。越王。范蠡。吴王。忠臣伍子胥。"以及:"越王。范丽(蠡)。越王二女。吴王。忠臣伍子胥。""忠臣伍子胥。越王二女。吴王。越王。范鹿(蠡)。""伍子胥。玉女二人。吴王。越王。范蠡。""忠臣伍子胥。吴王。越王。范蠡。""伍子胥。越王。"(第464—465页)这类铜镜的制作时代,均在东汉时期,正与《越绝书》《吴越春秋》成书大致同时。

《汉镜铭文汇释》所收镜铭可见"中平二年正月十二壬午日,造作此尚方明竟(镜)",又有"黄贼波(破)尽汉家昌"语。鹏宇简注:"即公元185年。""据《后汉书·孝灵帝纪》,光和七年(184年)十月,皇甫嵩等俘获张角弟张梁,十一月,斩张角弟张宝。十二月己巳,大赦天下,改元中平。'黄贼'者,疑指黄巾起义之事。"(第11页)这样的判断是正确的。对于参与黄巾暴动的民众,《后汉书》一般直称"黄巾"(88例),少数称"黄巾贼"(22例)。以"黄贼"指称黄巾起义军者,汉镜铭文提供了珍贵的称谓史资料。

文化史、政治史是中国传统史学最重视的叙说主题。而社会生活史的内容,在汉镜铭文中也可以发现重要信息。在对"'日有'铭"的分析中,鹏宇列举了"日有喜,月有富,乐毋事,常得意,美人会,竽瑟侍"一类反映社会日常生活理想的文字,而"乐毋事"亦常与"宜酒食"连文。也与"醉不知,醒旦醒"句形成组合。鹏宇指出,"镜铭中所述之景,常见于汉画像石及画像砖中的宴乐图,传世文献中亦有不少对类似场面的描述。"所引录《史记》卷一二六《滑稽列传》淳于髡那段"飲一斗亦醉,一石亦醉",堪称饮酒史中经典论说的著名言辞。他说:"赐酒大王之前,执法在傍,御史在后,髡恐惧俯伏而饮,不过一斗径醉矣。""若乃州闾之会,男女杂坐,行酒稽留,六博投壶,相引为曹,握手无罚,目眙不禁,前有堕珥,后有遗簪,髡窃乐此,饮可八斗而醉二参。日暮酒阑,合尊促坐,男女同席,履舄交错,杯盘狼藉,堂上烛灭,主人留髡而送客,罗襦襟解,微闻芗泽,当此之时,髡心最欢,能饮一石。"(第46页)《汉镜铭文

---

① 陈直:《汉诗中之习俗语与古器物之联系》,《文史考古论丛》,天津古籍出版社,1988年,第46—47,49—50页。

② 李学勤:《景公镜》,《四海寻珍》,清华大学出版社,1998年,第92—93页。

汇释》又专列"'置酒''纵酒''行觞'铭"一类,讨论了"置酒高堂""从(纵)酒东相(厢)""壹行觞"等镜铭(第52页)。汉镜铭文这类"关于生活状况者","可见当时风俗者"的内容,也曾有学者关注。[①] 但是全面发掘其中丰富的生活史民俗史信息,还有相当宽广的学术空间。如读"米肉多,酒而河","肉如山,酒如河"镜铭(第503—504页),是有益于进一步说明当时社会饮酒风习与消费追求情状的。

当然,物质生活只是社会生活的一个层面。考察社会史,无疑应当更注意社会结构、等级关系以及精神生活体现的文化形态。《史记》卷一二一《儒林列传》说"公孙弘以《春秋》白衣为天子三公",可知"白衣"很早就被作为社会等级身份标志。有学者已经有专门论说。[②] 而汉镜铭文所见"各得所欲,吏人服之官,白衣服之吉","吏人服〔之〕宜高官,白衣服之宜子孙"(第507页、第510页),则是"白衣"名号已经普遍通行的文物实证。

四 汉镜中的国家意识与民族意识

汉镜中体现国家意识和民族意识的镜铭,还有:"驹氏作镜四夷服,多贺国家人民息,胡虏殄灭天下复,风雨时节五谷孰,长保二亲得天力,传告后世乐无亟。"(第425—426页)所谓"多贺国家人民息",也有作"多贺汉家人民息"的(第410页)。语义自然接近。汉代民间社会意识中的"国家"理念,往往以"汉"为标志符号。如所谓"大汉""皇汉""强汉"等。[③] 然而与"多贺国家人民息""多贺汉家人民息"类似者,又有"多贺新家人民息"(第409页),当是新莽时代制品。文式类同的镜铭,又可见"多贺君家人民息"(第408页、第416—417页)。可见"国家""汉家""新家",其实都是"君家",与"人民"只是存在对应关系。

自《何尊》"宅兹中国"铭文发现,人们多关注"中国"一语的使用。除了尼雅发现的"五行出东方利中国"织锦而外,汉代镜铭也可见"中国"。《汉镜铭文汇释》列有"'中国宁'铭"一节,列举4例。第1例,湖南长沙出土,中国国家博物馆藏品:"中国大宁,子孙益昌。"第2例,广西梧州低山出土,广西壮族自治区藏品:"乃似于天终复始,中国大宁宜孙子。"第3例,"中国安宁兵不扰,乐未央兮为国保(宝)。"第4例,"尚方御竟(镜)知人情,道同巧异各有刑(形),维古今世天下平,四夷降服中国宁,人民安乐五谷成。"鹏宁指出,"汉镜中的'中国'"与《何尊》铭文"宅兹中国"之"中国""古义"不同。还说:"'中国'一词还见于武汉市博物馆所藏青盖镜、私人收藏之潘氏镜,在镜铭中与'四夷服''人民息'等套语搭配"(第267—268页)。前举第4例"四夷降服中国宁,人民安乐五谷成"亦形成"中国宁"与"四夷降服""人民安乐"的"搭配",其组合之完整不仅包括"五谷成",体现社会愿望的总体美满,又以"维古今世天下平"句,表达了富有历史感觉的理想。

陈直曾经将镜铭"四夷服"与汉武帝《西极天马》歌"涉流沙兮四夷服"对照,指出:"盖四夷服三字,为两汉人之习俗语。"[④] 关注出现"四夷服""四夷伏""四夷降服""四夷尽服"字样等文物遗存,应当有益于对于当时民族文化交往史的研究。

西安大唐西市博物馆藏汉镜铭文有"人民昌""中国强"字样。镜铭全文:"天禄辟邪日有熹,上有龙虎四时置,长保二亲乐无事,子孙顺息当大富,侯王寿命长,多贺君家人民昌,四夷皆服中国强。"这一器铭中"中国"和与"国家""汉家""新家"文意接近的"君家"并见,可以启发我们的思考。很可能"中国"体现的,主要是与"四夷"对应的民族地理和区域地理涵义,而并不作为政治文化符号。所谓

---

① 焦姣:《汉镜"宜酒""幸酒""纵酒"铭文》,《文博》2022年第3期。
② 杨继承:《服制、符命与星占:中古"白衣"名号再研究》,《魏晋南北朝隋唐史资料》第三十六辑,上海古籍出版社,2017年,第128—162页。
③ 王子今:《大汉·皇汉·强汉:汉代人的国家意识及其历史影响》,《南都学坛》2005年第6期。
④ 陈直:《汉诗中之习俗语与古器物之联系》,《文史考古论丛》,天津古籍出版社,1988年,第42页。

"人民息"，有镜铭作"多贺国家人民蕃息"①，可以帮助我们理解"息"的文义。另一镜铭句末，清华大学汉镜文化研究课题组释文"延寿益年，子孙番〔昌〕"②。补一"昌"字，应当是合理的。联系"蕃息"与"番昌"的关系，可以大略知晓大唐西市博物馆藏镜所见"人民昌"与其他铭文"人民息"的一致关系。

　　综上可知，鹏宇所著《汉镜铭文汇释》对于研究汉代的语言、文学、历史来说，都能够提供颇为重要的资料，当然该书的作用不限于此，还有许多应用价值有待学者一一发掘。

The Scene of the Mirror of the Han Dynasty — Reading *Interpretation of the Inscription on the Mirror of the Han Dynasty*

Wang Zijin

(Xi'an 710127, China)

Wang Zijin, Professor of Northwest University, Professor of Renmin University of China which is the "Ancient Script and Chinese Civilization Heritage Development Project" Ph. D. supervisor. His research mainly focused on the history of Qin and Han Dynasties as well as archeological artifacts and excavated historical sources of Qin and Han Dynasties.

---

① 清华大学汉镜文化研究课题组：《汉镜文化研究》下册《图录部分》图193，北京大学出版社，2014年，第410—411页。
② 清华大学汉镜文化研究课题组：《汉镜文化研究》下册《图录部分》图191，第406—407页。

推陈出新　缀玉联珠

——《孚甲集：吴铭训诂札记》评介

王中宇*

近日，吴铭先生的《孚甲集：吴铭训诂札记》（下文简称《孚甲集》）①出版了，这是训诂学的一个新收获，令人欣喜。《孚甲集》收录训诂考释类文章108篇②，考释词语500余条。内容以先秦秦汉典籍的词义训释和文本校读为主，中古、近古文献史料也有涉及。我与吴先生素未谋面，但他在"吴铭训诂札记"微信公众号上推送的文章是拜读过的，一向叹服其敏锐和渊博。今捧读《孚甲集》，除了十分赞同刘钊先生在《序》中说的"识断精审，评判剀切；胜义如云，妙解纷披"③，觉得自己也应当写点阅读感想，算是作为一名读者在"获益匪浅"后的一个积极反应。

一　破旧立新，拾遗补缺

吴铭先生研习王念孙《读书杂志》，效仿前贤撰作札记，内容可谓浩博，其中收录的读王念孙《史记杂志》《汉书杂志》札记就有36篇之多。吴先生读书善于思辨，能够在众说纷纭中创立新说，常在他人不经意处采得珠宝；不盲信大师之说，总要亲自逐一验证。正如他在书中所言："我读《读书杂志》，步踵大师足迹，于具体论断总要一一验证方肯采信。特别是王氏改原文之处，我总要先问一声：'不改行不行？'"（第13页）据笔者所见，作者指出的王氏所犯的"以不误为误"的情况大致可概括为八种，具体如下：

（一）语序倒置

"语序倒置"，是指以今时之语感轻易改动古书，致使原文语序倒置。如"以避文法"条（《汉书·酷吏传》），王氏将"避文"误倒为"文避"。《孚甲集》云："查考文献所得结论与王念孙相反，今本《汉书》是而《史记》误。……窃疑'以文避法'是一种较早期就出现的误抄，因其所指不明在后来流传过程中加字成了'以文辞避法'。"（第113页）类似情况，还有"若欲有学法令"条之"欲有"被误倒为"有欲"等。对于王氏所犯的语序倒置问题，作者指出，看似有理有据之说，实则文法不通，曲解文意，应当放到共时语料中作整体考察，方能令人信服。

（二）文字误删

"文字误删"，是指某些词语、某些成分在彼时原已存在，只是校勘者按照后世的语言习惯擅作删改。如"深者二尺"条（《史记·孝景本纪》），王氏误删"者"字。《孚甲集》云："《史记》'深者二尺'原文既无不妥，类书节引作'深二尺'亦不足为怪，不可执后者以非前，王氏校改非是。"（第6页）类似情况，还有"区直得其次序"条之"直"字误删，"持国秉政"条之"政"字误删，"筑城"条之"筑"字误删，"万二千人骑"条之"人"字误删，等等。对于王氏所犯的文字误删问题，作者指出，以僵化的眼光看待词汇发展

---

* 作者系华东师范大学中国文字研究与应用中心博士研究生，主要研究方向为训诂学、文字学。

① 吴铭：《孚甲集：吴铭训诂札记》，上海辞书出版社，2023年。下文引该书时，直接在引文后括注页码，不再单独出注。

② 《孚甲集：吴铭训诂札记》的目录因编排体例等原因，只列37个标题，据笔者统计，实际篇数有108篇。

③ 吴铭：《孚甲集：吴铭训诂札记》，第2页。

与文本演替,忽视了词汇的历时变迁,以不误为误,虽无碍于句意理解,却掩盖了语言真相,故不必是此非彼,更毋须删改原文。

(三) 文字误衍

"文字误衍",是指在校勘中误增原文所没有的字句。如"黄金银"条(《史记·封禅书》),王氏在"银"前误增"白"字。《孚甲集》云:"'黄金银'本身是通顺的,不需要补。后人习惯了'黄金白银',看到'黄金银'难免如王念孙一样认定是漏字,中古人自信满满地径补'白'字,抹杀不了上古习用"'黄金银'一语的事实。"(第12页)类似的情况,还有"辩口"条之"有"字误增,"二人劫之"条之"质"字误增,等等。对于王氏所犯的文字误衍问题,作者认为,校点古籍当尊重底本,文辞不必齐一,当各从其旧,不可轻改原文。要改须是在原文意义不通且词句违背语言的社会性、历史性的情况下,循证据,纠讹误。

(四) 形近误改

在古书传抄刻写过程中,因一些文字形体相似相近,常有讹混。王氏善于利用这一点进行校勘,只可惜有时走得太远了,问题不少。比如:"北迫、内措"条(《史记·燕召公世家》),王氏校"北"为"外"。《孚甲集》云:"大量文献证据证明司马迁赞语'北'字无误。"(第18页)类似情况,还有"主父开之"条之"开"字讹作"闻""闭","遇霜露"条之"霜"字讹作"雾","其地狭以泄"条之"地"字讹作"池","左侧"条之"左"字讹作"在",等等。作者逐一论证,从古人属文实际和语法习惯出发作事实陈述,辨伪存真。

(五) 不察错综

古人行文,有时讲求整饬,有时又追求富于变化。"不察错综",是指因不察错综句法而造成误判误断。如"奇行"条(《史记·赵世家》),王氏将"服奇""奇行"两"奇"字皆读为"奇衺"之"奇"。《孚甲集》云:"'服奇者志淫,则是邹鲁无奇行也',小司马与王念孙等皆误以为'邹鲁'对应'服奇','奇行'对应'志淫',不察修辞错综,又脱离战国政治,故无法顺畅解通。"(第26页)对于王氏所犯不察错综,作者指出,辩论命题时,不可偷换概念,树立虚假的驳斥对象,最有效的手段就是举出辩论双方都认可的反例,形成环环相扣的逻辑链条,方可怡然理顺。

(六) 孤立训释

"孤立训释",指忽略了同义词、近义词、类义词之间的联系,孤立考释词语。如"直坠其履圯下"条(《史记·留侯世家》),王氏训"直"为"特",但否定了"直"亦可训"故"、训"正"。《孚甲集》云:"直、正、端常见互训、递训、连文、互文,皆有正直义,又皆有故意义,当非偶然。通'直'于'特',犹通'正'于'诚'、通'端'于'专',义可说通,却切断了词汇之间的系统性,过于孤立。'直、正、端'之故意义或由于同一逻辑的平行引申生成。"(第39页)对于王氏所犯的孤立训释问题,作者指出,古训材料中同训异义、异训同义的现象,是训诂家不可不察之至紧要处。

(七) 随意破读

"破读"是用本字改读假借字,而"随意破读"则是未经深思细考,武断地改读。如"以身得察"条(《史记·乐毅列传》),王氏将"察"字破读为"际"。《孚甲集》云:"通过排比梳理这些与'得察'相关的句例,《史记》'察'当如字读可以无疑,'以身得察于燕'指的是亲身得蒙燕昭王慧眼赏识。王氏破读为'际'之说于此自不可用。"(第56页)对于王氏所犯的随意破读问题,作者指出,王氏之诂未充分考察共时和历时文献之有无,破读后并无此语之用例,说解转纡,难以服人。

(八) 逻辑未密

王氏考据文章,大多逻辑严密,不过智者千虑,难保无失。如"右与"条(《汉书·匡张孔马传》),王氏认为宋祁"改'左'为'右'"是错的。《孚甲集》云:"宋祁所论皆误,但结论是对的;王念孙所论皆是,但结论是错的。两人都犯了逻辑错误。要证明'右'是'左'非,不需要证明'左'没有助义(充分不必要);

证明了'左'有助义,也无法推出原文是'左'(必要不充分)。焦点偏移,双方都辞费而徒劳。这里应该做的是分辨'左''右'意义的区别,并以语境定是非,证明其中一方不可能出现在此处。"(第103页)

以上是王念孙"以不误为误"的各种具体情形。当然,吴先生指误王氏,是在充分肯定其杰出成就的前提之下的。缘此,书中同时对王氏不吝夸美,并为其说增补书证,就是十分自然的了。如"令约"条(《史记·匈奴列传》),王氏认为"令约"当为"令约"。《孚甲集》云:"'犯令约'与'如故约''复故约'结构相同,义亦相照,这种文本内部的协调是'令约'所不能提供的。故曰'令约'是而'令约'非,王念孙此处的语感胜于后人。"(第64页)类似的,还有"法式"当作"法戒","诗語"当作"诗謌","慈母"当作"慈父","疑殆"是同义复词,等等。吴先生认为上述王氏之理校确不可移,足见其深厚功力,常人难以企及。

二 辩证精当,胜义纷呈

"训诂学可以说是一门综合性的学问,它跟音韵学、校勘学、文字学、语法学都有着至为密切的关系,也可以说是这许多的学问的综合运用。"①《孚甲集》之取得重要创新成果,无疑与作者能娴熟运用各种训诂方法密切相关。正如刘钊先生在《序》中所言:"作者在校读文本和训释词义时,除了充分运用形音义的综合分析并注重异文、对文、词义搭配、押韵和用当今最恰切的词语加以对照等方法外,还从语言层面进一步深入到历史和文化层面,从更立体的角度观察语料,用更全面的体悟理解文本,故得出的结论常能出人意表,切中肯綮。"②下面举其六端:

(一)据形索义

"据形索义"即"形训",是通过分析汉字的形体结构来探求字词之义。这种方法既可考求本义和引申义,也可通过字形的辨伪,找出"讹误义"。"训释秦汉简帛古书疑难字词问题,尤其要强调辨讹误这种方法的运用,这是隶变以及汉人误解误抄先秦古文字文献等客观因素造成的。"③如,"阿邑"条(《汉书·酷吏传赞》),列举张家山汉简和银雀山汉简中"邑""色"的写法,证实汉代时这两个字就已是形近易讹。(第114页)可见,利用出土材料核对最初字形,或比较形近字的字体差异,有助于传世古籍中形近字的推勘。

(二)因声求义

"因声求义"亦称"声训",是"通过语音寻求或证明语义的一种训诂方法。"④《宋闵与商纣故事与"靳""矜"杂说》中清华简六《管仲》'絚其过'解"条,"愚谓此'絚'当读为'矜',正是矜饰义。絚见母蒸部,矜见母真部,音近"(第176页)。又如,《来母双声单纯词放散意象三说》《来母双声单纯词名貌义杂说》二文,考释了来母双声"流连""流离""陆离""陆梁""琅琅""璆璆""珞珞"等联绵词的词义,并指出:"少数民族语词音译是一种思路,本族普通语词赋名也是一种思路,皆或然而已,可能永远难以确定,而且两者也未必是非此即彼的关系。"(第227页)可见,通过"破假借"和方言材料来训释古书疑难字词也是一个切实可行的方法。

(三)文例推义

文例形式多样,有连文、对文、俪偶等。"文例推义",是指利用不同形式的文例来推求字词之义。作者将此法运用得自如而灵活。如《读王念孙〈史记杂志〉札记》中,"疑殆"条,王氏父子已指出"疑殆"

---

① 郭在贻:《训诂学(修订本)》,中华书局,2019年,第110页。
② 吴铭:《孚甲集:吴铭训诂札记》,第2页。
③ 王挺斌:《战国秦汉简帛古书训释研究》,中国社会科学出版社,2022年,第47页。
④ 苏建洲:《新训诂学》,上海古籍出版社,2020年,第223页。

为同义复词，其说确不可移；作者又为其补充例证——西汉刘歆《与扬雄书从取方言》："隆秋之时，收藏不殆；饥春之岁，散之不疑。"（第62页）其中"疑""殆"两字处于结构相似的上下两个句子中的相同位置，其词义关系不辩自明。

（四）语法验证

前代学者对语言结构的分析主要采用对比参证法，就是通过大量辞例的排比，来解决、解释同一句型句式中存在的疑难问题。用现代语法学的观点来考察前代学者的句法分析，就会有新的发现。作者将这种方法运用得恰到好处，揭示了语言使用的一些真相。如，"以避文法"条，作者分别考察了先秦两汉语料中"以A避B"格式和"以避AB"格式的四字语的使用情况，得出的结论是王念孙所主张的"以文避法"这样表达"用手段A实现躲避B之目的"的措辞是不符合古代语言事实的。（第111页）类似的，还有"若欲有学法令"条、"左侧"条等。

（五）文化参证

作者在训释词义时，不满足于语言层面的考察，还充分挖掘背后蕴含的文化信息，用以佐证己说。以《读王念孙〈史记杂志〉札记》为例，"曲直得其次序"条，借助音乐术语考释"曲折"相当于今言"旋律"（第8页）；"北迫、内措"条，从地缘政治术语的习惯表达，考释"迫"为位置邻近义（第15页）；"其地狭以泄"条，从历史地理角度进行比较分析，得出"地"更切合当时鲁国、吴国的实际形势（第40页），等等。可见，"只在语言内部无法解释透彻，只有置之于独特的中国古代文化语境之中方能贯通其意"①。

（六）二重论证

作者在校对传世古书时，善于将传世文献与出土文献材料相印证。如《以传世文献证海昏侯简〈保傅〉"非色"》一文，指出："海昏侯简《保傅》'非色'出现意义重大，联通传世文献'悲色''匪色''蜚色'，足以拨正历来解传本'妃色'为女色之误。"（第205页）这里有必要特别指出的，是吴先生对利用出土材料的审慎态度。在《以古文字材料驳传世旧说当审慎》一文中，他说："我们推翻旧说的目的应该是要解决其中不通，使合于语法、合于文理、合于语言的社会性，是为了求真而非求异，更不能是为了虚增某新文献的价值。出土材料并不因其古而天然正确。仅凭一二古文字就率尔破旧立新，以通为不通，舍大道而从小径，徒增臆说，非所当为。"（第201页）

三　补漏订讹，匡谬正俗

《孚甲集》的价值是多方面的，除了训诂学本身的价值和对古籍整理有直接帮助外，对辞书编纂也有不能忽视的参考价值。正如陆宗达先生所言："对工具书的编纂和修订，离开训诂学，是无法进行的。"②本书对辞书编纂的价值主要体现在三个方面：

（一）增补义项，修正释义

如"二人劫之"条（《汉书·赵尹韩张两王传》），《汉语大词典》释"劫人"为"强盗"。《孚甲集》云："《汉书》《汉纪》的这段记载中都先有'劫人'一词，已是劫持人质之义。"（第90页）当据此增补"劫持人质"义项，补《汉语大词典》之疏略。又如"嫁庸奴亡其夫去"条（《史记·张耳陈馀列传》），《汉语大词典》将"庸奴"释为："见识浅陋之人。含有鄙夷之意。愚夫。"《孚甲集》云："非是。庸、奴皆使役之名。"（第58页）

（二）调整词目，有增有删

如"嫁庸奴亡其夫去"条（《史记·张耳陈馀列传》），《孚甲集》云："'去亡'这一成词传世文献、出土

---

① 吴铭：《广雅新证》，博士学位论文，华东师范大学，2017年，第221页。
② 陆宗达：《训诂简论》，北京出版社，2002年，第190页。

文献皆习见,《汉语大词典》失收。"(第 57 页)又如《宋闵与商纣故事与"靳""矜"杂说》中"'矜吝'解"条,《孚甲集》云:"'固吝'为成词,吝啬义联合结构,《汉语大词典》失收。"(第 151 页)而"令约"条(《史记·匈奴列传》),《孚甲集》则云:"今《汉语大词典》据《史记》此例立词目'令约',释作'禁令和条约',这是据误本收录了一个不存在的词,不宜保留。"(第 64 页)

(三)补充书证,提前首证

补充书证,如"疑殆"条(《史记·扁鹊仓公列传》),《孚甲集》云:"《汉语大词典》引王念孙说释'疑殆'为'犹言疑惑不解',所举亦仅此孤例。"(第 62 页)吴氏为其增补六条例证,包括《素问·著至教论》:"可以长久,以教众庶,亦不疑殆。"《素问·徵四失论》:"所以不十全者,精神不专,志意不理,外内相失,故时疑殆。"《汉书·叙传》:"学微术昧,或见仿佛,疑殆匪阙,违众近世。"提前首证,如"左侧"条(《汉书·武五子传》),"《汉语大词典》'左侧'义项②为'附近'。首证举晋代的《搜神记》,《汉语大词典订补》提前为《太平经》。现在看来这个首例就应是《汉书·武五子传》'陛下左侧谗人众多'这一句。"(第 85 页)又如"诗语"条,"《汉语大词典》释'诗语'为'诗的语言',首证即举《汉书·礼乐志》此句,不妥"(第 66 页)。

当然,金无足赤,在笔者看来,《孚甲集》也有可改进之处。首先就是体例问题。目录标题虽设置 37 个,收录的文章实则有 100 余篇,仅前 2 个标题下就收录了 36 篇,不便于读者查阅相关词条。虽然附有"词目首字笔画索引",但使用起来稍有不便。其次,资料尚有阙漏。如《从词汇系统入手重释"作甲"》一文,并未评述李辉《"坐甲"新释》一文①,也没有考虑古代兵书文献有关"坐阵"的合理性,自然也就无法排除"坐"为古代一种临敌备战的队列阵型的可能性,即以坐阵布兵。此外,引文有时不够准确,或截取不当,或句读不明。如,引《穆天子传》卷二:"天子乃赐之黄金银罂四七,贝带五十,朱三百里,变□雕官。"(第 11 页)②引《山海经·西山经》:"西南三百八十里,曰皋涂之山……其阴多银黄金。"(第 12 页)③但这些都只是白璧微瑕而已。

总之,《孚甲集》是传承乾嘉朴学之风的当代训诂成功之作,新见迭出,发明甚多。其训诂实践为当代训诂研究探索了一条新路径,为汉语字词考辨提供了新样本,具有相当程度的方法论意义。书中所论,不仅对正确理解诠释传统经典大有帮助,对字典辞书的编纂修订也颇有裨益。

Bringing Forth the New Through the Old, Embellishing Jade with Pearls
— A Review of *Fu Jia Ji: Notes on Wu Ming's Exegesis*

Wang Zhongyu

(Shanghai 200241, China)

Wang Zhongyu, Ph.D. of Center for the Study and Application of Chinese Characters, East China Normal University. His research mainly focused on exegetics and paleography.

---

① 李辉:《"坐甲"新释》,《汉字汉语研究》2018 年第 4 期。

② 所引原文应是:"天子乃赐之黄金银罂四七、贝带五十、朱三百里、变□雕官,无凫上下乃膜拜而受。"参见郭璞注,王贻梁等校释:《穆天子传汇校集释》,中华书局,2019 年,第 130 页。

③ 所引原文句读应是:"西南三百八十里,曰皋涂之山……其阴多银、黄金,其上多桂木。"参见袁珂校注:《山海经校注》,北京联合出版公司,2013 年,第 27 页。

本刊启事

一、本刊主办单位和办刊宗旨

1. 本刊由中华人民共和国教育部主管,教育部人文社会科学重点研究基地华东师范大学中国文字研究与应用中心、华东师范大学语言文字工作委员会主办。作为中心的专业学术辑刊,本刊严格遵循教育部关于重点研究机构创办学术刊物的法规,包括专业学术规范。

2. 本刊以为文字学及相关领域研究者提供良好服务、推动以汉字为核心的表意文字体系学科建设、及时发布海内外学人的重要研究成果和建立高水平学术交流平台为宗旨,以此推动中国文字本体研究和跨学科研究的繁荣发展。

二、本刊专业学术规范要求

来稿应严格遵守中华人民共和国《著作权法》《专利法》等国家有关法律、法规、社会公德及学术道德规范,要坚持科学真理、尊重科学规律、崇尚严谨求实的学风,恪守职业道德,维护科学诚信,应当遵守下述基本学术道德规范:

1. 必须尊重知识产权,充分尊重他人已经获得的研究成果;引用他人成果时如实注明出处;所引用部分不能构成引用人作品的主要部分或实质部分;从他人作品转引第三人成果时,如实注明转引出处。

2. 稿件要求原创,不得存在学术不端行为,如抄袭、侵吞、剽窃、篡改、编造或伪造歪曲研究客观事实以及其他违背学术活动公序良俗的行为。若查证存在学术不端行为,则投稿人自负法律责任,且本刊三年内不再受理嫌疑人投稿事宜。

3. 稿件切勿一稿多投。若查实故意为之,则投稿人将被列入不良信用名单。

4. 不得侵犯他人署名权;不得冒用或滥用署名,如未经被署名人同意而署其姓名等行为。

5. 不得利用科研活动牟取不正当利益。

三、本刊学术范畴

为及时充分反映文字学及相关领域的最新研究成果,本刊从 2007 年开始改为一年两辑。主要栏目包括:古文字研究、中古汉字研究、现代汉字研究、汉字数字化研究、汉字规范与应用研究、文字理论研究、古代语料文献研究、各类少数民族文字研究、海外汉字研究、对外汉字汉语教学研究。其中"汉字规范与应用研究"专栏由华东师范大学语言文字工作委员会主办。

四、稿件格式

1. 稿件用 WORD 排版,正文用五号宋体,简体横排。引述出土文献资料时,如无特殊需要,一律采用通行文字。

2. 凡文档中不能正常显示的古文字字形、少数民族文字、造字,均做成 JPG 图片格式插入。图片像素要求不低于 600 DPI,大小高低适中,能够直接排印。

3. 注释采用脚注形式,每页重新编号。号码格式为①②③……,文字小五号宋体。

4. 注释格式:

（1）发表在学术期刊上的论文依次为作者、论文名、刊物名与年份、期号。如：

吴艳红：《明代流刑考》，《历史研究》2001 年第 6 期。

（2）发表于学术辑刊的论文依次为作者、论文名、学术辑刊名、出版社、出版年、页码。如：

吴振武：《战国货币铭文中的"刀"》，《古文字研究》第十辑，中华书局，1983 年，第 N 页。

（3）发表在报纸上的论文依次为作者、论文名、报纸名与年月日、第 N 版。如：

崔乐泉：《行气玉铭——两千多年前的"导引"论述》，《中国文物报》1991 年 9 月 8 日，第 2 版。

（4）发表于个人文集或纪念文集中的论文依次为作者、论文名、论文集名、出版社、出版年、页码。如：

裘锡圭：《释"弘""强"》，《古文字论集》，中华书局，1992 年，第 N 页。

（5）发表在学术会议上的论文依次为作者、论文名、会议名称、会议所在城市（或主办单位）与举办年份。如：

林沄：《新版〈金文编〉正文部分释字商榷》，中国古文字研究会第八次年会论文，江苏太仓，1990 年。

（6）学位论文依次为作者、论文名、学位类型（硕士或博士）、所在学校与发表年份、页码。如：

刘钊：《古文字构形研究》，博士学位论文，吉林大学，1991 年，第 N 页。

（7）发表在网络上的论文依次为作者、论文名、网站名与发表年月日。同一网站多次出现时，只在第一次注出网址，其后省略网址。如：

李天虹：《〈郑子家丧〉补释》，简帛网 2009 年 1 月 12 日（http://www.bsm.org.cn/show_article.php?id=967）。

（8）专著依次为作者、书名、出版社、出版年、页码。如：

龚鹏程：《汉代思潮》，商务印书馆，2005 年，第 N 页。

若作者为外国籍，用〔　〕标明国籍。如：

〔日〕下中邦彦：《书道全集（1）》，平凡社，1954 年，第 N 页。

（9）后注同前注时采用简略形式，若是书籍，则只出作者名、论文名或书名、页码。如：

裘锡圭：《释"弘""强"》，第 N 页。

龚鹏程：《汉代思潮》，第 N 页。

若是期刊，则只出作者名、论文名。如：

吴艳红：《明代流刑考》。

（10）一条注同时引用两篇以上的文献时，中间用分号间隔。如：

吴艳红：《明代流刑考》，《历史研究》2001 年第 6 期；龚鹏程：《汉代思潮》，商务印书馆，2005 年，第 N 页。

（11）同书编者或著者有两个或三个时用顿号隔开；超过三个时只取第一编者或著者，其后加"等"字。

（12）页码用"第 N 页"表示；引用的内容不止一页而又不连贯时，页码之间用顿号隔开；引用的内容不止一页而内容连贯时，首页与尾页之间用"—"表示。

5. 来稿通过电子邮件发送 WORD 文本；若文中有造字，请同时附送 PDF 文本。另外，须寄送纸质文本。

6. 本刊实行匿名审稿制，请在来稿中另纸写明作者姓名（女性加"女"）、论文题目、单位、职称（在读而未获博士学位者一律标"博士生"）、研究方向、详细地址、邮政编码以及电子邮箱、手机号。

本刊评审专家库由世界范围内汉字学领域专家组成。审稿处理意见一般有如下三种：（1）直接刊用；（2）修改刊用；（3）不宜刊用。

7. 来稿一律不退，请作者自留底稿。自收到纸质投稿起三个月内，编辑部会与作者联系。作者在规定时间内若未收到编辑部信函，可自行处理稿件，本刊不寄送书面退稿通知。来稿一经发表，寄送当期《中国文字研究》两册和电子版抽印文本。

8. 本刊拥有首发权，凡已在网络或纸质出版物上发表过的论文本刊一概不予采用。在学术会议上以非纲要形式公开发表的论文，原则上亦不予采用。本刊已加入知网、万方、维普等网络发布系统，若作者不同意在上述网络平台发布，应事先声明。

五、来稿请寄

中国上海市东川路 500 号

华东师范大学文史哲楼中文系收转《中国文字研究》编辑部

邮政编码：200241

电子邮箱：zgwzyjsh@sina.com

网站地址：http://wenzi.ecnu.edu.cn/

《中国文字研究》编辑委员会

悼　念

　　著名文化学者、出版家、广西教育出版社原总编辑李人凡先生于 2023 年 8 月 26 日 16 时 48 分因病逝世。李人凡先生生前对于中国文字学学科建设倾注了许多心血，给予了大力支持。本集刊就是在李人凡先生的帮助下，于 1999 年创刊的。编辑部同仁在此对李先生的辞世表示沉痛哀悼！

《中国文字研究》编辑部

图书在版编目（CIP）数据

中国文字研究.第三十七辑／臧克和主编. —上海：
华东师范大学出版社，2023

ISBN 978 - 7 - 5760 - 4017 - 3

Ⅰ.①中…　Ⅱ.①臧…　Ⅲ.①汉字－文字学－文集
Ⅳ.H12 - 53

中国国家版本馆 CIP 数据核字（2023）第 126087 号

中国文字研究（第三十七辑）

教育部人文社会科学重点研究基地
华东师范大学中国文字研究与应用中心　主办
华东师范大学语言文字工作委员会

主　　编　臧克和
责任编辑　时润民
特约审读　齐晓峰
责任校对　刘伟敏
装帧设计　刘怡霖

出版发行　华东师范大学出版社
社　　址　上海市中山北路 3663 号　邮编 200062
网　　址　www.ecnupress.com.cn
电　　话　021 - 60821666　行政传真 021 - 62572105
客服电话　021 - 62865537　门市（邮购）电话 021 - 62869887
地　　址　上海市中山北路 3663 号华东师范大学校内先锋路口
网　　店　http://hdsdcbs.tmall.com

印 刷 者　上海昌鑫龙印务有限公司
开　　本　889 毫米×1194 毫米　1/16
印　　张　15.75
字　　数　446 千字
版　　次　2023 年 8 月第 1 版
印　　次　2023 年 8 月第 1 次
书　　号　ISBN 978 - 7 - 5760 - 4017 - 3
定　　价　66.00 元

出 版 人　王　焰

（如发现本版图书有印订质量问题,请寄回本社客服中心调换或电话 021 - 62865537 联系）